Auf schwarzen Schwingen

FINDER

3

Ayano Yamane

TOKYOPOP®

Inhaltsverzeichnis

Was bisher geschah ...

FINDER

Als der freischaffende Medienfotograf Akihito Takaba bei einem Routineauftrag ein paar Fotos schießt, ahnt er noch nicht, wessen Aufmerksamkeit er dadurch auf sich gelenkt hat. Doch schon bald tauchen die berühmt-berüchtigte Größe der japanischen Mafia Ryuichi Asami und auch dessen Widersacher Feilong Liu in seinem Leben auf. Von nun an beginnt eine wilde Hetzjagd, bei der nicht nur Asami, sondern auch Feilong seine sexuellen Sehnsüchte mit Akihito auslebt. Und es kommt noch dicker, denn auch die japanische Polizei in Gestalt von Inspektor Imamiya hat begriffen, welch wichtige Rolle Akihito bei der Jagd auf die beiden Mafiagrößen spielen könnte. Die Lage spitzt sich dramatisch zu, als Akihito und der Inspektor in Asamis Klub Shion gelangen, wo Imamiya prompt in Lebensgefahr gerät! Zum Glück kann Akihito gerade noch eingreifen, doch erst, nachdem Asami mal wieder seinen Spaß mit ihm gehabt hat. Je näher sich Asami und Akihito kommen, desto nervöser reagiert Feilong darauf, denn schließlich verbindet ihn mit Asami viel mehr, als die Rivalität der beiden zunächst vermuten ließe.

Die Hauptcharaktere

Akihito Takaba

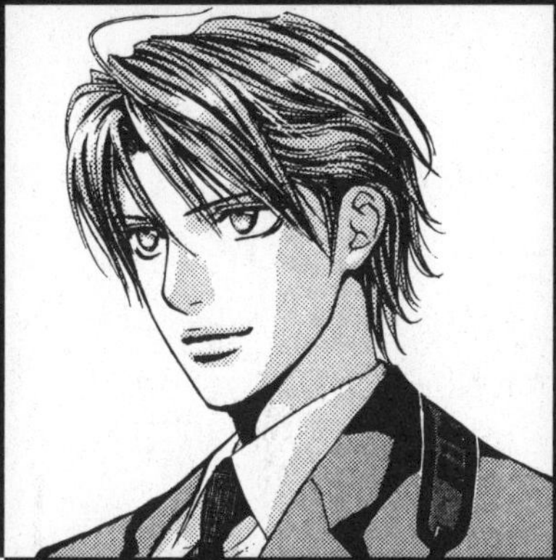

verdient sein Geld als freischaffender Medienfotograf und nimmt jeden Auftrag an, den er kriegen kann. Auf den ersten Blick wirkt er eher wie ein unschuldiger und naiver Sonnyboy, doch als er zwischen die Fronten der japanischen und chinesischen Mafia gerät, wird seine Charakterstärke sichtbar!

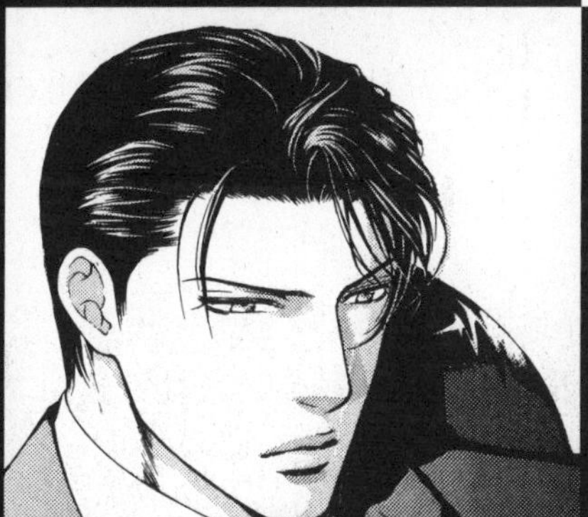

Ryuichi Asami

Der Besitzer des Klubs Shion ist gut aussehend und smart. Doch hinter der Maske des seriösen Geschäftsmannes verbirgt er nicht nur seine unlauteren Tätigkeiten als berühmt-berüchtigte Größe der japanischen Mafia, sondern auch seine fast schon krankhaft anmutende Faszination für das männliche Geschlecht.

Feilong Liu

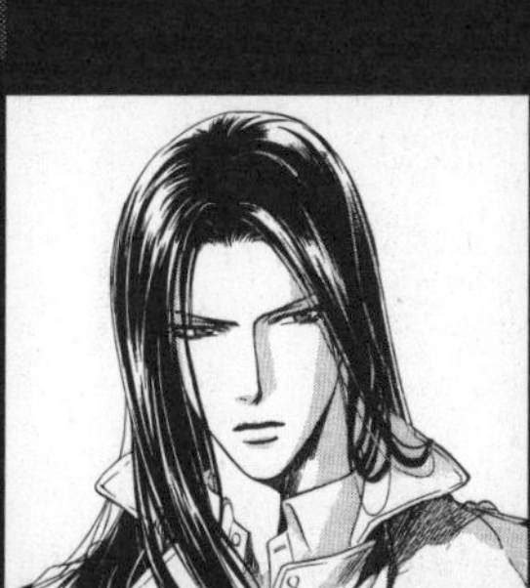

Der androgyne Chinese mit dem rabenschwarzen langen Haar treibt als Teil der chinesischen Mafia in Japan sein Unwesen. Sein Verhältnis zu Ryuichi Asami ist undurchsichtig, doch in einem sind sich die beiden Mafiagrößen einig: in ihrem sexuellen Verlangen nach Akihito.

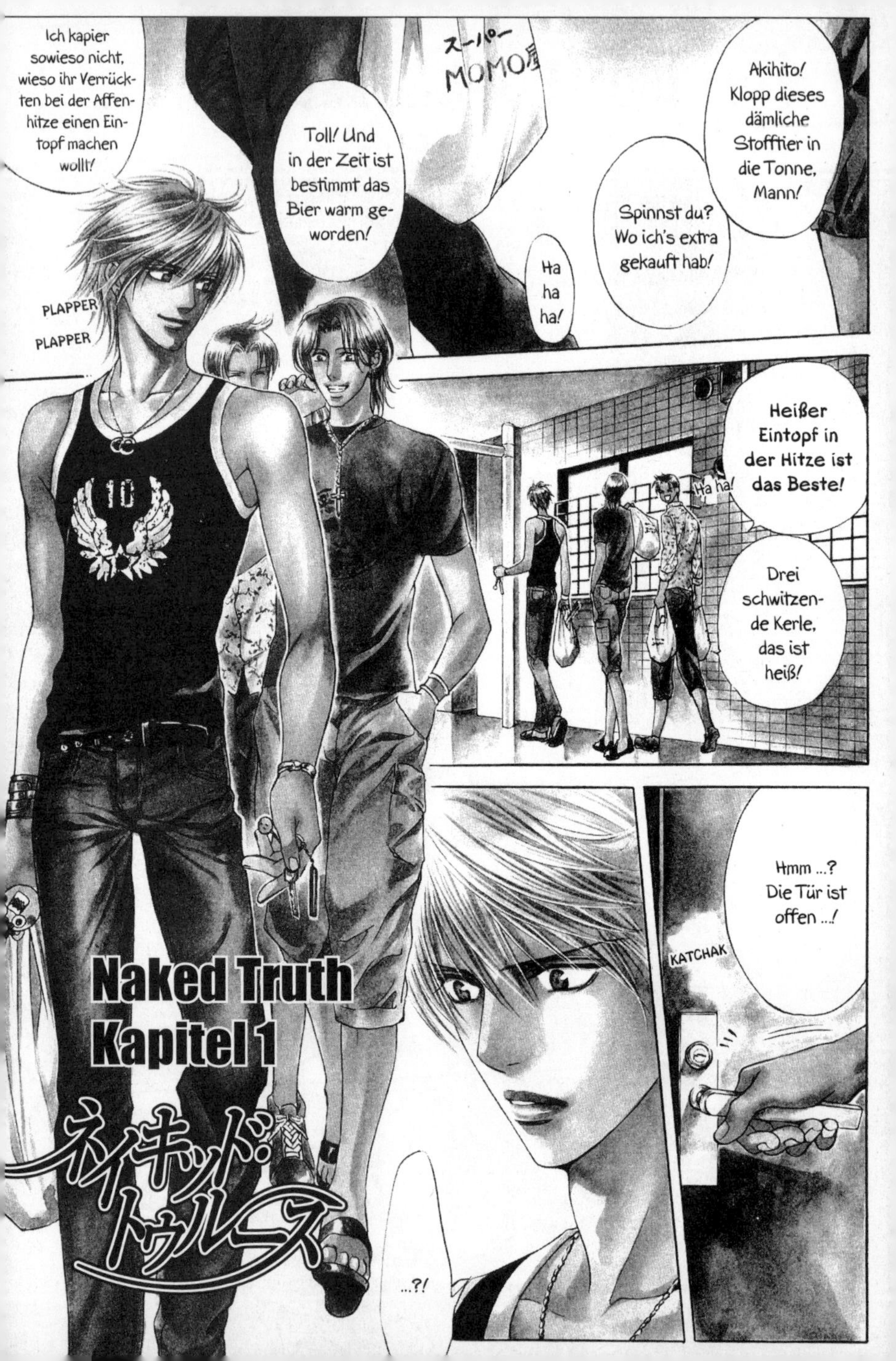
スーパー MOMO屋
Akihito! Klopp dieses dämliche Stofftier in die Tonne, Mann!
Spinnst du? Wo ich's extra gekauft hab!
Ha ha ha!
Toll! Und in der Zeit ist bestimmt das Bier warm geworden!
Ich kapier sowieso nicht, wieso ihr Verrückten bei der Affenhitze einen Eintopf machen wollt!
PLAPPER PLAPPER
Naked Truth
Kapitel 1
ネイキッド・トゥルース
Heißer Eintopf in der Hitze ist das Beste!
Ha ha!
Drei schwitzende Kerle, das ist heiß!
Hmm ...? Die Tür ist offen ...!
KATCHAK
...?!

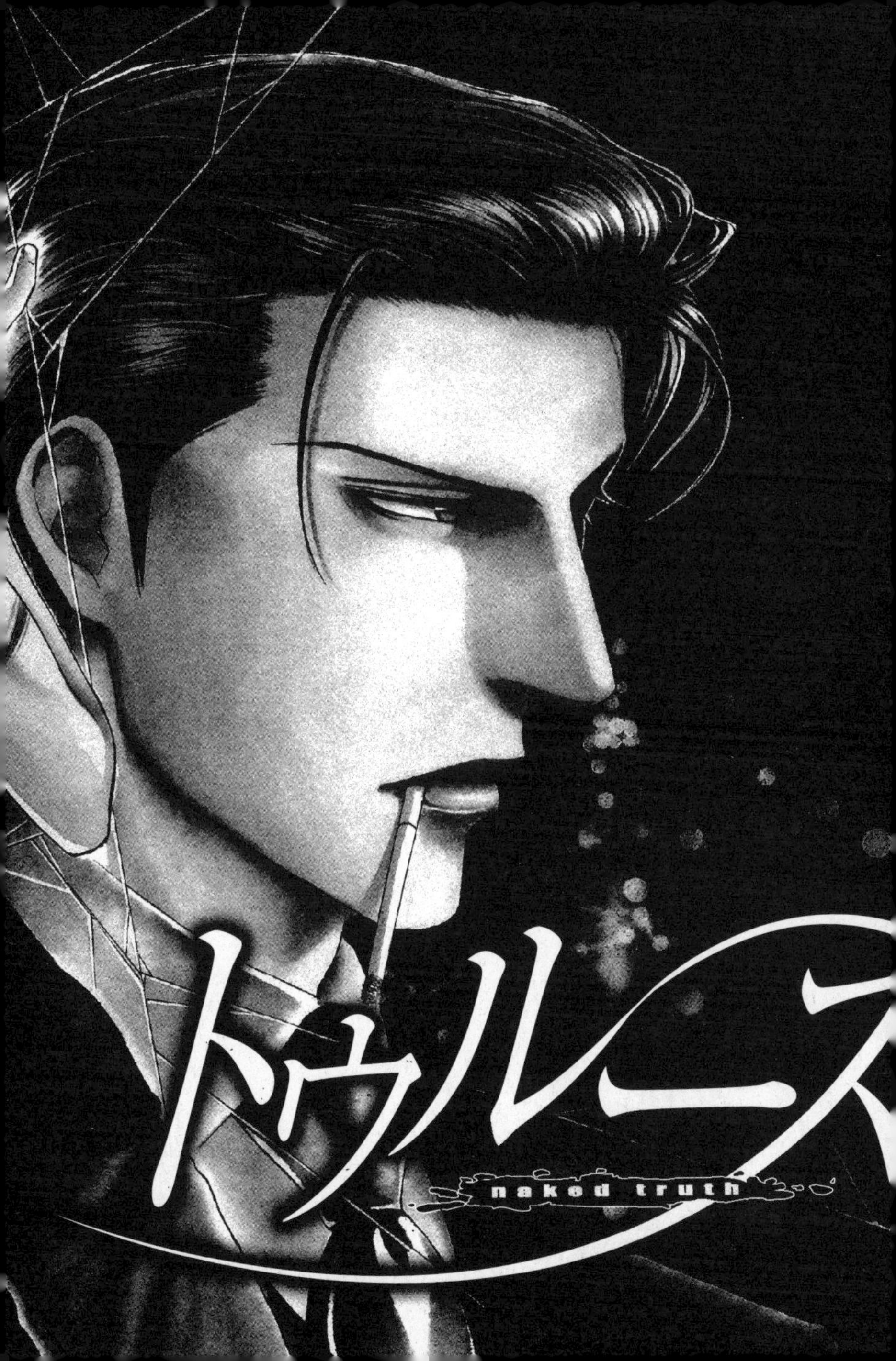
トゥルース
naked truth

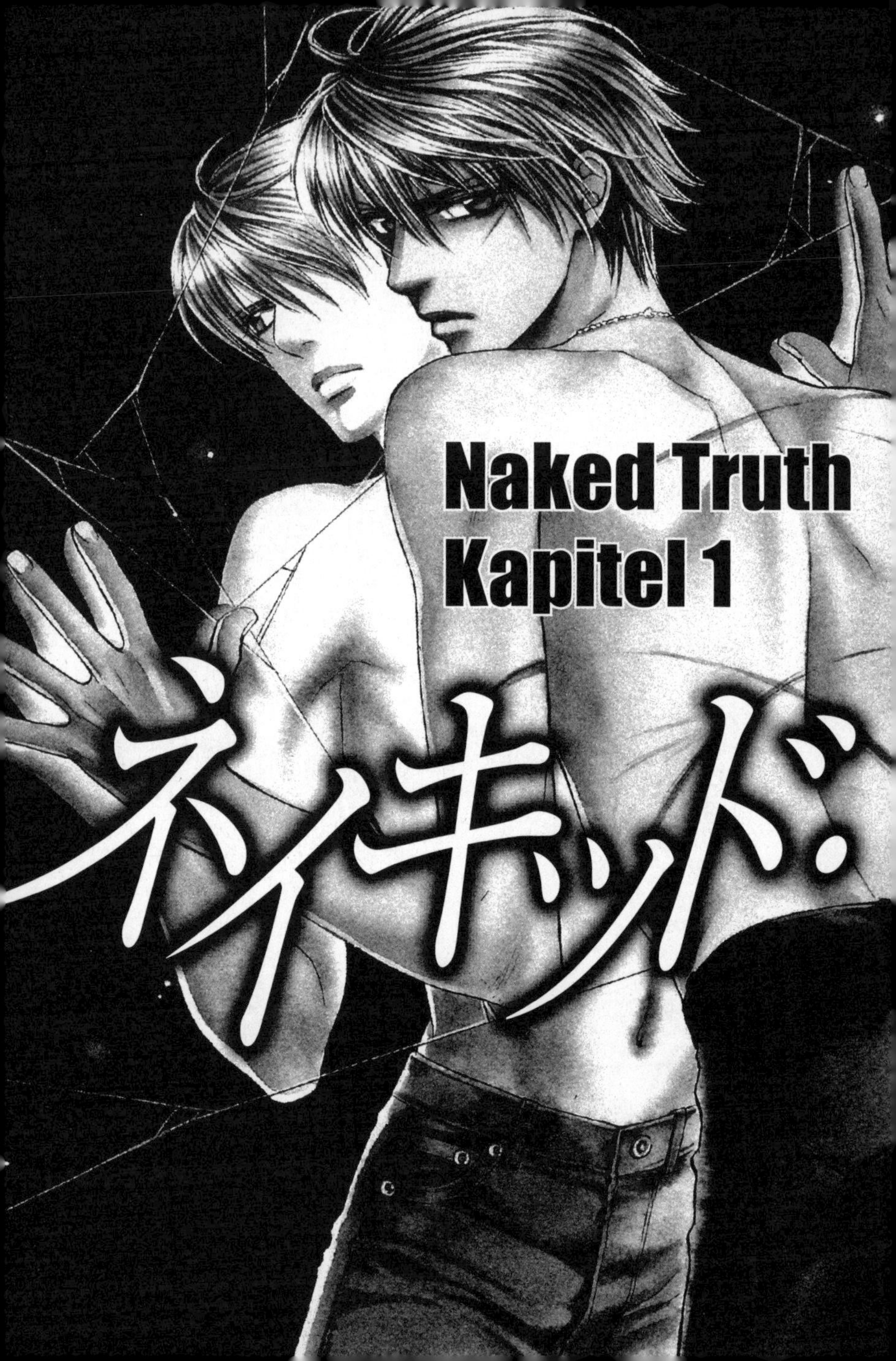
Naked Truth
Kapitel 1
ネイキッド:

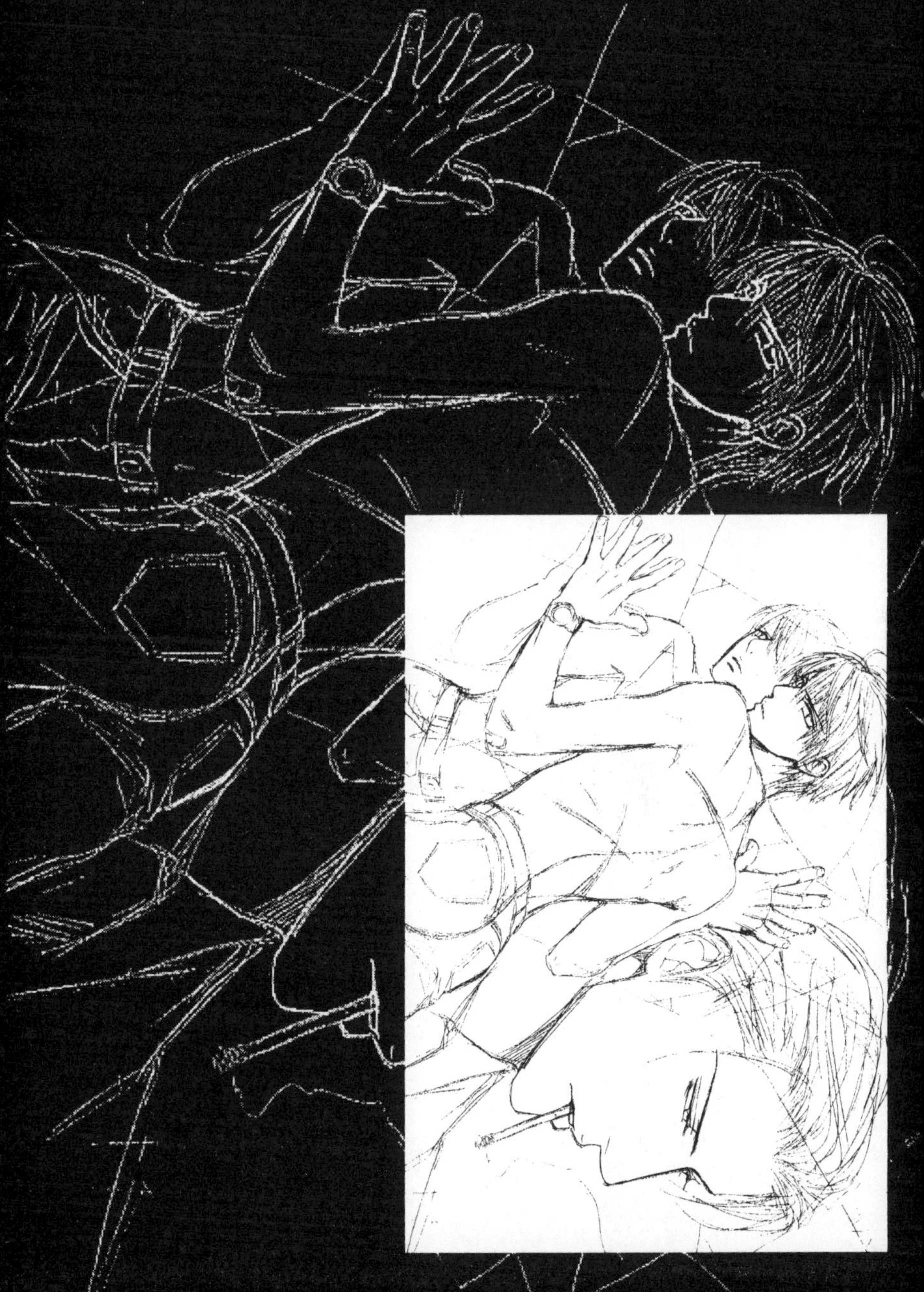

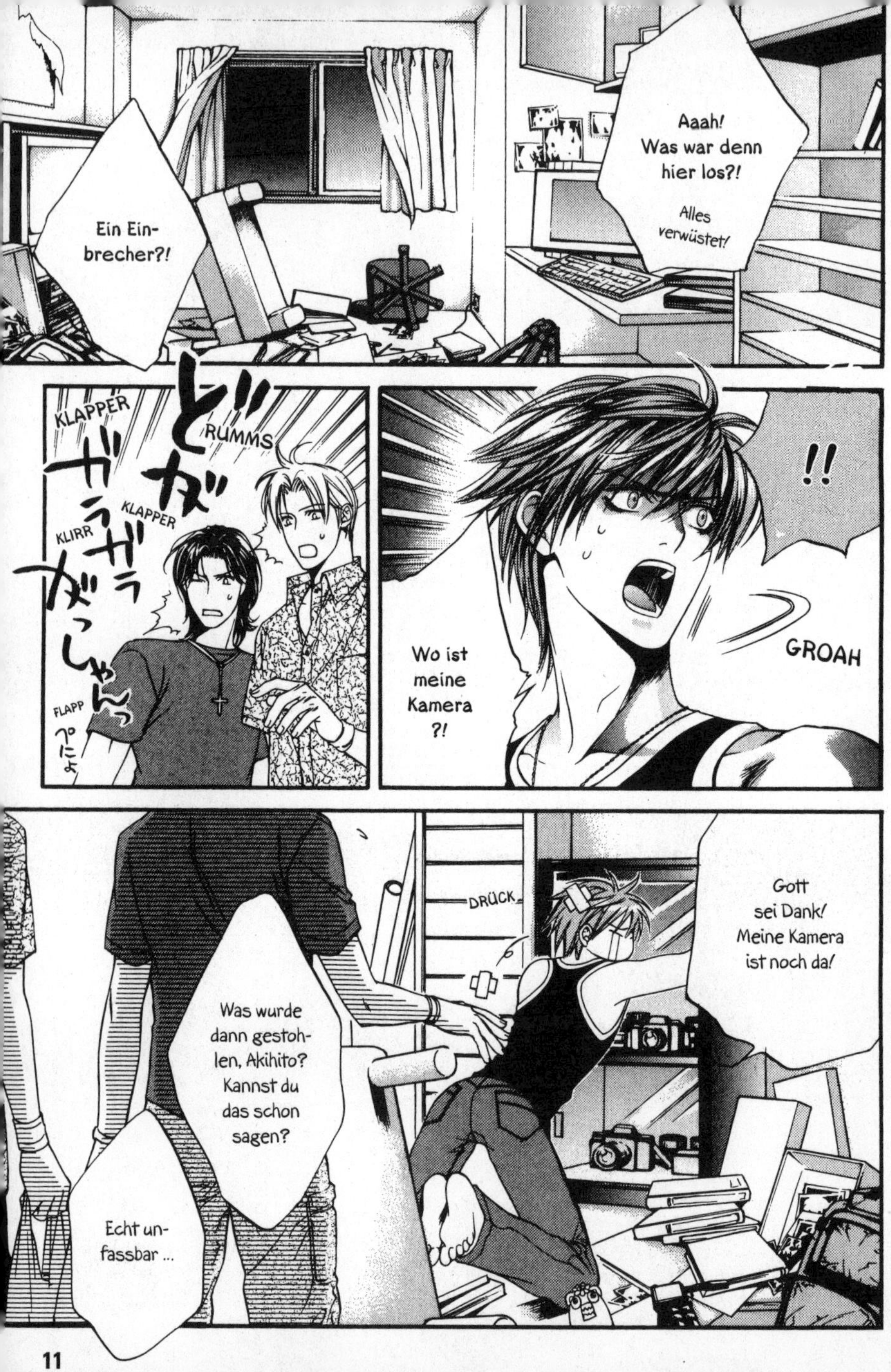
Aaah!
Was war denn hier los?!
Alles verwüstet!
Ein Einbrecher?!
!!
GROAH
Wo ist meine Kamera ?!
RUMMS
KLAPPER
KLAPPER
KLIRR
FLAPP
Gott sei Dank! Meine Kamera ist noch da!
DRÜCK
Was wurde dann gestohlen, Akihito? Kannst du das schon sagen?
Echt unfassbar ...

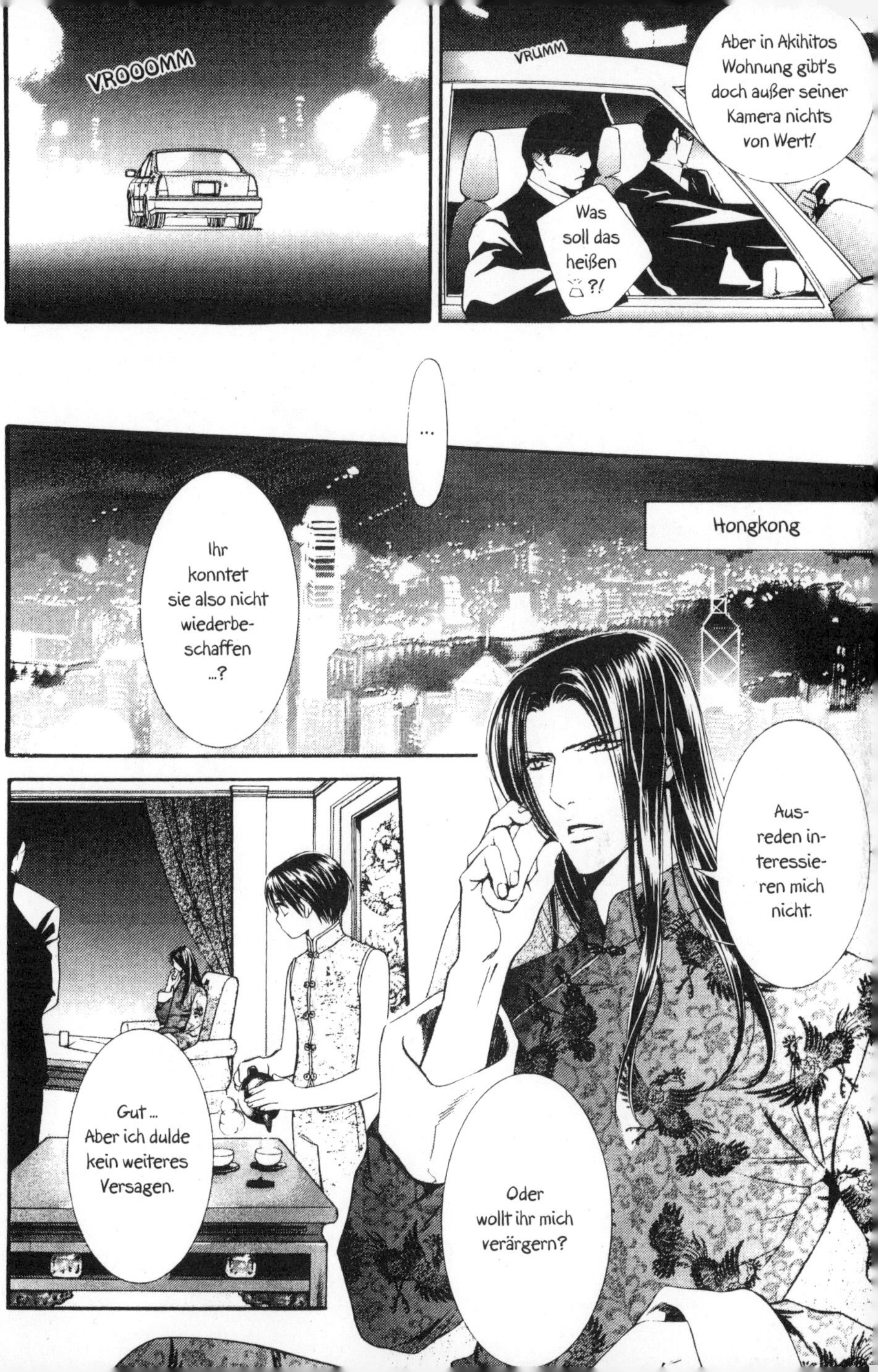
VRUMM
Aber in Akihitos Wohnung gibt's doch außer seiner Kamera nichts von Wert!
Was soll das heißen?!
VROOOMM
...
Hongkong
Ihr konntet sie also nicht wiederbeschaffen ...?
Ausreden interessieren mich nicht.
Oder wollt ihr mich verärgern?
Gut ... Aber ich dulde kein weiteres Versagen.

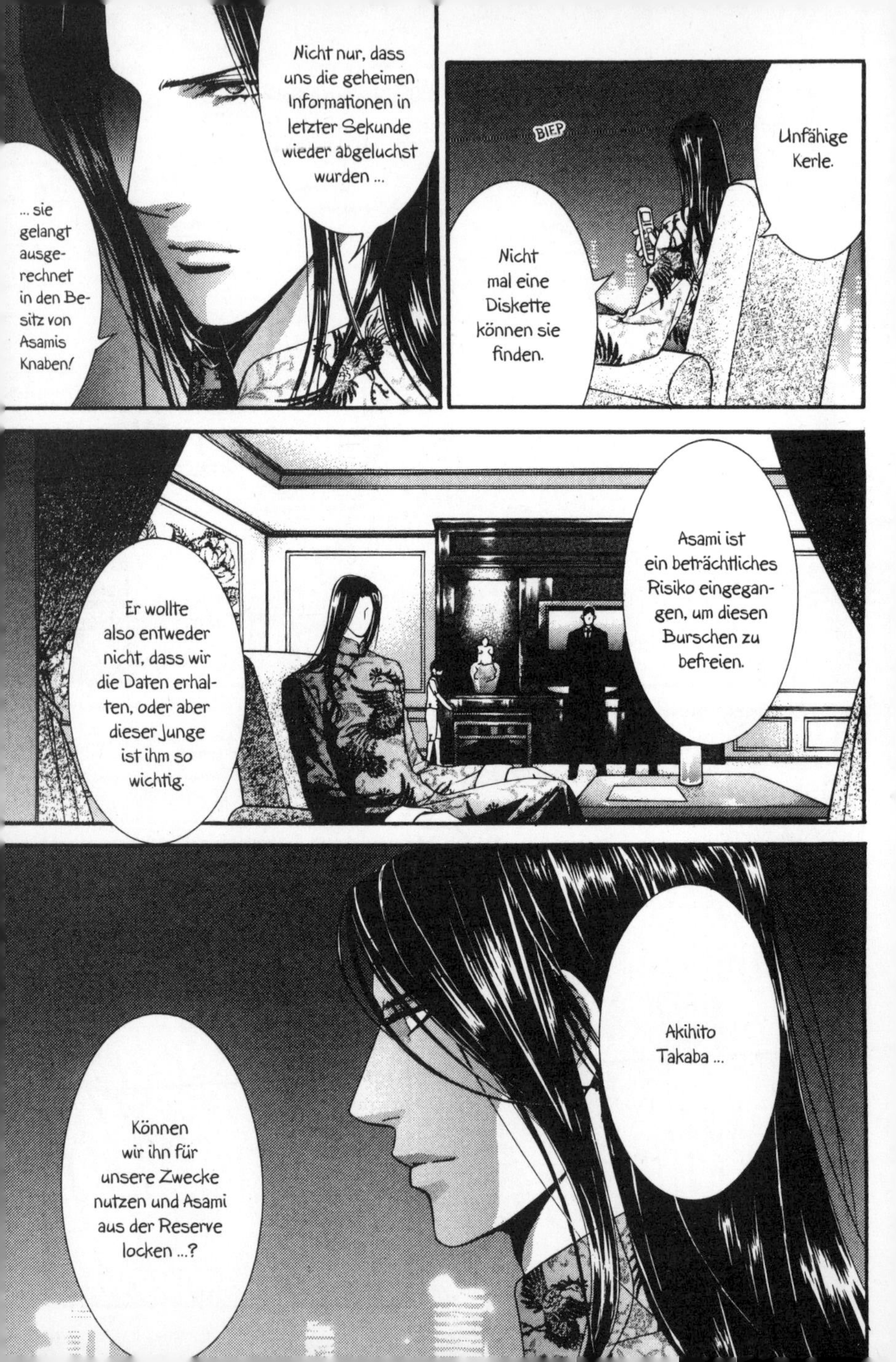
BIEP
Unfähige Kerle.
Nicht mal eine Diskette können sie finden.
Nicht nur, dass uns die geheimen Informationen in letzter Sekunde wieder abgeluchst wurden ...
... sie gelangt ausgerechnet in den Besitz von Asamis Knaben!
Asami ist ein beträchtliches Risiko eingegangen, um diesen Burschen zu befreien.
Er wollte also entweder nicht, dass wir die Daten erhalten, oder aber dieser Junge ist ihm so wichtig.
Akihito Takaba ...
Können wir ihn für unsere Zwecke nutzen und Asami aus der Reserve locken ...?

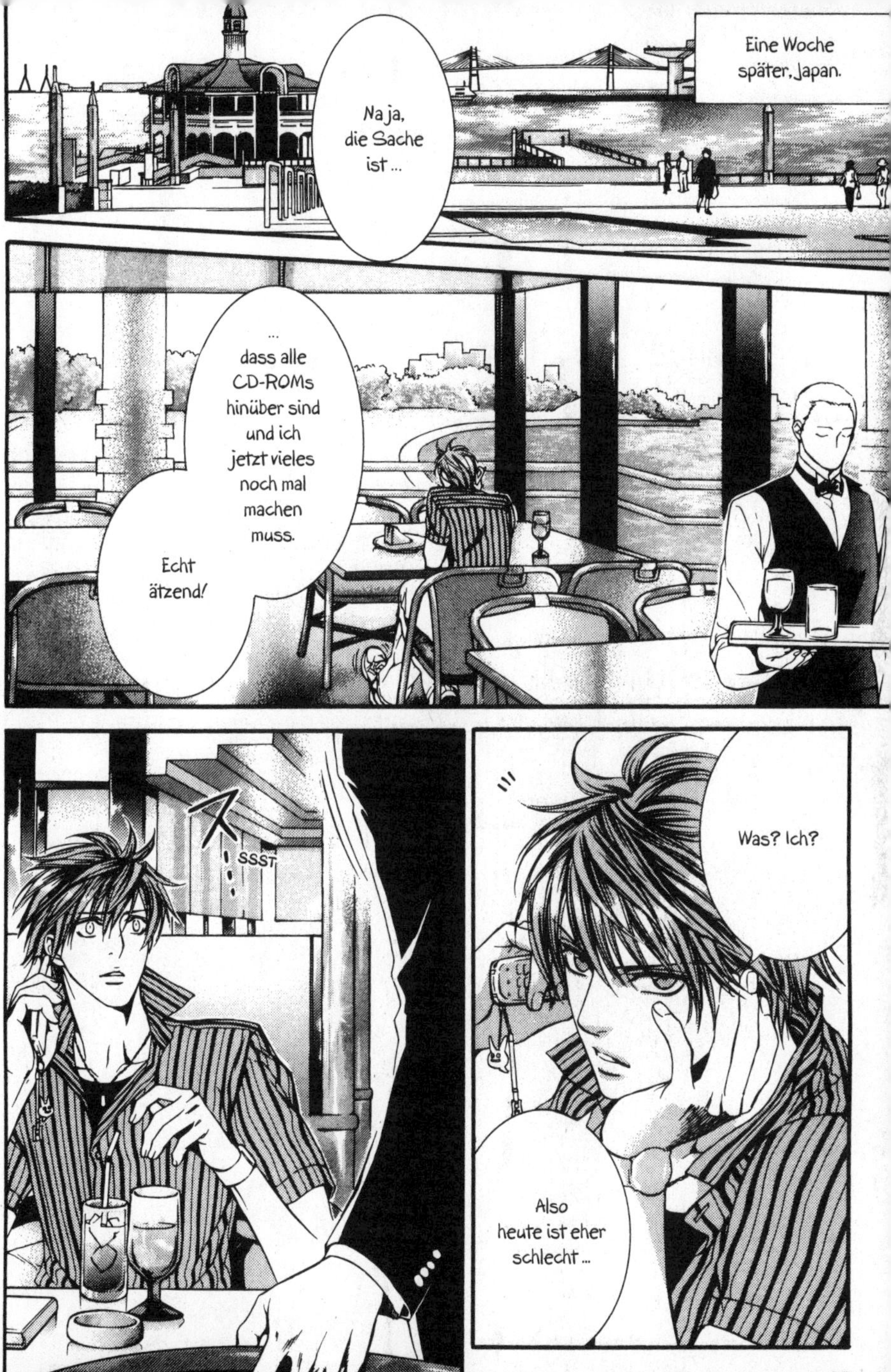
Eine Woche später, Japan.
Na ja, die Sache ist ...
... dass alle CD-ROMs hinüber sind und ich jetzt vieles noch mal machen muss.
Echt ätzend!
SSST
Was? Ich?
Also heute ist eher schlecht ...

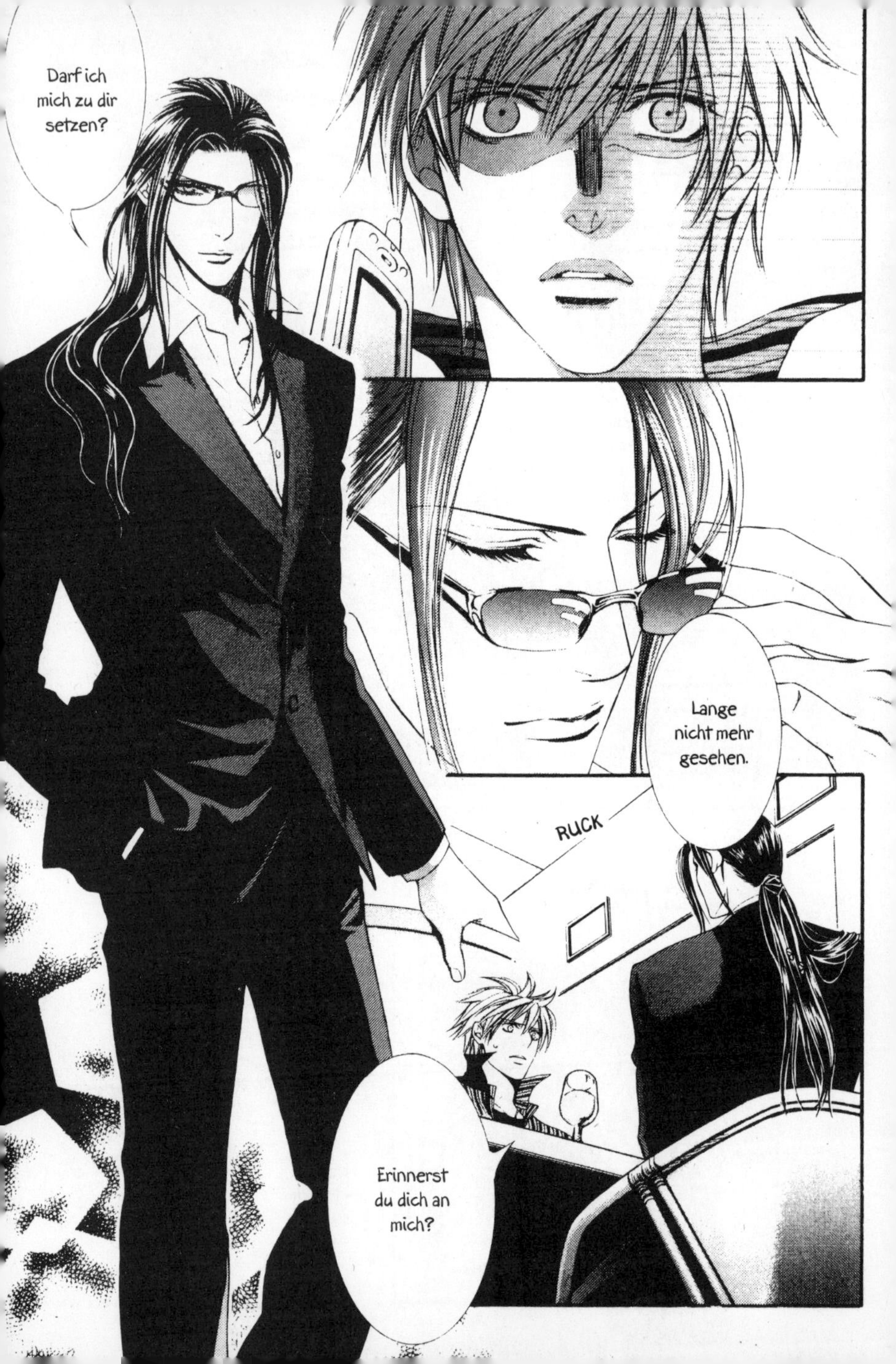

Lange nicht mehr gesehen.
RUCK
Erinnerst du dich an mich?
Darf ich mich zu dir setzen?

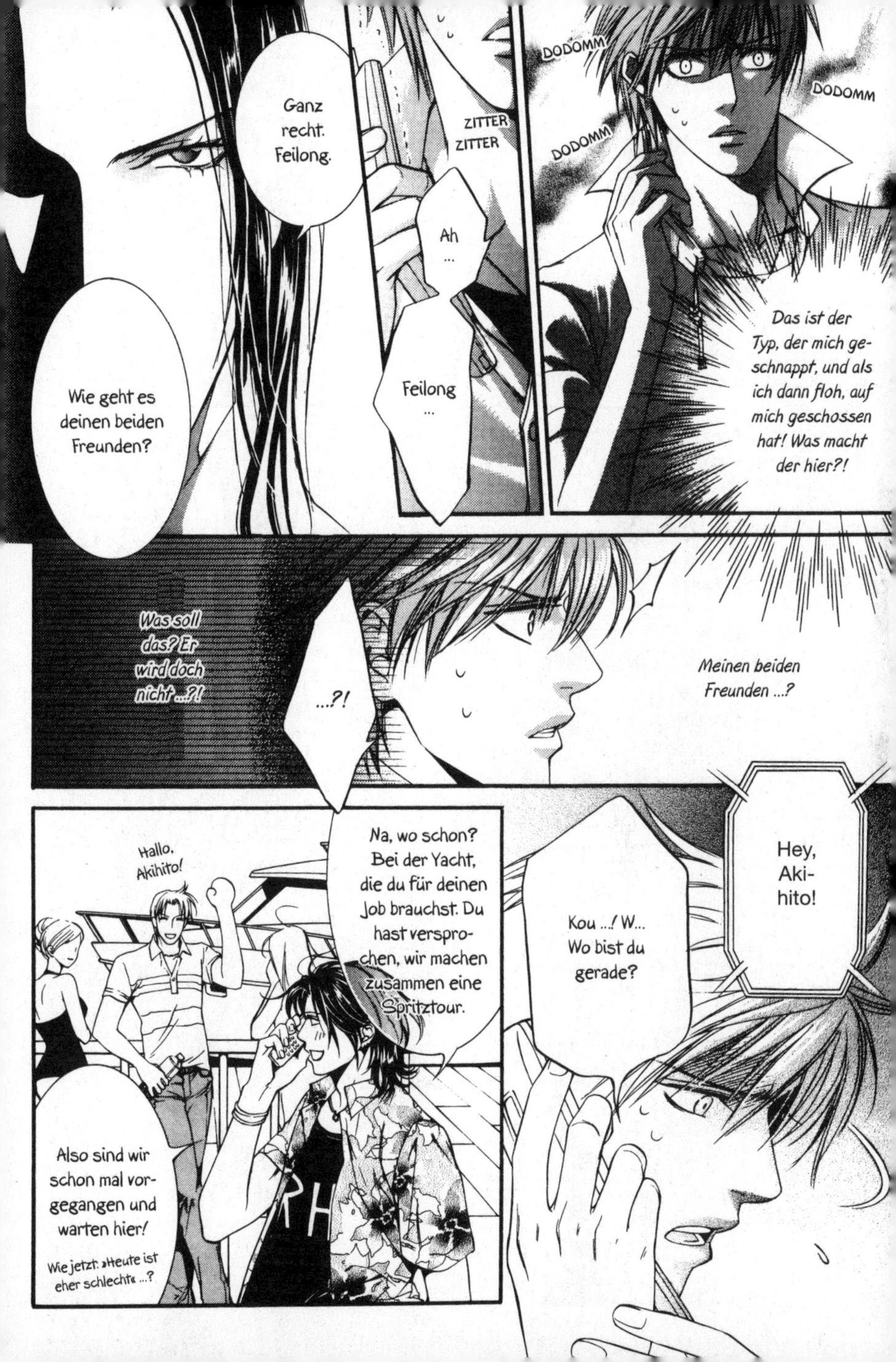
DODOMM
DODOMM
DODOMM
Das ist der Typ, der mich geschnappt, und als ich dann floh, auf mich geschossen hat! Was macht der hier?!
ZITTER ZITTER
Ah …
Feilong …
Ganz recht. Feilong.
Wie geht es deinen beiden Freunden?
Meinen beiden Freunden …?
…?!
Was soll das? Er wird doch nicht …?!
Hey, Akihito!
Kou …! W… Wo bist du gerade?
Na, wo schon? Bei der Yacht, die du für deinen Job brauchst. Du hast versprochen, wir machen zusammen eine Spritztour.
Hallo, Akihito!
Also sind wir schon mal vorgegangen und warten hier!
Wie jetzt: »Heute ist eher schlecht« …?

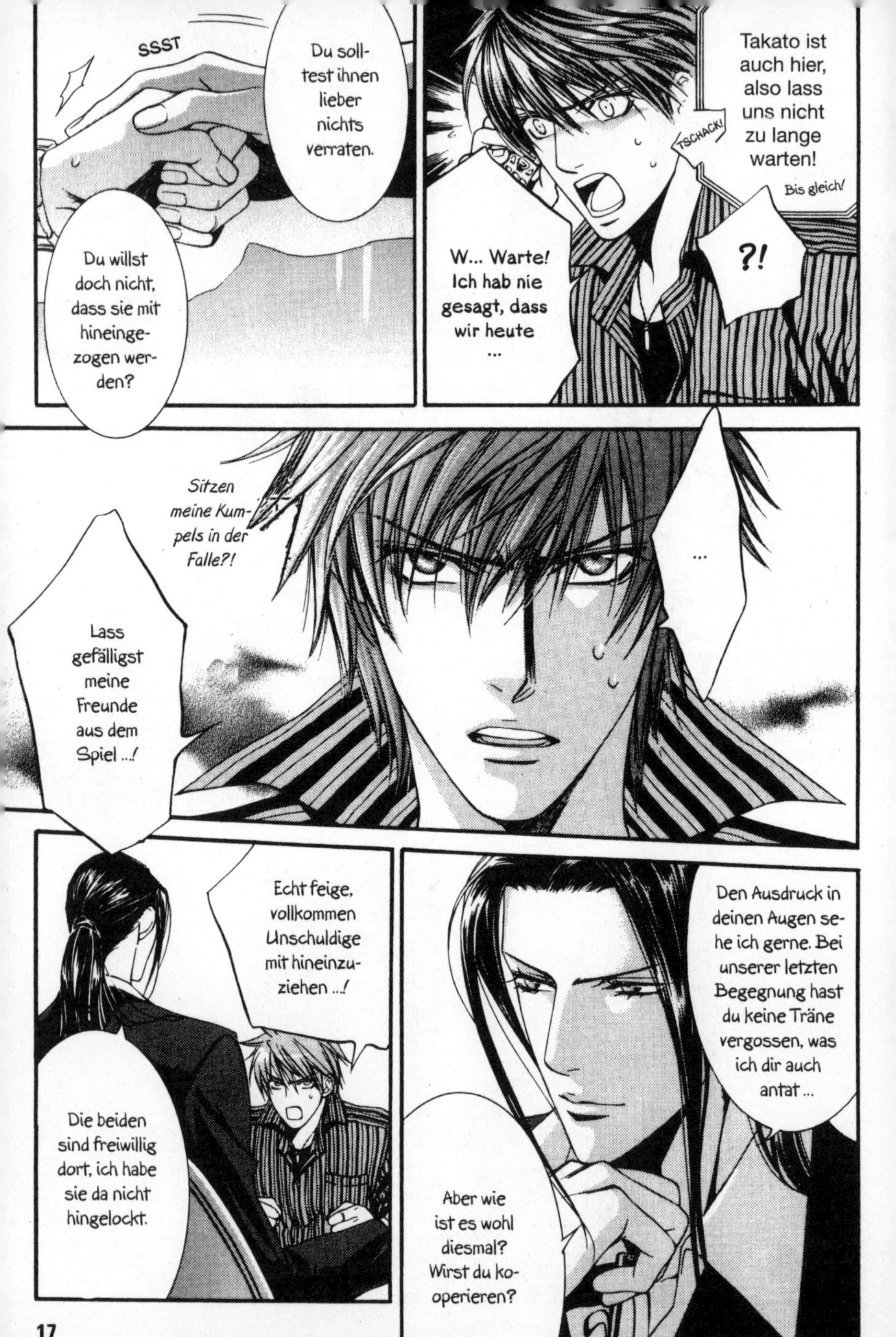

Takato ist auch hier, also lass uns nicht zu lange warten!
Bis gleich!
TSCHACK!
?!
W... Warte! Ich hab nie gesagt, dass wir heute ...
Du solltest ihnen lieber nichts verraten.
SSST
Du willst doch nicht, dass sie mit hineingezogen werden?
...
Sitzen meine Kumpels in der Falle?!
Lass gefälligst meine Freunde aus dem Spiel ...!
Den Ausdruck in deinen Augen sehe ich gerne. Bei unserer letzten Begegnung hast du keine Träne vergossen, was ich dir auch antat ...
Aber wie ist es wohl diesmal? Wirst du kooperieren?
Echt feige, vollkommen Unschuldige mit hineinzuziehen ...!
Die beiden sind freiwillig dort, ich habe sie da nicht hingelockt.

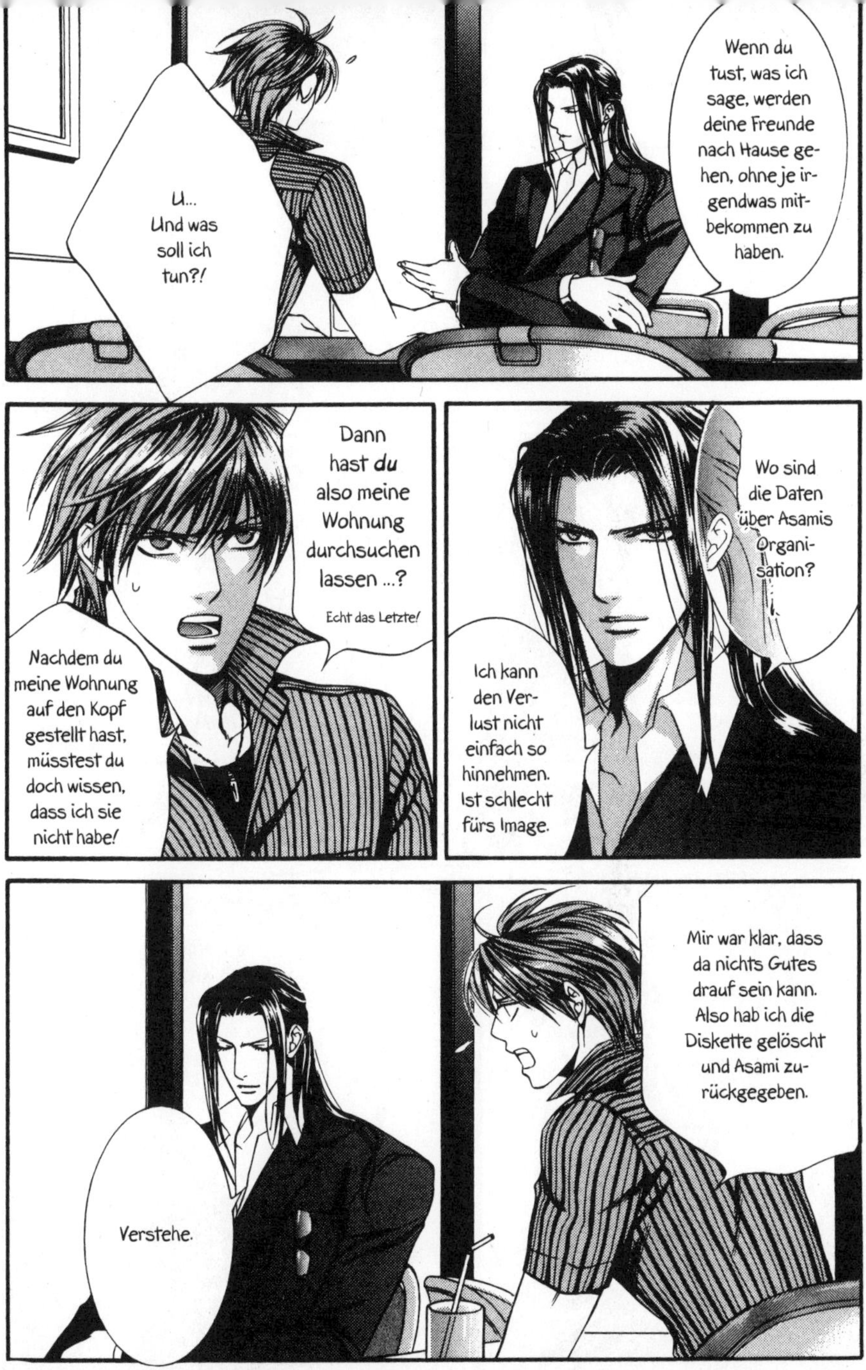

Wenn du tust, was ich sage, werden deine Freunde nach Hause gehen, ohne je irgendwas mitbekommen zu haben.
U... Und was soll ich tun?!
Wo sind die Daten über Asamis Organisation?
Ich kann den Verlust nicht einfach so hinnehmen. Ist schlecht fürs Image.
Dann hast du also meine Wohnung durchsuchen lassen ...?
Echt das Letzte!
Nachdem du meine Wohnung auf den Kopf gestellt hast, müsstest du doch wissen, dass ich sie nicht habe!
Mir war klar, dass da nichts Gutes drauf sein kann. Also hab ich die Diskette gelöscht und Asami zurückgegeben.
Verstehe.

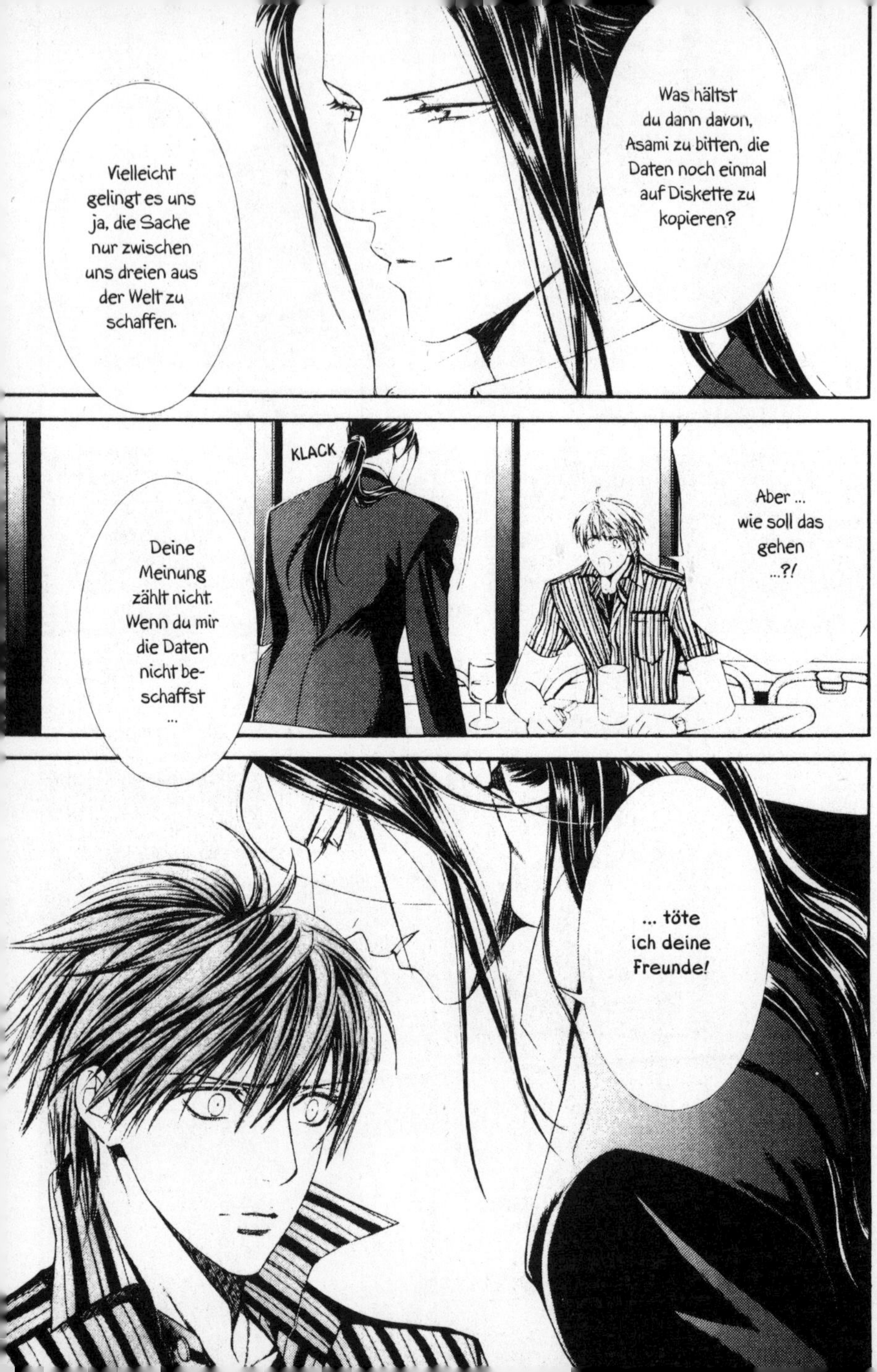
Was hältst du dann davon, Asami zu bitten, die Daten noch einmal auf Diskette zu kopieren?
Vielleicht gelingt es uns ja, die Sache nur zwischen uns dreien aus der Welt zu schaffen.
Aber ... wie soll das gehen ...?!
KLACK
Deine Meinung zählt nicht. Wenn du mir die Daten nicht be-schaffst ...
... töte ich deine Freunde!

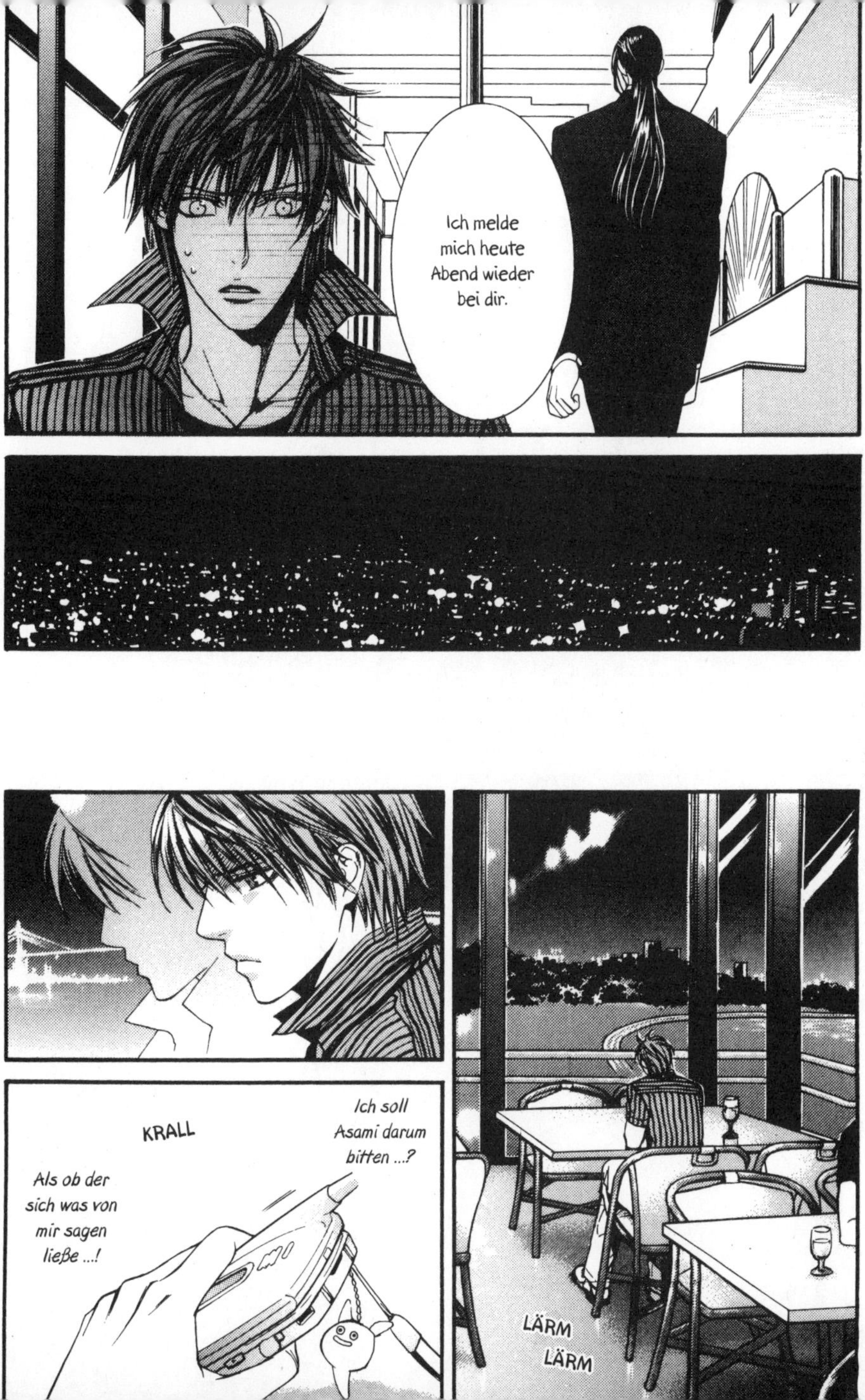
Ich melde mich heute Abend wieder bei dir.
Ich soll Asami darum bitten ...?
KRALL
Als ob der sich was von mir sagen ließe ...!
LÄRM
LÄRM

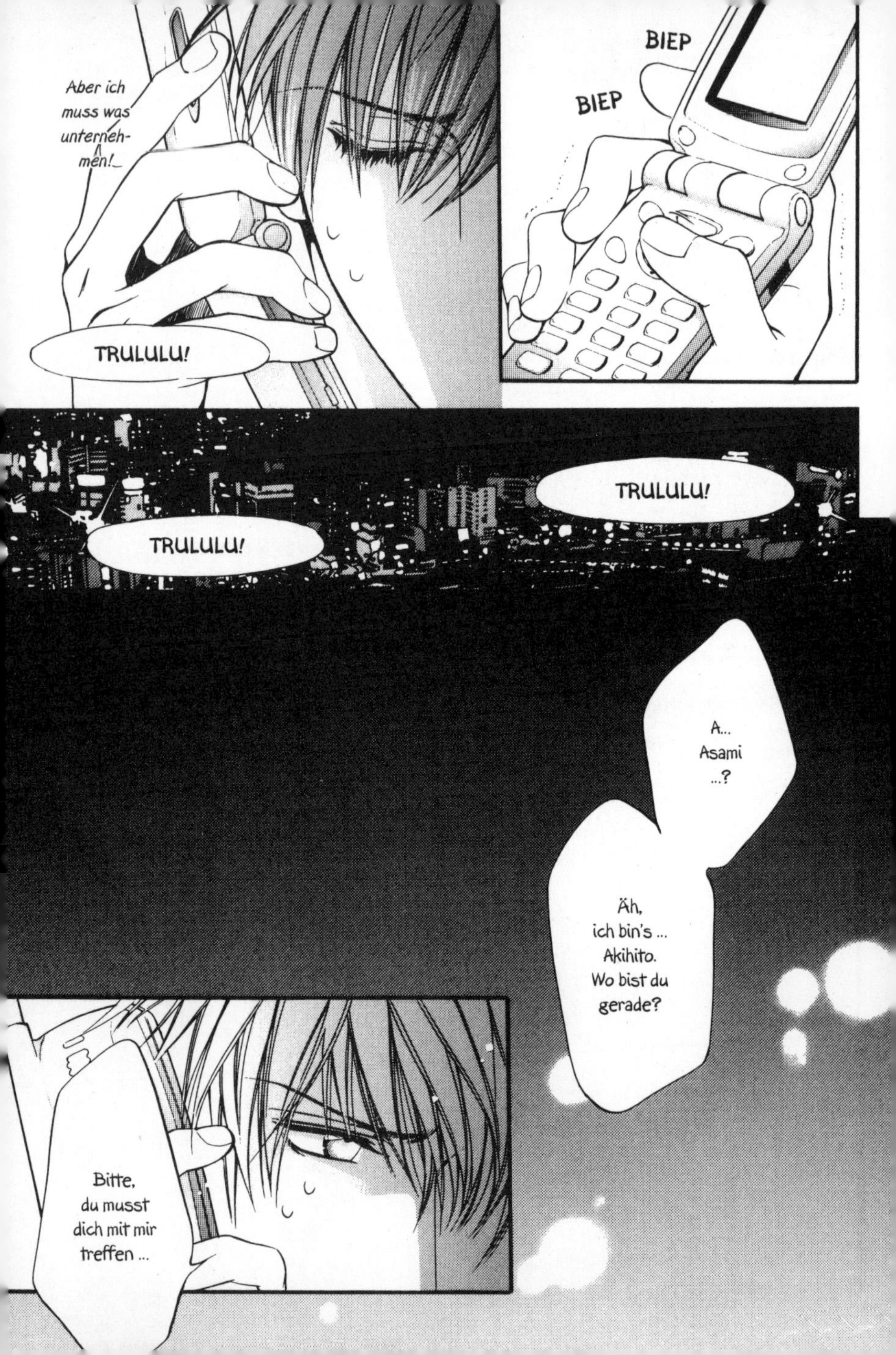
BIEP
BIEP
Aber ich muss was unterneh- men!
TRULULU!
TRULULU!
TRULULU!
A... Asami ...?
Äh, ich bin's ... Akihito. Wo bist du gerade?
Bitte, du musst dich mit mir treffen ...

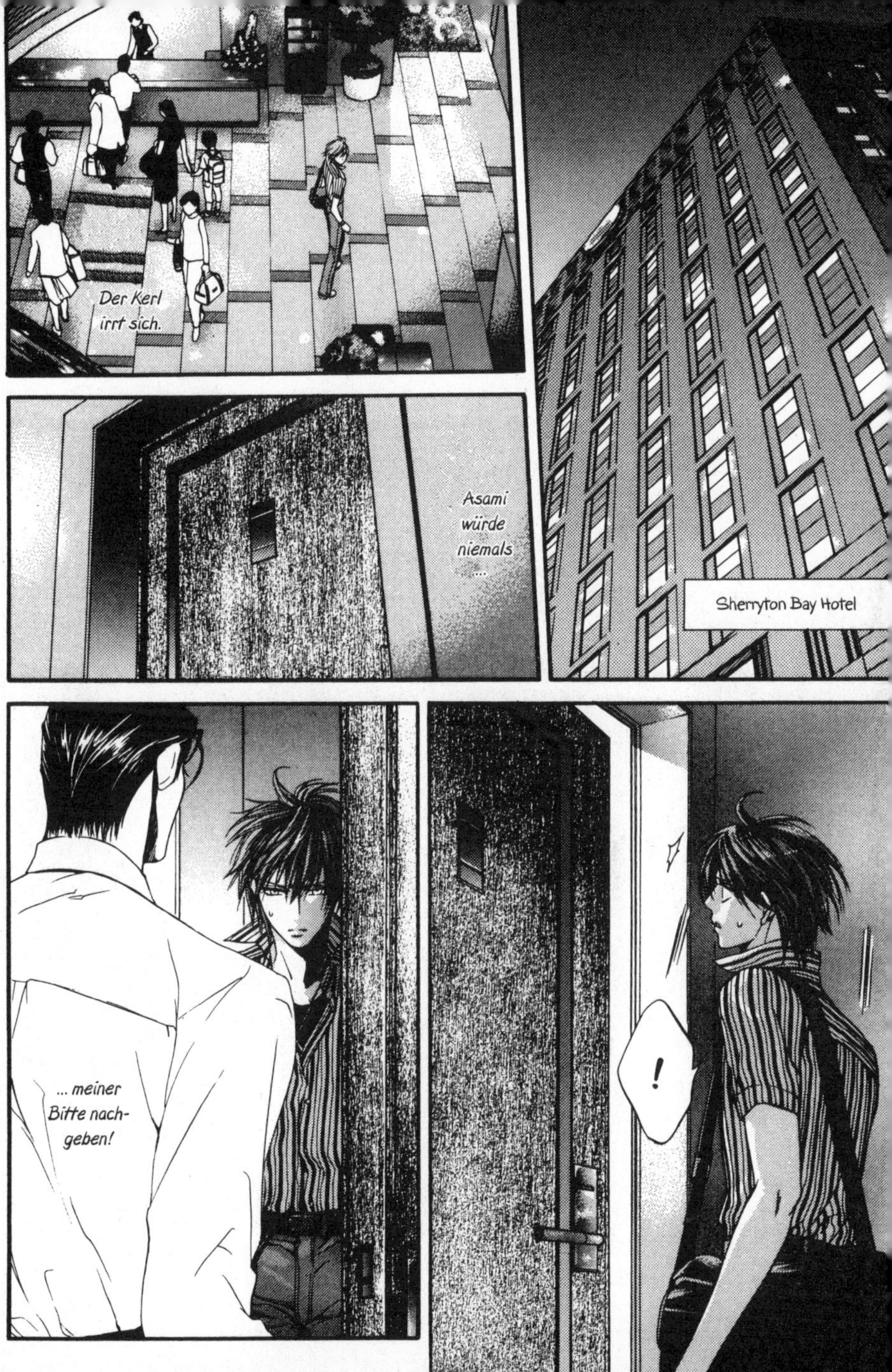

Sherryton Bay Hotel
Der Kerl irrt sich.
Asami würde niemals ...
!
... meiner Bitte nach-geben!

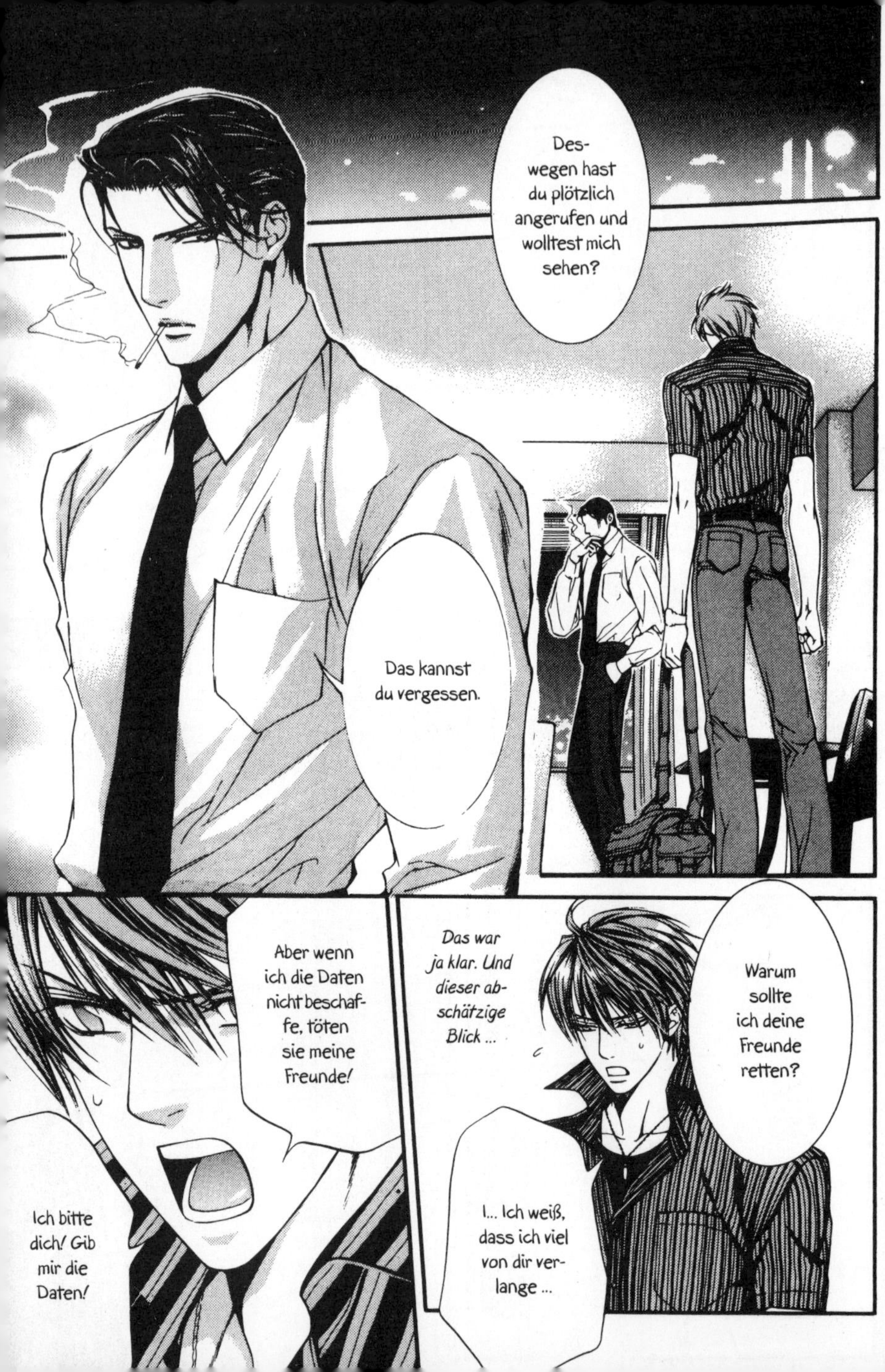
Deswegen hast du plötzlich angerufen und wolltest mich sehen?
Das kannst du vergessen.
Warum sollte ich deine Freunde retten?
Das war ja klar. Und dieser abschätzige Blick ...
I... Ich weiß, dass ich viel von dir verlange ...
Aber wenn ich die Daten nicht beschaffe, töten sie meine Freunde!
Ich bitte dich! Gib mir die Daten!

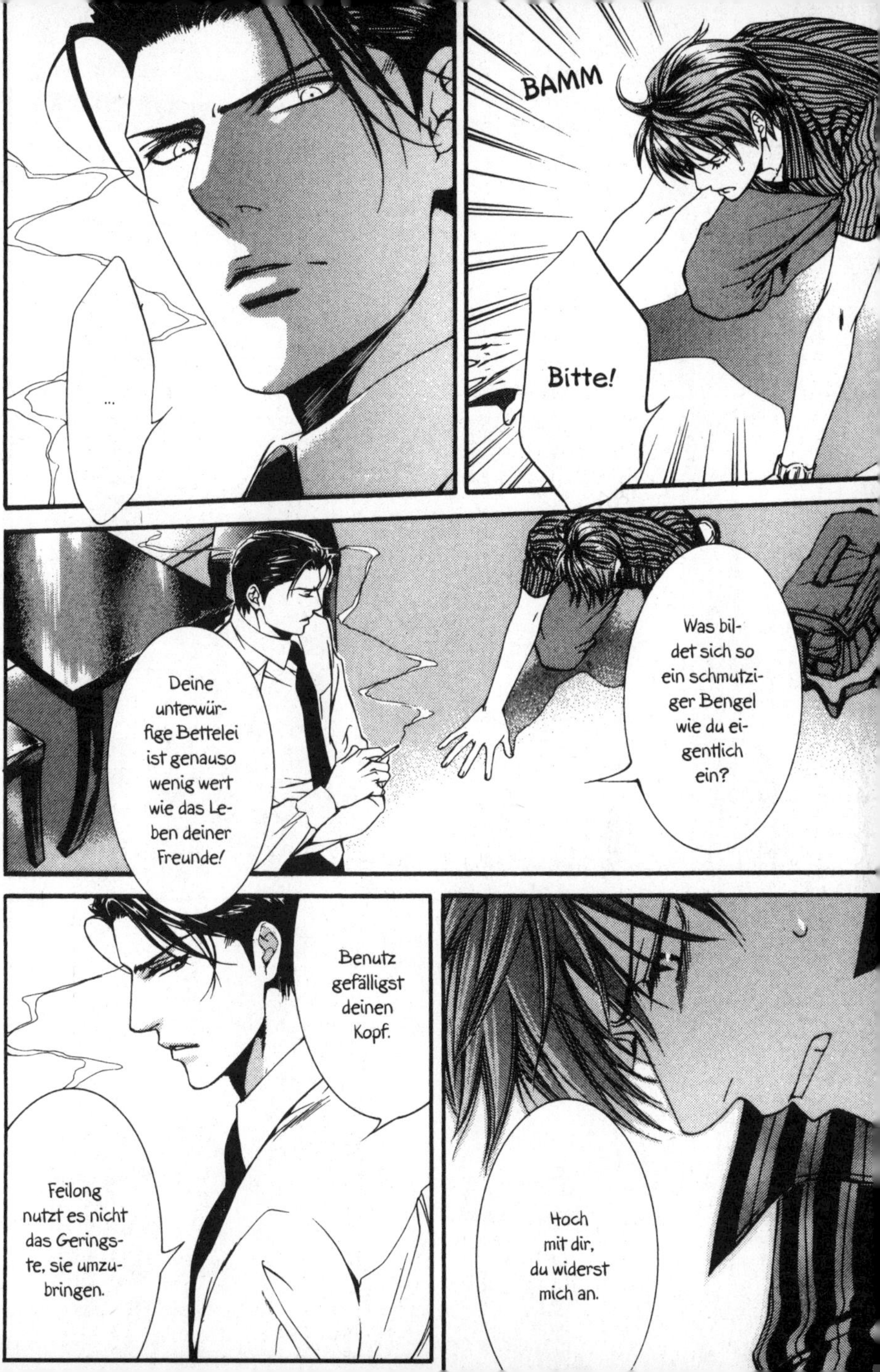
BAMM
Bitte!
...
Was bildet sich so ein schmutziger Bengel wie du eigentlich ein?
Deine unterwürfige Bettelei ist genauso wenig wert wie das Leben deiner Freunde!
Hoch mit dir, du widerst mich an.
Benutz gefälligst deinen Kopf.
Feilong nutzt es nicht das Geringste, sie umzubringen.

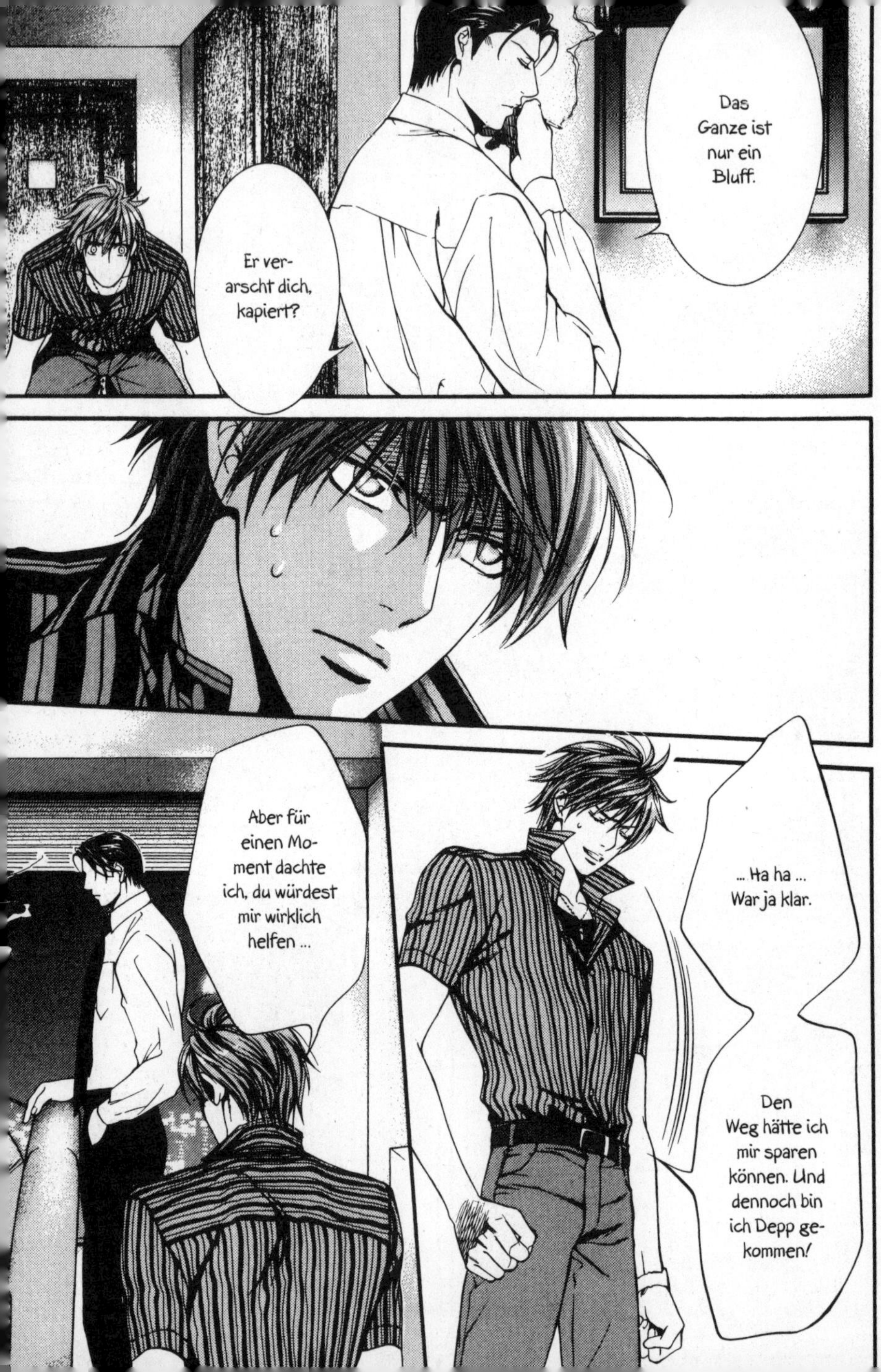
Das Ganze ist nur ein Bluff.
Er verarscht dich, kapiert?
... Ha ha ... War ja klar.
Den Weg hätte ich mir sparen können. Und dennoch bin ich Depp gekommen!
Aber für einen Moment dachte ich, du würdest mir wirklich helfen ...

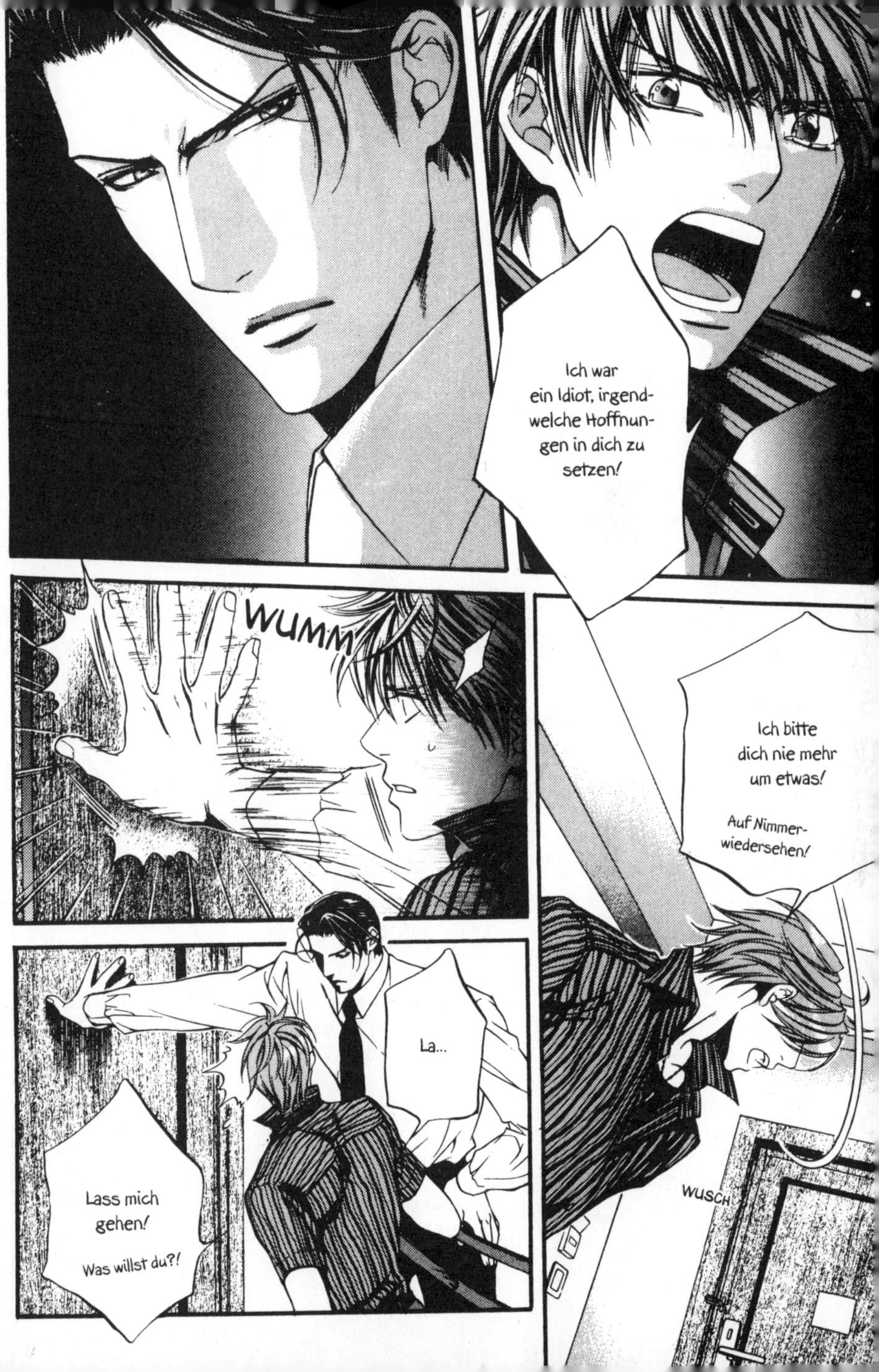
Ich war ein Idiot, irgendwelche Hoffnungen in dich zu setzen!
Ich bitte dich nie mehr um etwas!
Auf Nimmerwiedersehen!
WUMM
WUSCH
La...
Lass mich gehen!
Was willst du?!

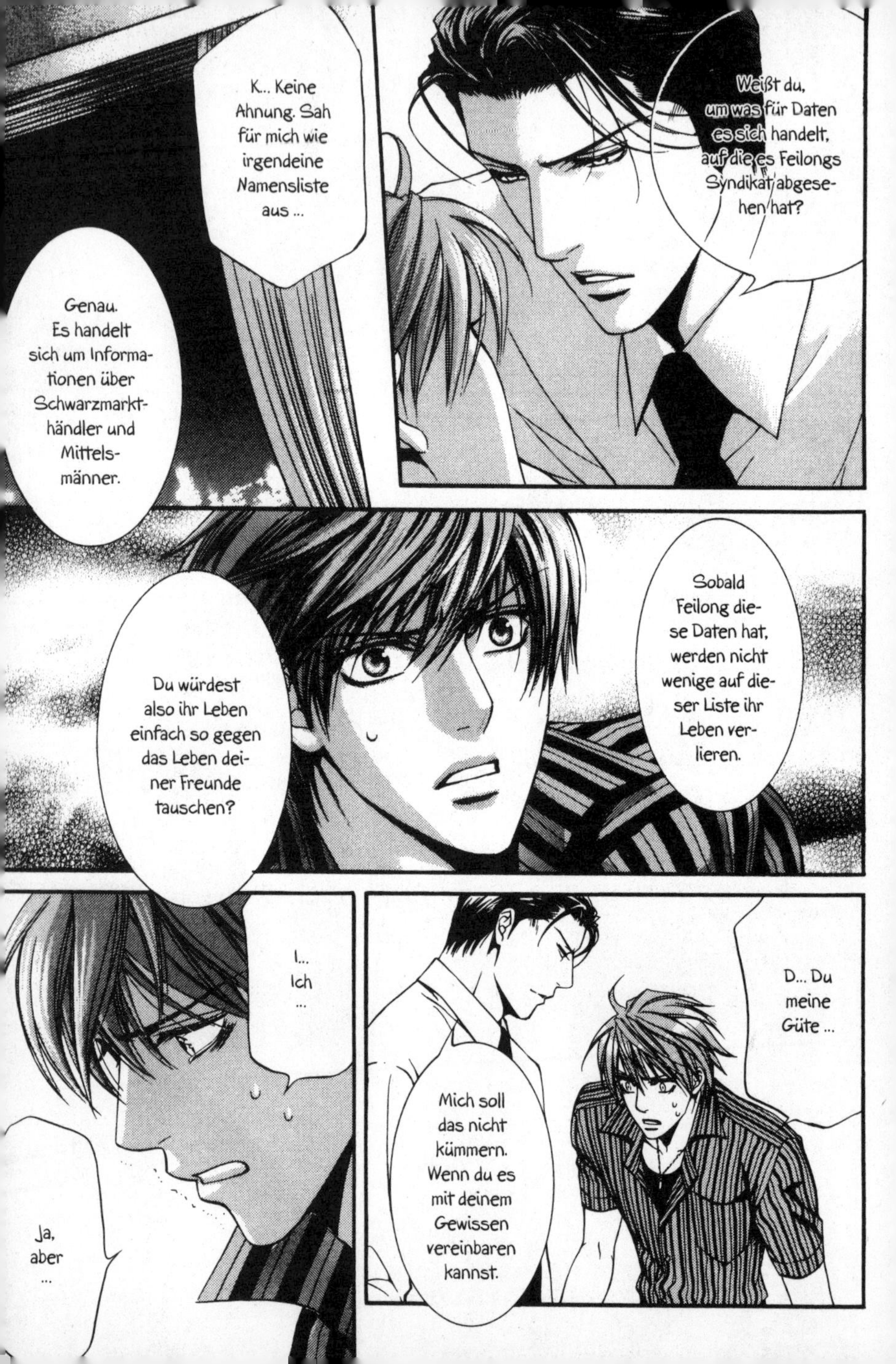
Weißt du, um was für Daten es sich handelt, auf die es Feilongs Syndikat abgesehen hat?
K... Keine Ahnung. Sah für mich wie irgendeine Namensliste aus ...
Genau. Es handelt sich um Informationen über Schwarzmarkthändler und Mittelsmänner.
Sobald Feilong diese Daten hat, werden nicht wenige auf dieser Liste ihr Leben verlieren.
Du würdest also ihr Leben einfach so gegen das Leben deiner Freunde tauschen?
D... Du meine Güte ...
Mich soll das nicht kümmern. Wenn du es mit deinem Gewissen vereinbaren kannst.
I... Ich ...
Ja, aber ...

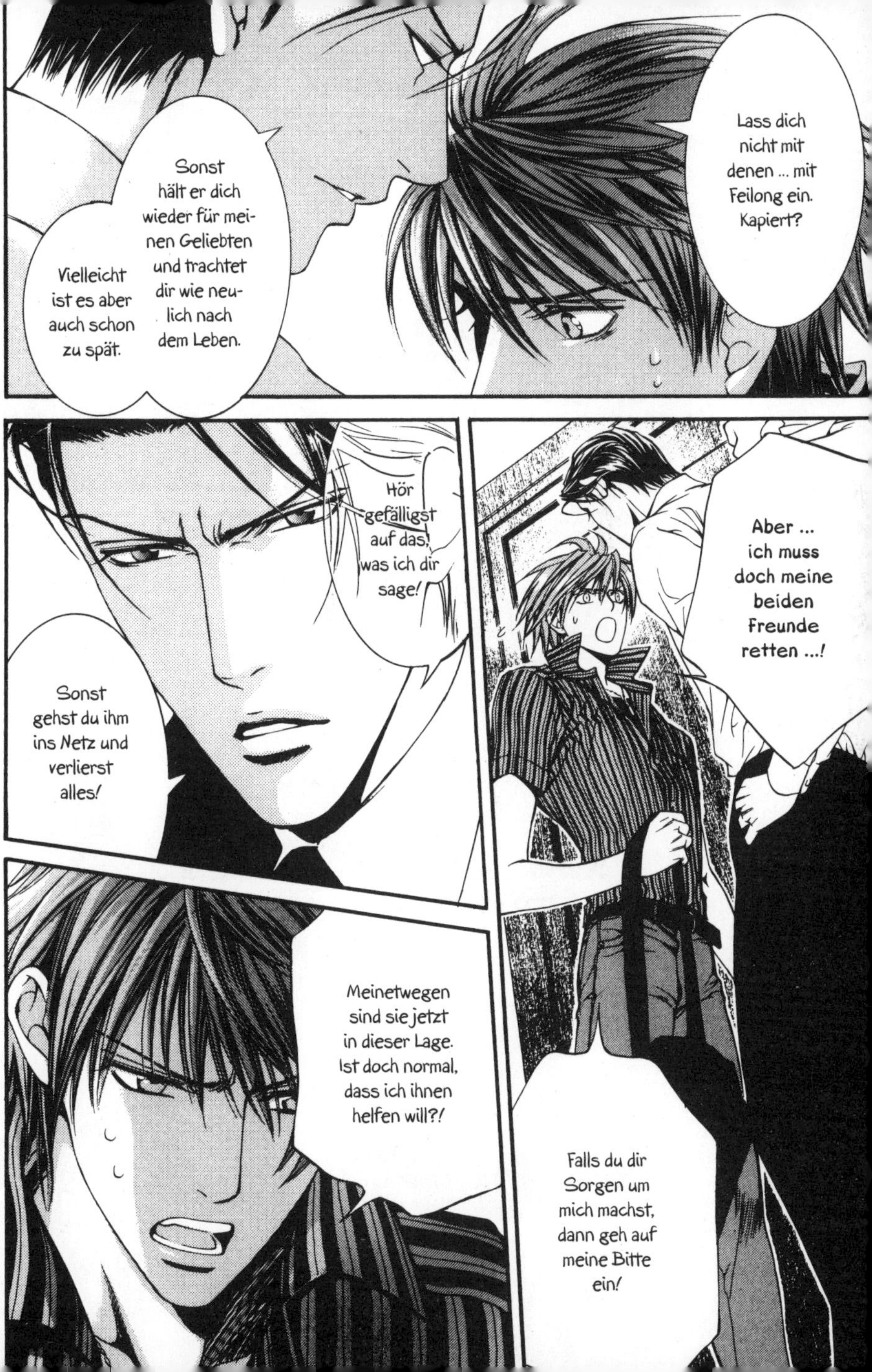

Lass dich nicht mit denen ... mit Feilong ein. Kapiert?
Sonst hält er dich wieder für meinen Geliebten und trachtet dir wie neulich nach dem Leben.
Vielleicht ist es aber auch schon zu spät.
Aber ... ich muss doch meine beiden Freunde retten ...!
Hör gefälligst auf das, was ich dir sage!
Sonst gehst du ihm ins Netz und verlierst alles!
Meinetwegen sind sie jetzt in dieser Lage. Ist doch normal, dass ich ihnen helfen will?!
Falls du dir Sorgen um mich machst, dann geh auf meine Bitte ein!

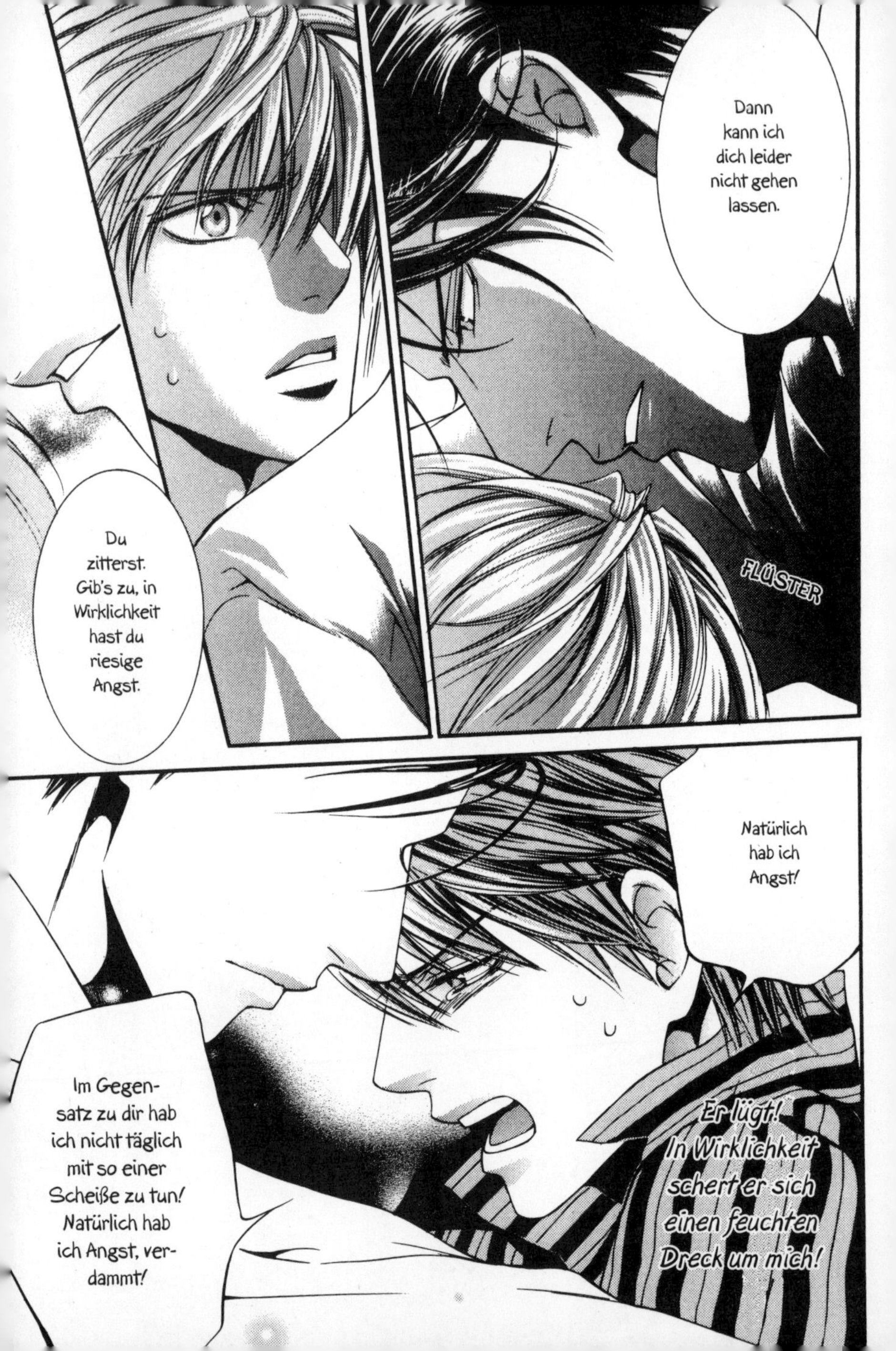

Dann kann ich dich leider nicht gehen lassen.
FLÜSTER
Du zitterst. Gib's zu, in Wirklichkeit hast du riesige Angst.
Natürlich hab ich Angst!
Im Gegen-satz zu dir hab ich nicht täglich mit so einer Scheiße zu tun! Natürlich hab ich Angst, ver-dammt!
Er lügt! In Wirklichkeit schert er sich einen feuchten Dreck um mich!

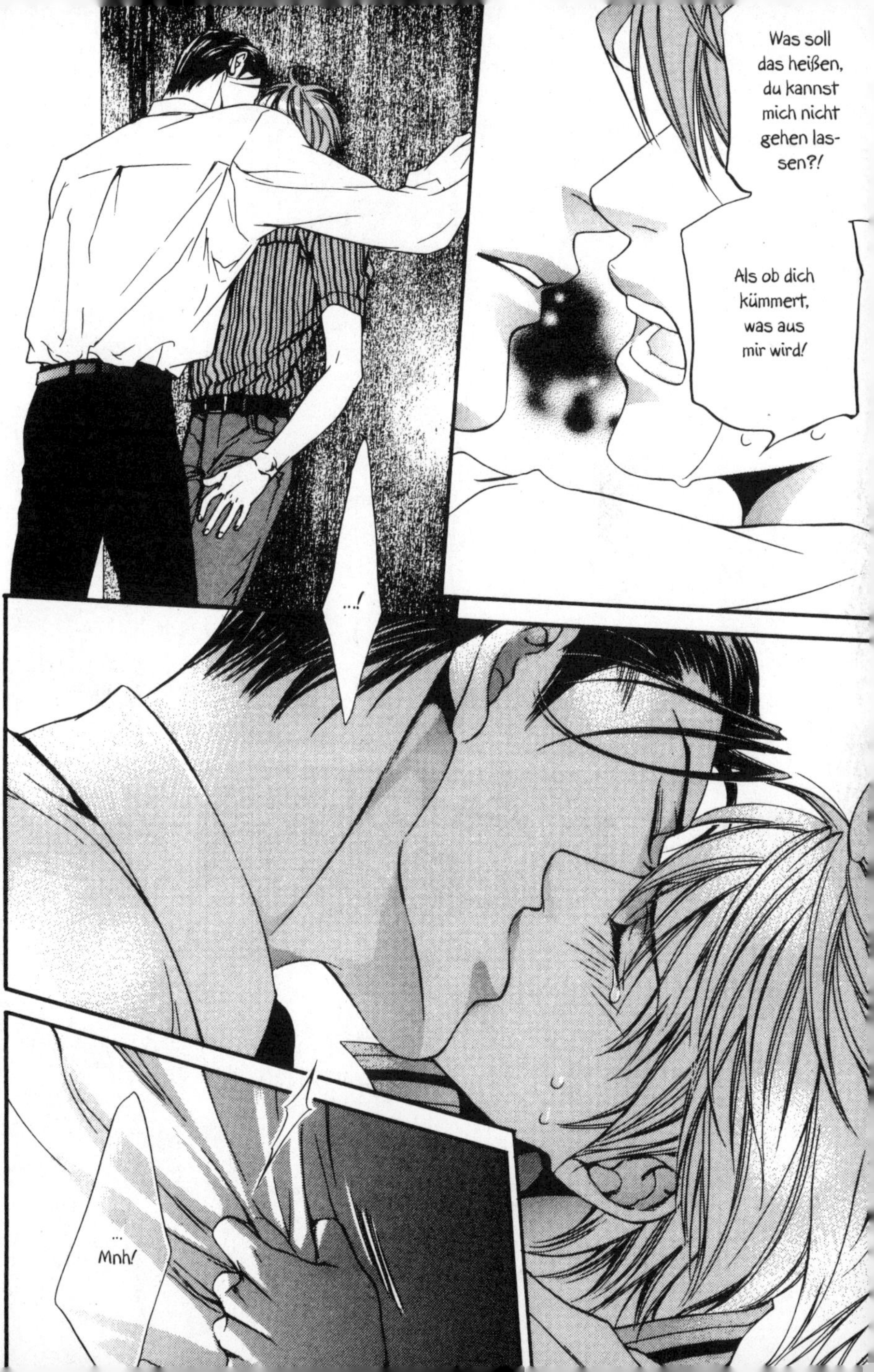
Was soll das heißen, du kannst mich nicht gehen lassen?!
Als ob dich kümmert, was aus mir wird!
...!
... Mnh!

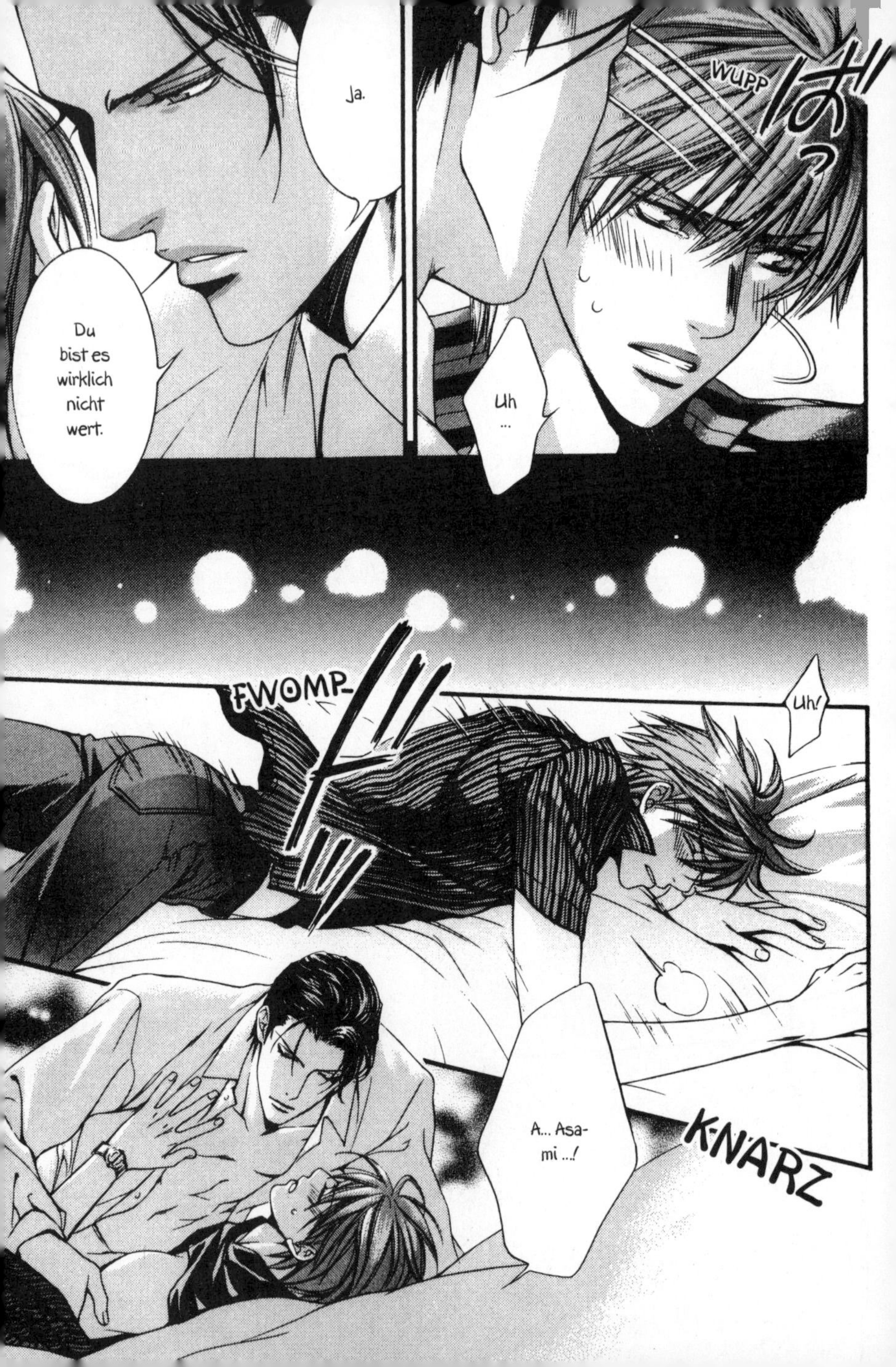
WUPP
ばっ
Uh ...
Ja.
Du bist es wirklich nicht wert.
Uh!
FWOMP
A... Asa-mi ...!
K-NARZ

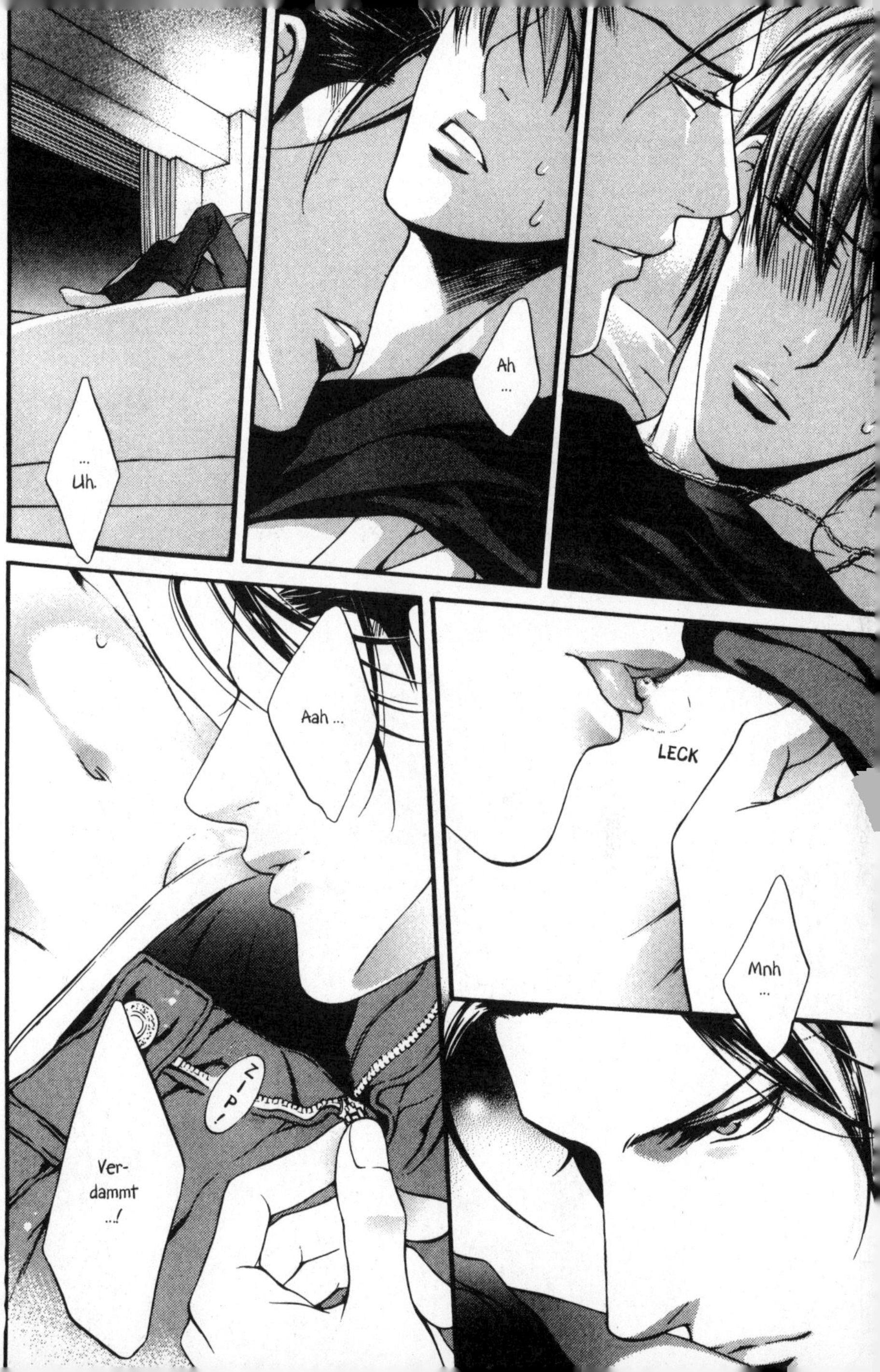
Ah ...
... Uh.
LECK
Mnh ...
Aah ...
ZIP!
Ver-
dammt
...!

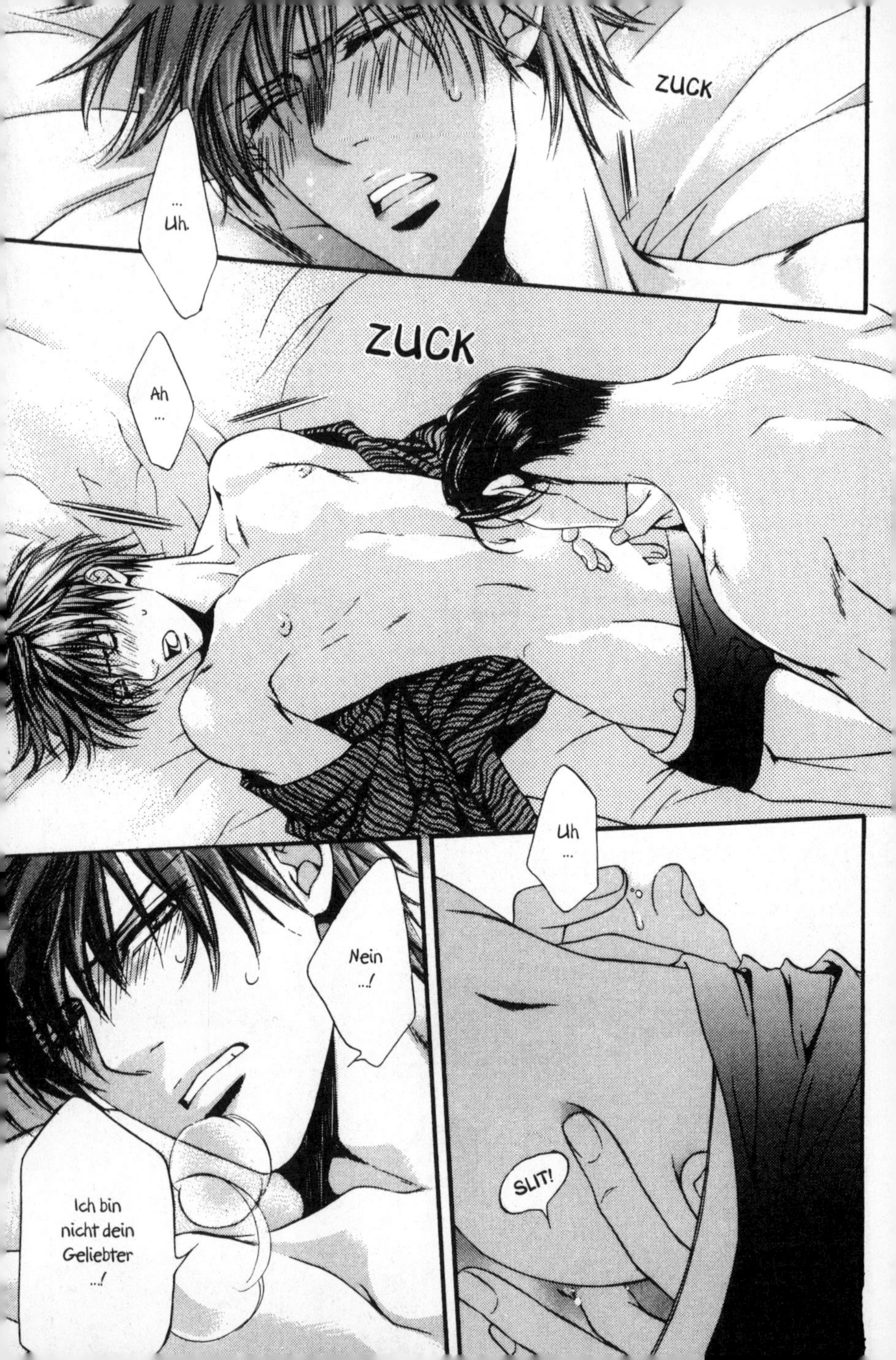
ZUCK
... Uh.
ZUCK
Ah ...
Uh ...
SLIT!
Nein ...!
Ich bin nicht dein Geliebter ...!

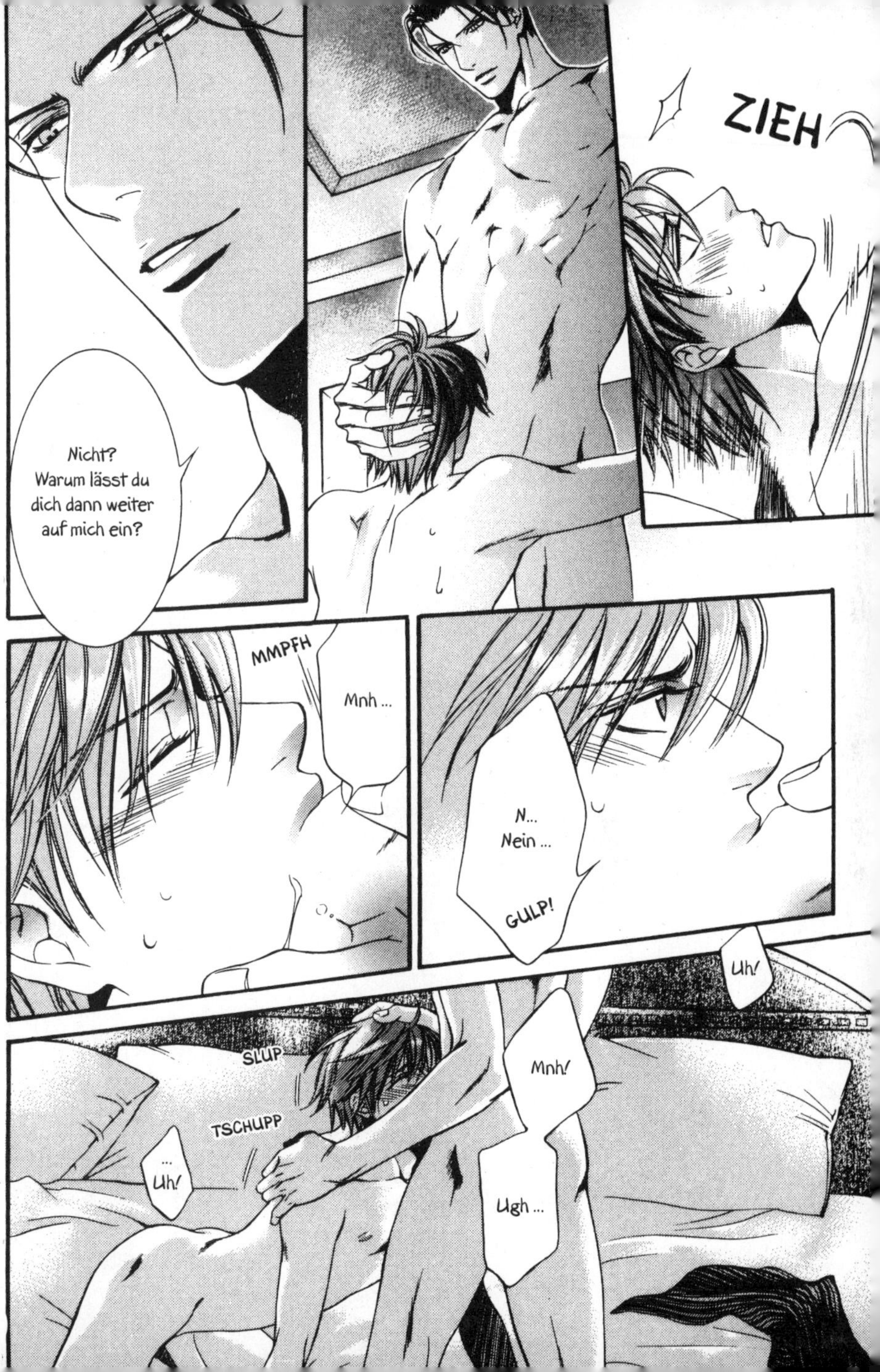
ZIEH
Nicht? Warum lässt du dich dann weiter auf mich ein?
N... Nein ...
GULP!
MMPFH
Mnh ...
Uh!
Mnh!
Ugh ...
SLUP
TSCHUPP
... Uh!

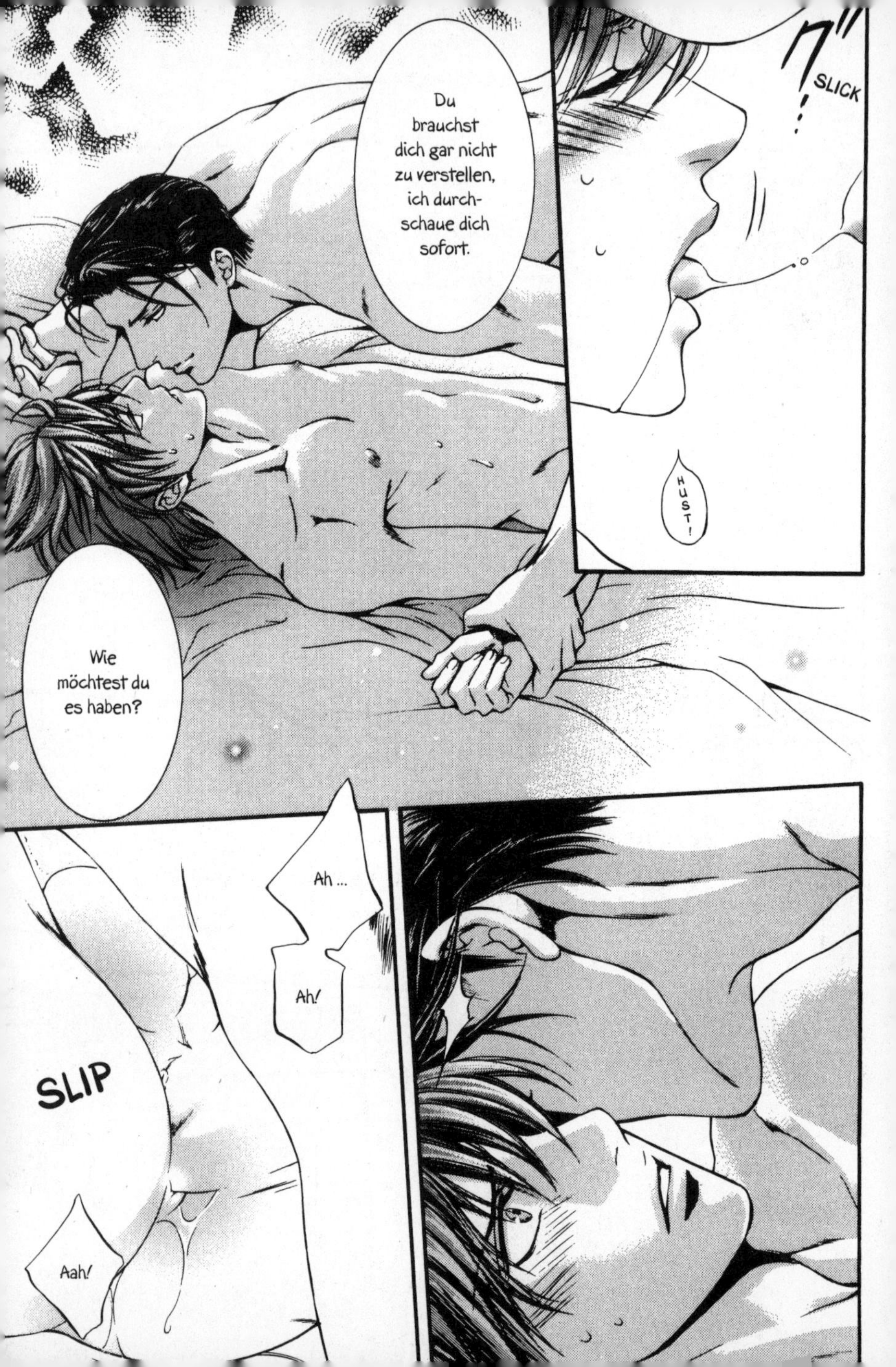
SLICK
HUST!
Du brauchst dich gar nicht zu verstellen, ich durchschaue dich sofort.
Wie möchtest du es haben?
Ah ...
Ah!
SLIP
Aah!

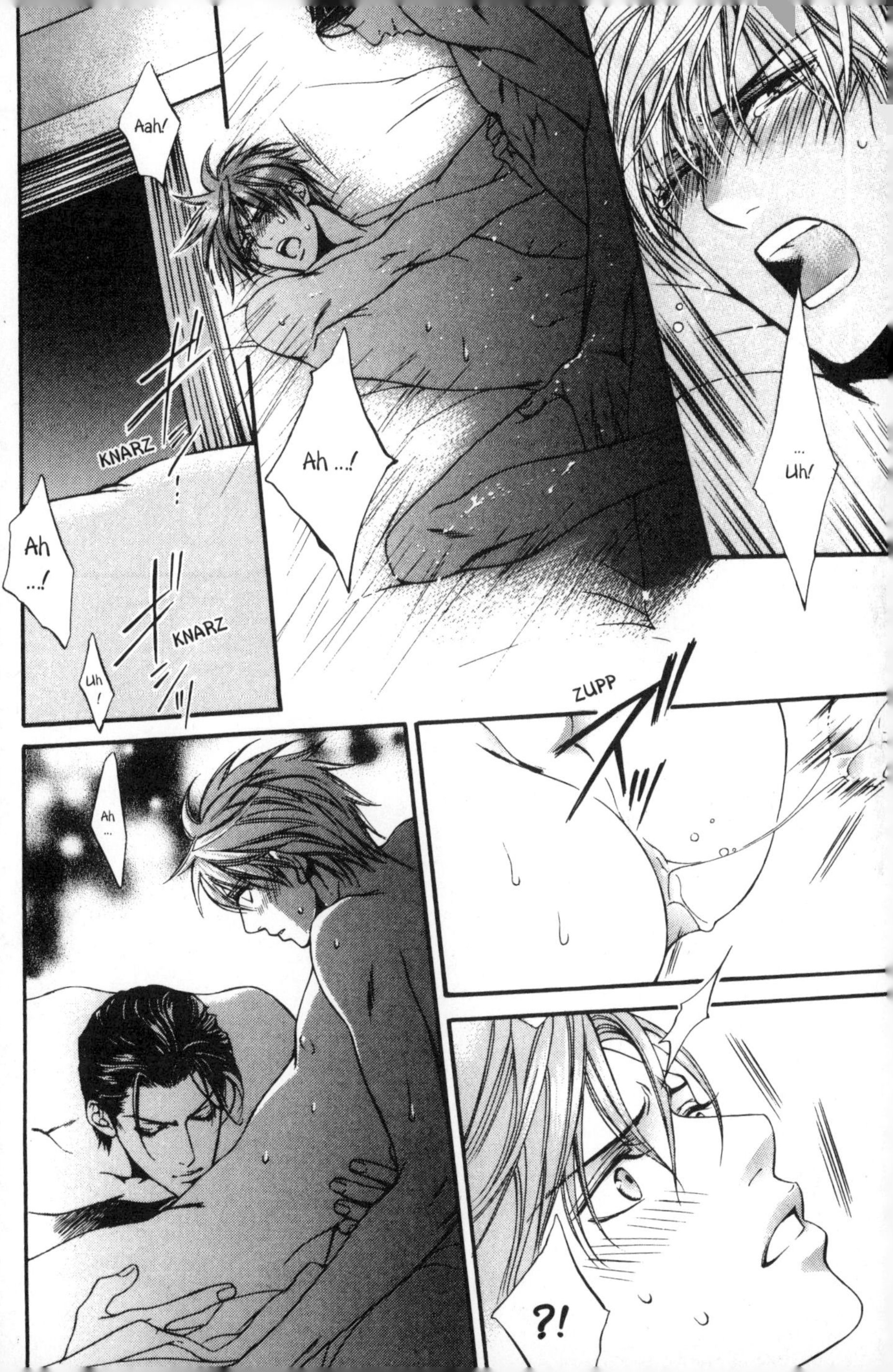

... Uh!
Aah!
Ah ...!
KNARZ
Ah ...!
KNARZ
Uh !
ZUPP
?!
Ah ...

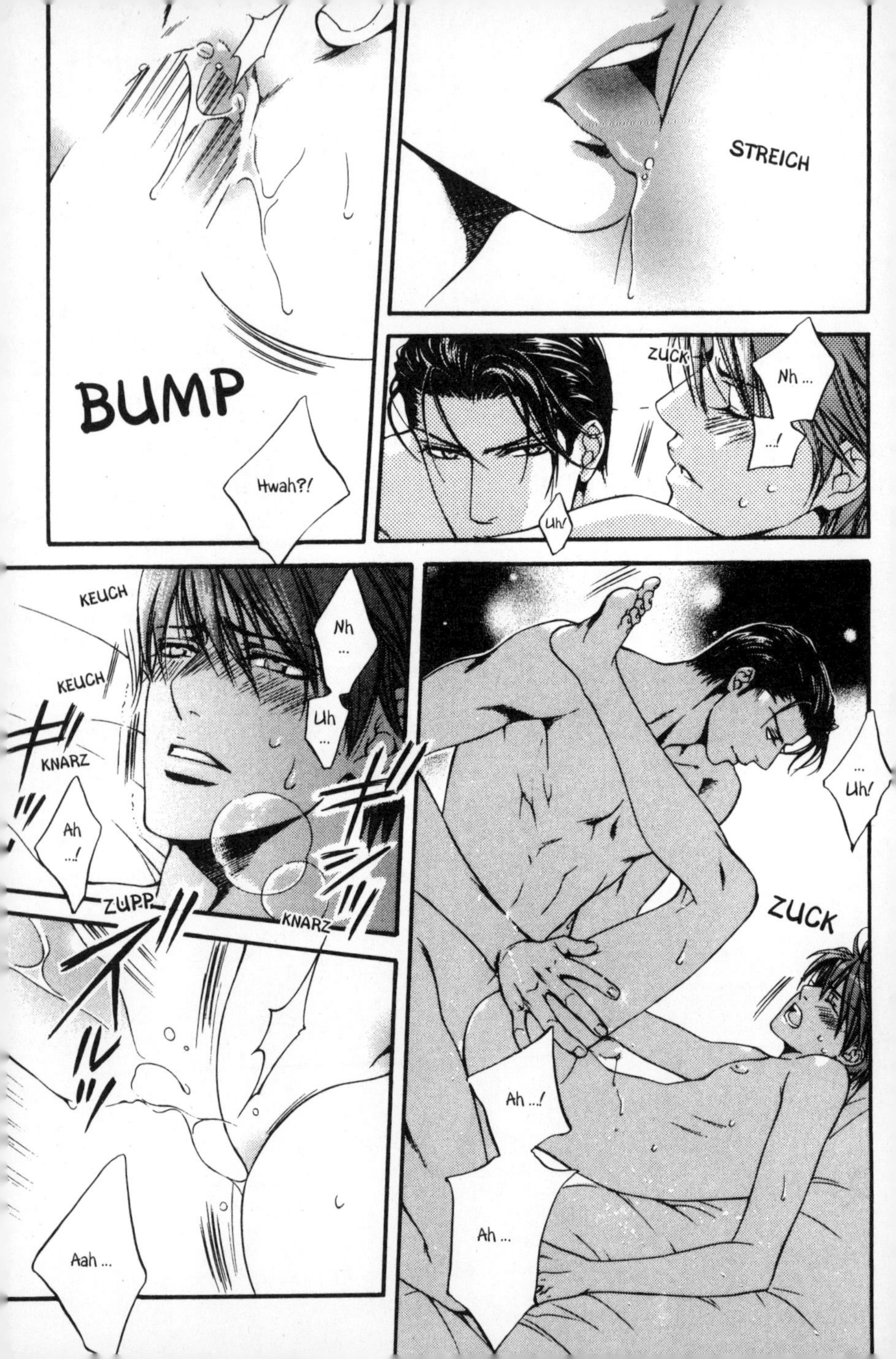
STREICH
BUMP
Hwah?!
ZUCK
Nh ...
...!
Uh!
... Uh!
ZUCK
Ah ...!
Ah ...
KEUCH
Nh ...
KEUCH
Uh ...
KNARZ
Ah ...!
ZUPP
KNARZ
Aah ...

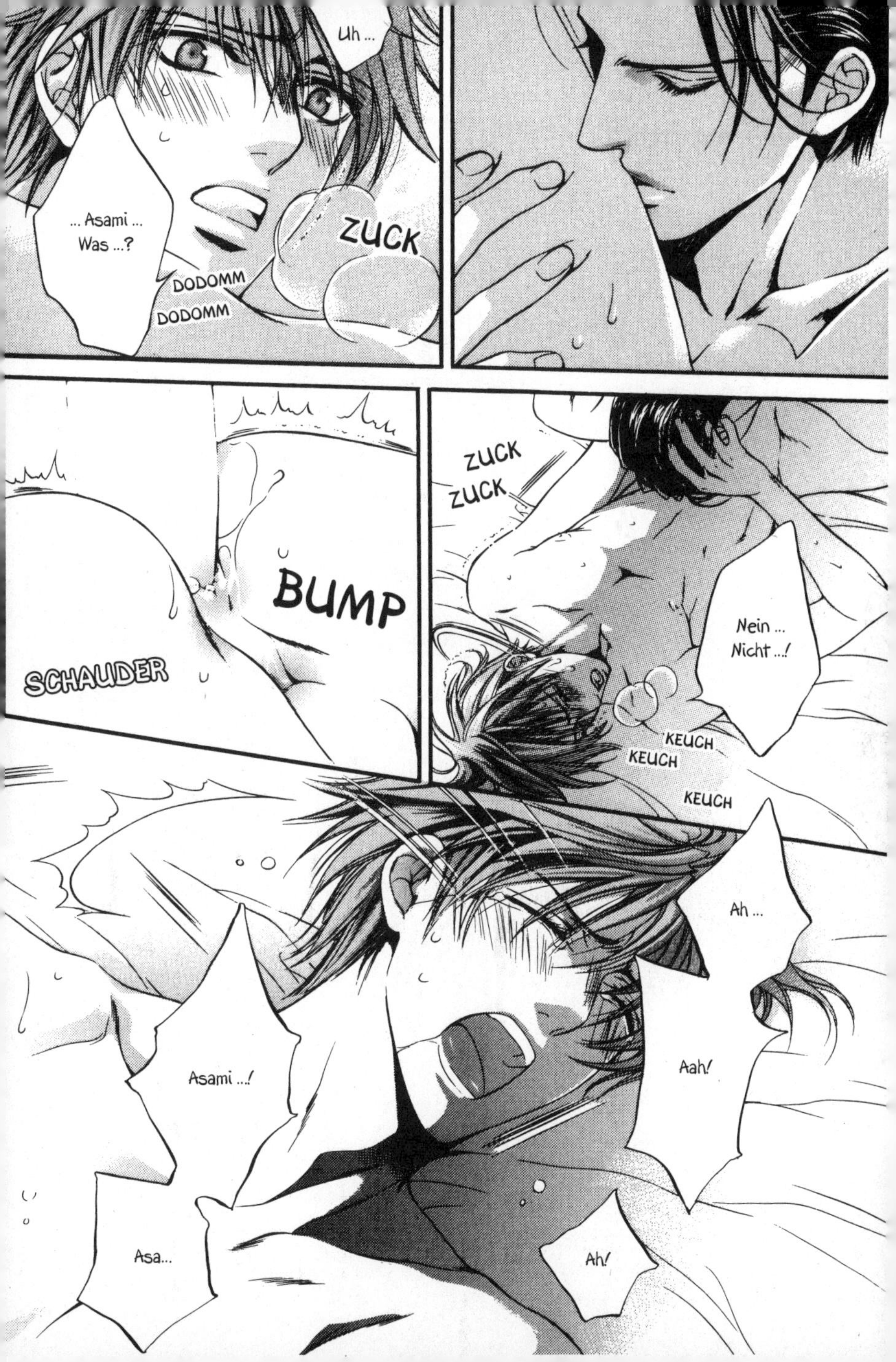
Uh ...
... Asami ...
Was ...?
ZUCK
DODOMM
DODOMM
ZUCK
ZUCK
Nein ...
Nicht ...!
KEUCH
KEUCH
KEUCH
BUMP
SCHAUDER
Ah ...
Aah!
Asami ...!
Ah!
Asa...

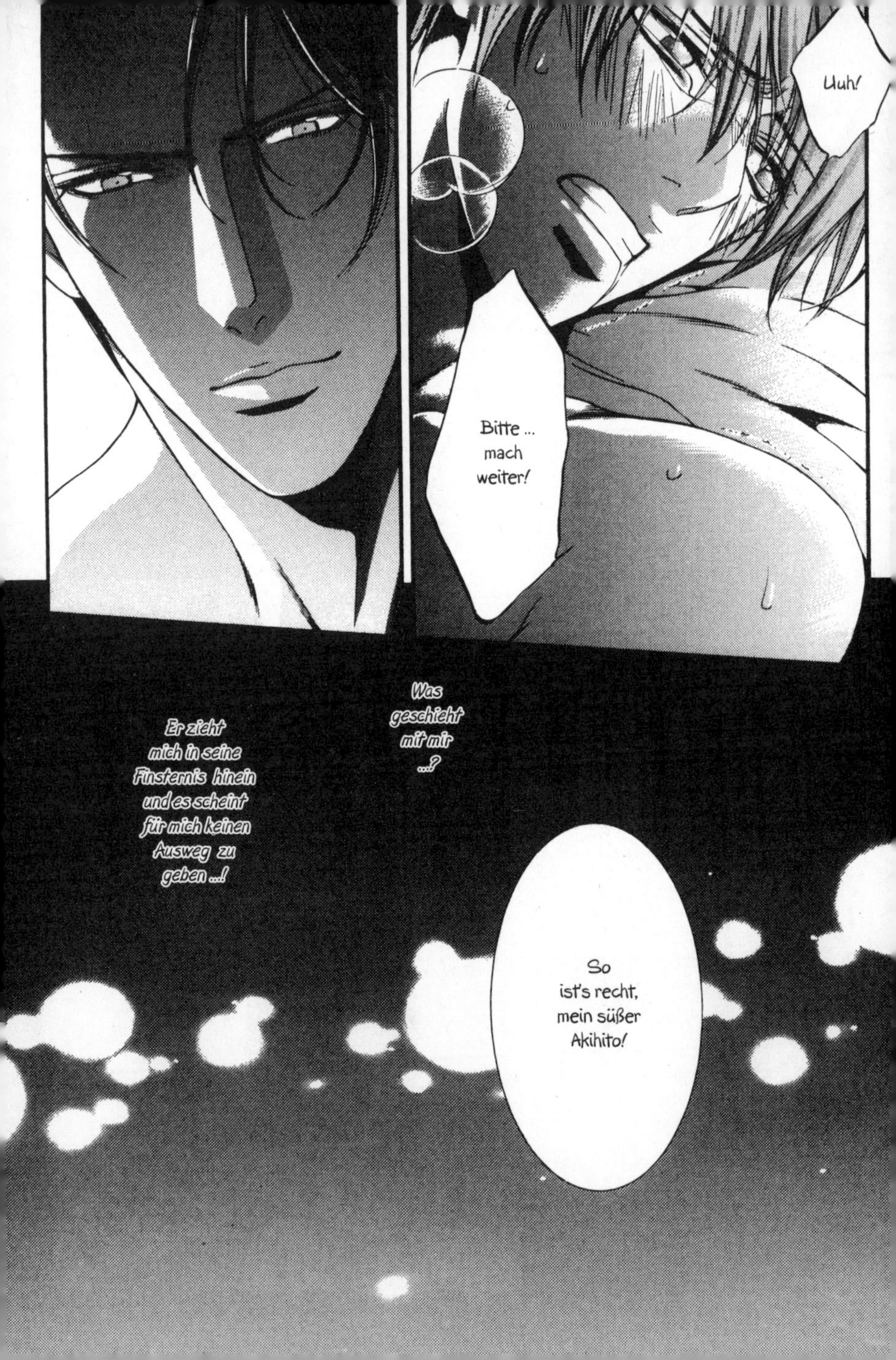
Uuh!
Bitte ... mach weiter!
Was geschieht mit mir ...?
Er zieht mich in seine Finsternis hinein und es scheint für mich keinen Ausweg zu geben ...!
So ist's recht, mein süßer Akihito!

Finder – Auf schwarzen Schwingen

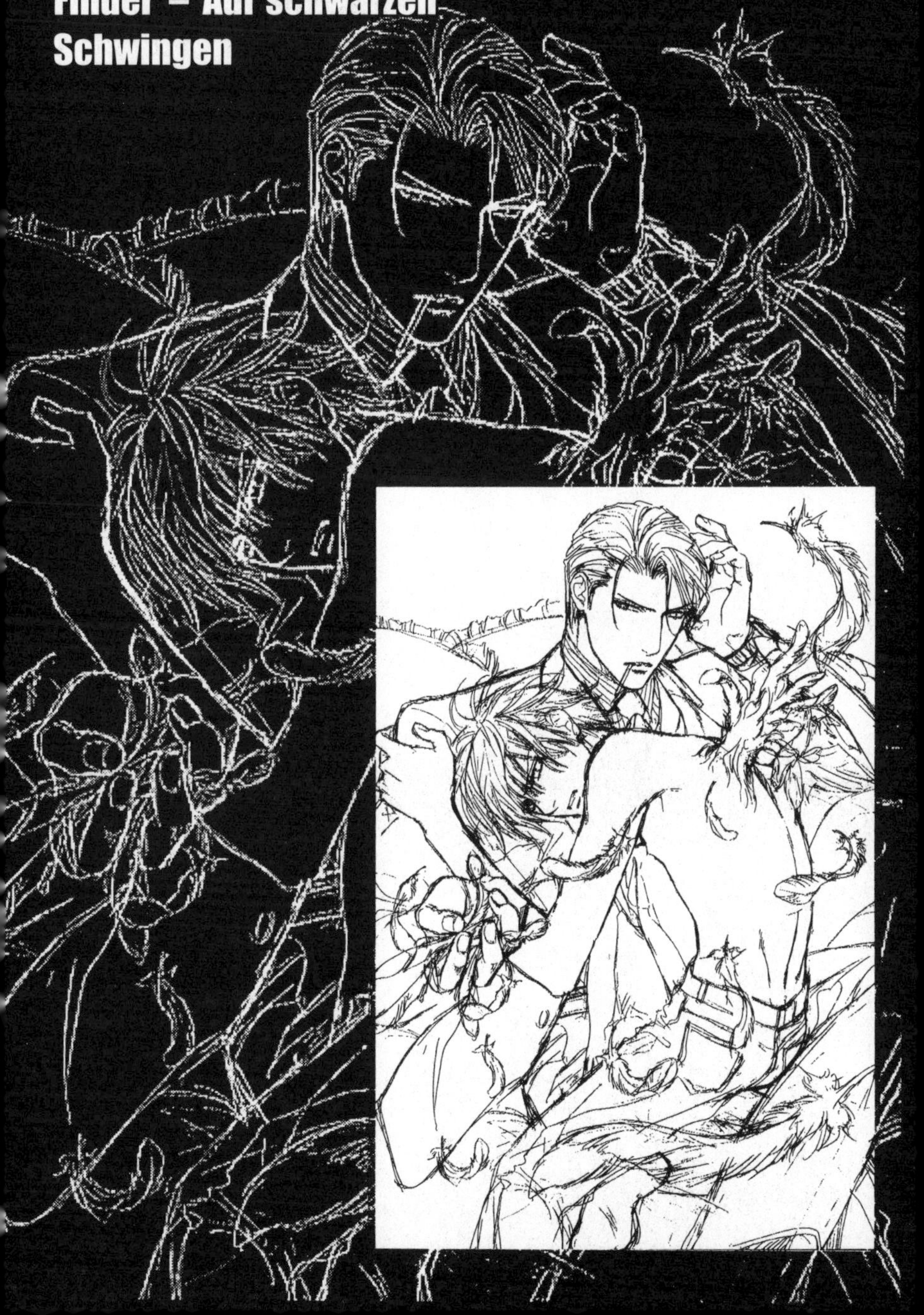

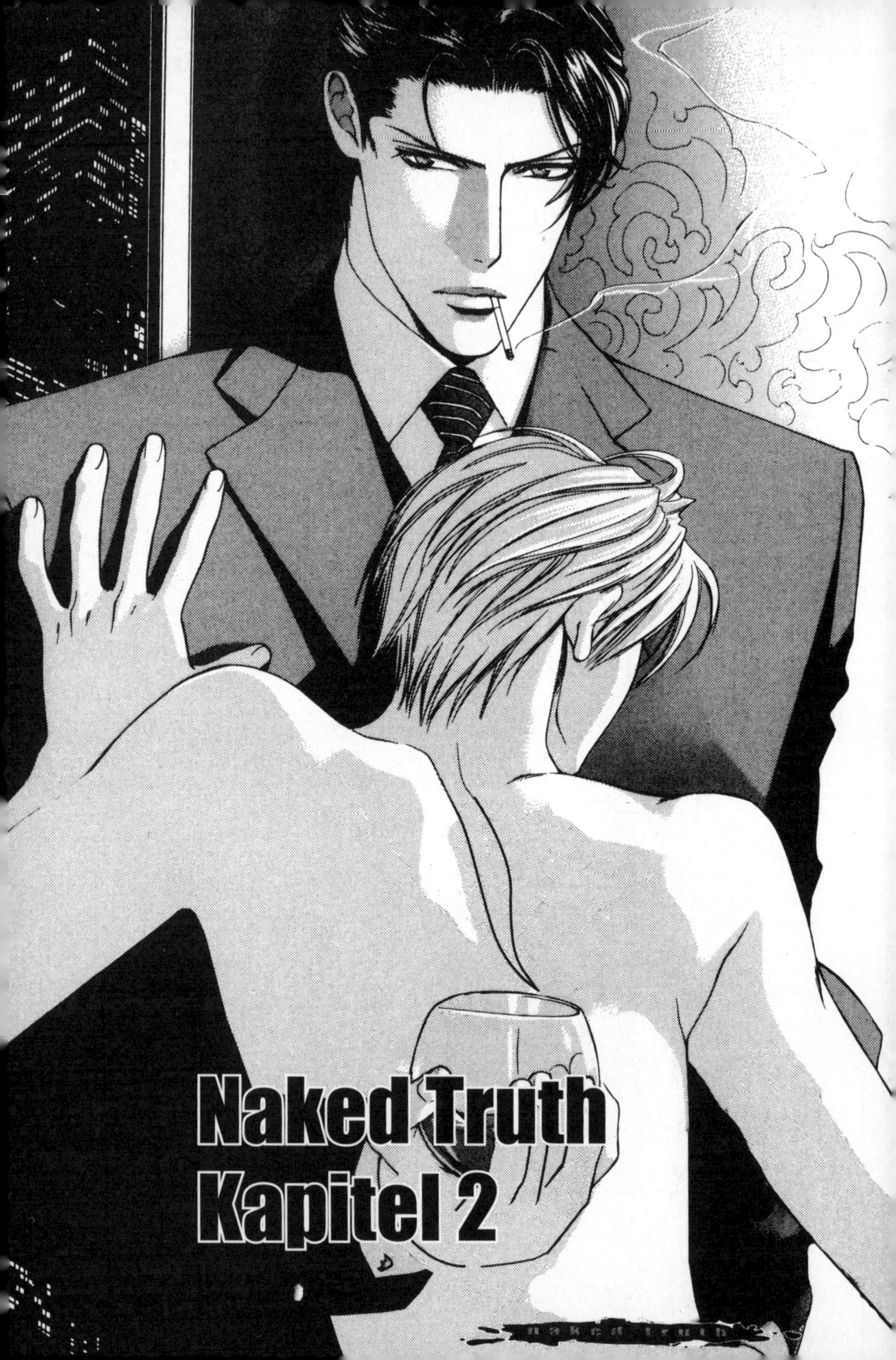
Naked Truth
Kapitel 2

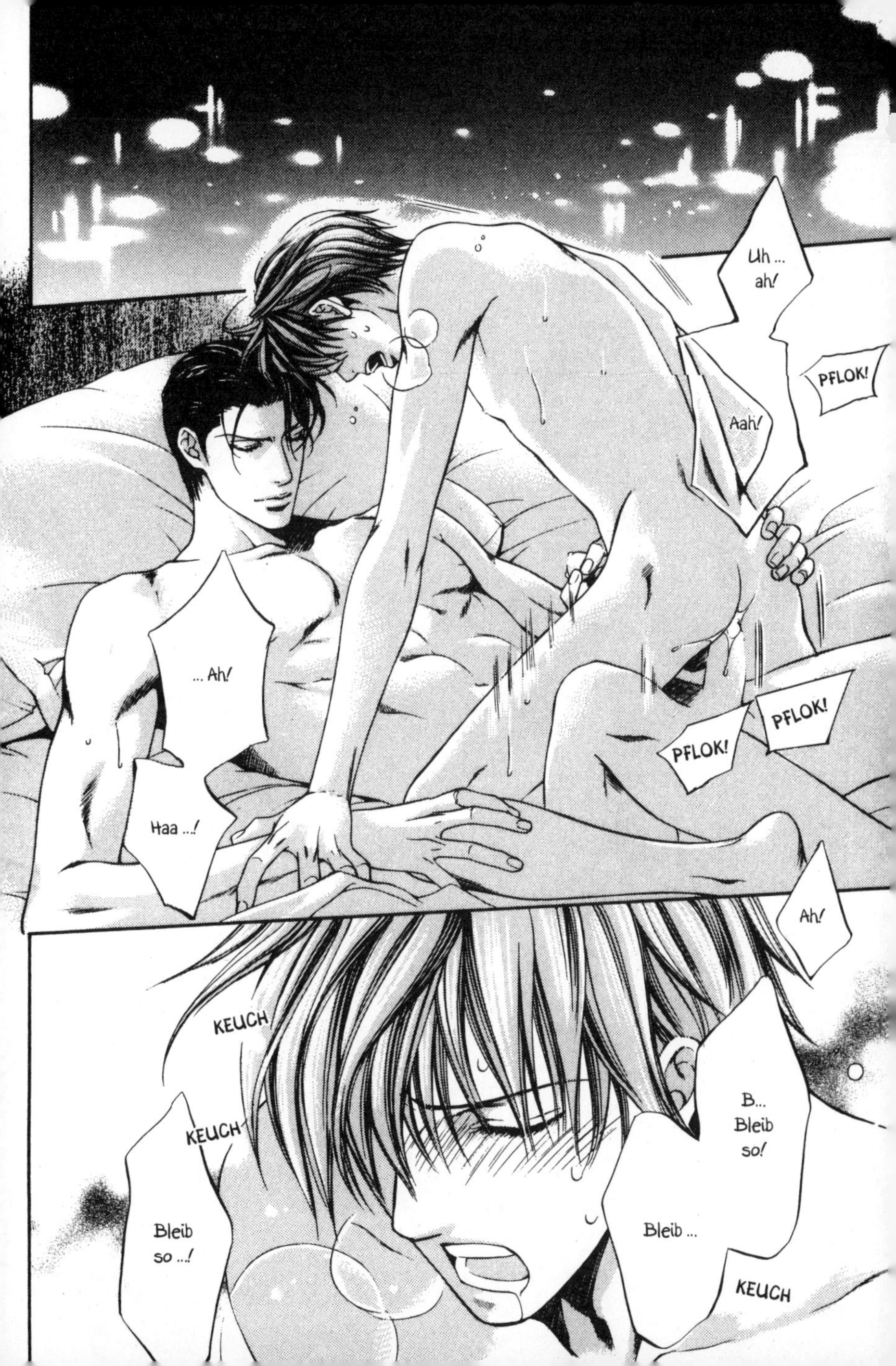

Uh ... ah!
PFLOK!
Aah!
PFLOK!
PFLOK!
... Ah!
Haa ...!
Ah!
B... Bleib so!
Bleib ...
KEUCH
KEUCH
KEUCH
Bleib so ...!

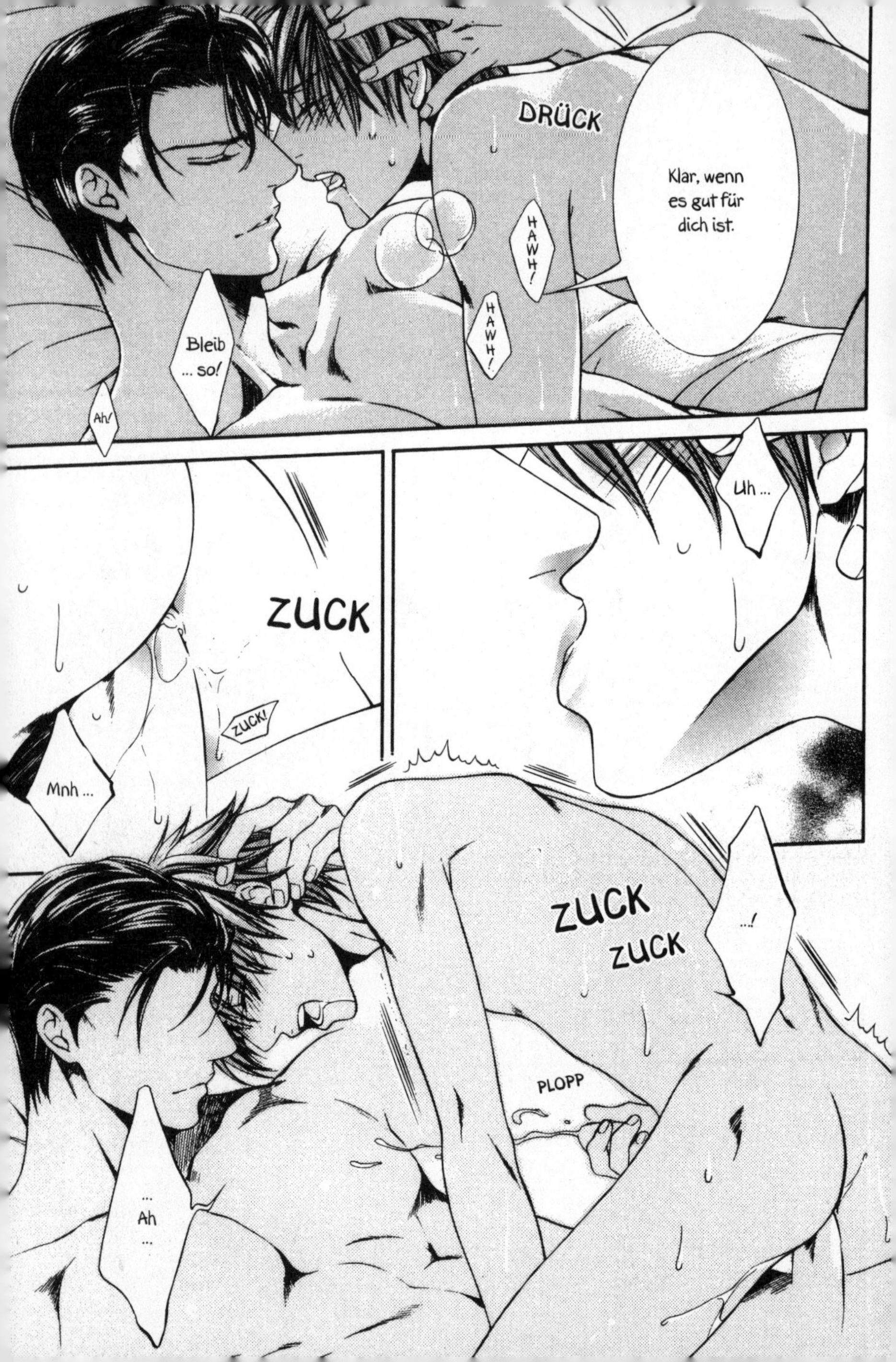
Klar, wenn es gut für dich ist.
DRÜCK
HAWH!
HAWH!
Bleib ... so!
Ah!
Uh ...
ZUCK
ZUCK!
Mnh ...
...!
ZUCK
ZUCK
PLOPP
... Ah ...

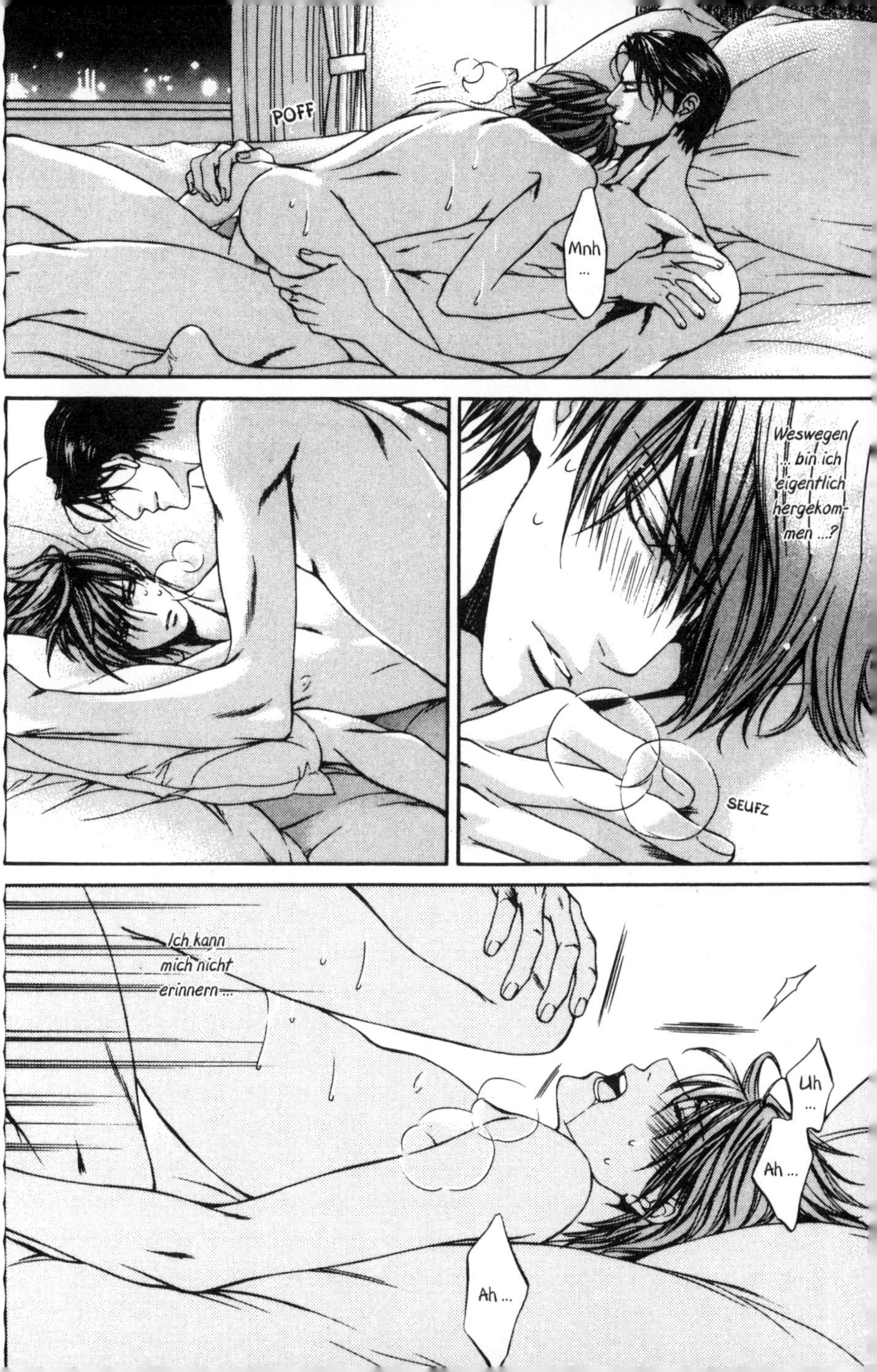
POFF
Mnh ...
Weswegen ... bin ich eigentlich hergekommen ...?
SEUFZ
Uh ...
Ah ...
Ich kann mich nicht erinnern ...
Ah ...

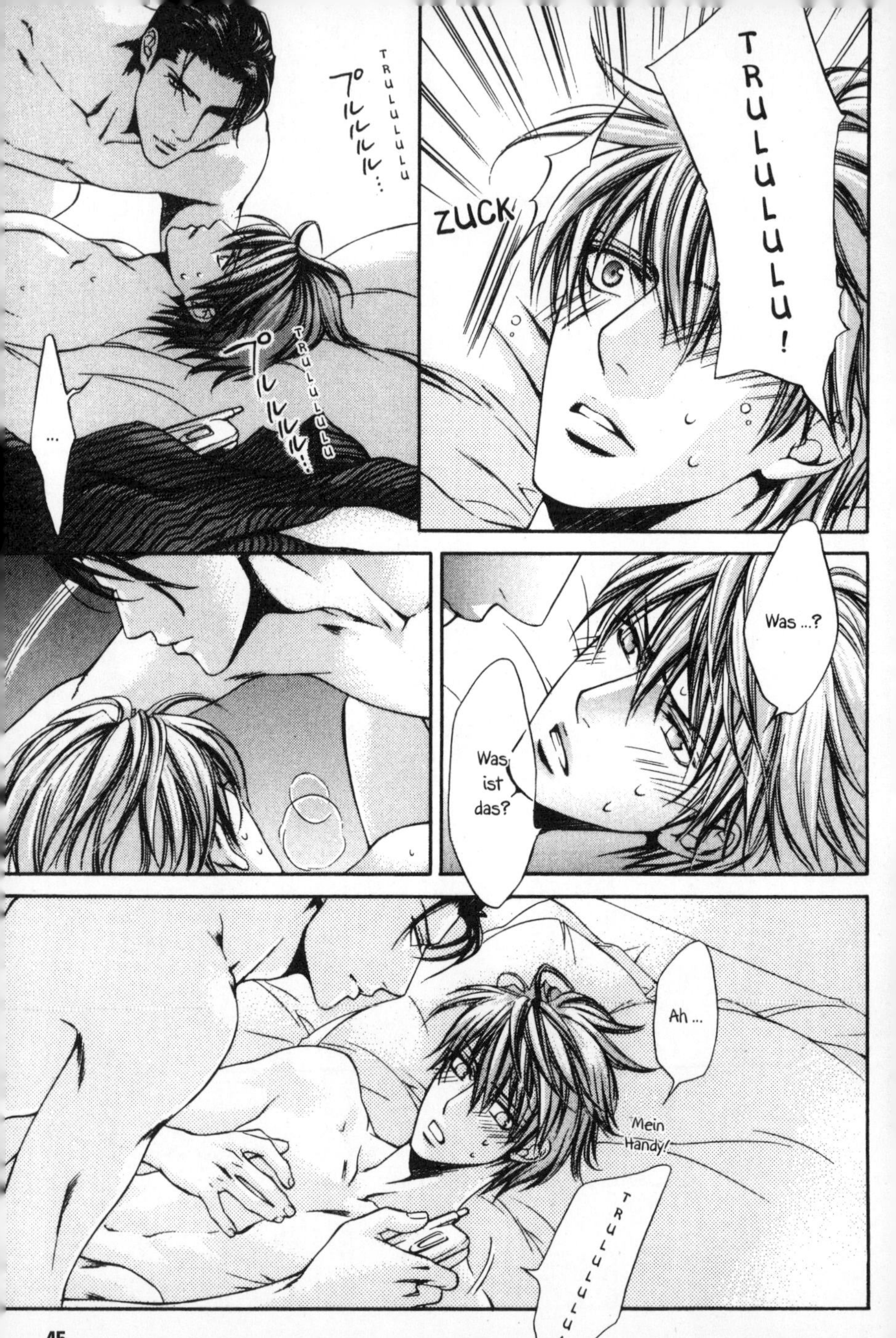
TRULULULU!
ZUCK
プルルルル…
TRULULULU
プルルルル…
TRULULULU
…
Was …?
Was ist das?
Ah …
Mein Handy!
TRULULULU!

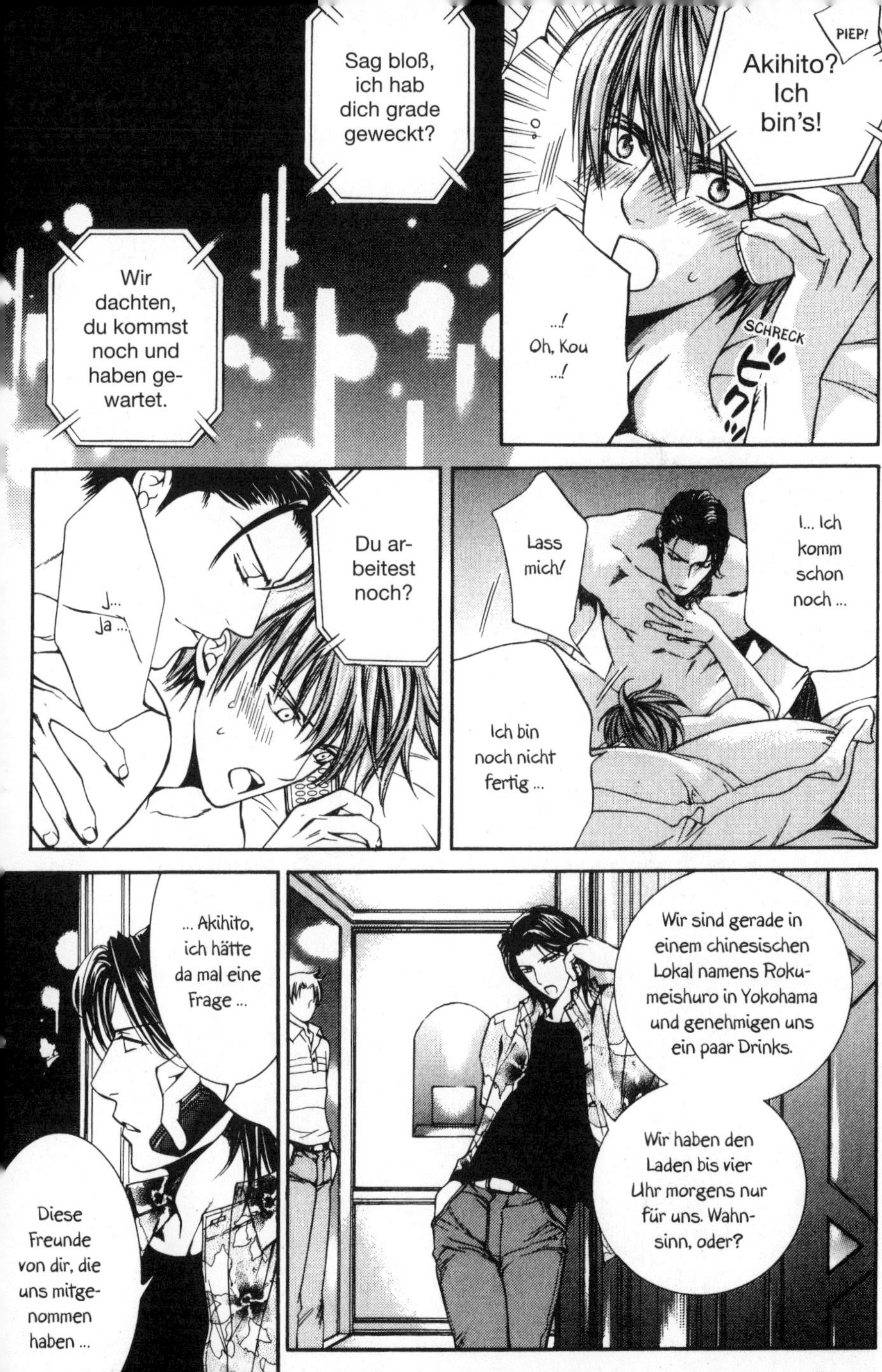
PIEP!
Akihito? Ich bin's!
SCHRECK
...! Oh, Kou ...!
Sag bloß, ich hab dich grade geweckt?
Wir dachten, du kommst noch und haben gewartet.
I... Ich komm schon noch ...
Lass mich!
Ich bin noch nicht fertig ...
Du arbeitest noch?
J... Ja ...
Wir sind gerade in einem chinesischen Lokal namens Rokumeishuro in Yokohama und genehmigen uns ein paar Drinks.
Wir haben den Laden bis vier Uhr morgens nur für uns. Wahnsinn, oder?
... Akihito, ich hätte da mal eine Frage ...
Diese Freunde von dir, die uns mitgenommen haben ...

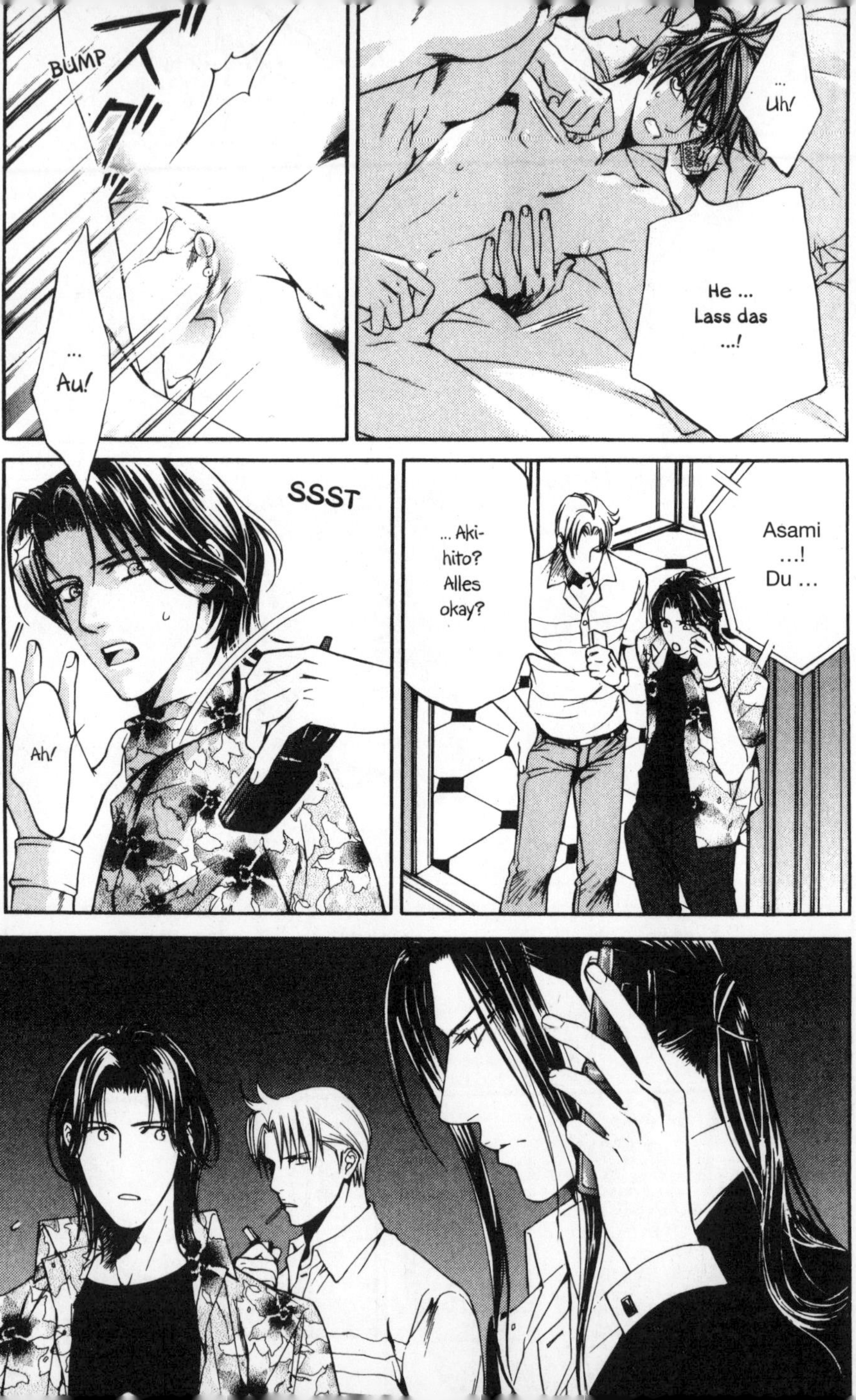
... Uh!
He ... Lass das ...!
BUMP
... Au!
Asami ...! Du ...
... Aki-hito? Alles okay?
SSST
Ah!

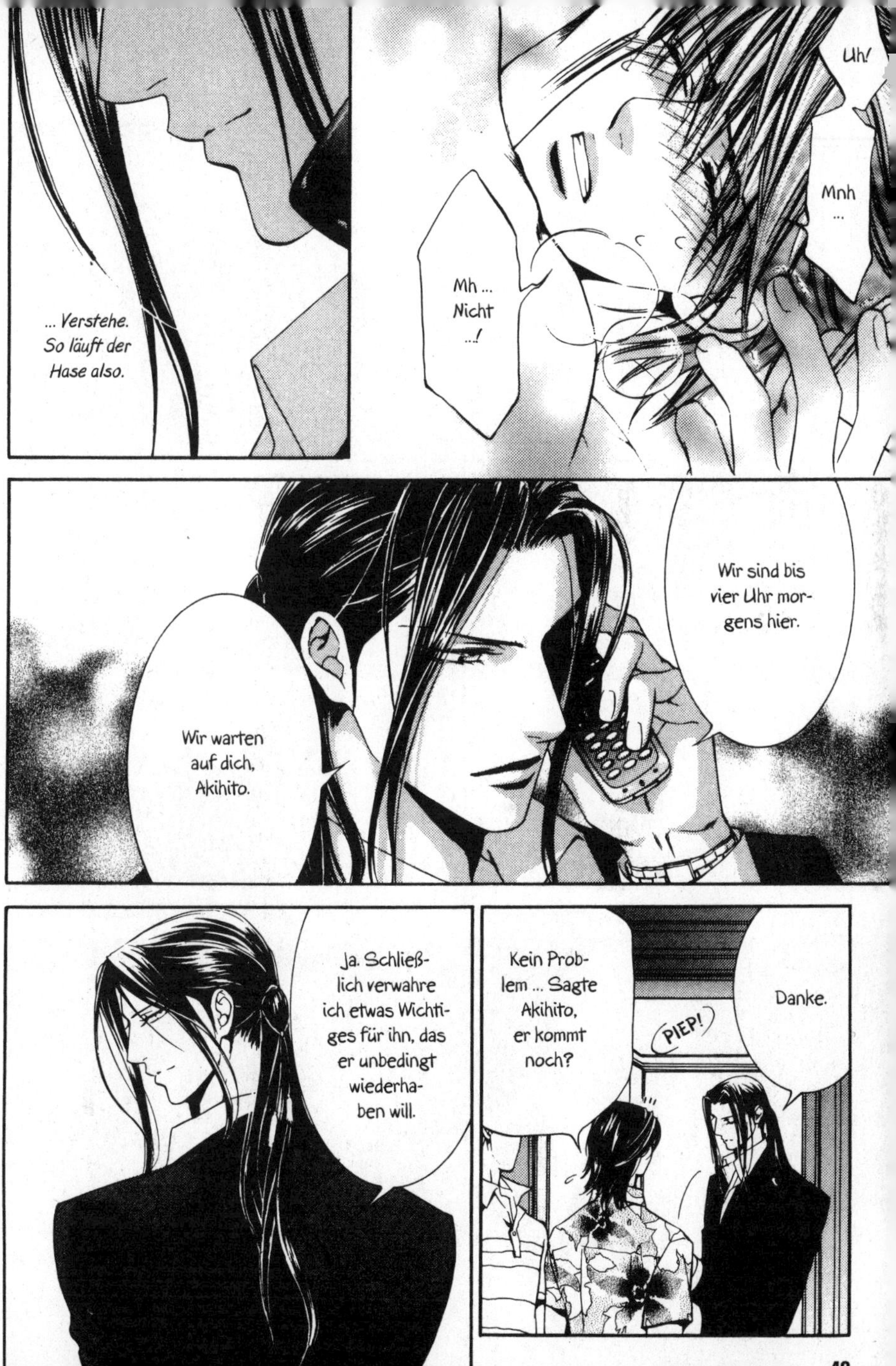
Uh!
Mnh ...
Mh ... Nicht ...!
... Verstehe. So läuft der Hase also.
Wir sind bis vier Uhr morgens hier.
Wir warten auf dich, Akihito.
Danke.
PIEP!
Kein Problem ... Sagte Akihito, er kommt noch?
Ja. Schließlich verwahre ich etwas Wichtiges für ihn, das er unbedingt wiederhaben will.

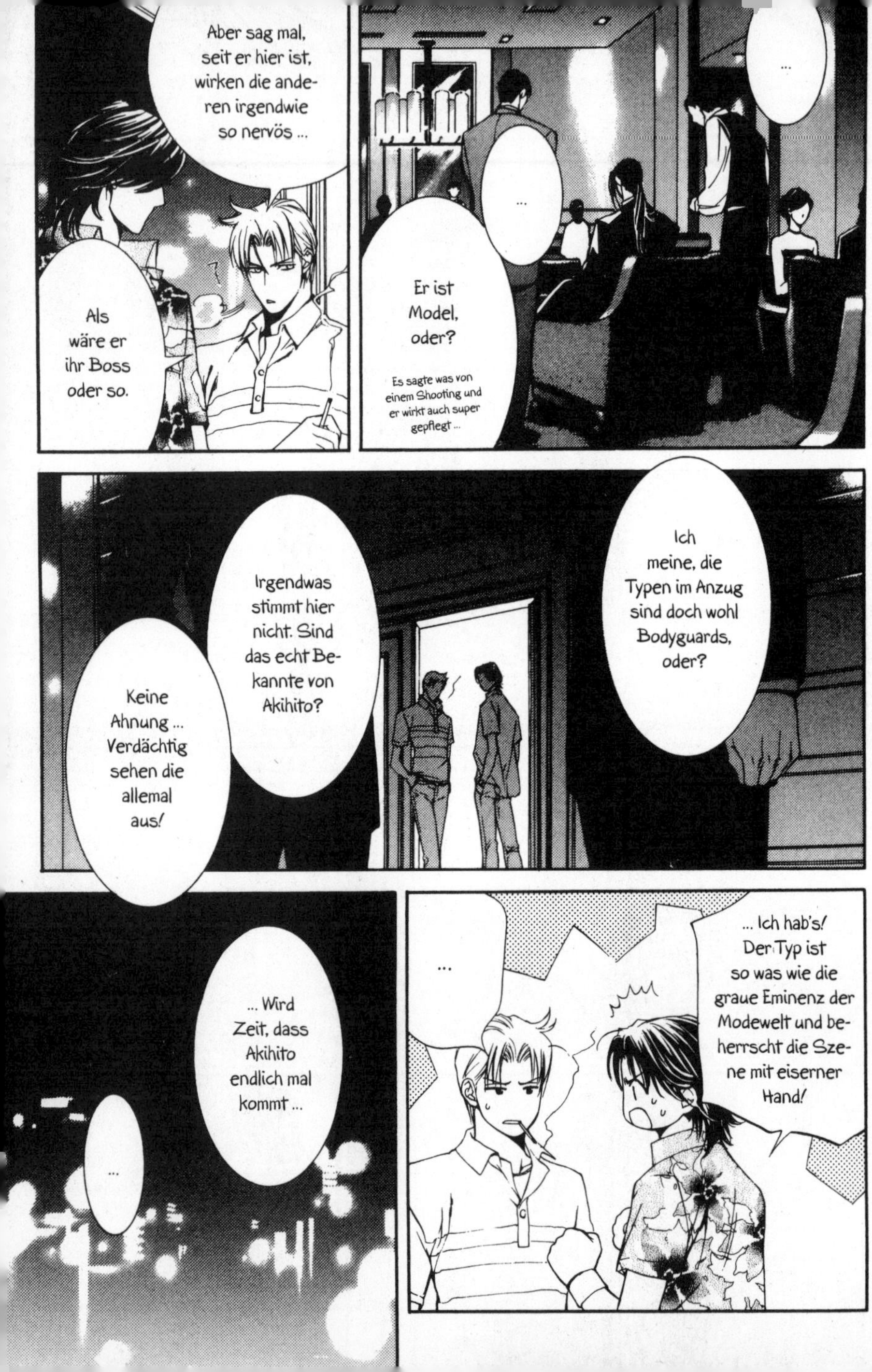
...
...
Er ist Model, oder?
Es sagte was von einem Shooting und er wirkt auch super gepflegt ...
Aber sag mal, seit er hier ist, wirken die anderen irgendwie so nervös ...
Als wäre er ihr Boss oder so.
Ich meine, die Typen im Anzug sind doch wohl Bodyguards, oder?
Irgendwas stimmt hier nicht. Sind das echt Bekannte von Akihito?
Keine Ahnung ... Verdächtig sehen die allemal aus!
... Ich hab's! Der Typ ist so was wie die graue Eminenz der Modewelt und beherrscht die Szene mit eiserner Hand!
...
... Wird Zeit, dass Akihito endlich mal kommt ...
...

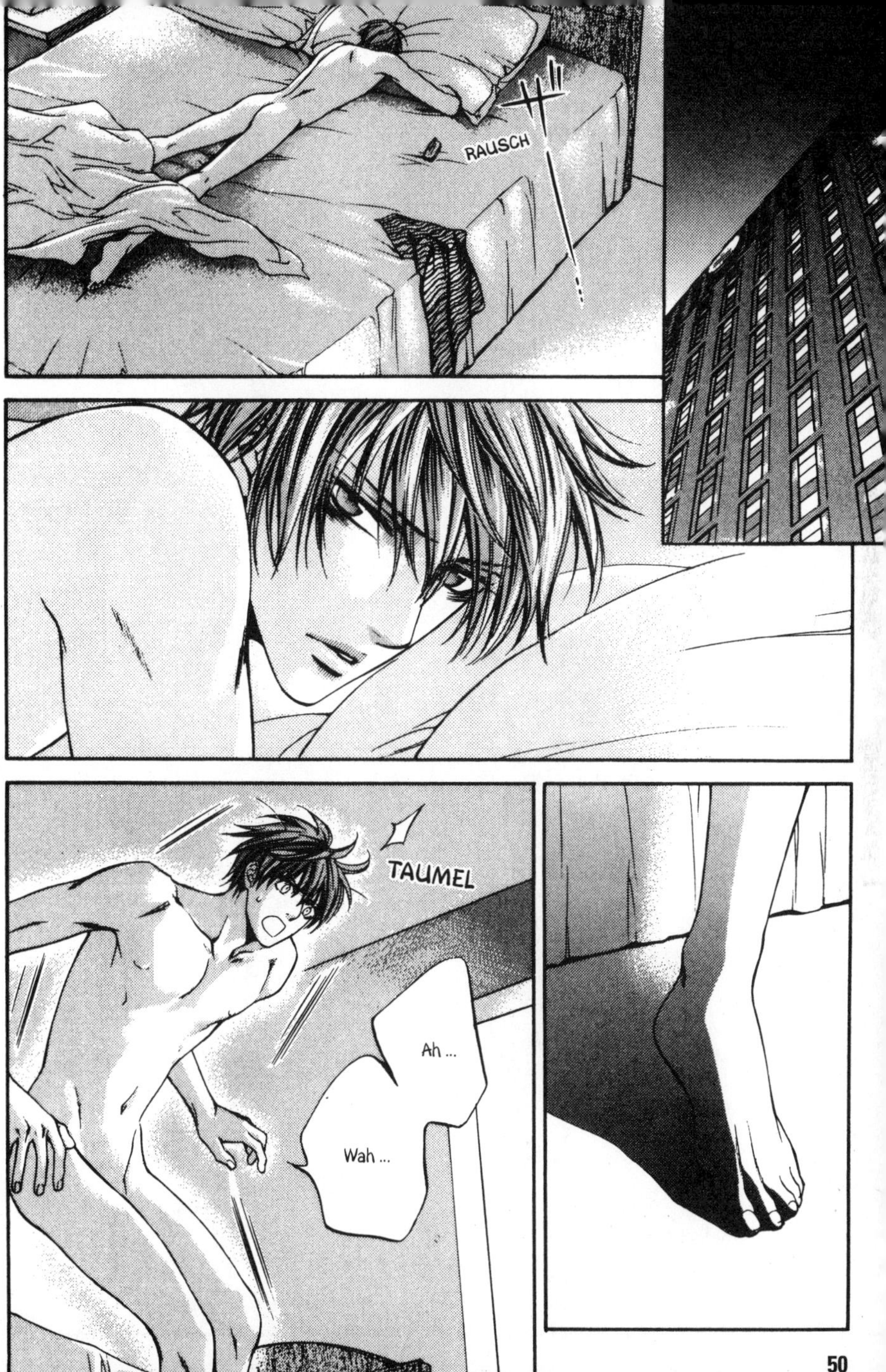
RAUSCH
TAUMEL
Ah ...
Wah ...

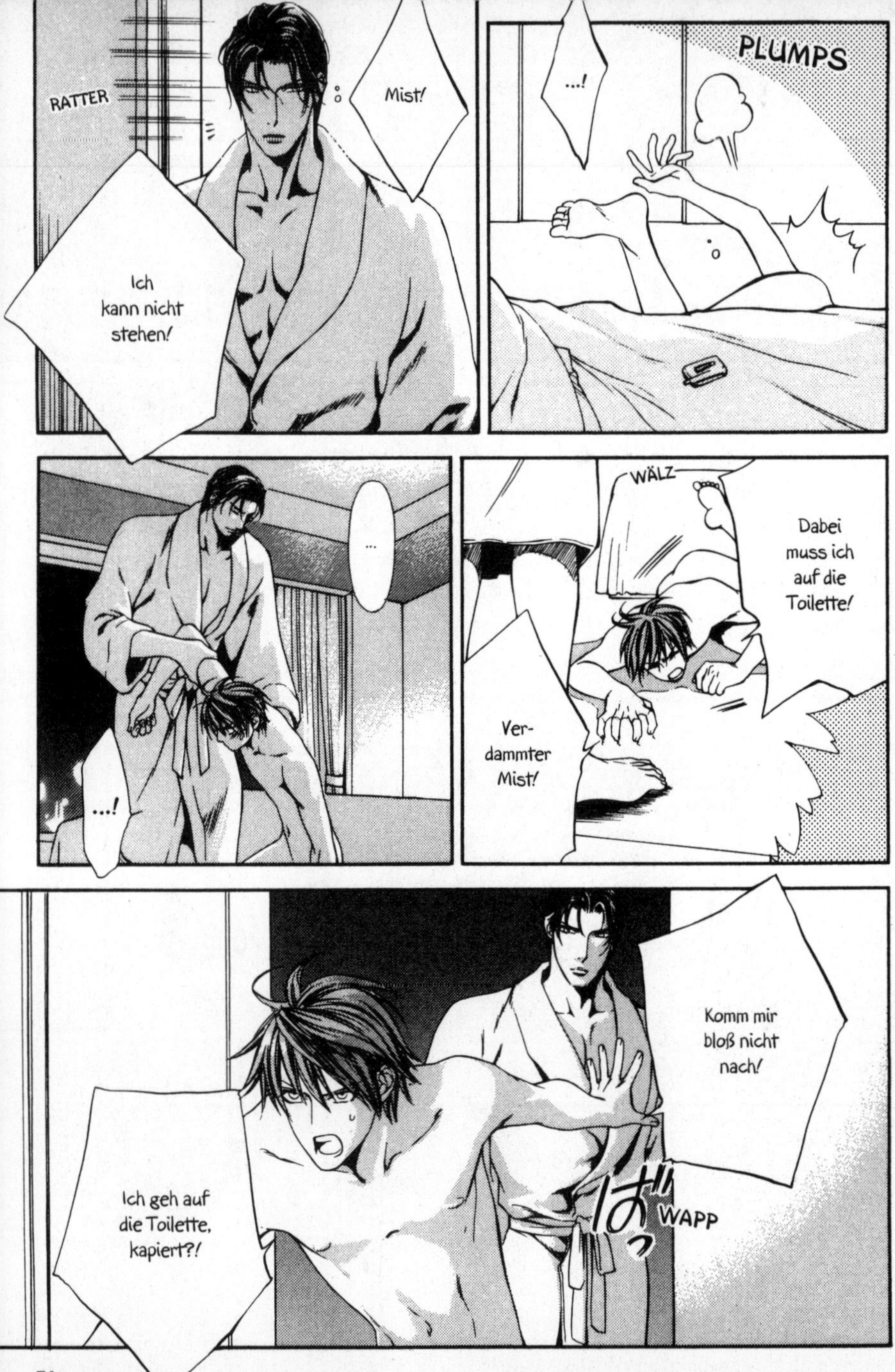
PLUMPS
...!
Mist!
RATTER
Ich kann nicht stehen!
WÄLZ
Dabei muss ich auf die Toilette!
Verdammter Mist!
...
...!
Komm mir bloß nicht nach!
WAPP
Ich geh auf die Toilette, kapiert?!

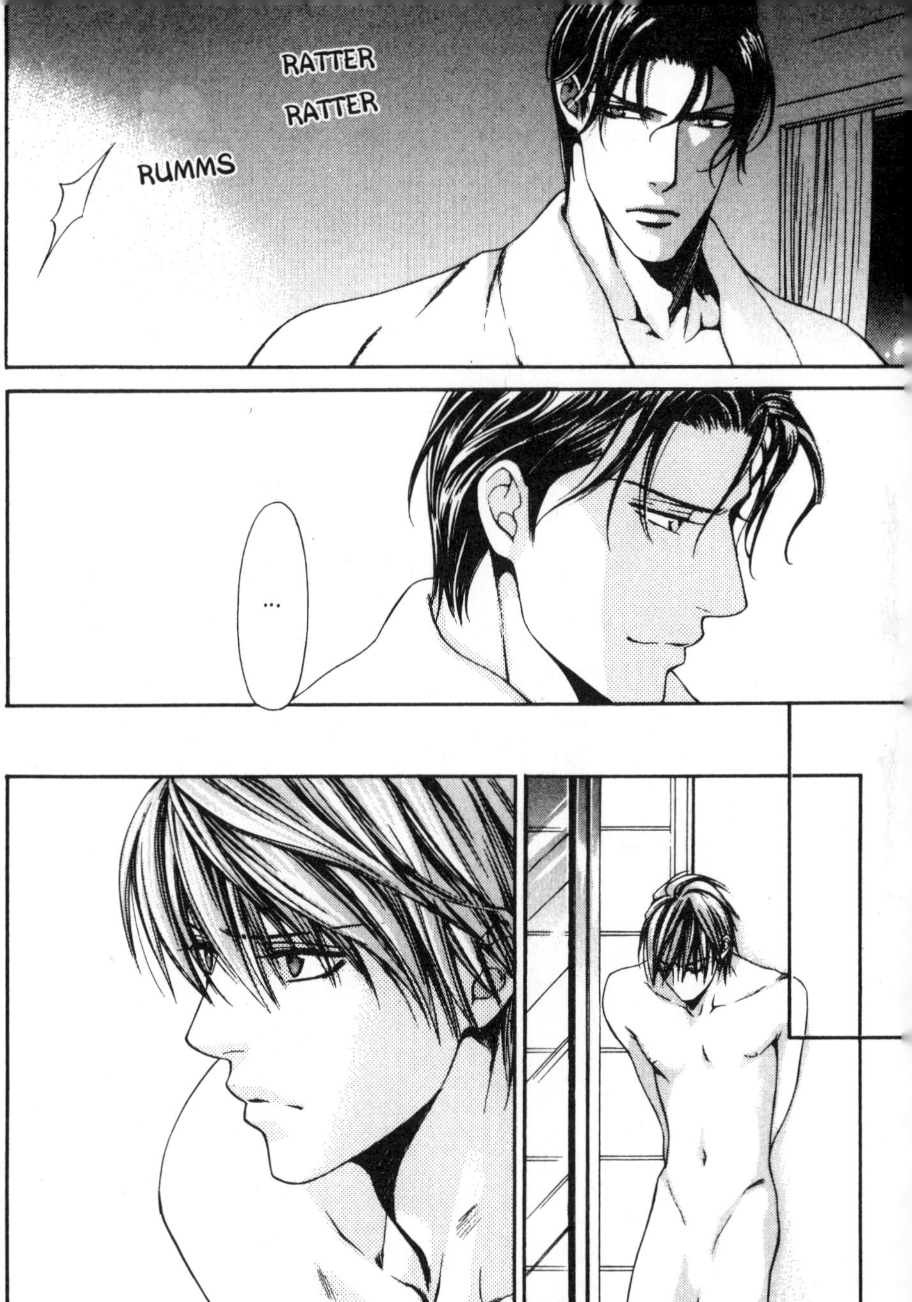
RATTER
RATTER
RUMMS
...

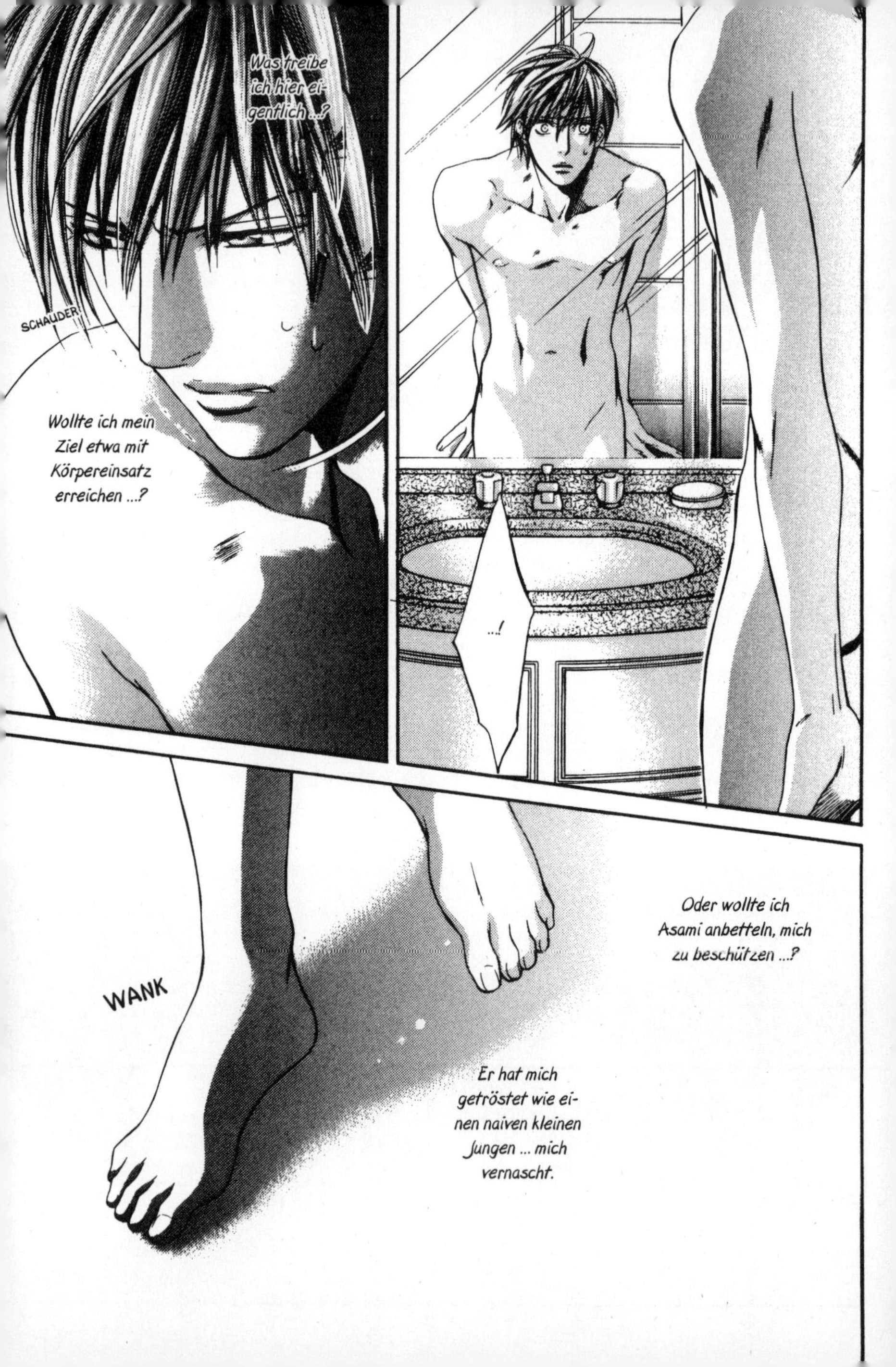
...!
Was treibe ich hier eigentlich ...?
SCHAUDER
Wollte ich mein Ziel etwa mit Körpereinsatz erreichen ...?
Oder wollte ich Asami anbetteln, mich zu beschützen ...?
Er hat mich getröstet wie einen naiven kleinen Jungen ... mich vernascht.
WANK

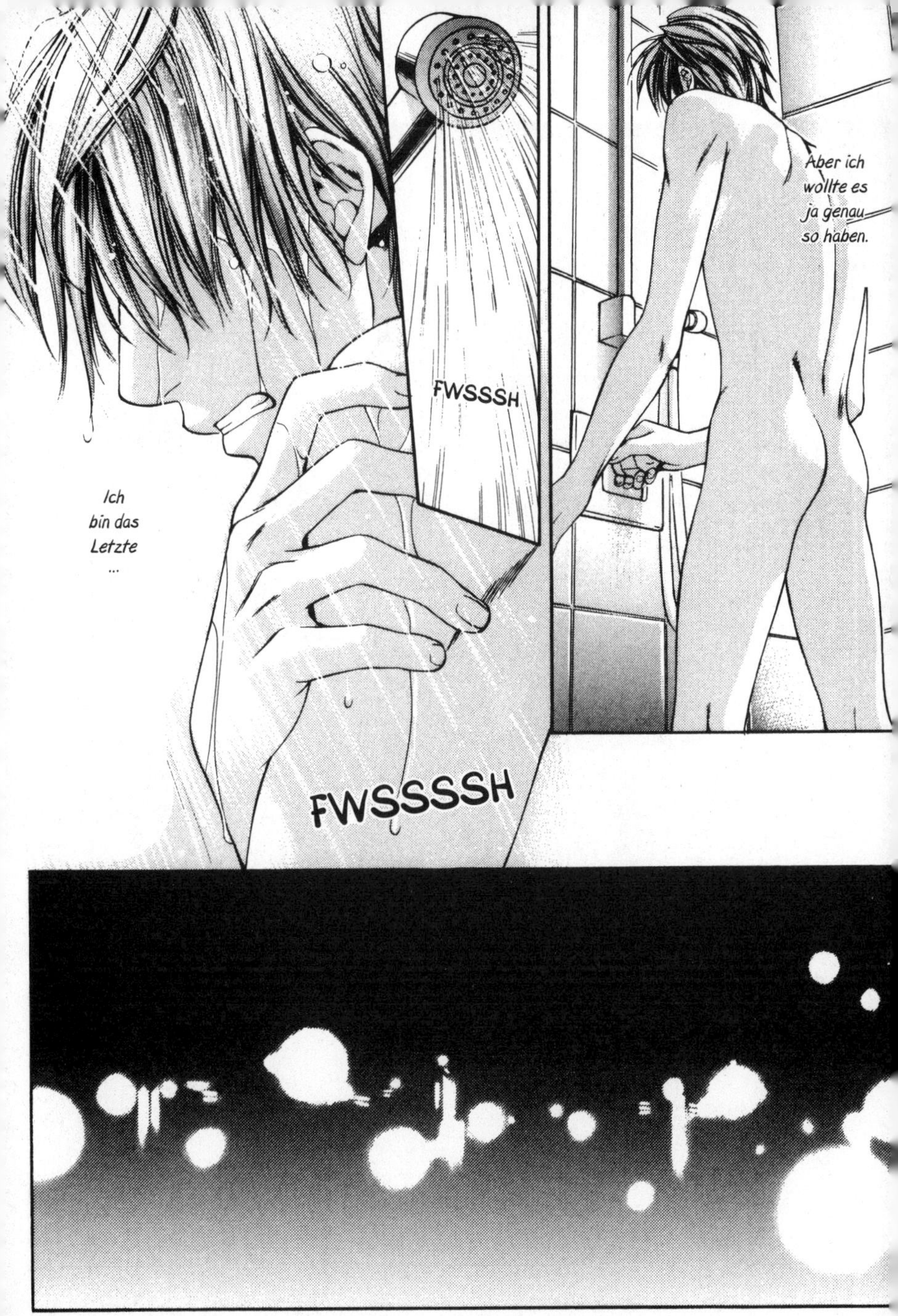
Aber ich wollte es ja genau so haben.
FWSSSH
Ich bin das Letzte ...
FWSSSSH

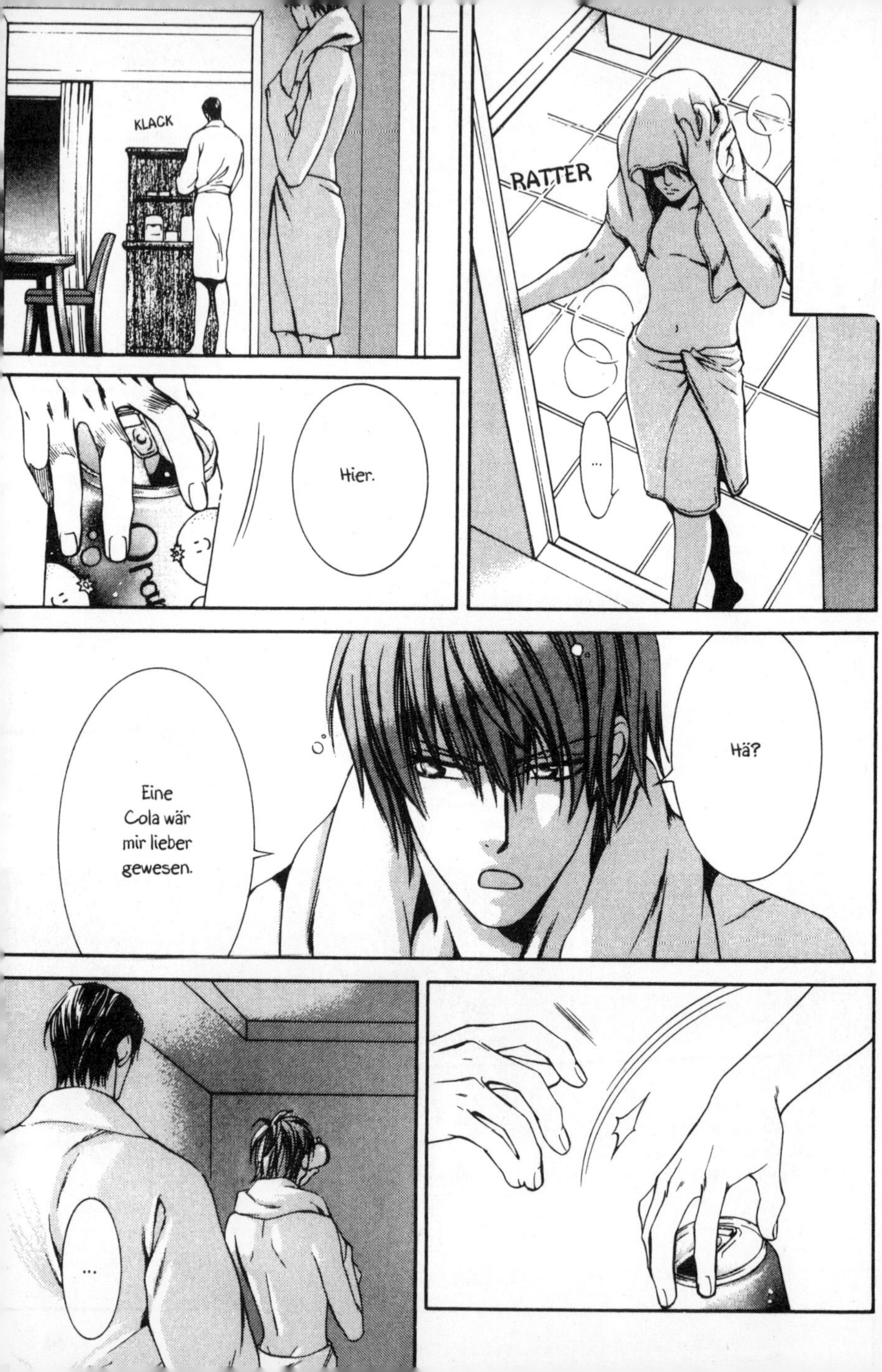
RATTER
...
KLACK
Hier.
Hä?
Eine Cola wär mir lieber gewesen.
...

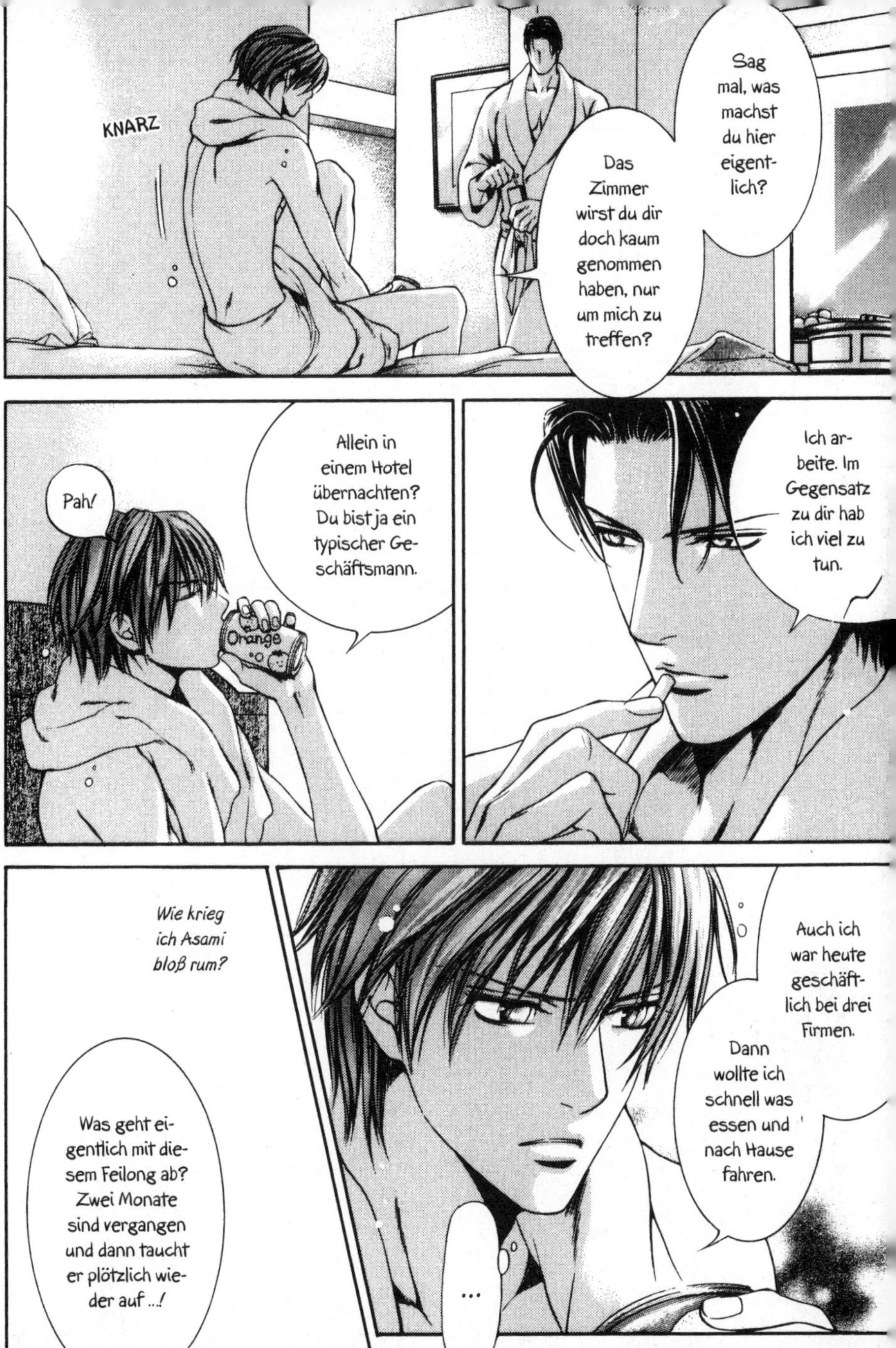

Sag mal, was machst du hier eigentlich?
Das Zimmer wirst du dir doch kaum genommen haben, nur um mich zu treffen?
KNARZ
Ich arbeite. Im Gegensatz zu dir hab ich viel zu tun.
Allein in einem Hotel übernachten? Du bist ja ein typischer Geschäftsmann.
Pah!
Orange
Auch ich war heute geschäftlich bei drei Firmen.
Dann wollte ich schnell was essen und nach Hause fahren.
...
Wie krieg ich Asami bloß rum?
Was geht eigentlich mit diesem Feilong ab? Zwei Monate sind vergangen und dann taucht er plötzlich wieder auf ...!

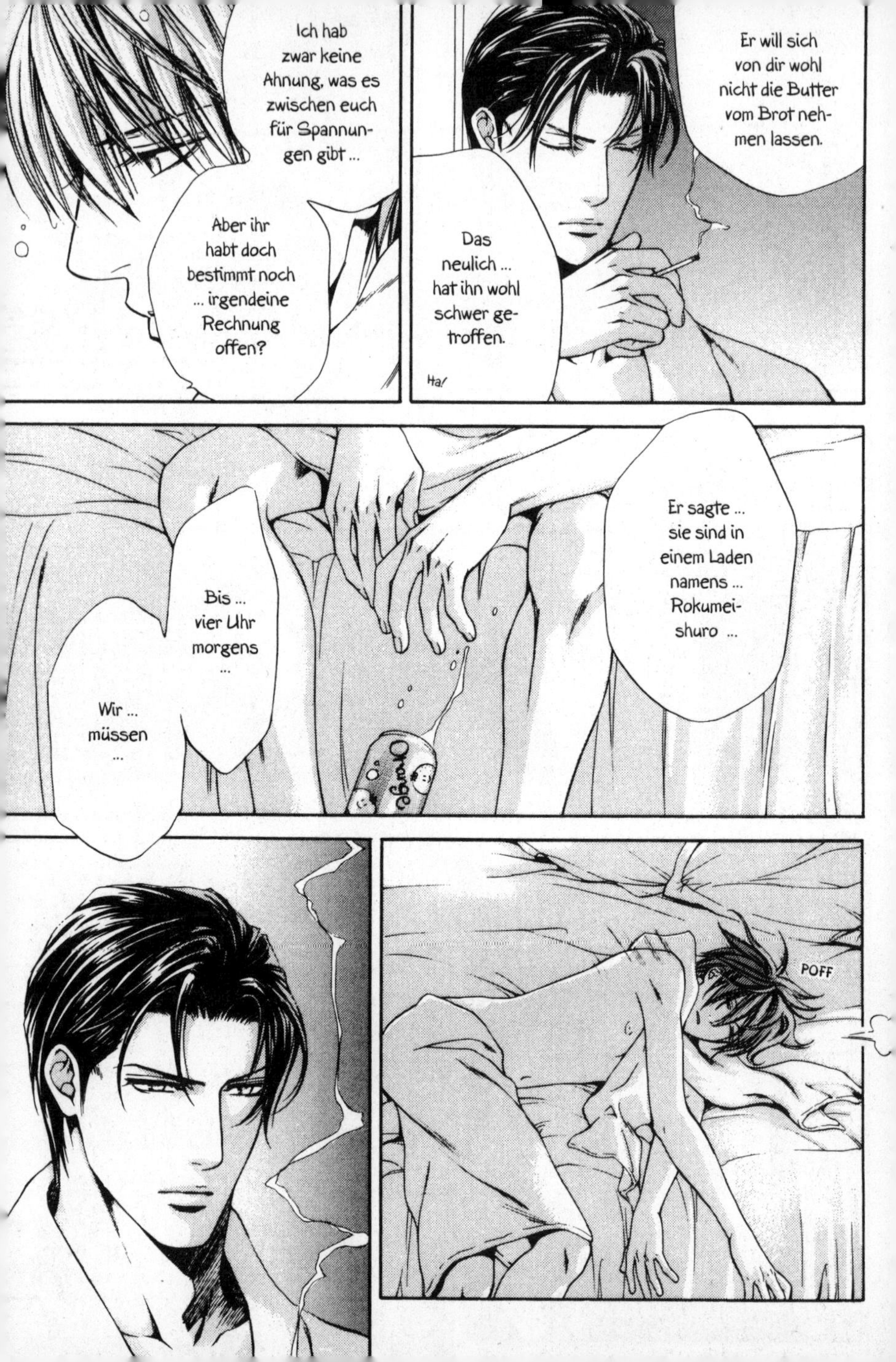
Er will sich von dir wohl nicht die Butter vom Brot nehmen lassen.
Das neulich ... hat ihn wohl schwer getroffen.
Ha!
Ich hab zwar keine Ahnung, was es zwischen euch für Spannungen gibt ...
Aber ihr habt doch bestimmt noch ... irgendeine Rechnung offen?
Er sagte ... sie sind in einem Laden namens ... Rokumeishuro ...
Bis ... vier Uhr morgens ...
Wir ... müssen ...
POFF

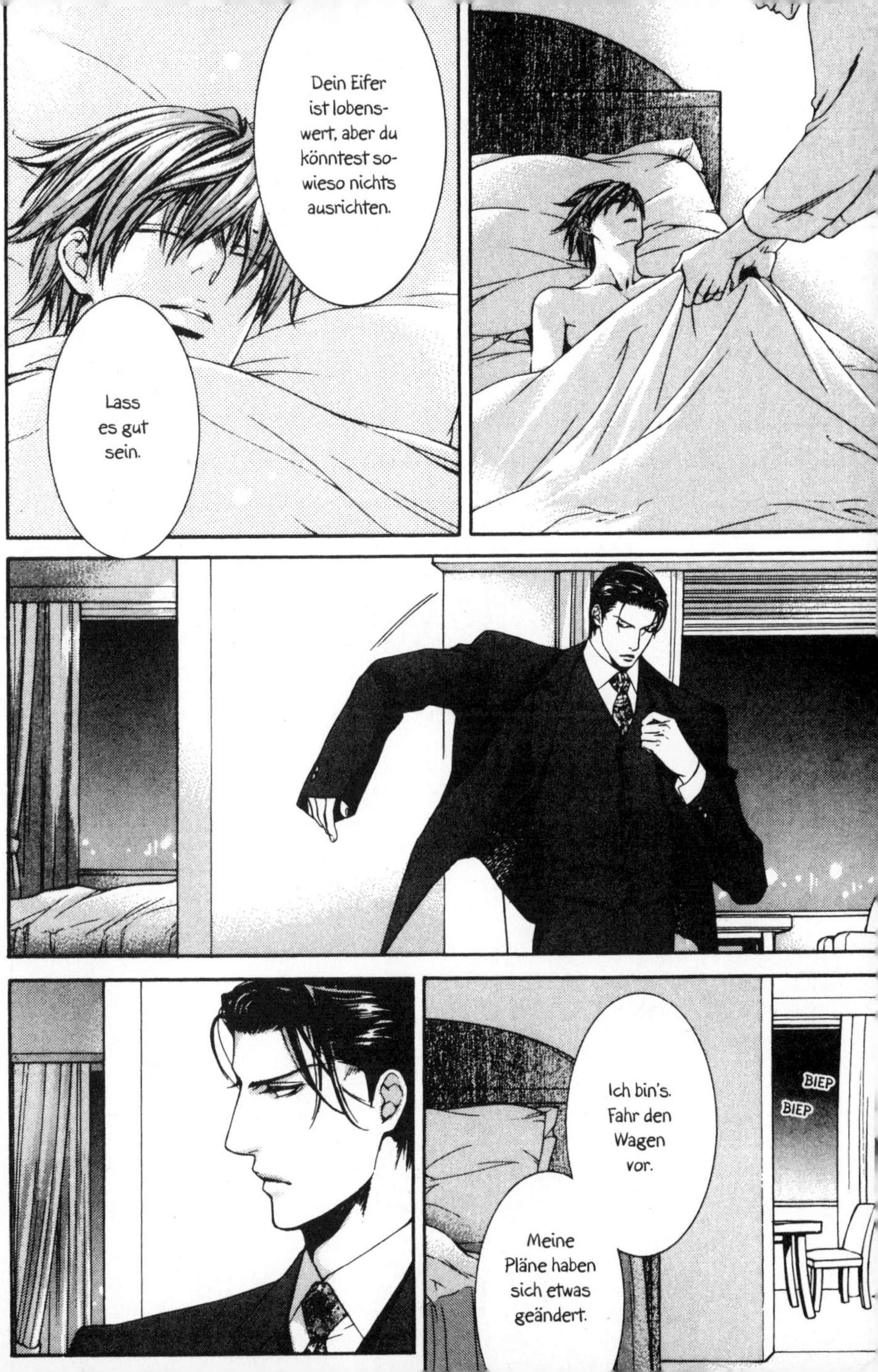
Dein Eifer ist lobenswert, aber du könntest sowieso nichts ausrichten.
Lass es gut sein.
BIEP
BIEP
Ich bin's. Fahr den Wagen vor.
Meine Pläne haben sich etwas geändert.

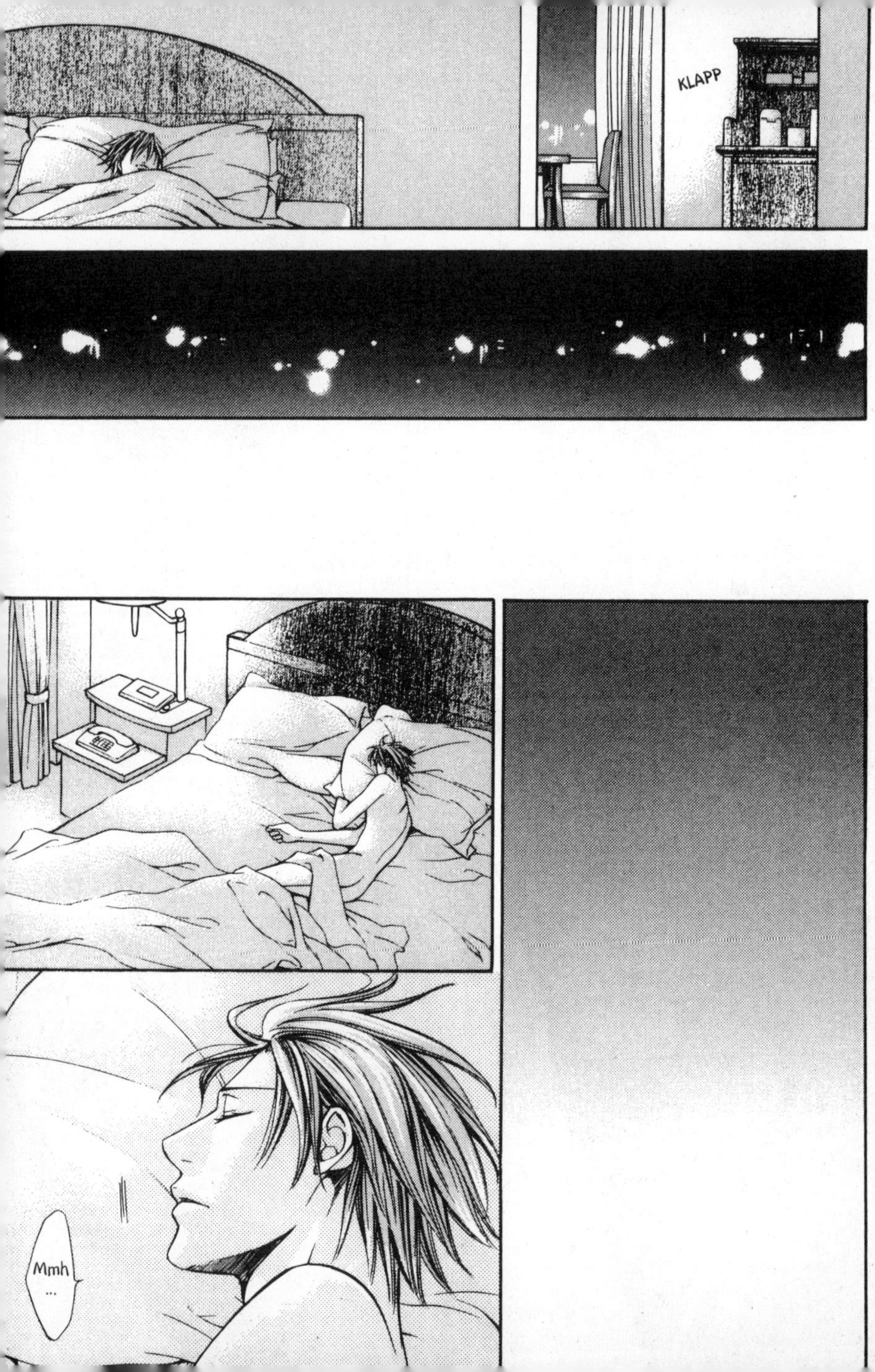
KLAPP
Mmh …

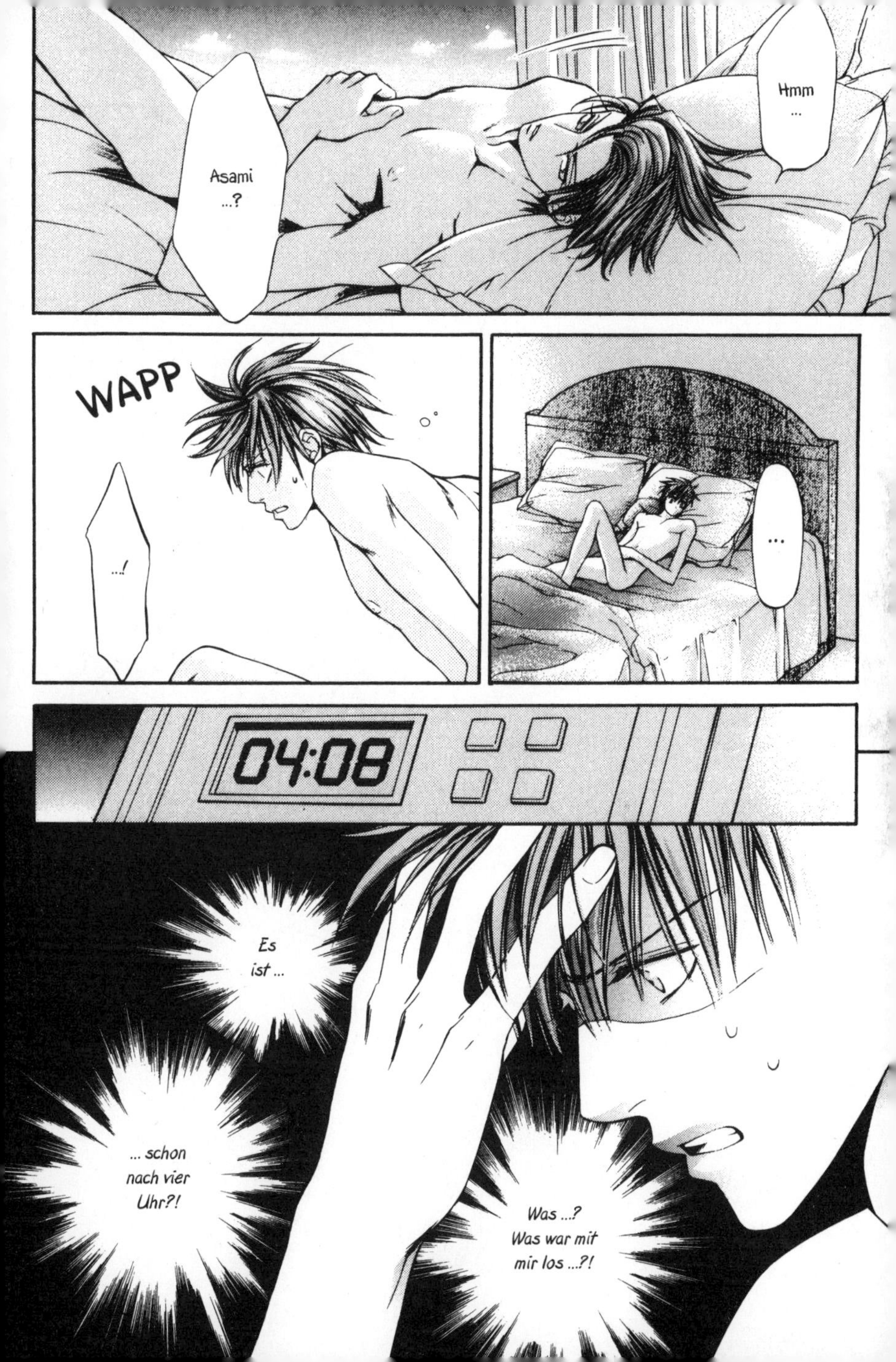
Hmm ...
Asami ...?
...
WAPP
...!
04:08
Es ist ...
... schon nach vier Uhr?!
Was ...? Was war mit mir los ...?!

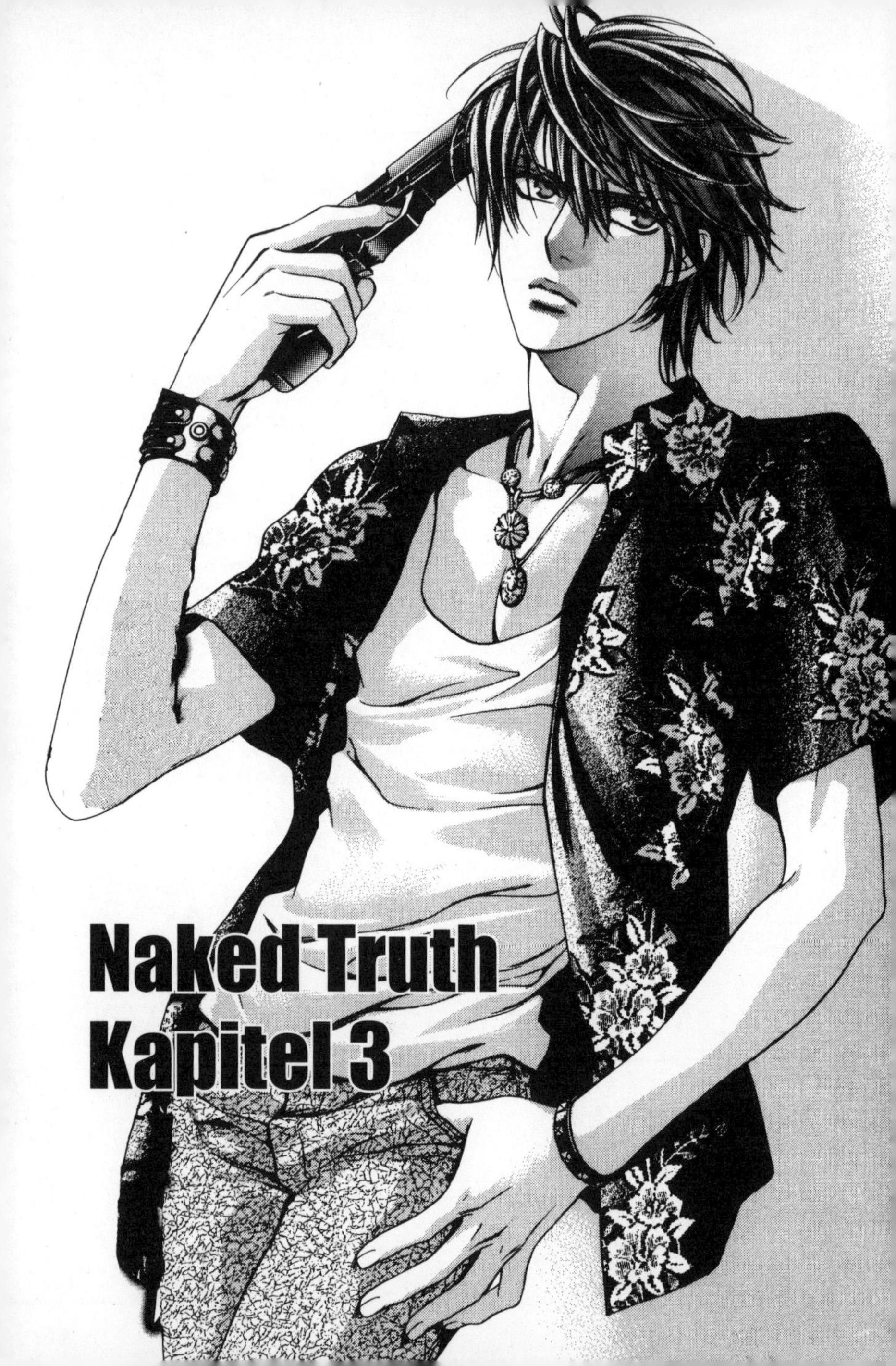
Naked Truth
Kapitel 3

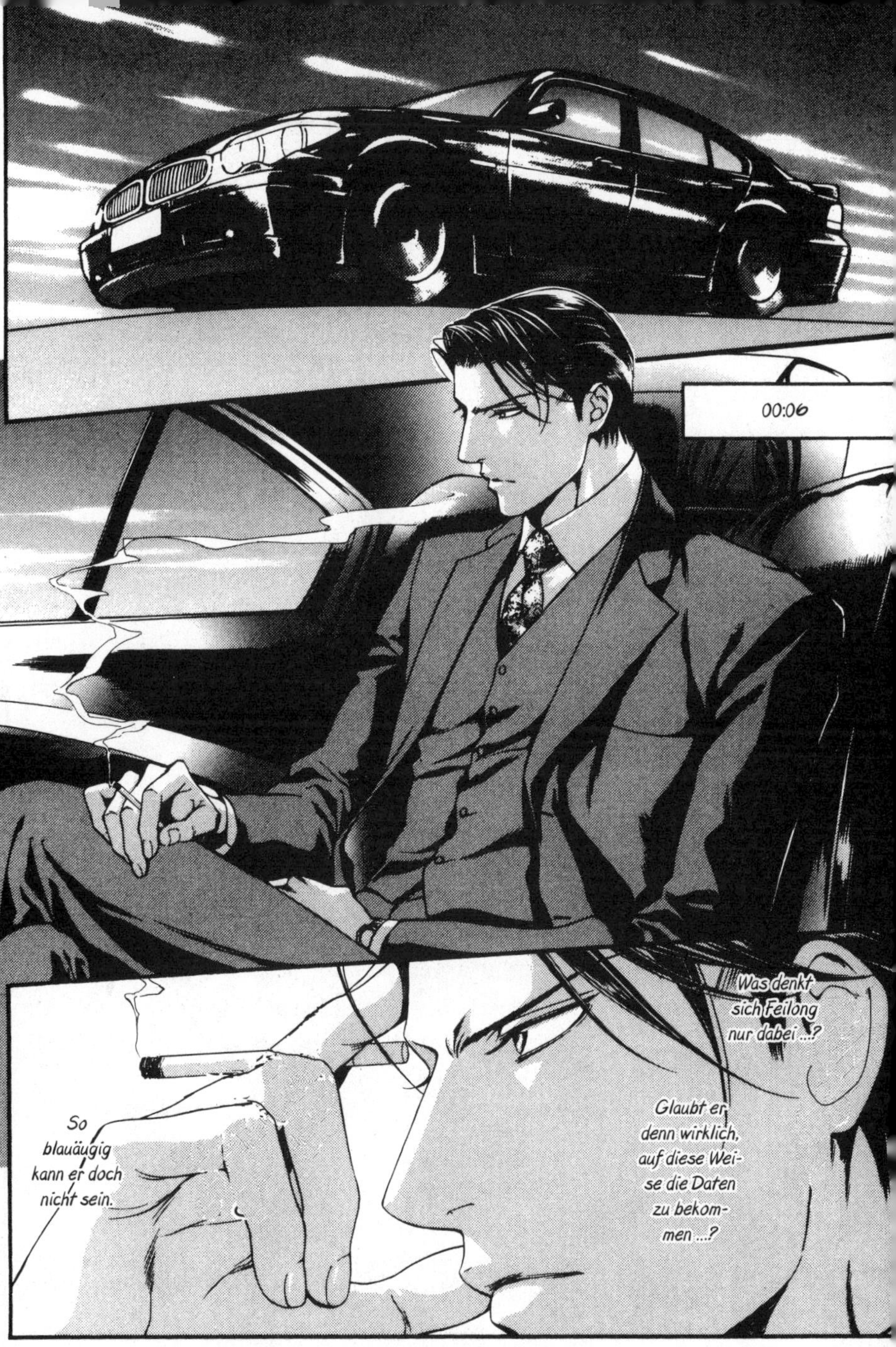

00:06
Was denkt sich Feilong nur dabei ...?
Glaubt er denn wirklich, auf diese Weise die Daten zu bekommen ...?
So blauäugig kann er doch nicht sein.

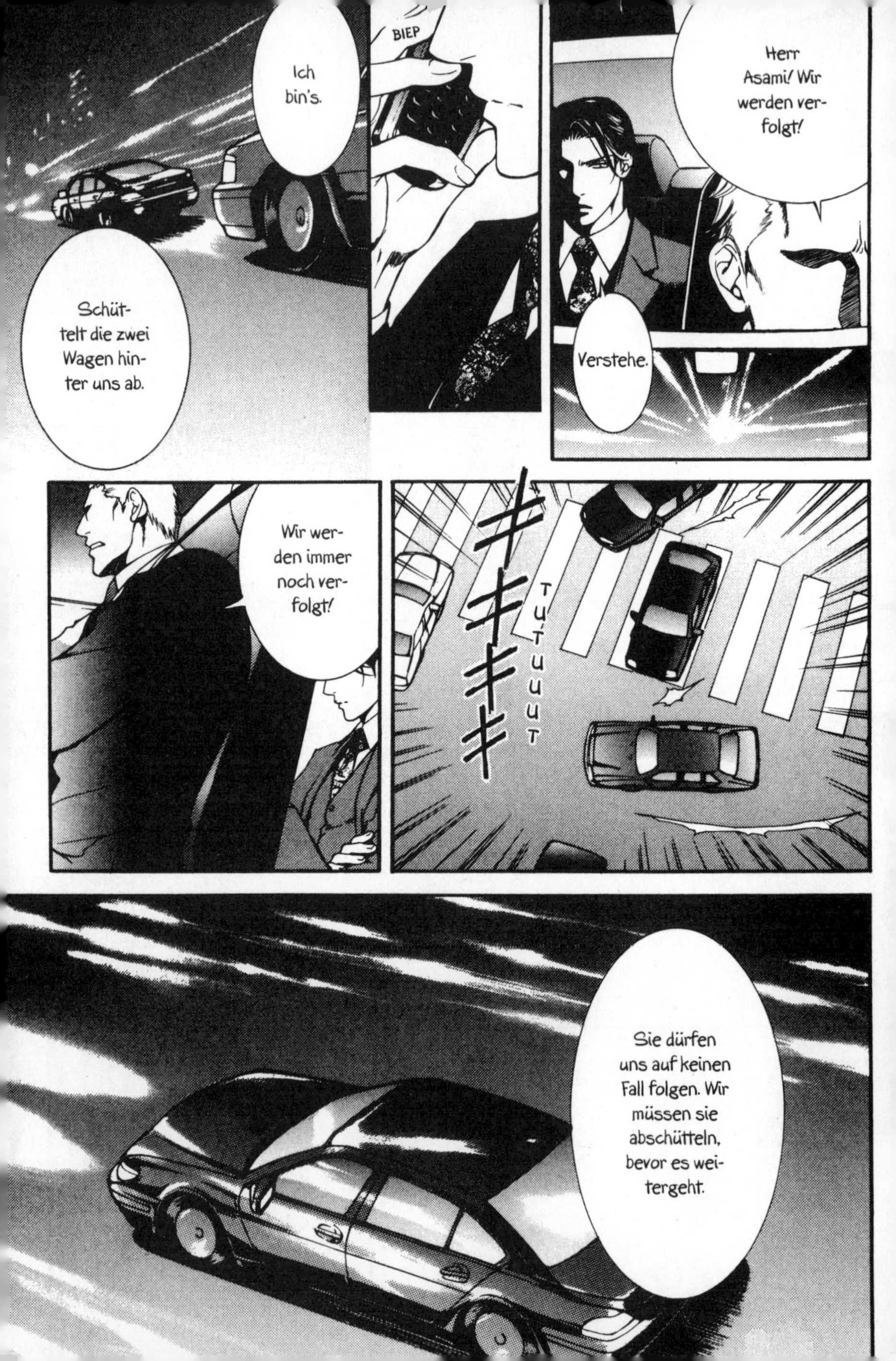

Herr Asami! Wir werden verfolgt!
Verstehe.
BIEP
Ich bin's.
Schüttelt die zwei Wagen hinter uns ab.
TUTUUUT
Wir werden immer noch verfolgt!
Sie dürfen uns auf keinen Fall folgen. Wir müssen sie abschütteln, bevor es weitergeht.

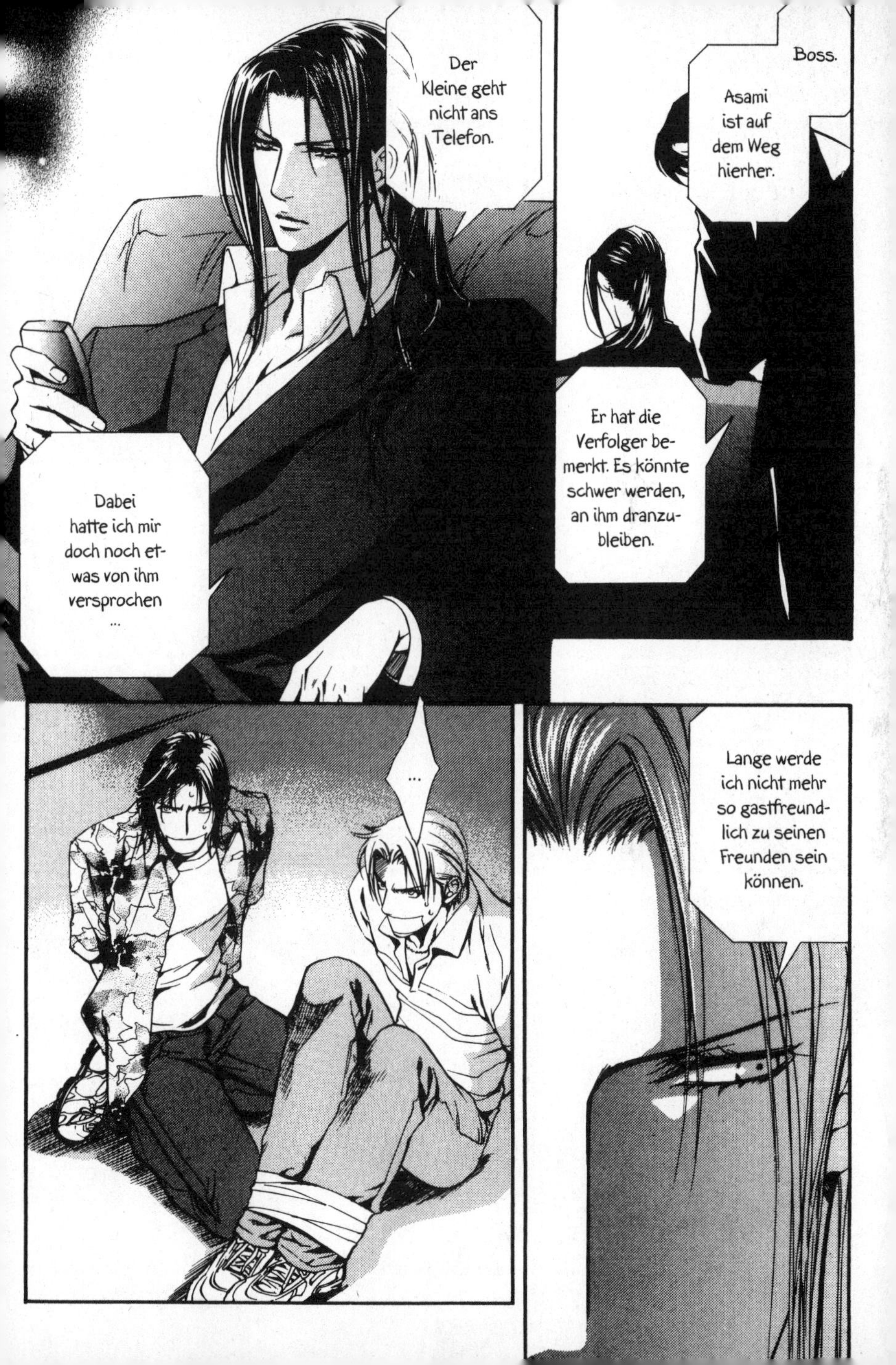
Boss.
Asami ist auf dem Weg hierher.
Der Kleine geht nicht ans Telefon.
Er hat die Verfolger bemerkt. Es könnte schwer werden, an ihm dranzubleiben.
Dabei hatte ich mir doch noch etwas von ihm versprochen ...
Lange werde ich nicht mehr so gastfreundlich zu seinen Freunden sein können.
...

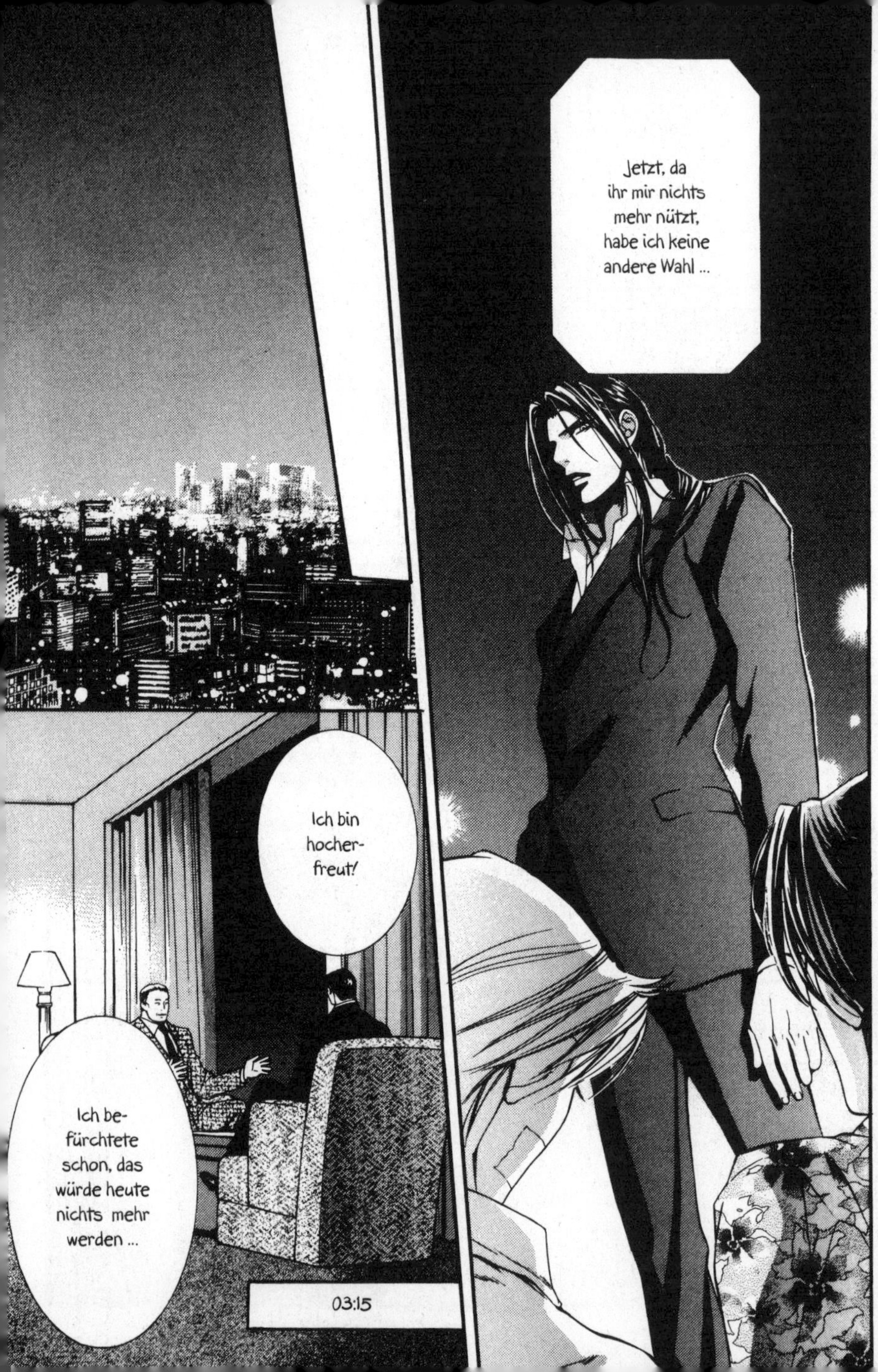
Jetzt, da ihr mir nichts mehr nützt, habe ich keine andere Wahl ...
03:15
Ich bin hocher-freut!
Ich befürchtete schon, das würde heute nichts mehr werden ...

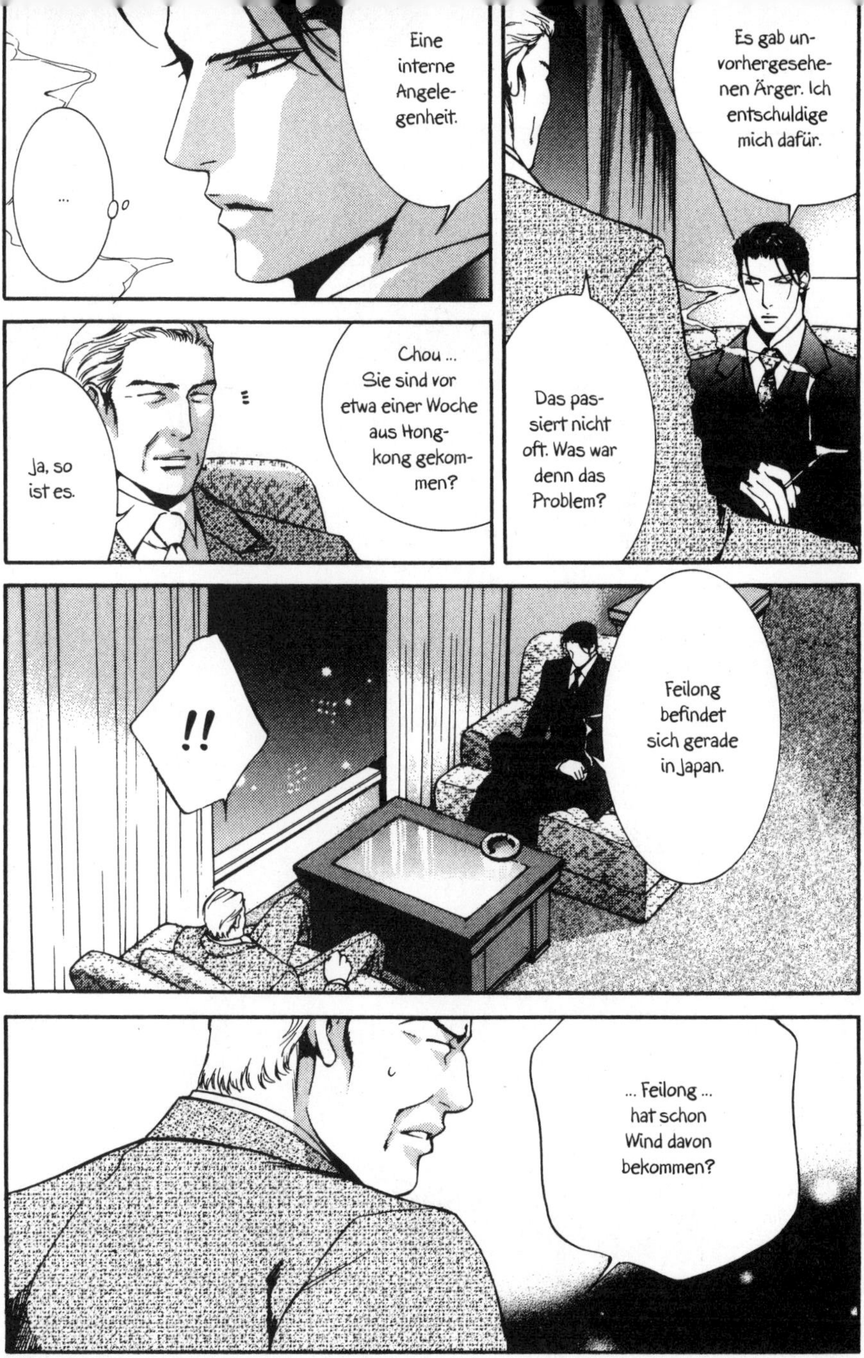
Es gab unvorhergesehenen Ärger. Ich entschuldige mich dafür.
Das passiert nicht oft. Was war denn das Problem?
Eine interne Angelegenheit.
...
Chou ... Sie sind vor etwa einer Woche aus Hongkong gekommen?
Ja, so ist es.
Feilong befindet sich gerade in Japan.
!!
... Feilong ... hat schon Wind davon bekommen?

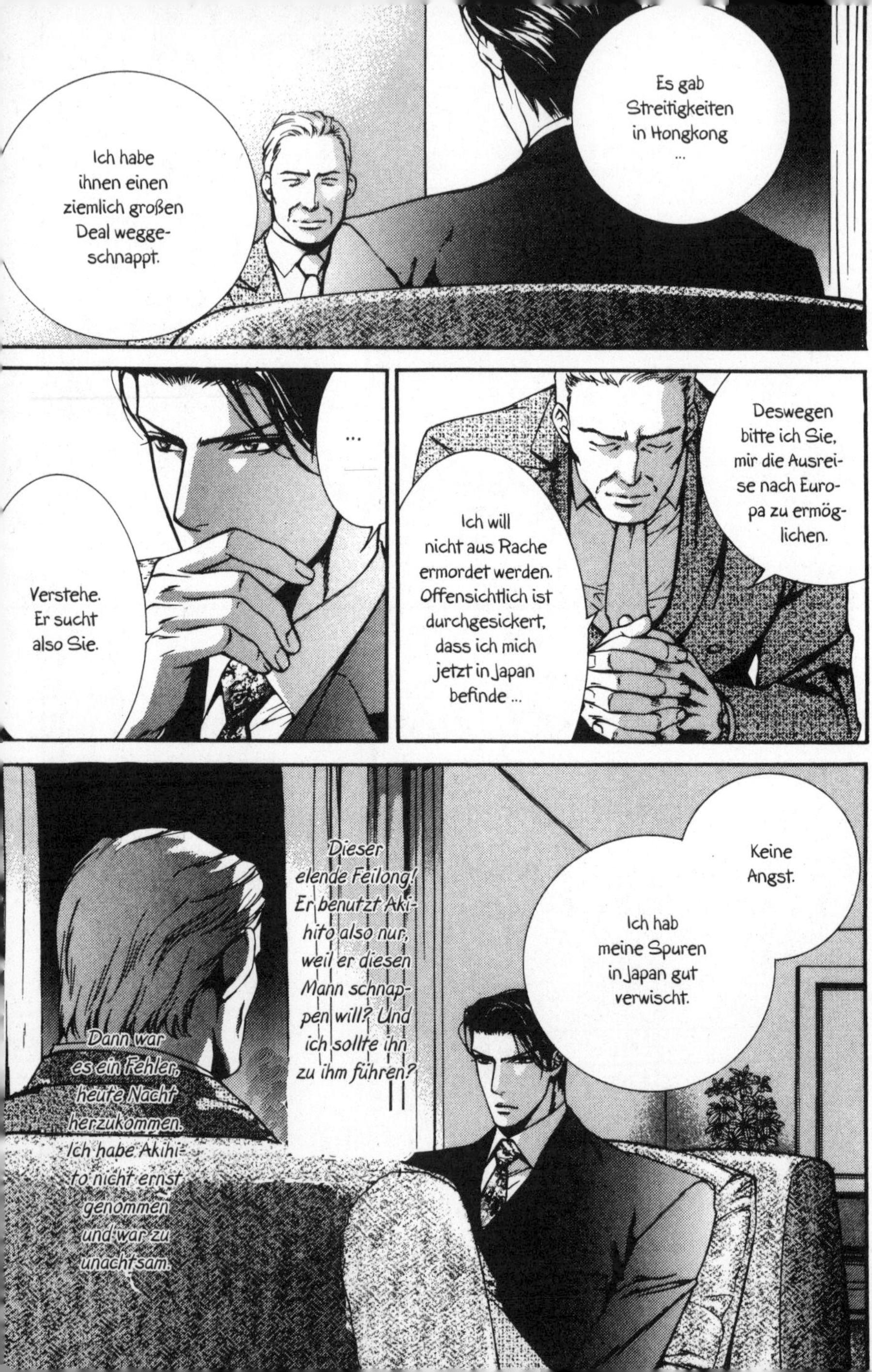
Es gab Streitigkeiten in Hongkong ...
Ich habe ihnen einen ziemlich großen Deal weggeschnappt.
Deswegen bitte ich Sie, mir die Ausreise nach Europa zu ermöglichen.
Ich will nicht aus Rache ermordet werden. Offensichtlich ist durchgesickert, dass ich mich jetzt in Japan befinde ...
...
Verstehe. Er sucht also Sie.
Keine Angst.
Ich hab meine Spuren in Japan gut verwischt.
Dieser elende Feilong! Er benutzt Akihito also nur, weil er diesen Mann schnappen will? Und ich sollte ihn zu ihm führen?
Dann war es ein Fehler, heute Nacht herzukommen. Ich habe Akihito nicht ernst genommen und war zu unachtsam.

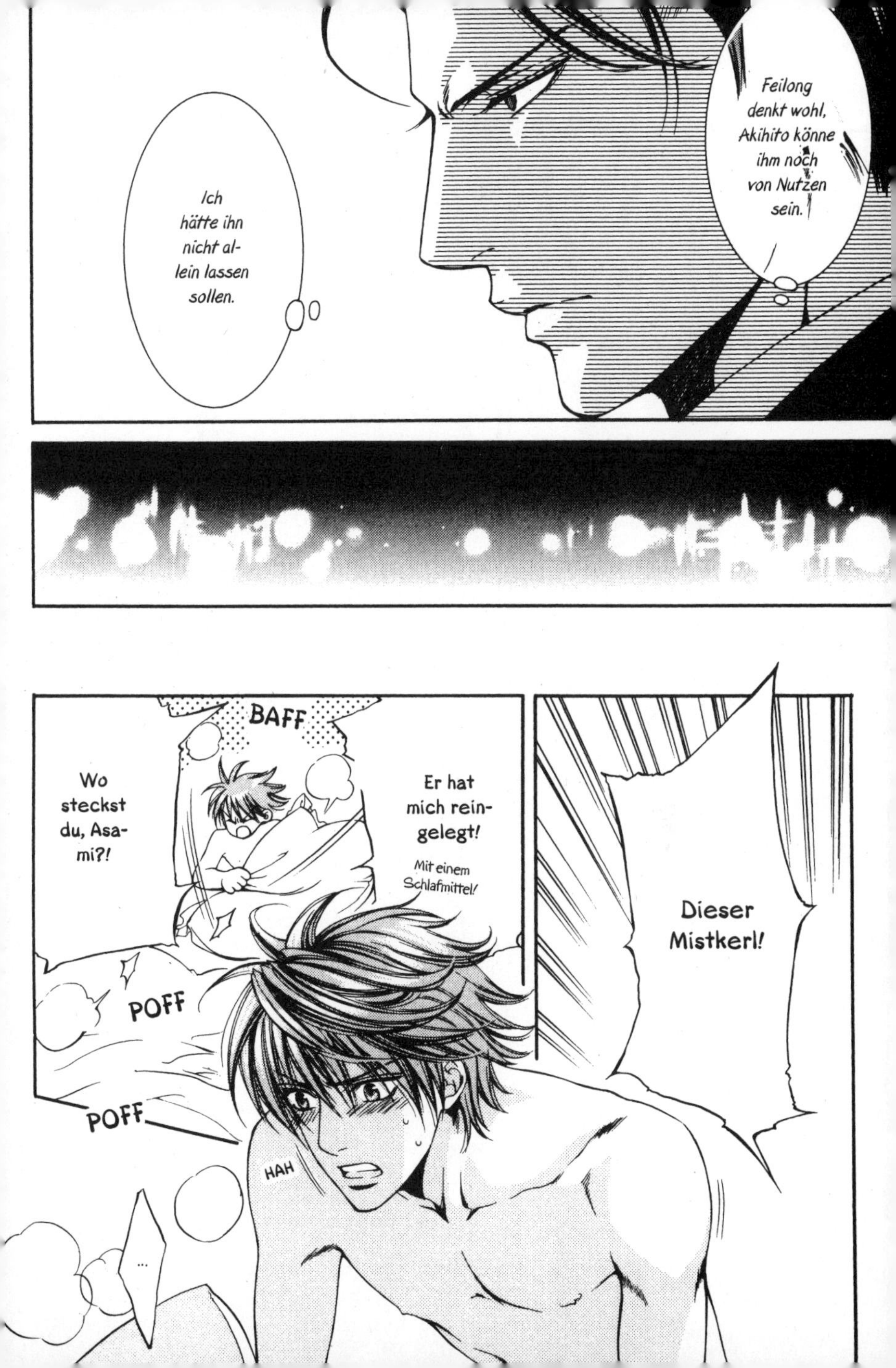
Feilong denkt wohl, Akihito könne ihm noch von Nutzen sein.
Ich hätte ihn nicht allein lassen sollen.
Dieser Mistkerl!
Er hat mich reingelegt!
Mit einem Schlafmittel!
BAFF
Wo steckst du, Asami?!
POFF
POFF
HAH
...

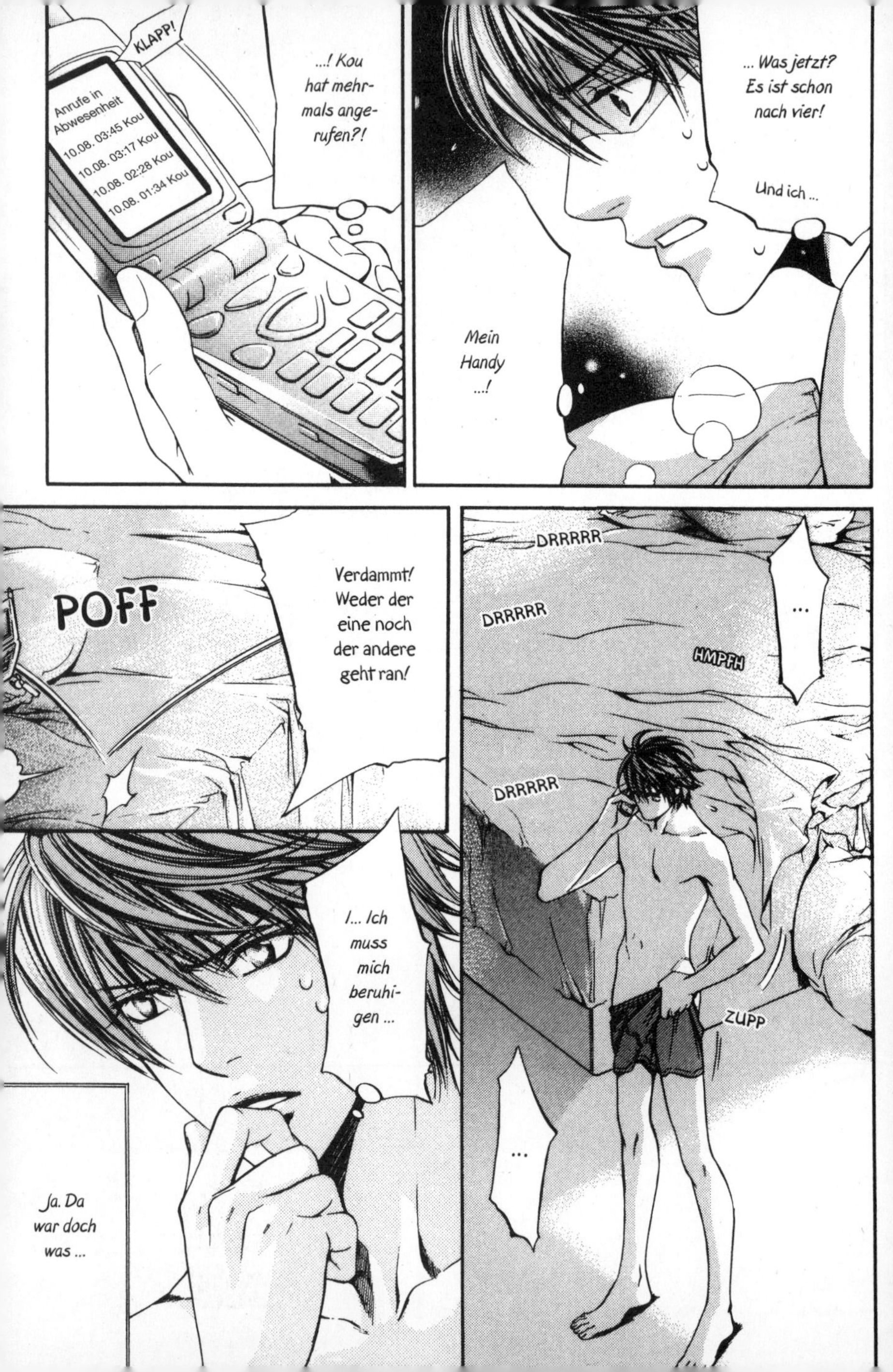

... Was jetzt? Es ist schon nach vier!
Und ich ...
Mein Handy ...!
KLAPP!
Anrufe in Abwesenheit
10.08. 03:45 Kou
10.08. 03:17 Kou
10.08. 02:28 Kou
10.08. 01:34 Kou
...! Kou hat mehrmals angerufen?!
DRRRRR
DRRRRR
DRRRRR
...
HMPFH
ZUPP
...
POFF
Verdammt! Weder der eine noch der andere geht ran!
I... Ich muss mich beruhigen ...
Ja. Da war doch was ...

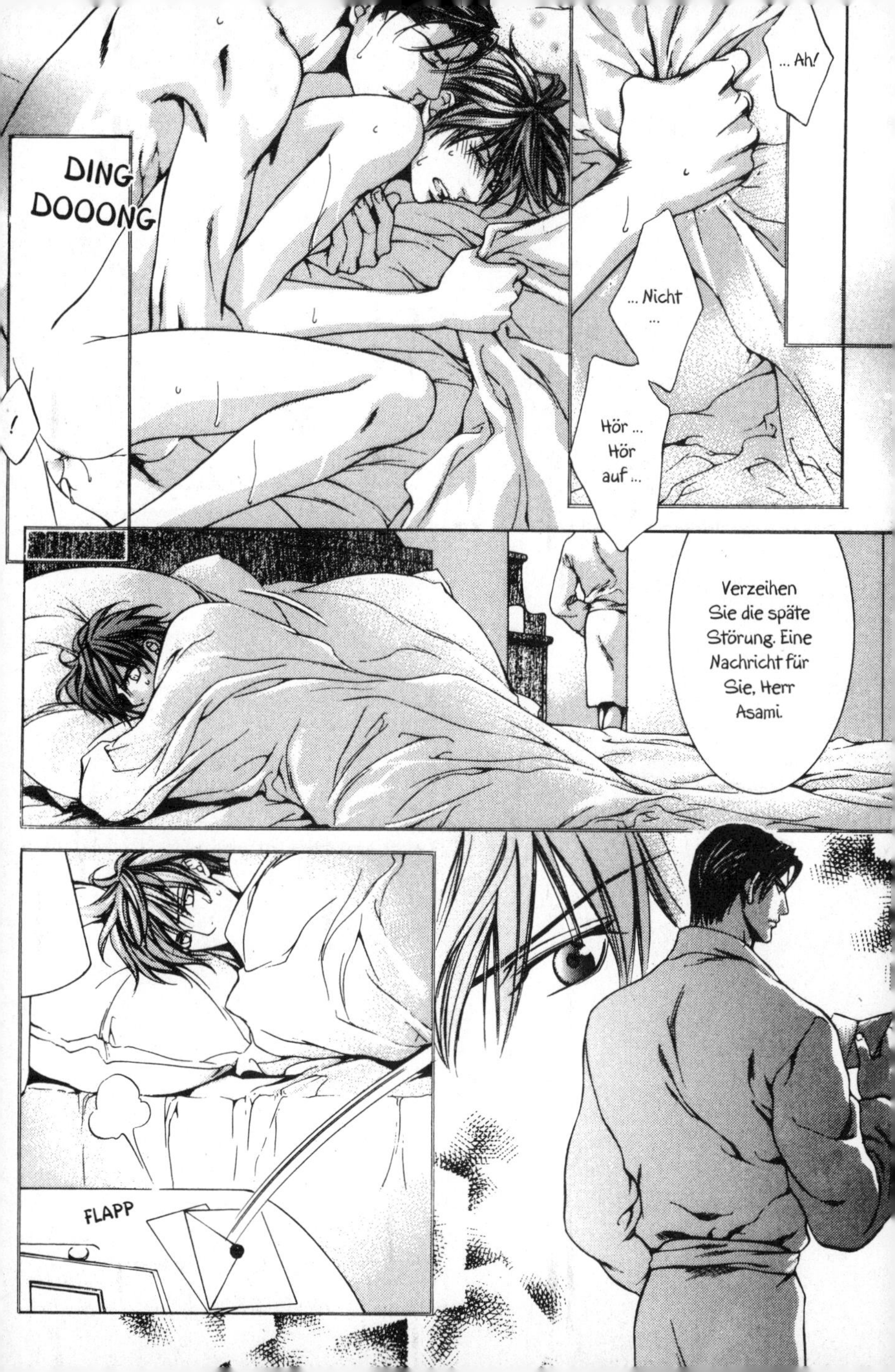
... Ah!
... Nicht ...
Hör ... Hör auf ...
DING DOOONG
Verzeihen Sie die späte Störung. Eine Nachricht für Sie, Herr Asami.
FLAPP

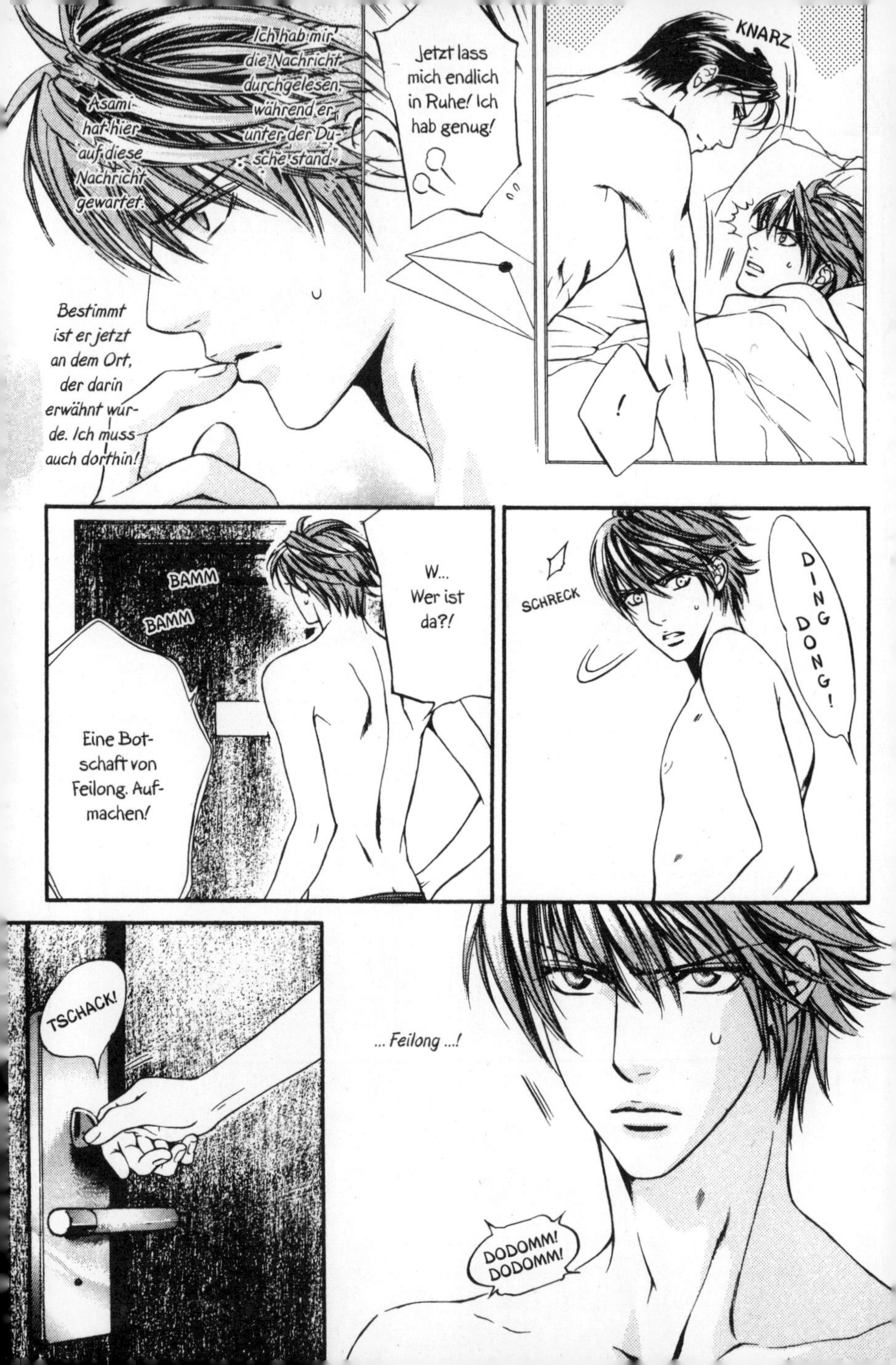
KNARZ
Jetzt lass mich endlich in Ruhe! Ich hab genug!
Ich hab mir die Nachricht durchgelesen, während er unter der Dusche stand.
Asami hat hier auf diese Nachricht gewartet.
Bestimmt ist er jetzt an dem Ort, der darin erwähnt wurde. Ich muss auch dorthin!
DING DONG!
SCHRECK
W... Wer ist da?!
BAMM
BAMM
Eine Botschaft von Feilong. Aufmachen!
... Feilong ...!
DODOMM! DODOMM!
TSCHACK!

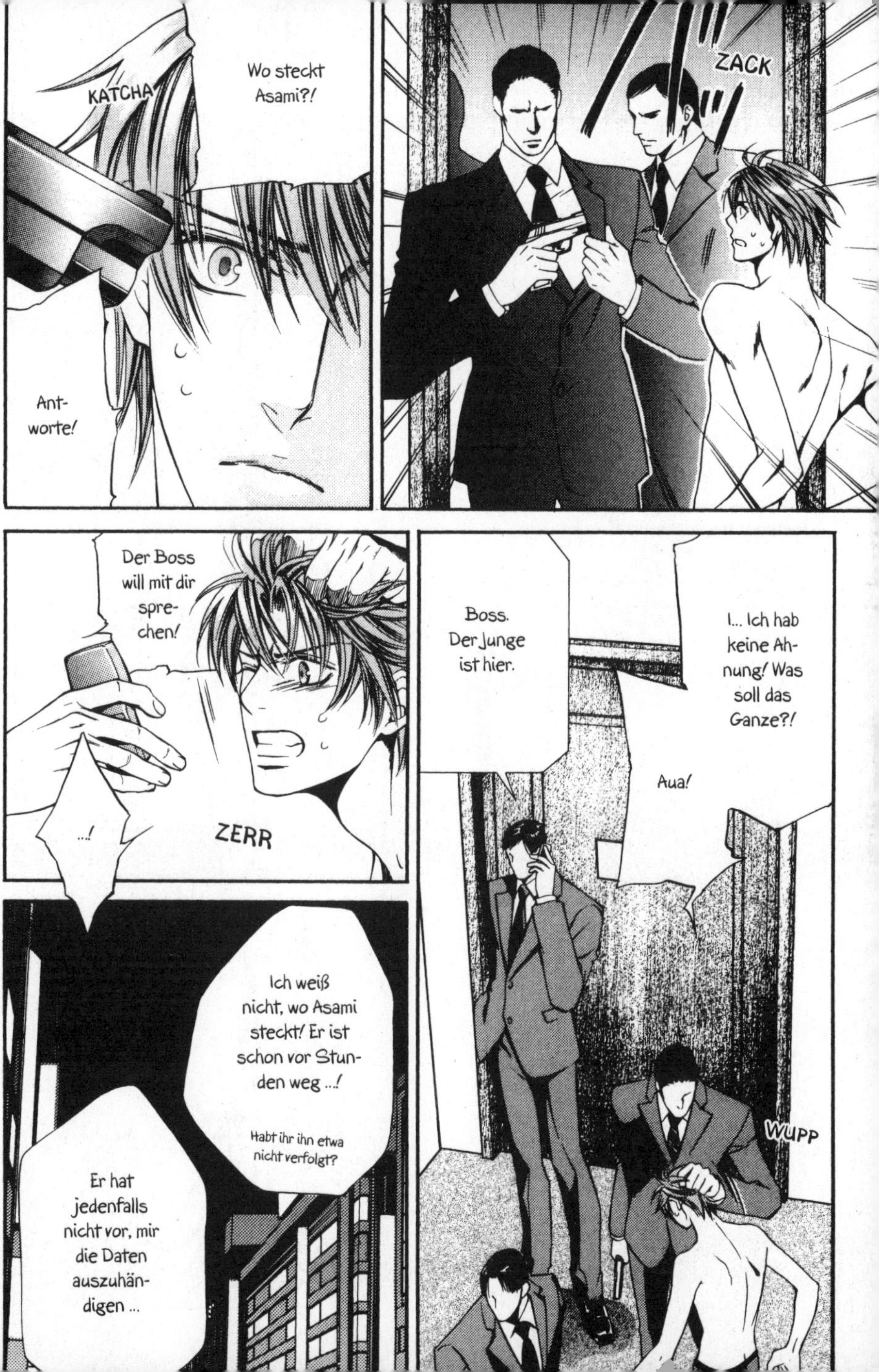
ZACK
KATCHA
Wo steckt Asami?!
Ant-worte!
I… Ich hab keine Ahnung! Was soll das Ganze?!
Aua!
Boss. Der Junge ist hier.
WUPP
Der Boss will mit dir spre-chen!
ZERR
…!
Ich weiß nicht, wo Asami steckt! Er ist schon vor Stun-den weg …!
Habt ihr ihn etwa nicht verfolgt?
Er hat jedenfalls nicht vor, mir die Daten auszuhän-digen …

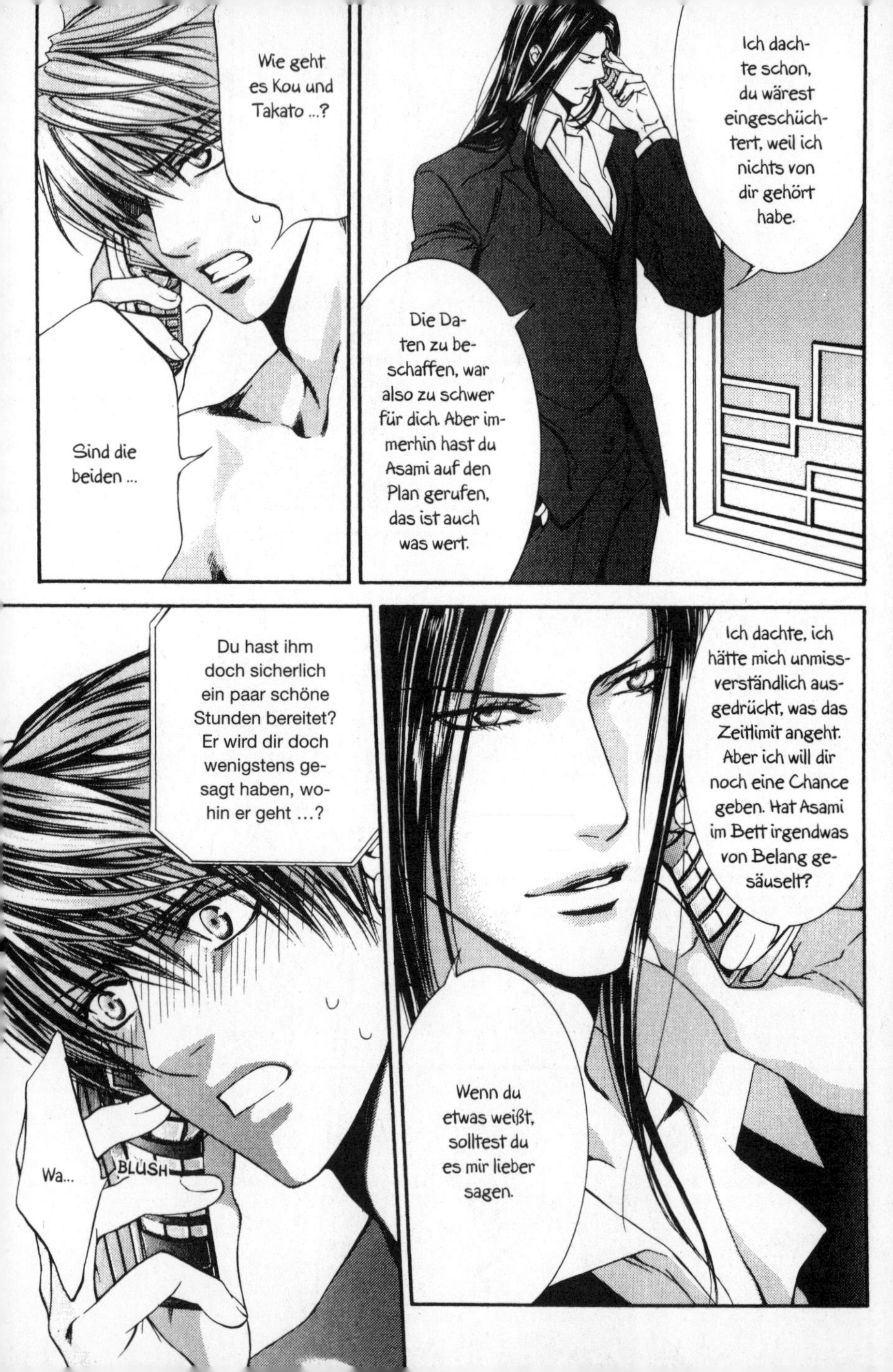
Ich dachte schon, du wärest eingeschüchtert, weil ich nichts von dir gehört habe.
Die Daten zu beschaffen, war also zu schwer für dich. Aber immerhin hast du Asami auf den Plan gerufen, das ist auch was wert.
Wie geht es Kou und Takato ...?
Sind die beiden ...
Ich dachte, ich hätte mich unmissverständlich ausgedrückt, was das Zeitlimit angeht. Aber ich will dir noch eine Chance geben. Hat Asami im Bett irgendwas von Belang gesäuselt?
Wenn du etwas weißt, solltest du es mir lieber sagen.
Du hast ihm doch sicherlich ein paar schöne Stunden bereitet? Er wird dir doch wenigstens gesagt haben, wohin er geht …?
BLUSH
Wa...

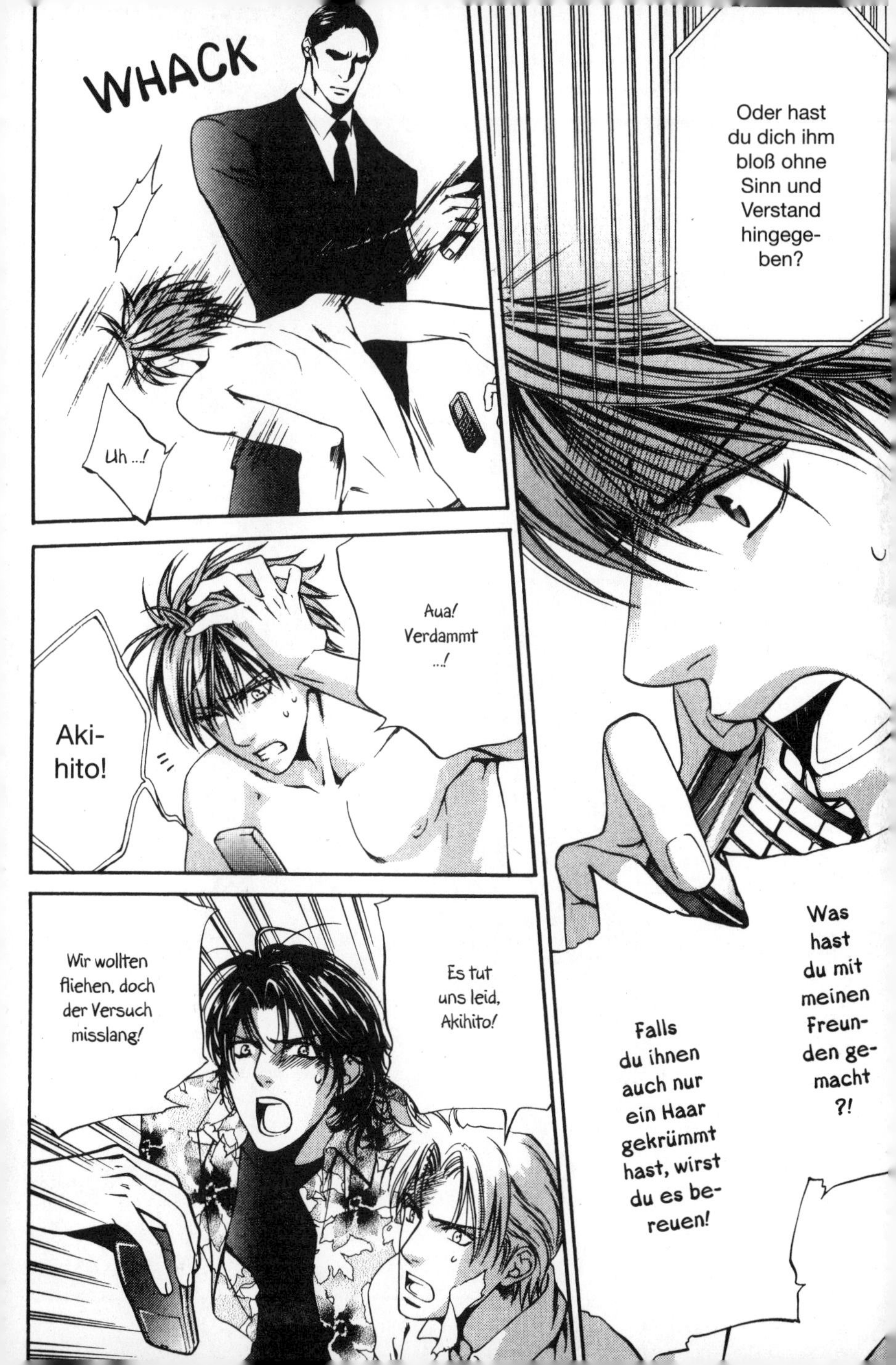

Oder hast du dich ihm bloß ohne Sinn und Verstand hingegeben?
WHACK
Uh ...!
Aua! Verdammt ...!
Aki-hito!
Es tut uns leid, Akihito!
Wir wollten fliehen, doch der Versuch misslang!
Was hast du mit meinen Freunden gemacht?!
Falls du ihnen auch nur ein Haar gekrümmt hast, wirst du es bereuen!

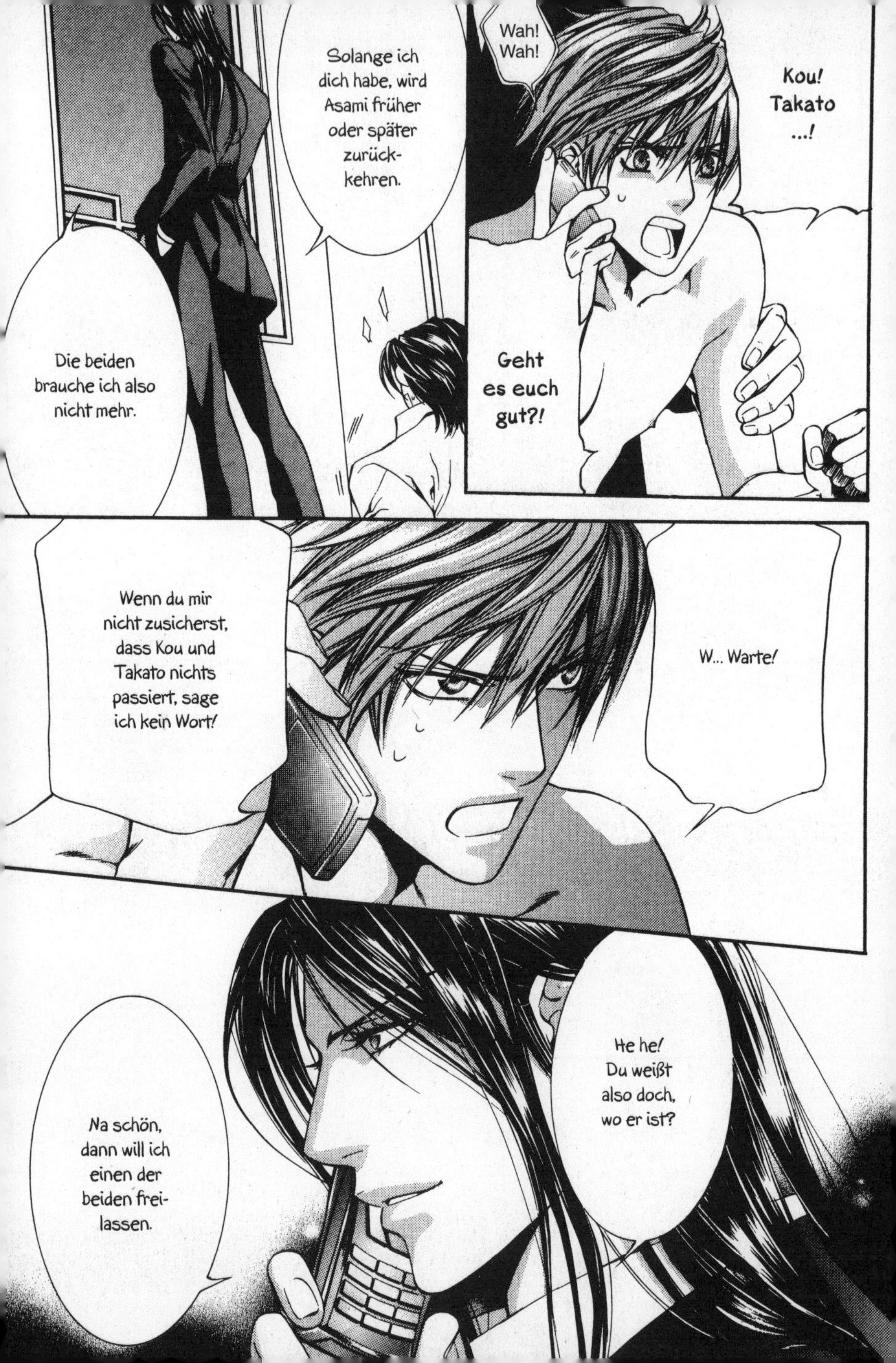
Wah! Wah!
Kou! Takato ...!
Geht es euch gut?!
Solange ich dich habe, wird Asami früher oder später zurückkehren.
Die beiden brauche ich also nicht mehr.
W... Warte!
Wenn du mir nicht zusicherst, dass Kou und Takato nichts passiert, sage ich kein Wort!
He he! Du weißt also doch, wo er ist?
Na schön, dann will ich einen der beiden freilassen.

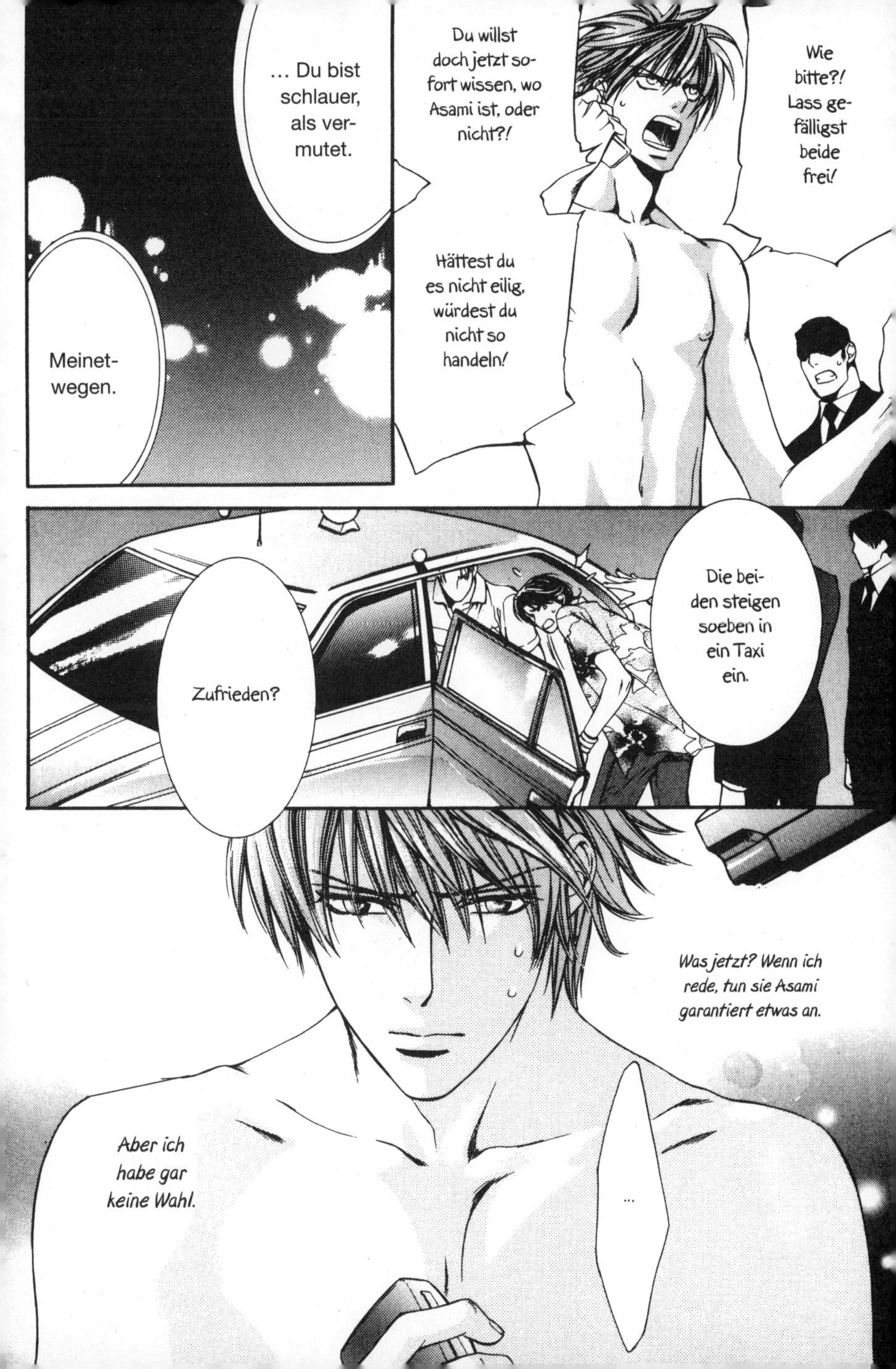
Wie bitte?! Lass gefälligst beide frei!
Du willst doch jetzt sofort wissen, wo Asami ist, oder nicht?!
Hättest du es nicht eilig, würdest du nicht so handeln!
... Du bist schlauer, als vermutet.
Meinetwegen.
Die beiden steigen soeben in ein Taxi ein.
Zufrieden?
Was jetzt? Wenn ich rede, tun sie Asami garantiert etwas an.
...
Aber ich habe gar keine Wahl.

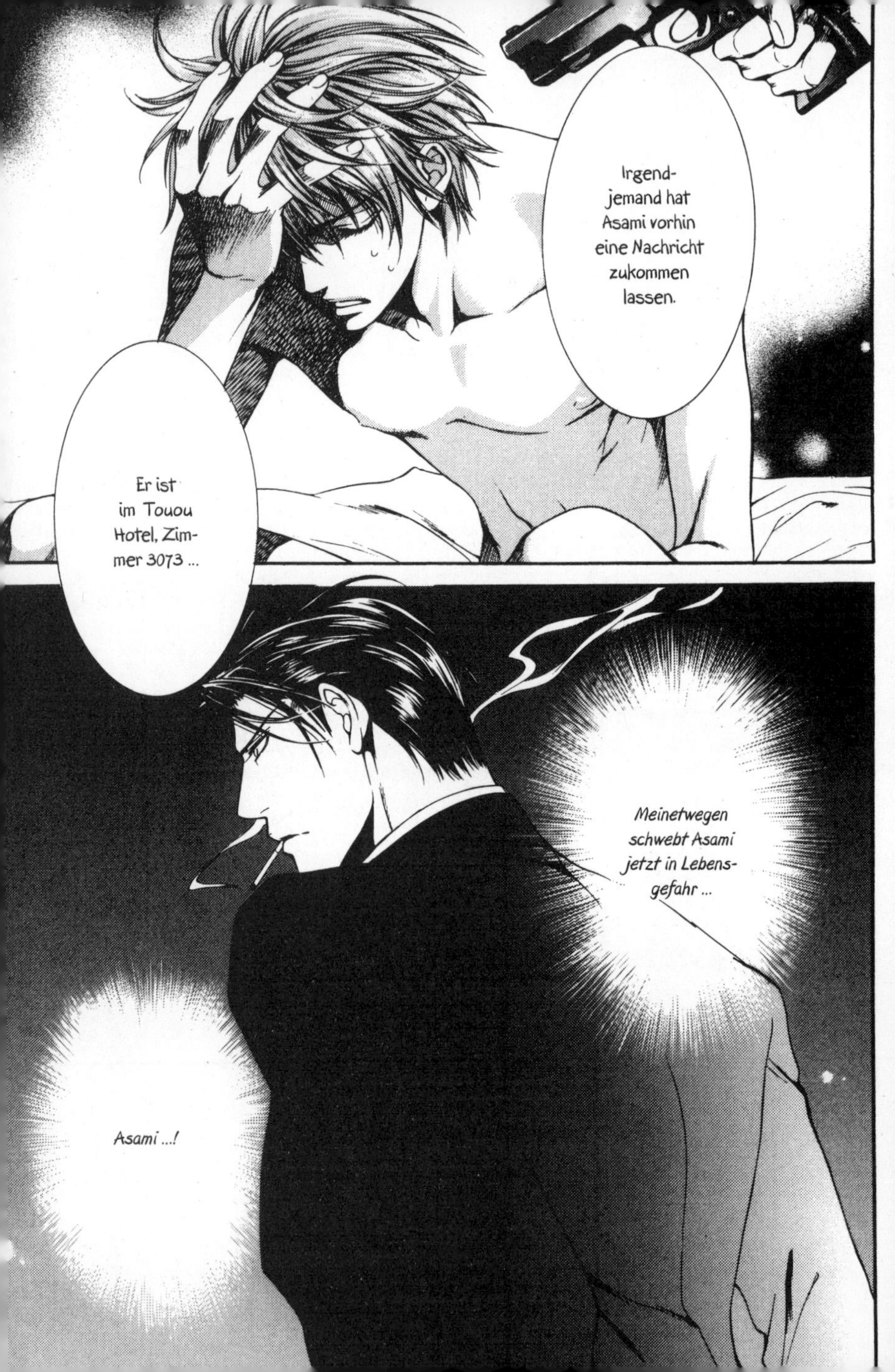
Irgend-jemand hat Asami vorhin eine Nachricht zukommen lassen.
Er ist im Touou Hotel, Zimmer 3073 ...
Meinetwegen schwebt Asami jetzt in Lebensgefahr ...
Asami ...!

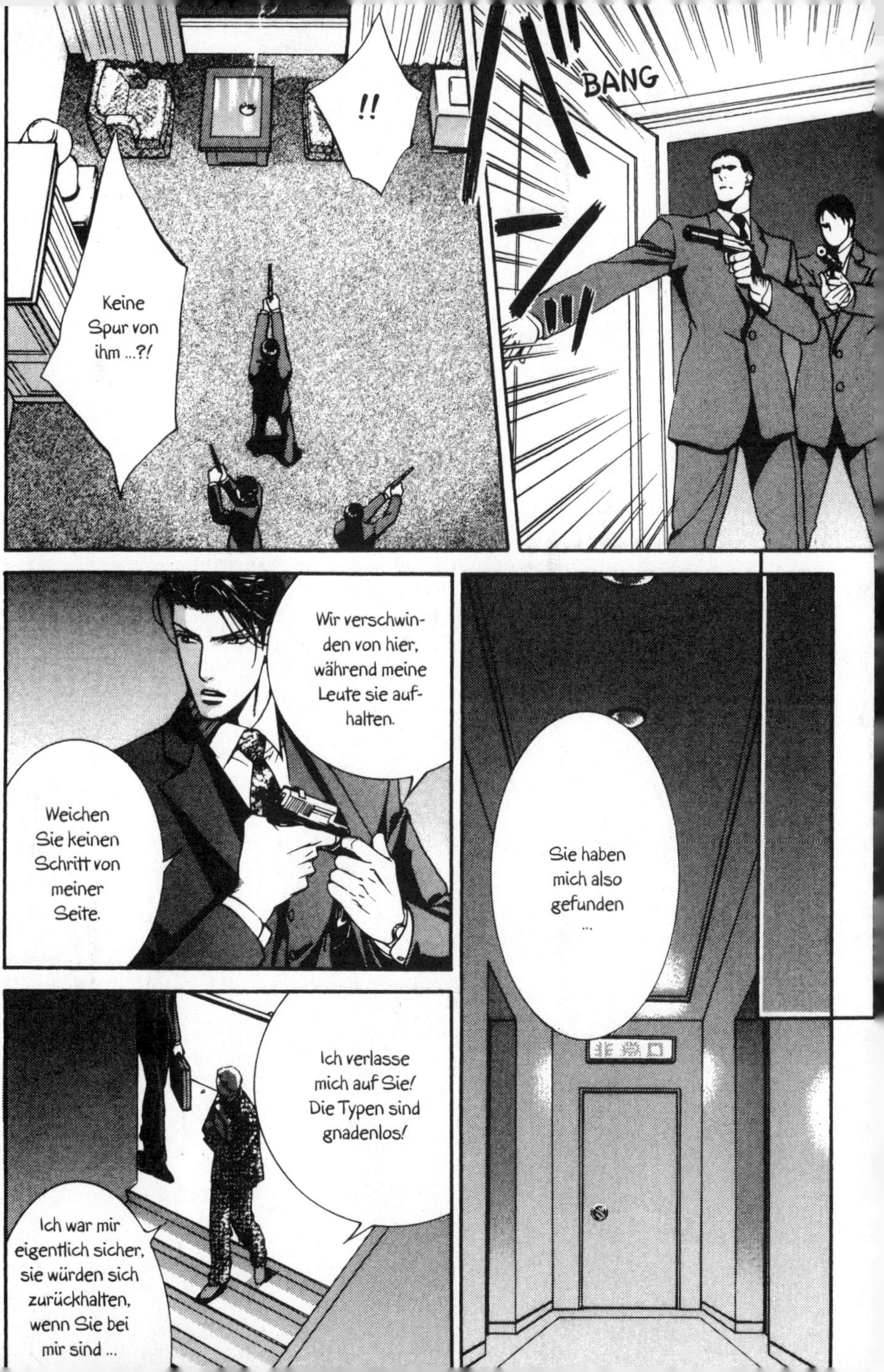
BANG
!!
Keine Spur von ihm ...?!
Sie haben mich also gefunden ...
Wir verschwinden von hier, während meine Leute sie aufhalten.
Weichen Sie keinen Schritt von meiner Seite.
Ich verlasse mich auf Sie! Die Typen sind gnadenlos!
Ich war mir eigentlich sicher, sie würden sich zurückhalten, wenn Sie bei mir sind ...

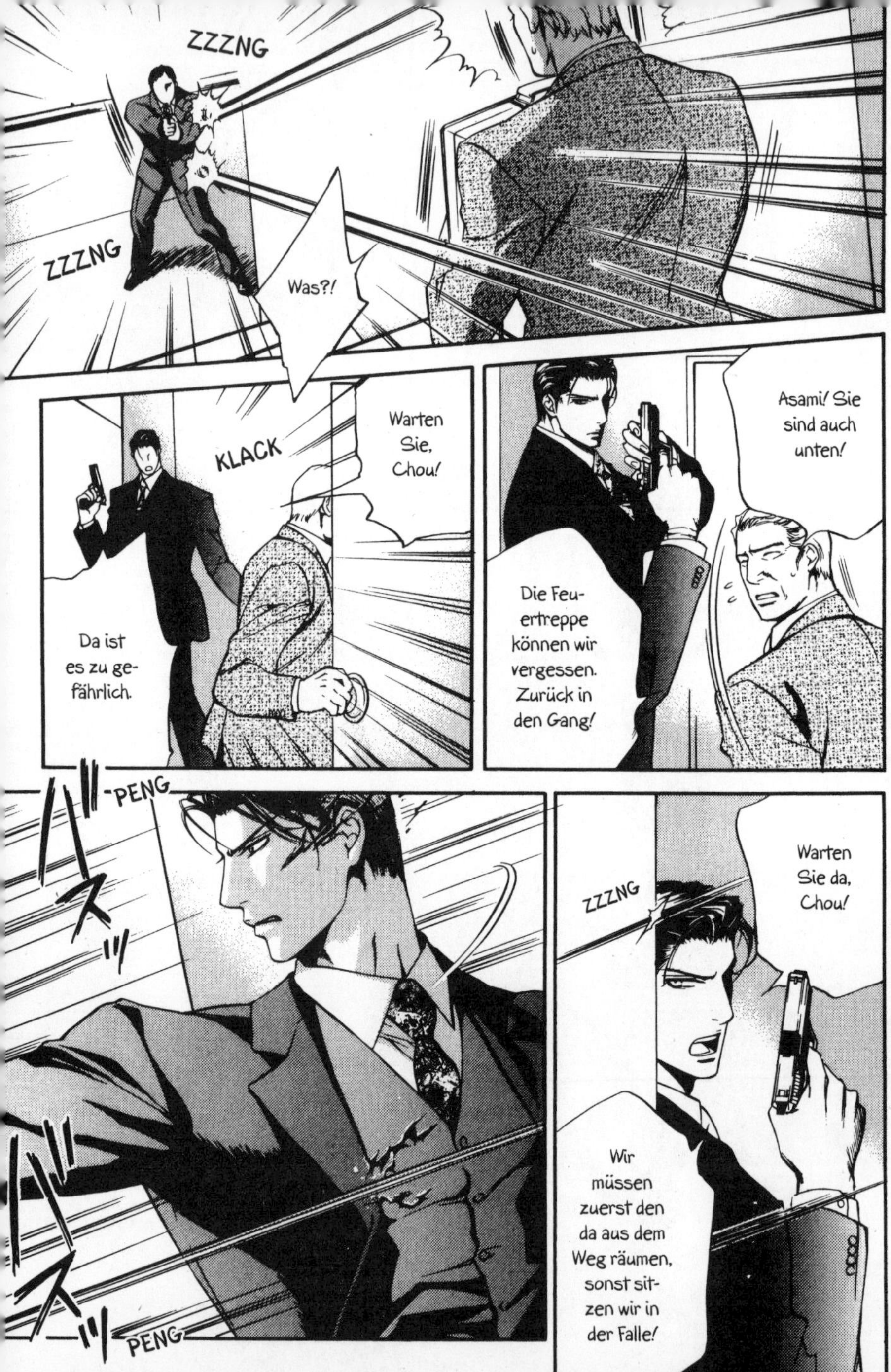
ZZZNG
ZZZNG
Was?!
Asami! Sie sind auch unten!
Die Feuertreppe können wir vergessen. Zurück in den Gang!
Warten Sie, Chou!
KLACK
Da ist es zu gefährlich.
Warten Sie da, Chou!
ZZZNG
Wir müssen zuerst den da aus dem Weg räumen, sonst sitzen wir in der Falle!
PENG
PENG

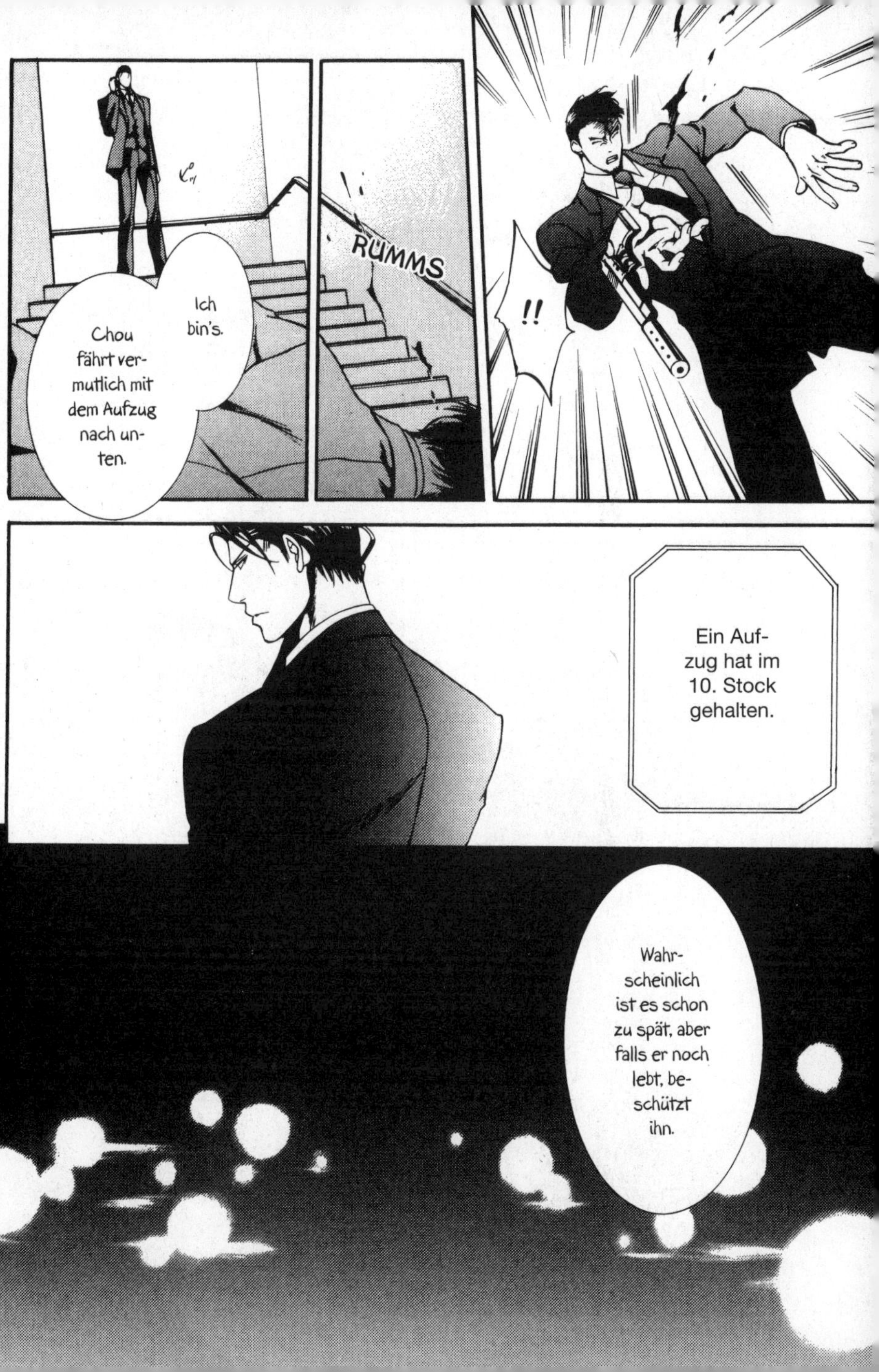
!!
RUMMS
Ich bin's.
Chou fährt vermutlich mit dem Aufzug nach unten.
Ein Aufzug hat im 10. Stock gehalten.
Wahrscheinlich ist es schon zu spät, aber falls er noch lebt, beschützt ihn.

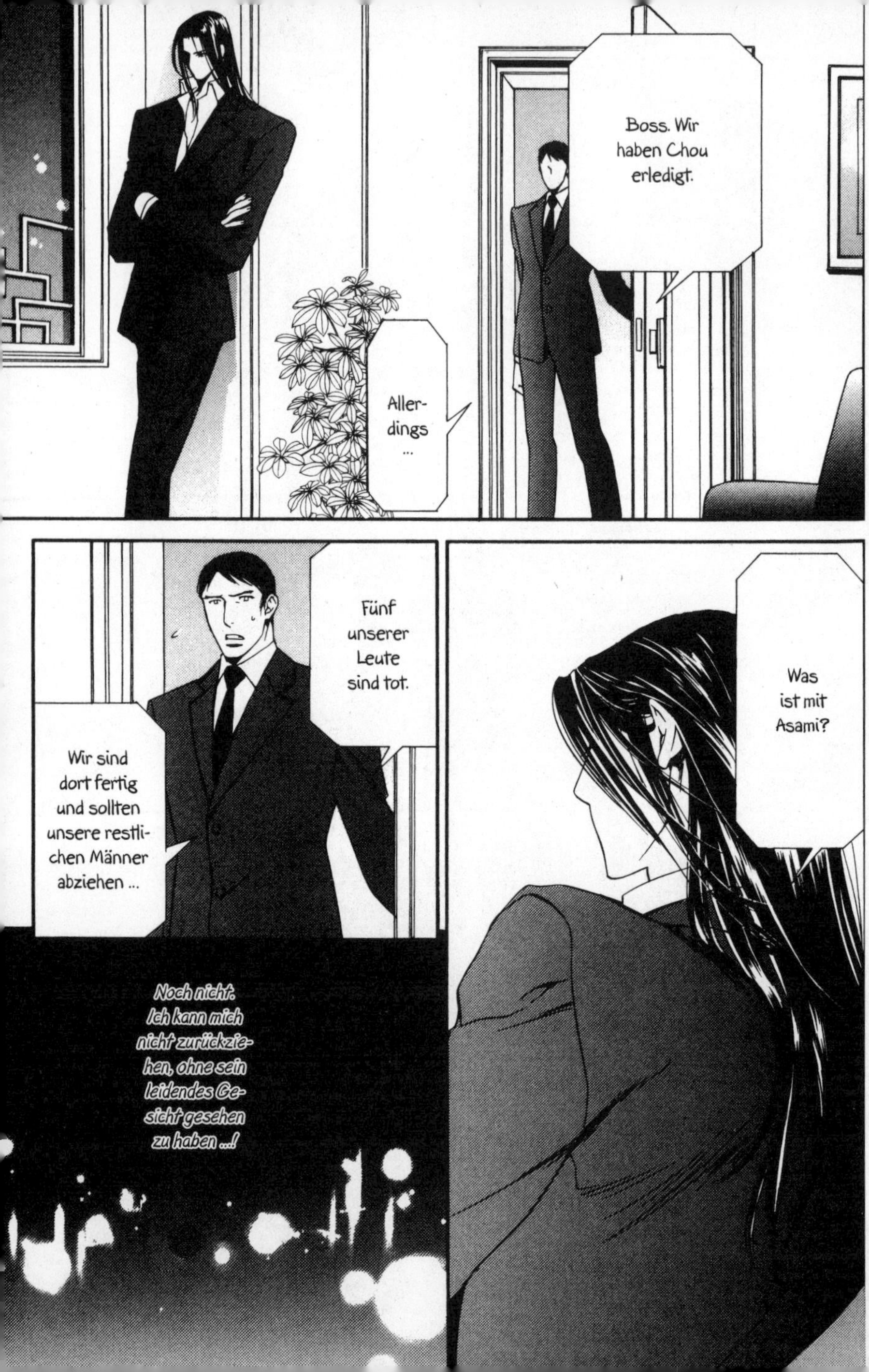

Boss. Wir haben Chou erledigt.
Aller-dings ...
Fünf unserer Leute sind tot.
Wir sind dort fertig und sollten unsere restli-chen Männer abziehen ...
Was ist mit Asami?
Noch nicht. Ich kann mich nicht zurückzie-hen, ohne sein leidendes Ge-sicht gesehen zu haben ...!

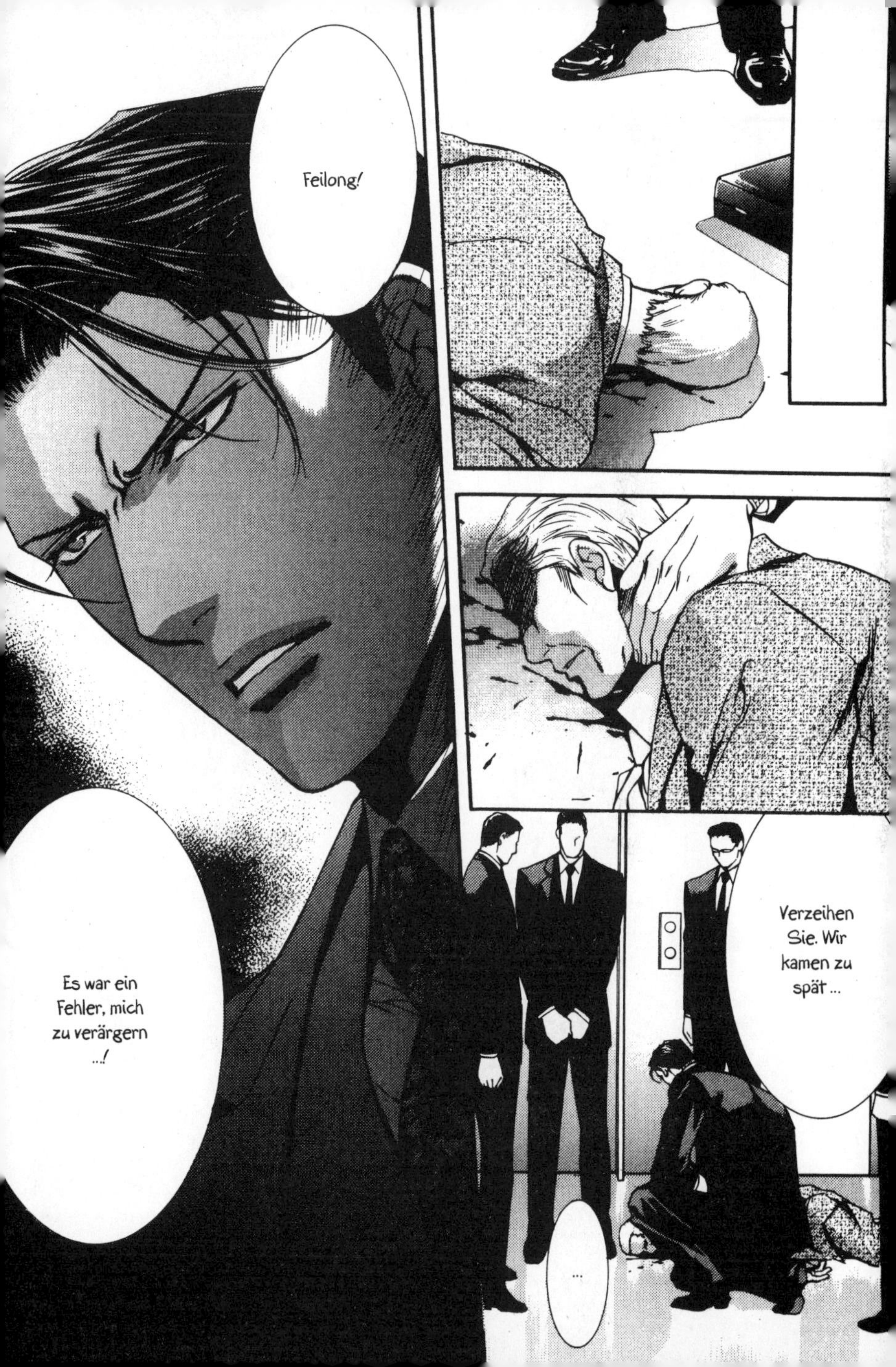
Feilong!
Verzeihen Sie. Wir kamen zu spät ...
...
Es war ein Fehler, mich zu verärgern ...!

Naked Truth Kapitel 4

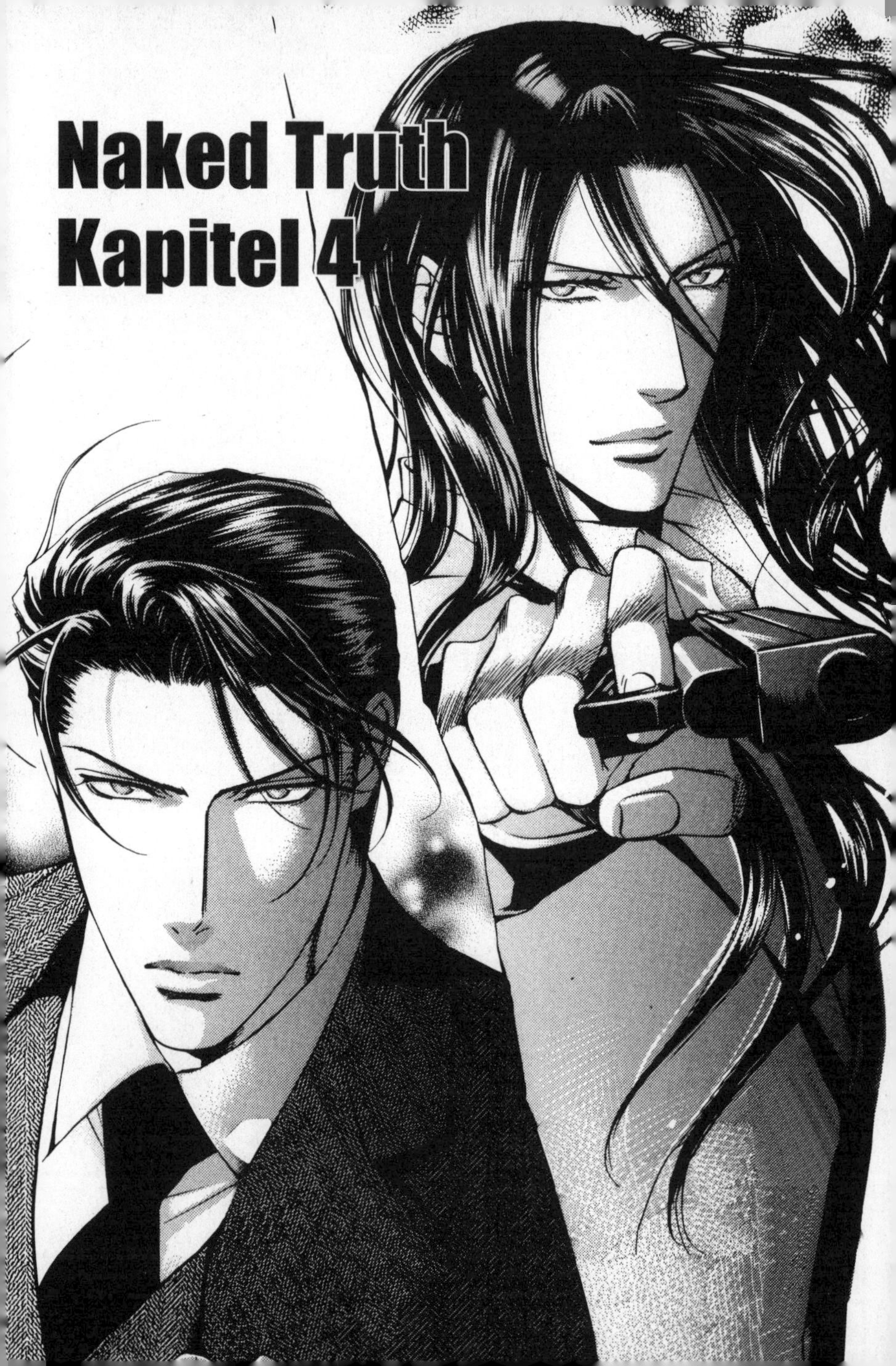

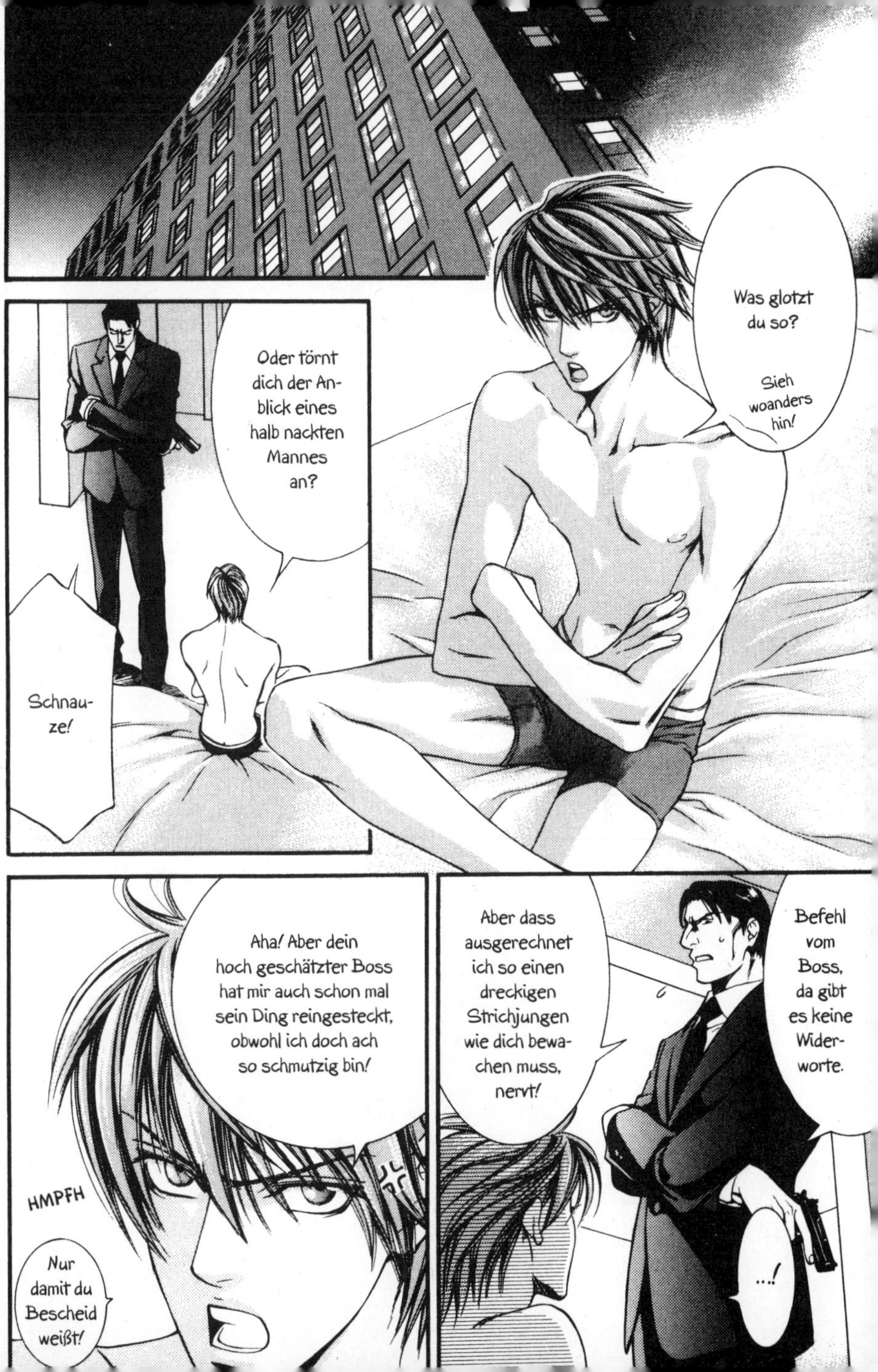
Was glotzt du so?
Sieh woanders hin!
Oder törnt dich der Anblick eines halb nackten Mannes an?
Schnauze!
Befehl vom Boss, da gibt es keine Widerworte.
Aber dass ausgerechnet ich so einen dreckigen Strichjungen wie dich bewachen muss, nervt!
...!
Aha! Aber dein hoch geschätzter Boss hat mir auch schon mal sein Ding reingesteckt, obwohl ich doch ach so schmutzig bin!
HMPFH
Nur damit du Bescheid weißt!

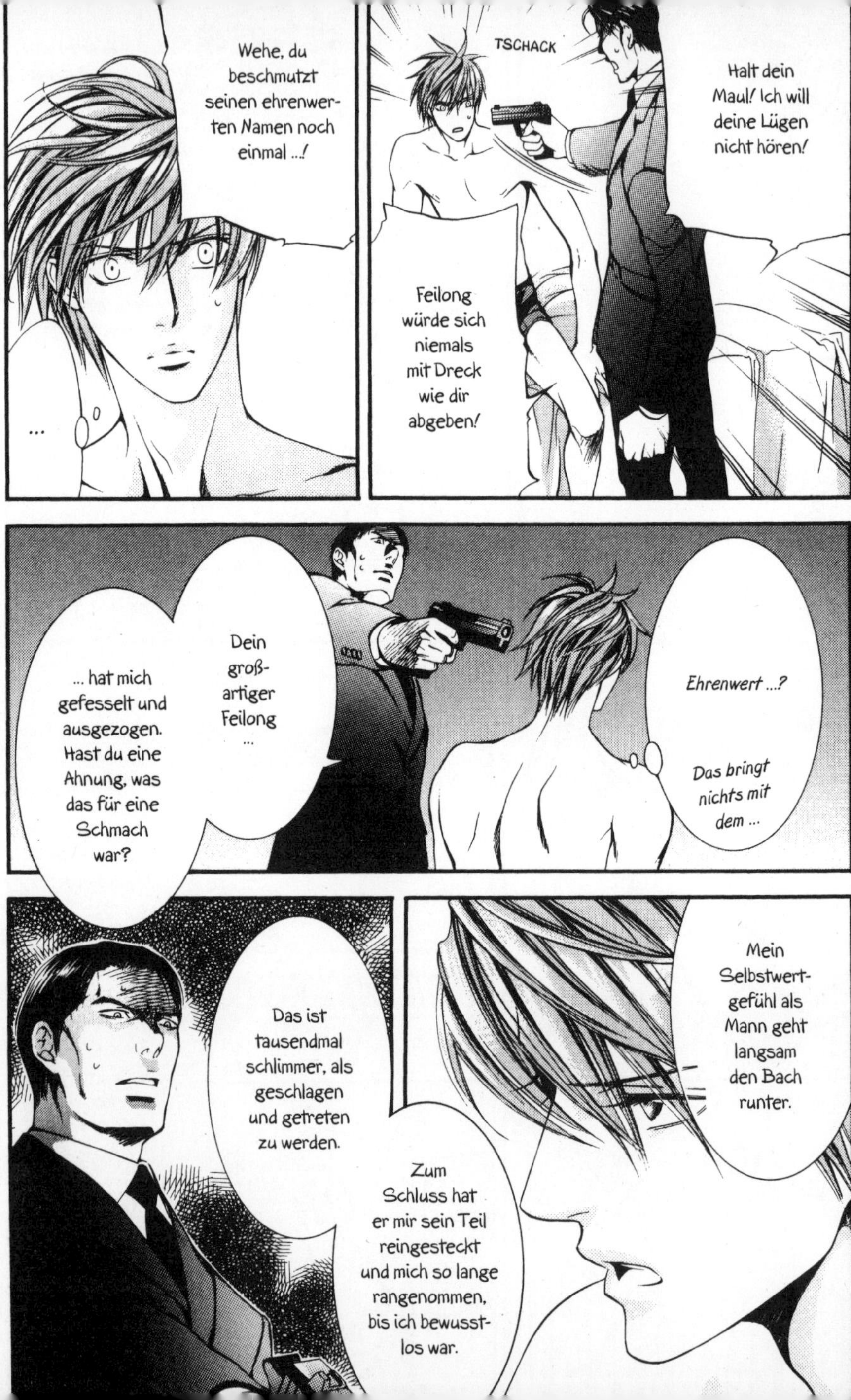
TSCHACK
Halt dein Maul! Ich will deine Lügen nicht hören!
Feilong würde sich niemals mit Dreck wie dir abgeben!
Wehe, du beschmutzt seinen ehrenwerten Namen noch einmal ...!
...
Ehrenwert ...?
Das bringt nichts mit dem ...
Dein großartiger Feilong ...
... hat mich gefesselt und ausgezogen. Hast du eine Ahnung, was das für eine Schmach war?
Mein Selbstwertgefühl als Mann geht langsam den Bach runter.
Das ist tausendmal schlimmer, als geschlagen und getreten zu werden.
Zum Schluss hat er mir sein Teil reingesteckt und mich so lange rangenommen, bis ich bewusstlos war.

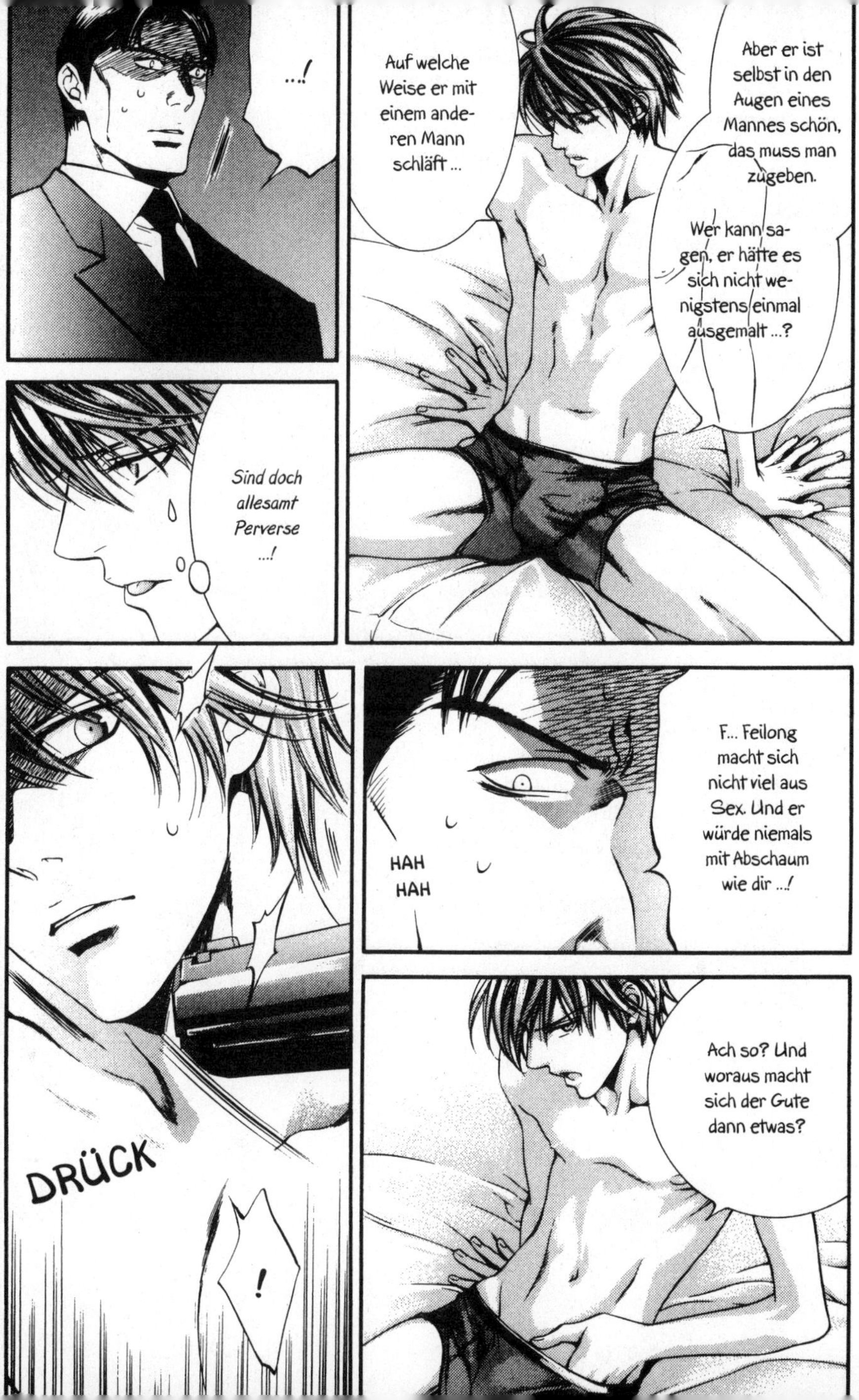
Auf welche Weise er mit einem anderen Mann schläft ...
Aber er ist selbst in den Augen eines Mannes schön, das muss man zugeben.
Wer kann sagen, er hätte es sich nicht wenigstens einmal ausgemalt ...?
...!
Sind doch allesamt Perverse ...!
F... Feilong macht sich nicht viel aus Sex. Und er würde niemals mit Abschaum wie dir ...!
HAH HAH
DRÜCK
!
Ach so? Und woraus macht sich der Gute dann etwas?

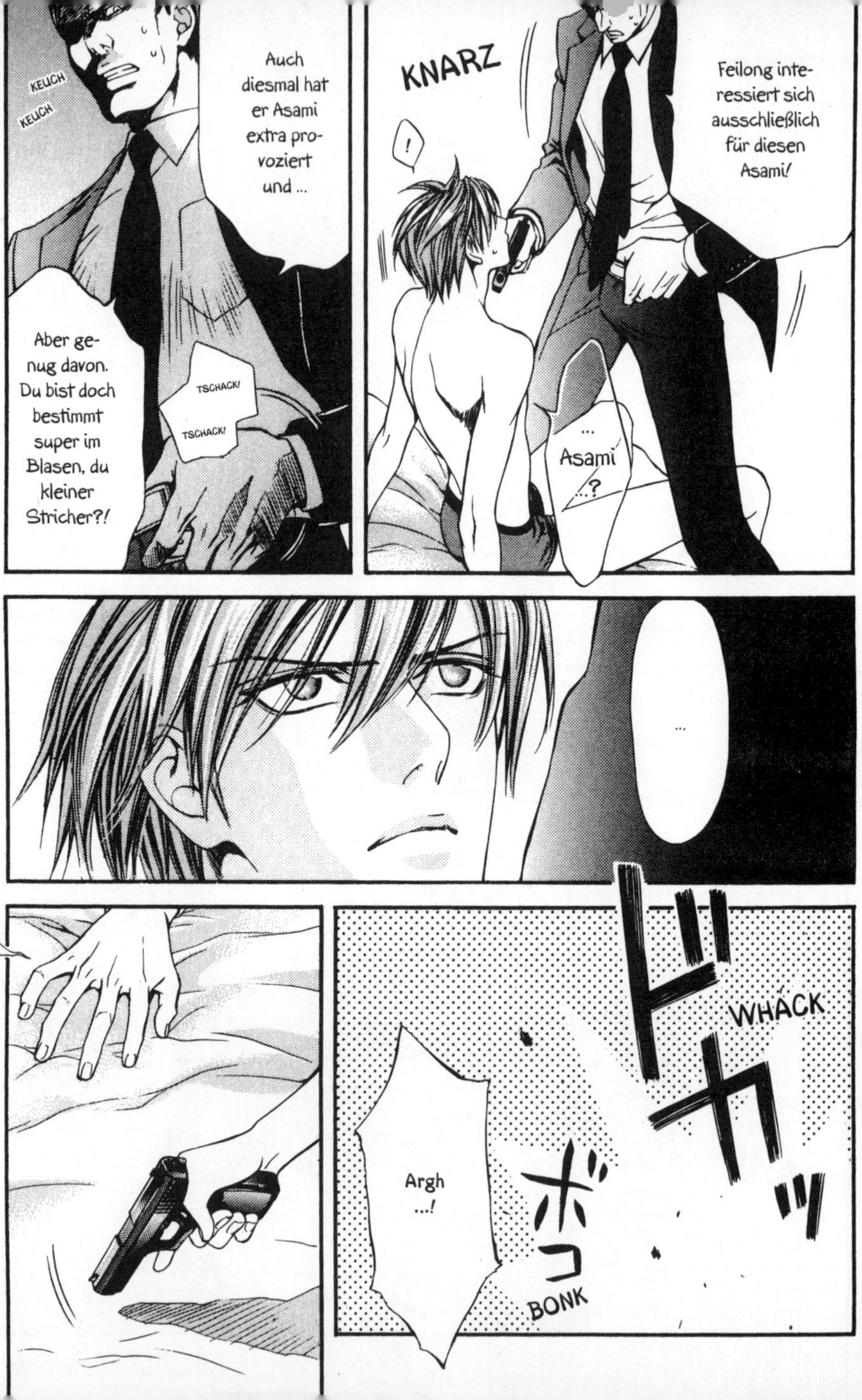
Feilong interessiert sich ausschließlich für diesen Asami!
KNARZ
!
... Asami ...?
Auch diesmal hat er Asami extra provoziert und ...
KEUCH
KEUCH
TSCHACK!
TSCHACK!
Aber genug davon. Du bist doch bestimmt super im Blasen, du kleiner Stricher?!
...
WHÄCK
BONK
Argh ...!

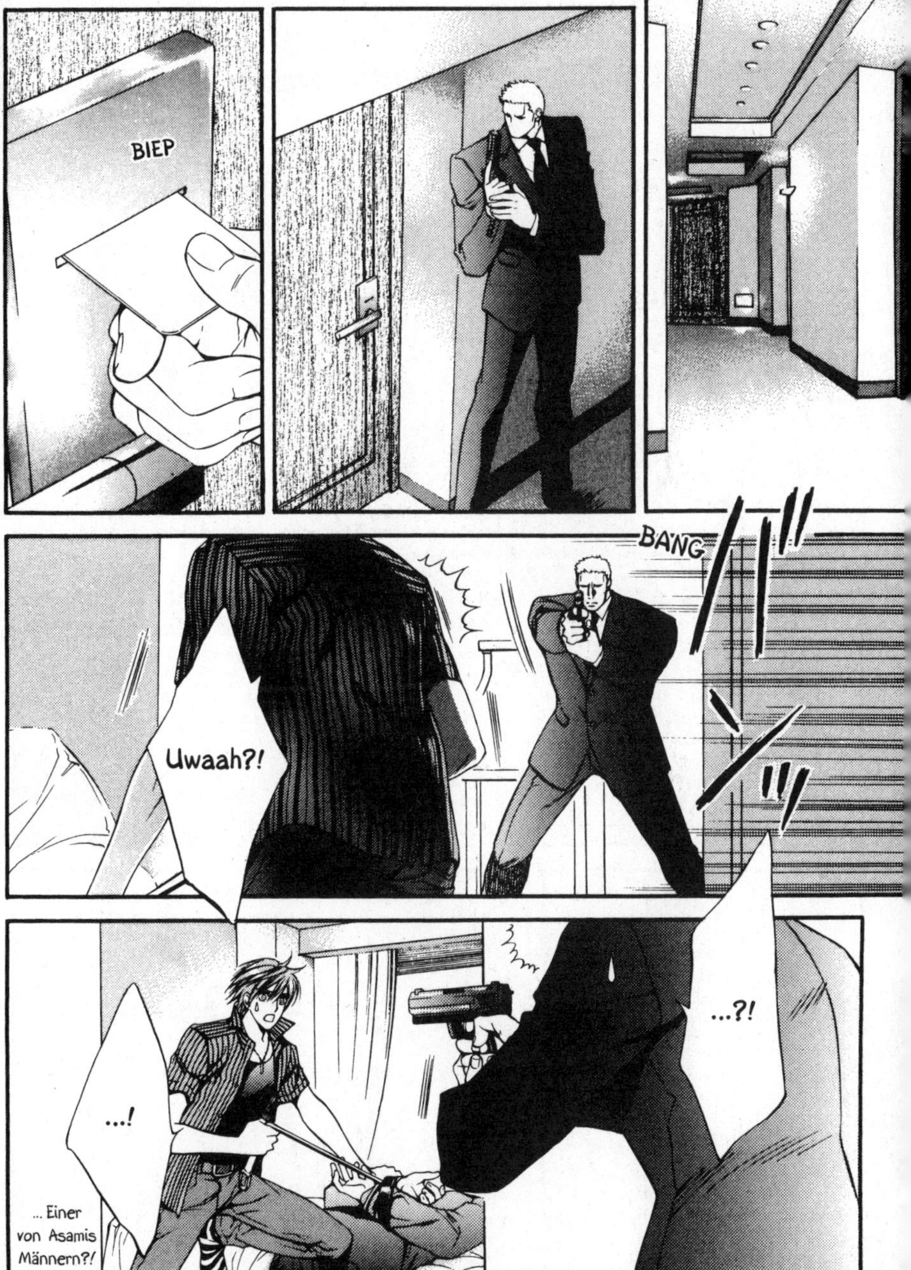
BIEP
BANG
Uwaah?!
...?!
...!
... Einer von Asamis Männern?!

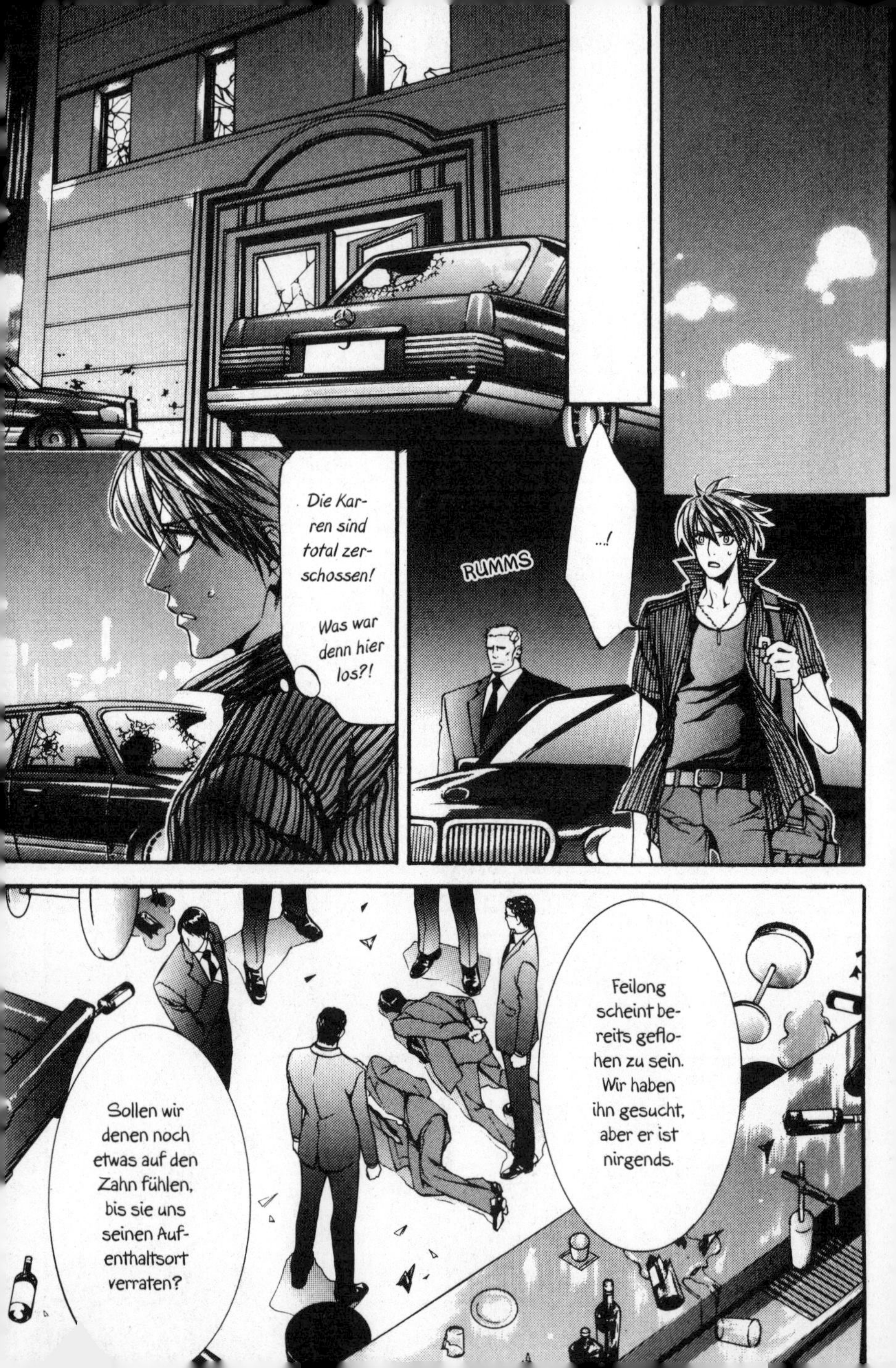
RUMMS
...!
Die Karren sind total zerschossen!
Was war denn hier los?!
Feilong scheint bereits geflohen zu sein. Wir haben ihn gesucht, aber er ist nirgends.
Sollen wir denen noch etwas auf den Zahn fühlen, bis sie uns seinen Aufenthaltsort verraten?

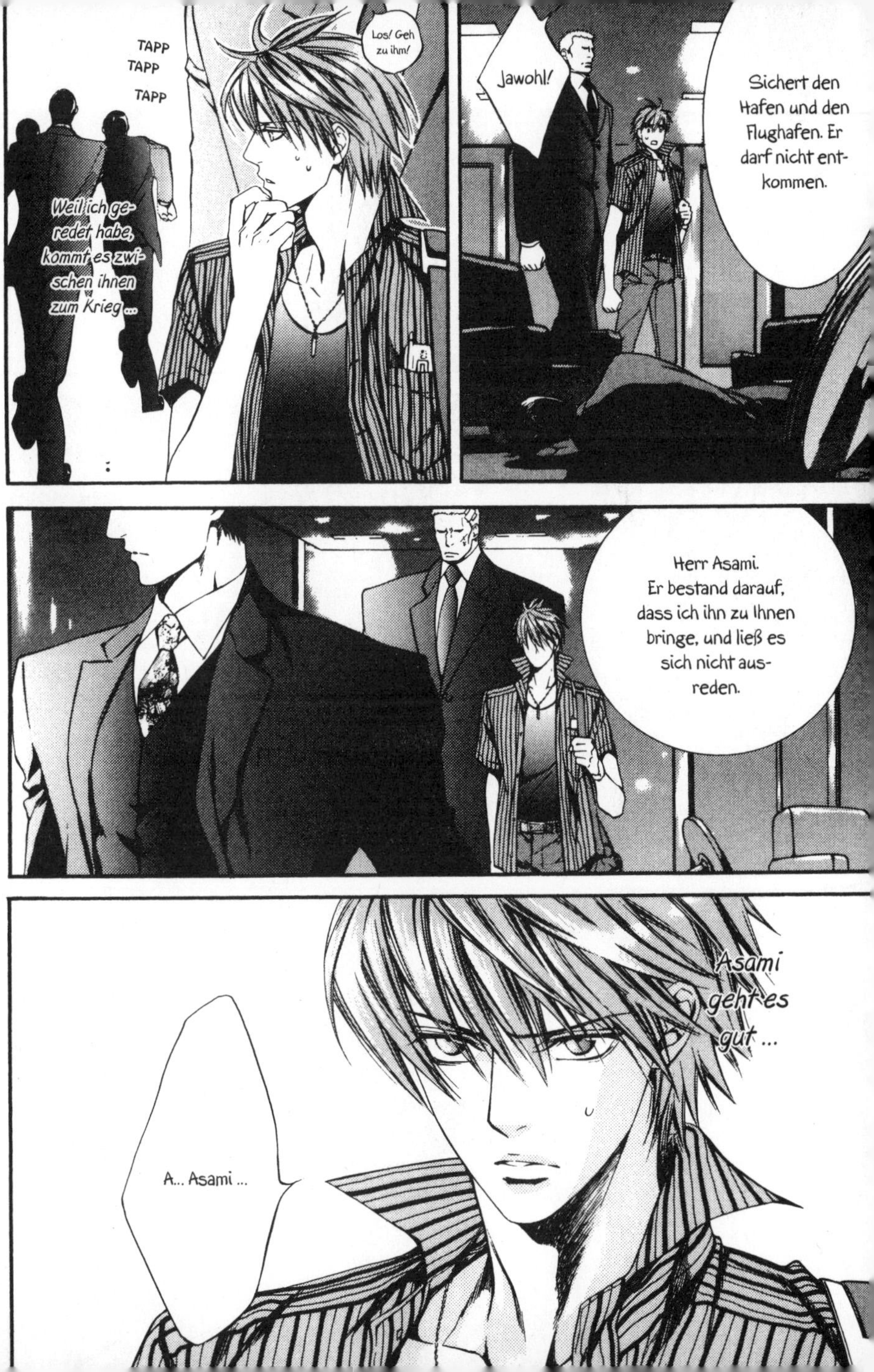

Sichert den Hafen und den Flughafen. Er darf nicht entkommen.
Jawohl!
Los! Geh zu ihm!
TAPP
TAPP
TAPP
Weil ich geredet habe, kommt es zwischen ihnen zum Krieg ...
Herr Asami. Er bestand darauf, dass ich ihn zu Ihnen bringe, und ließ es sich nicht ausreden.
Asami geht es gut ...
A... Asami ...

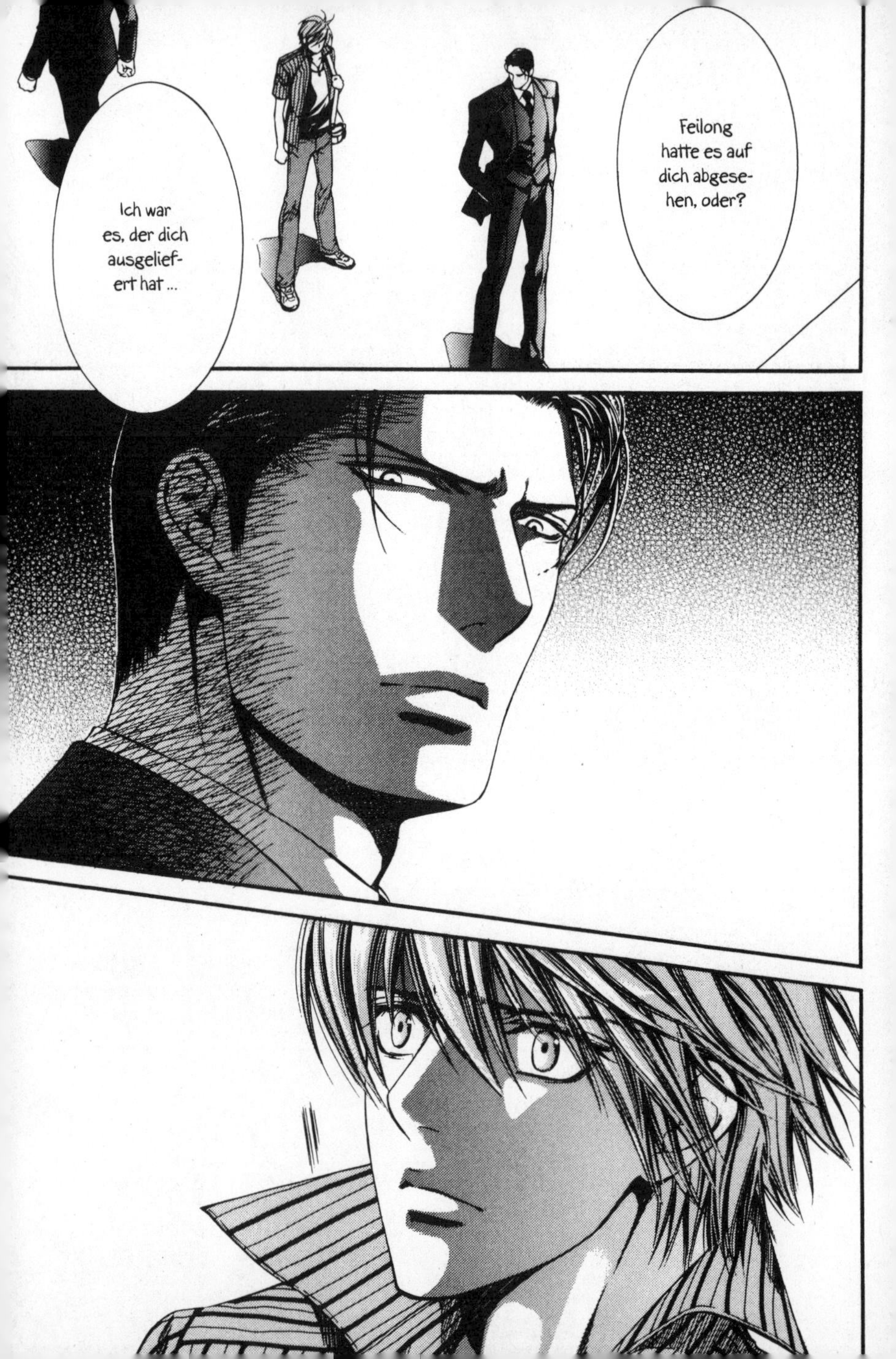
Feilong hatte es auf dich abgesehen, oder?
Ich war es, der dich ausgeliefert hat ...

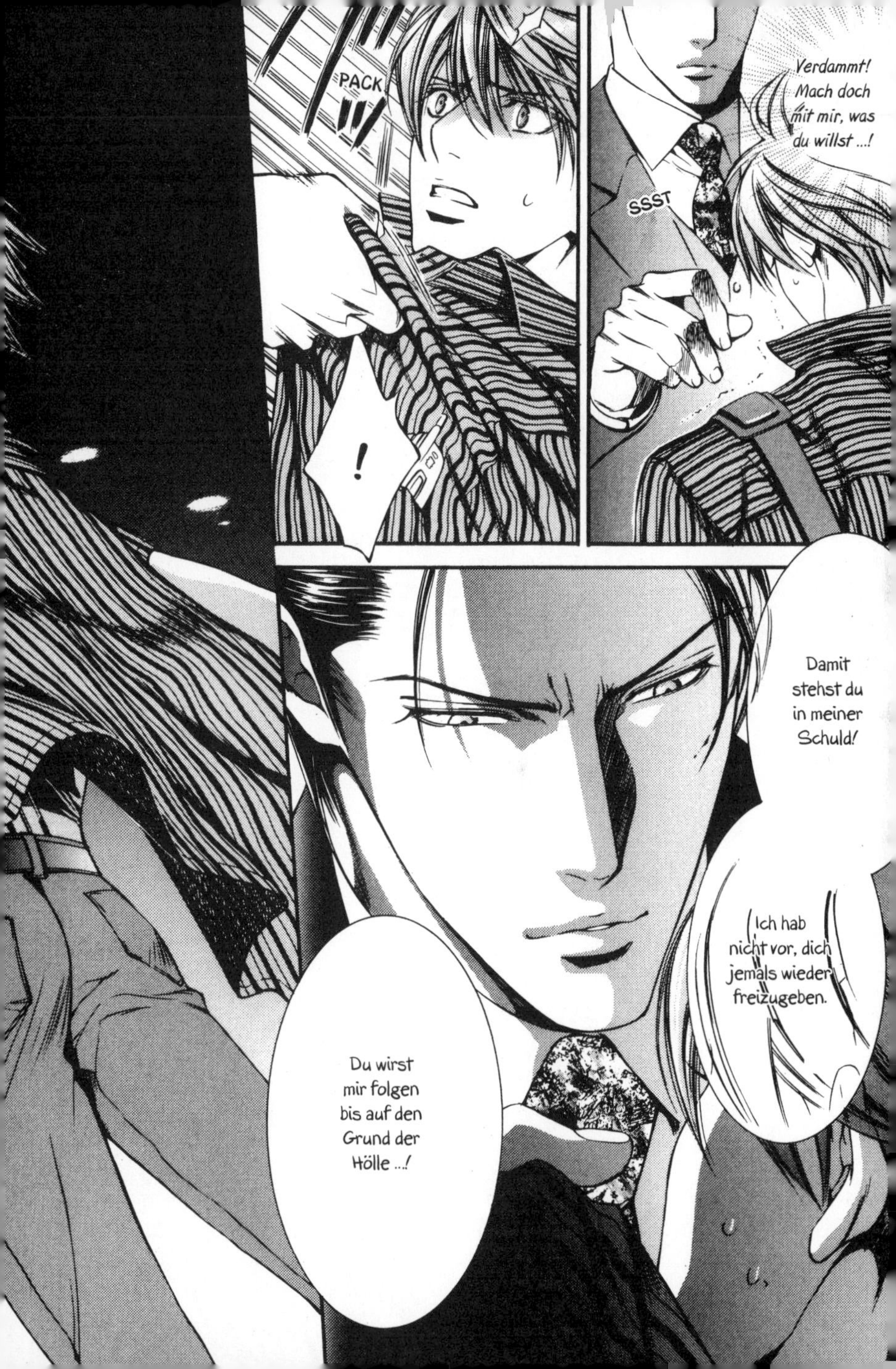
Verdammt! Mach doch mit mir, was du willst ...!
SSST
PACK
!
Damit stehst du in meiner Schuld!
Ich hab nicht vor, dich jemals wieder freizugeben.
Du wirst mir folgen bis auf den Grund der Hölle ...!

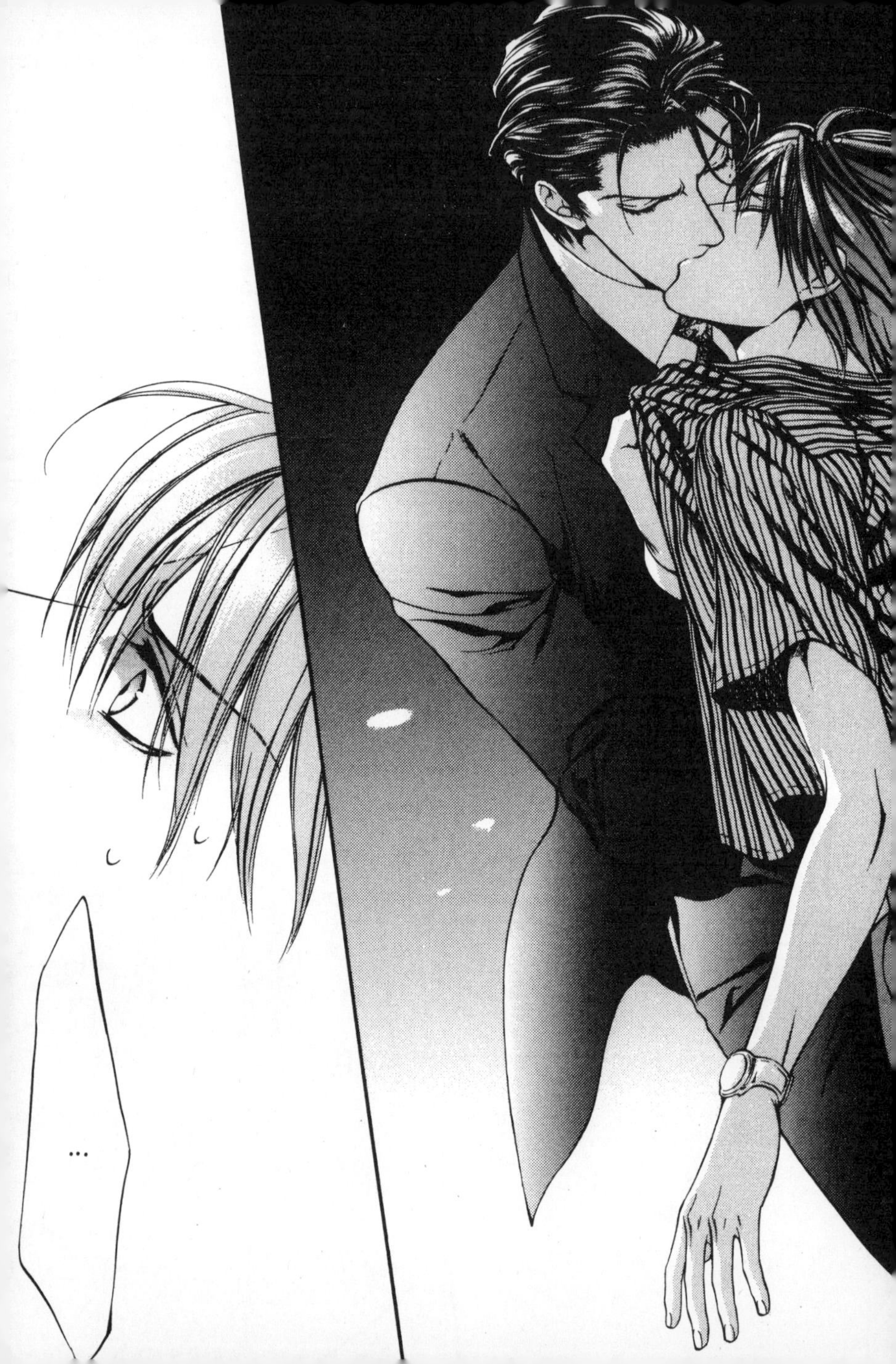

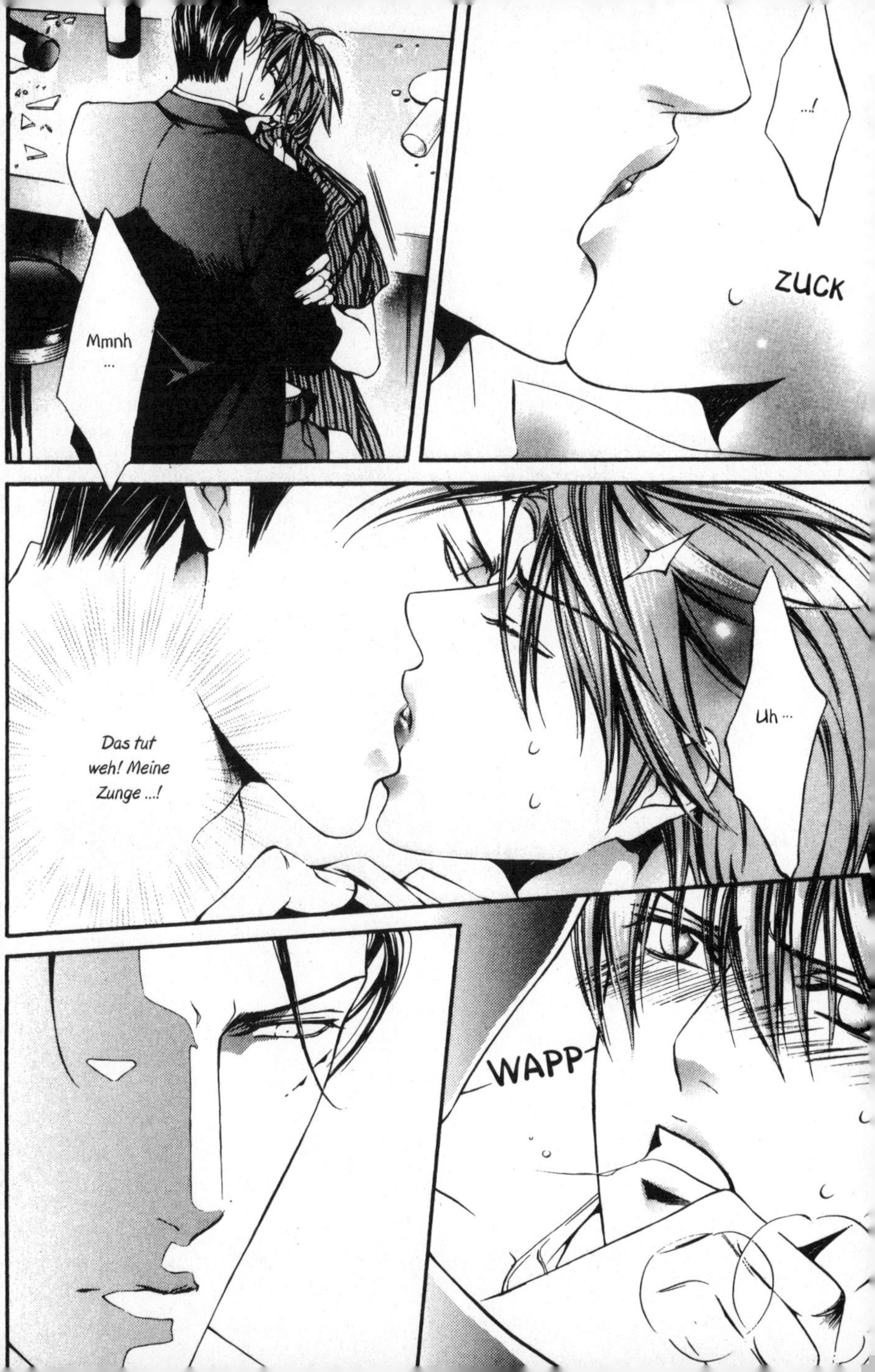
...!
ZUCK
Mmnh ...
Uh ...
Das tut weh! Meine Zunge ...!
WAPP

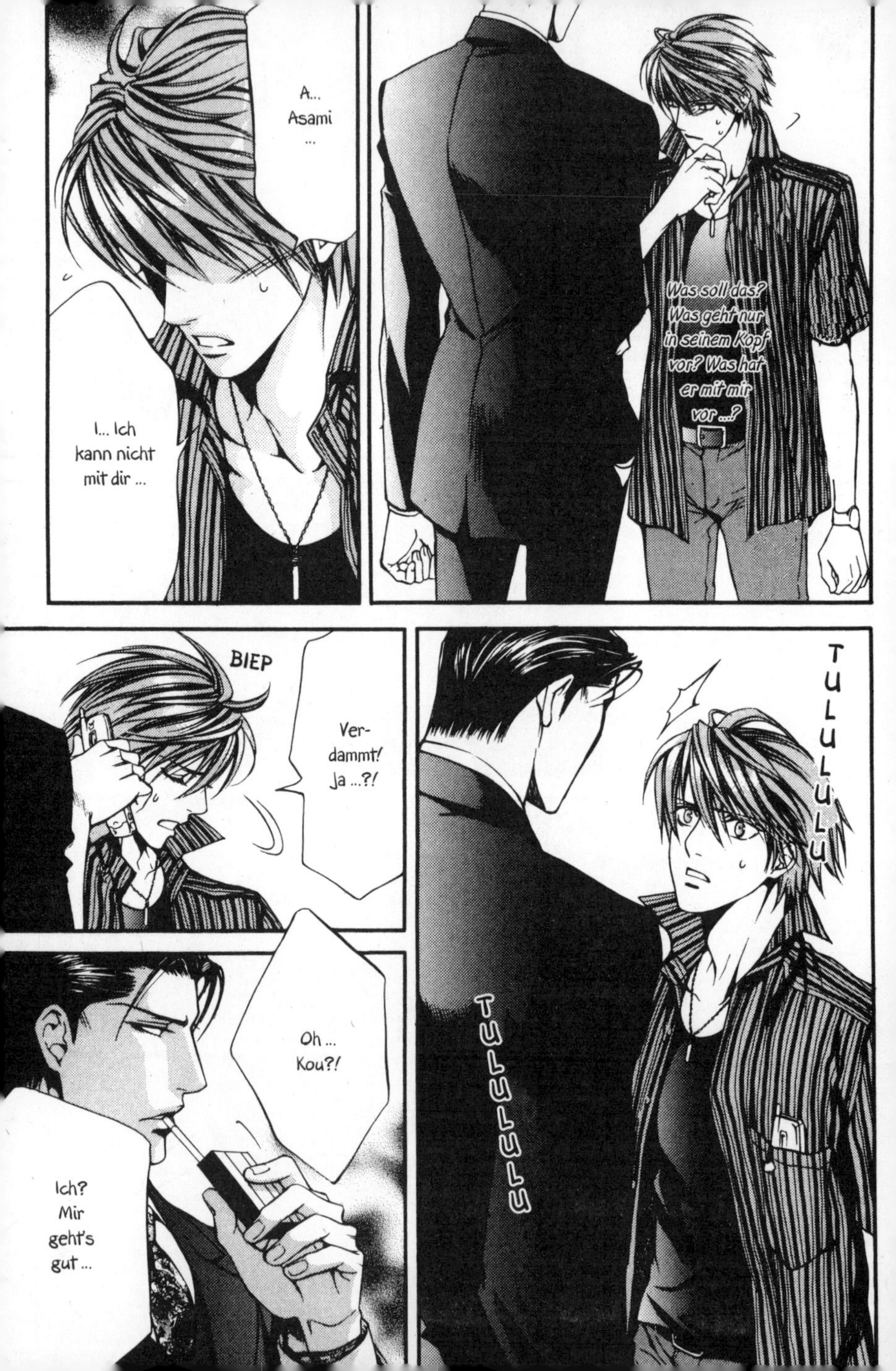
Was soll das? Was geht nur in seinem Kopf vor? Was hat er mit mir vor ...?
A... Asami ...
I... Ich kann nicht mit dir ...
TULULULU
TULULULU
BIEP
Verdammt! Ja ...?!
Oh ... Kou?!
Ich? Mir geht's gut ...

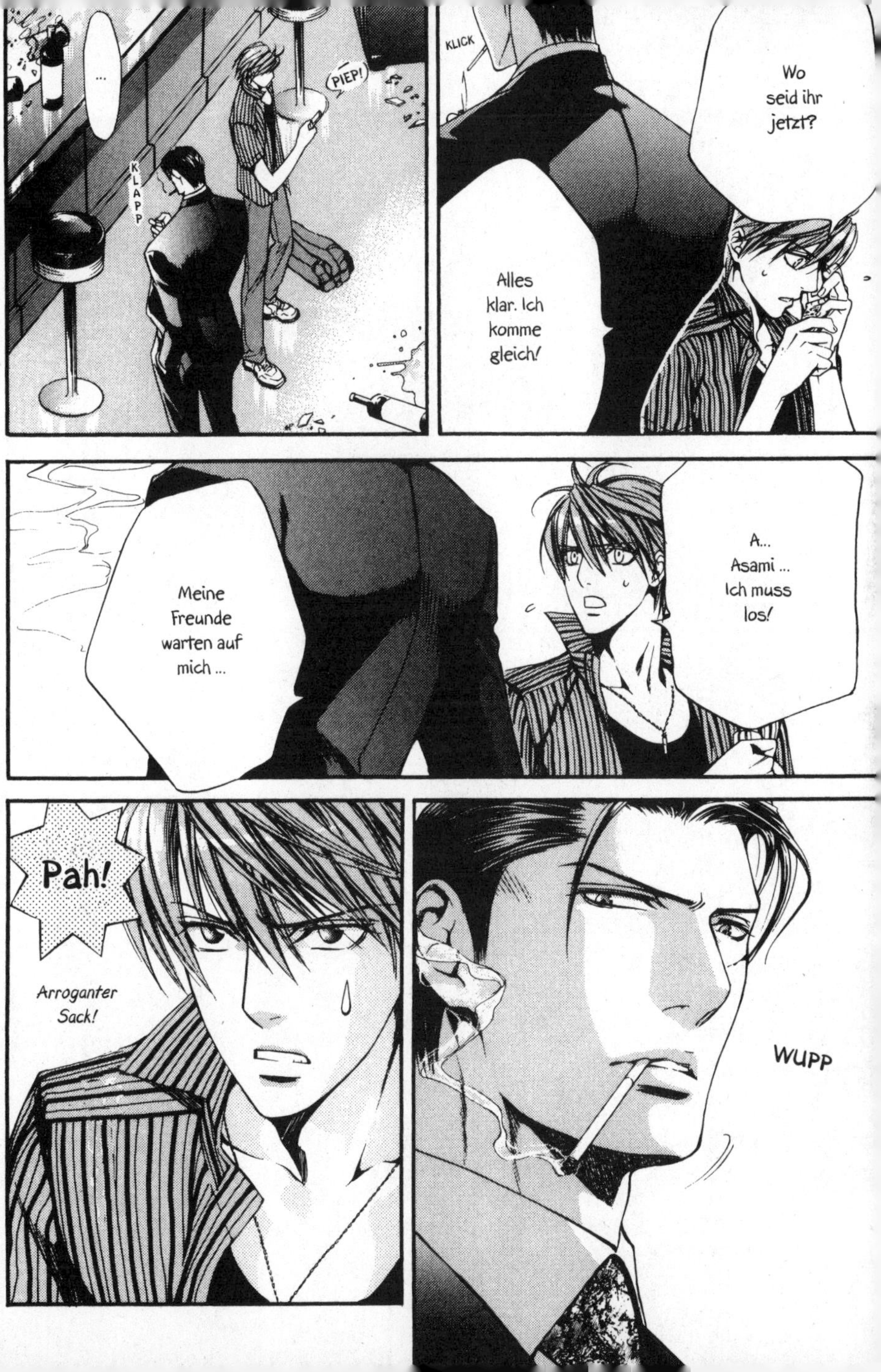
KLICK
Wo seid ihr jetzt?
Alles klar. Ich komme gleich!
PIEP!
...
KLAPP
A... Asami ... Ich muss los!
Meine Freunde warten auf mich ...
WUPP
Pah!
Arroganter Sack!

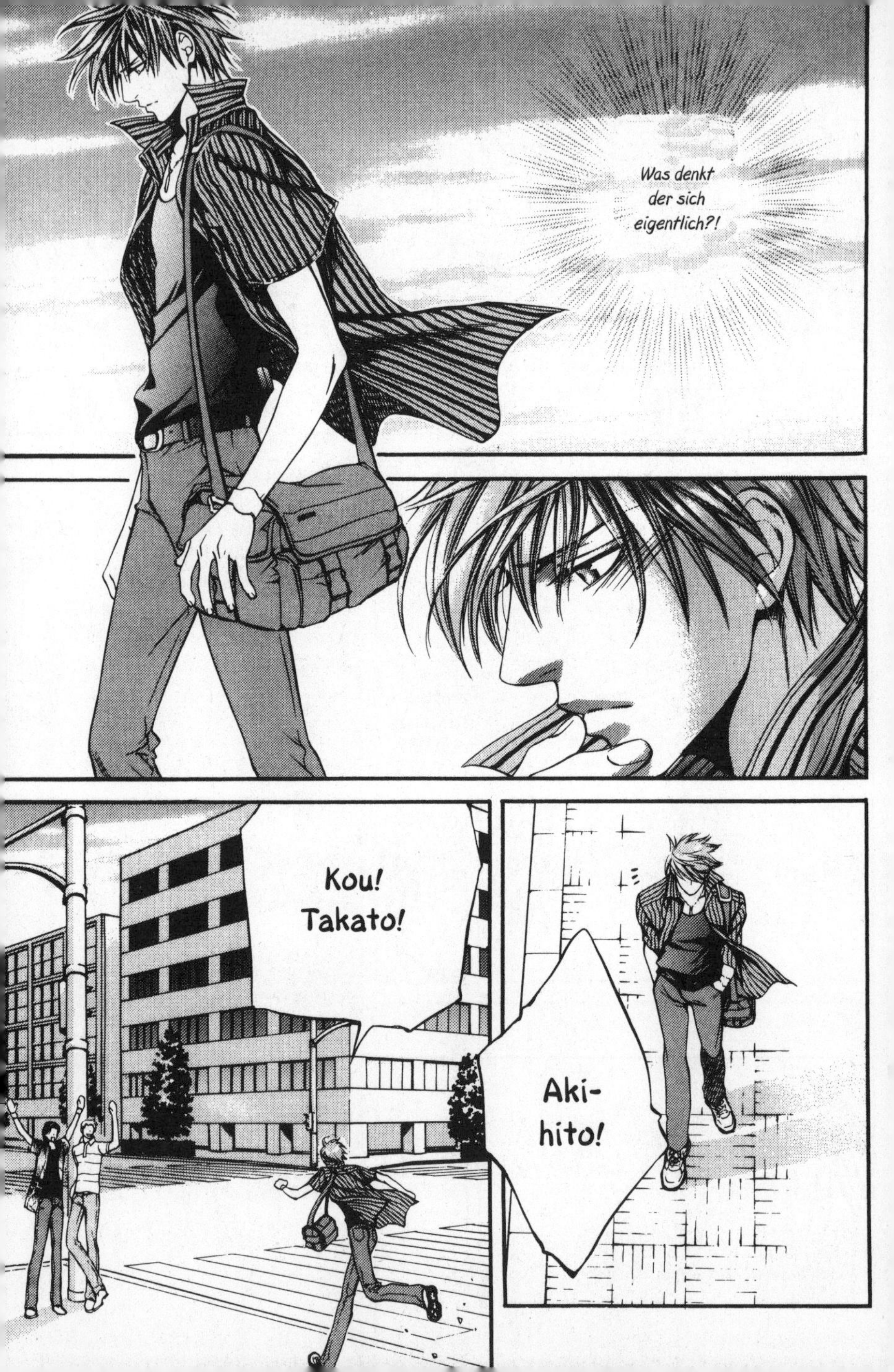
Was denkt der sich eigentlich?!
Kou! Takato!
Aki-hito!

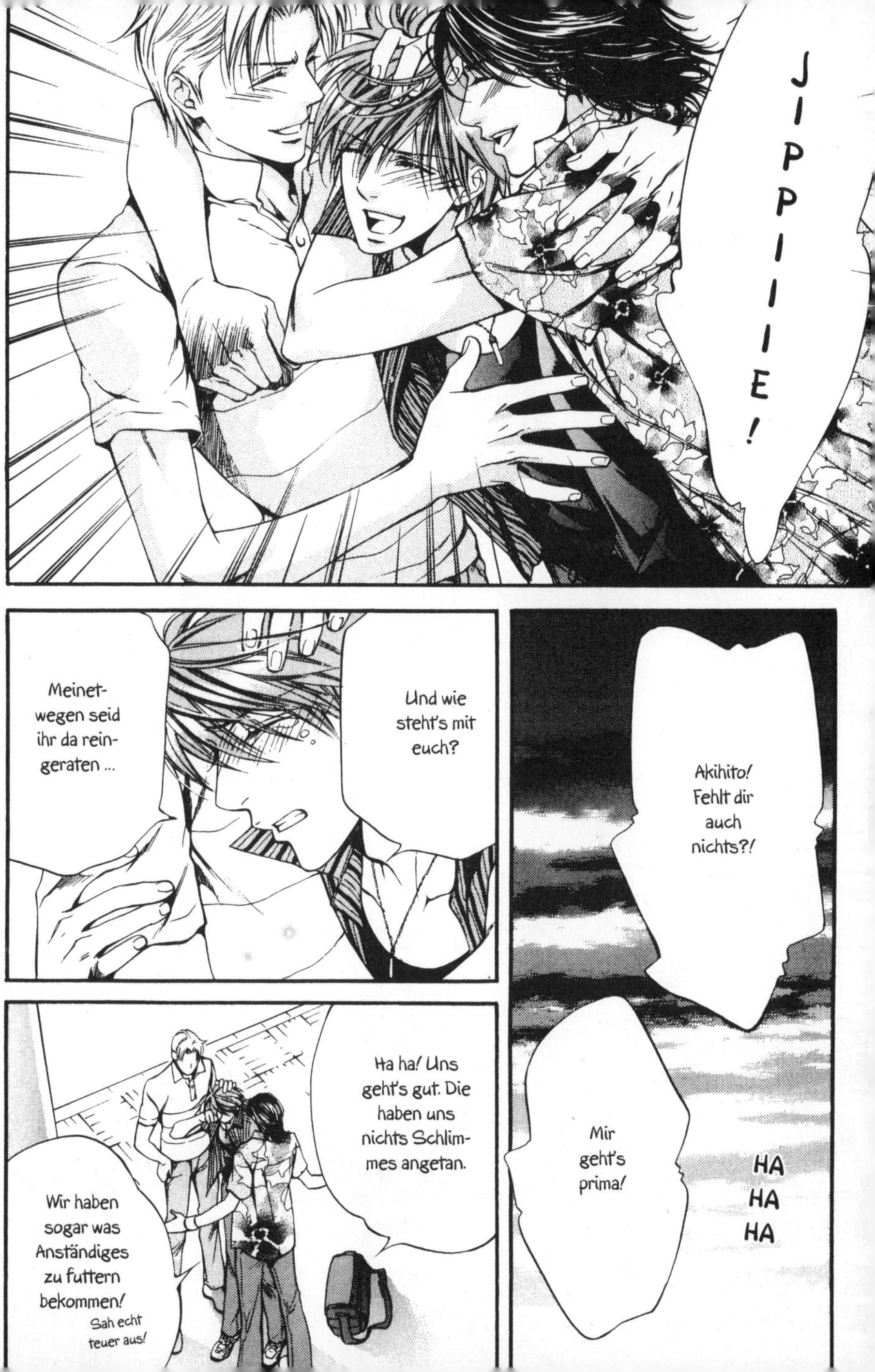
JIPPIIIE!
Akihito! Fehlt dir auch nichts?!
Mir geht's prima!
HA HA HA
Und wie steht's mit euch?
Meinet-wegen seid ihr da rein-geraten ...
Ha ha! Uns geht's gut. Die haben uns nichts Schlim-mes angetan.
Wir haben sogar was Anständiges zu futtern bekommen!
Sah echt teuer aus!

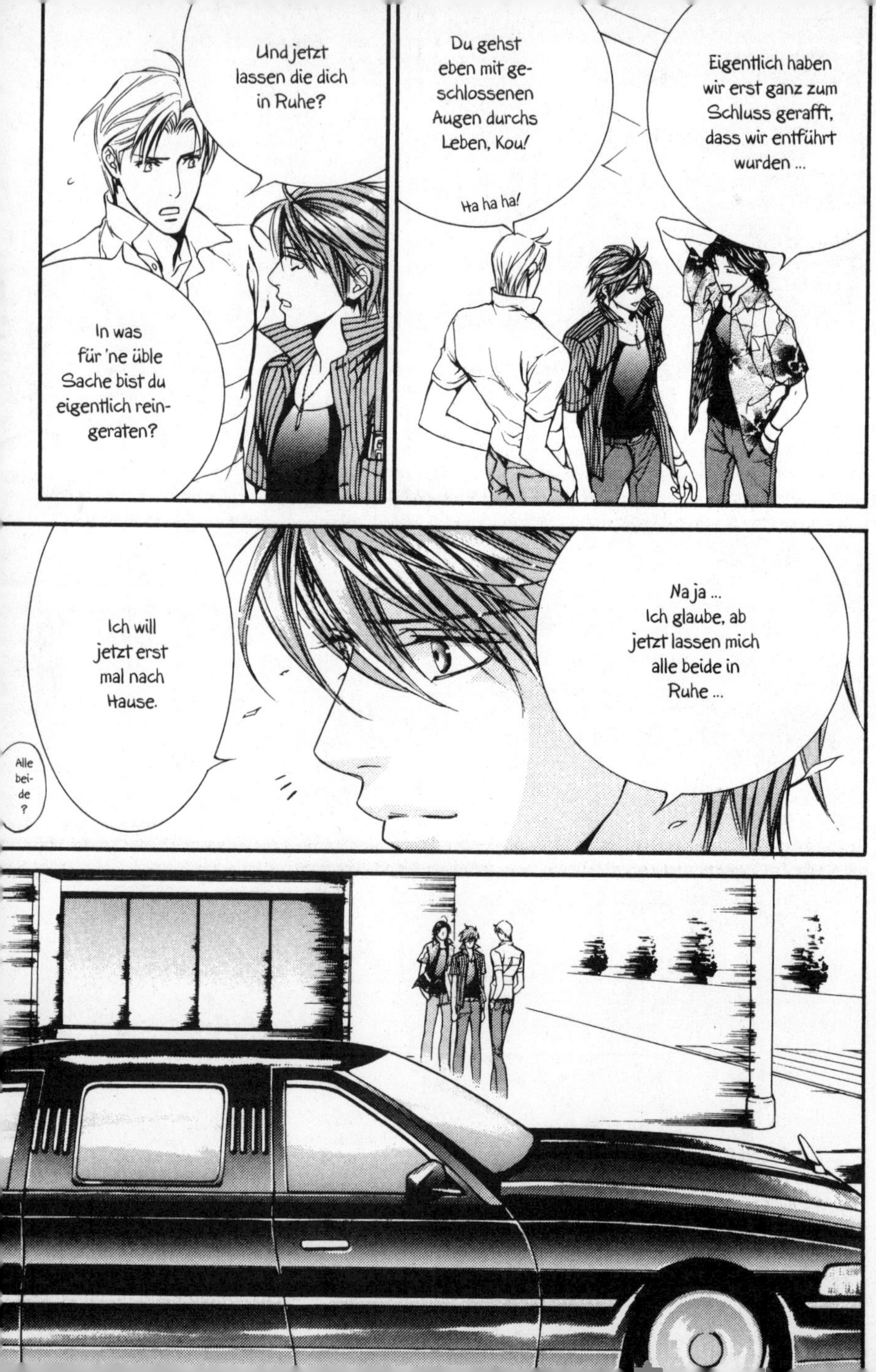
Eigentlich haben wir erst ganz zum Schluss gerafft, dass wir entführt wurden ...
Du gehst eben mit geschlossenen Augen durchs Leben, Kou!
Ha ha ha!
Und jetzt lassen die dich in Ruhe?
In was für 'ne üble Sache bist du eigentlich reingeraten?
Na ja ... Ich glaube, ab jetzt lassen mich alle beide in Ruhe ...
Alle beide?
Ich will jetzt erst mal nach Hause.

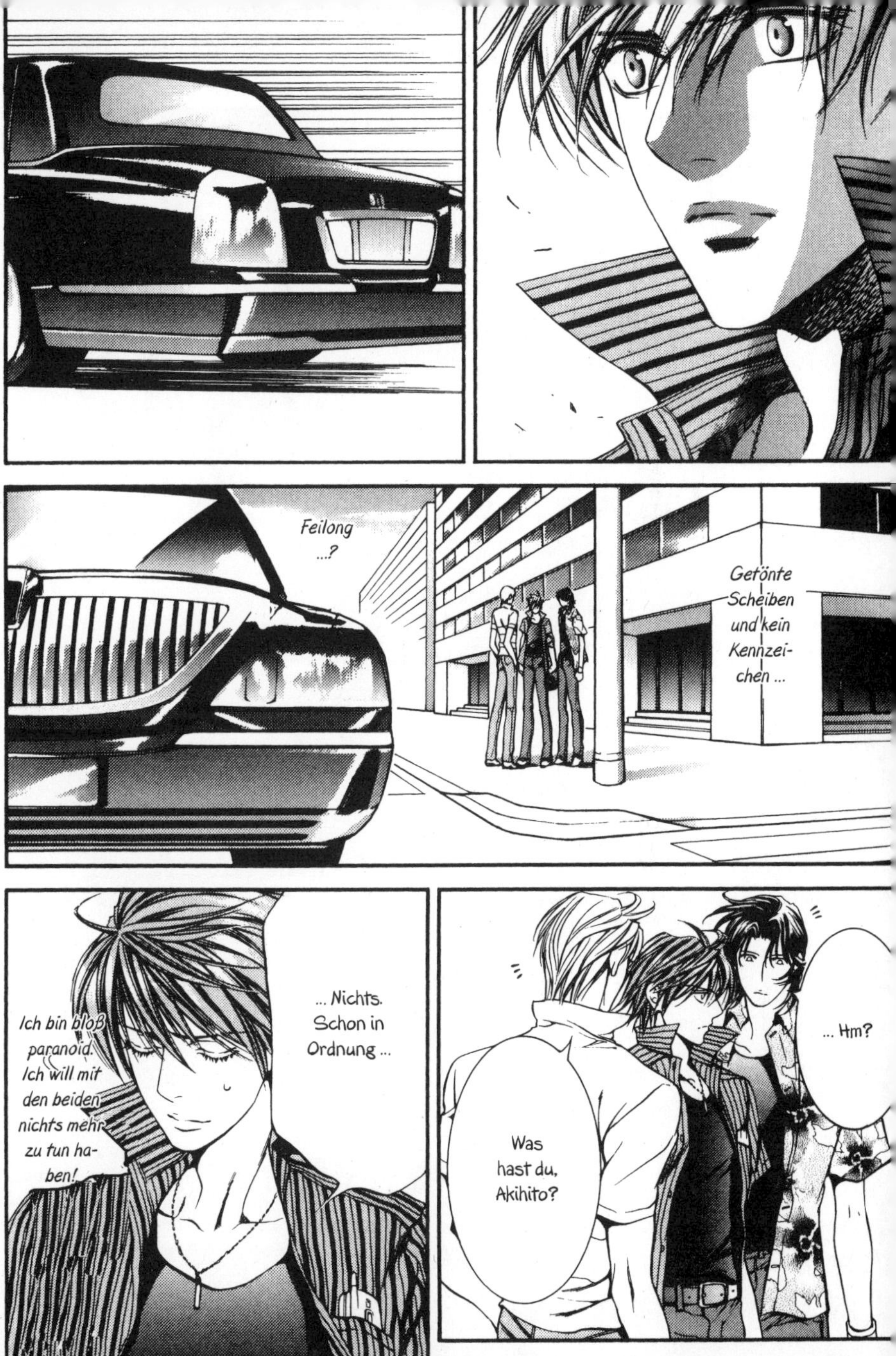
Feilong ...?
Getönte Scheiben und kein Kennzeichen ...
... Hm?
Was hast du, Akihito?
... Nichts. Schon in Ordnung ...
Ich bin bloß paranoid. Ich will mit den beiden nichts mehr zu tun haben!

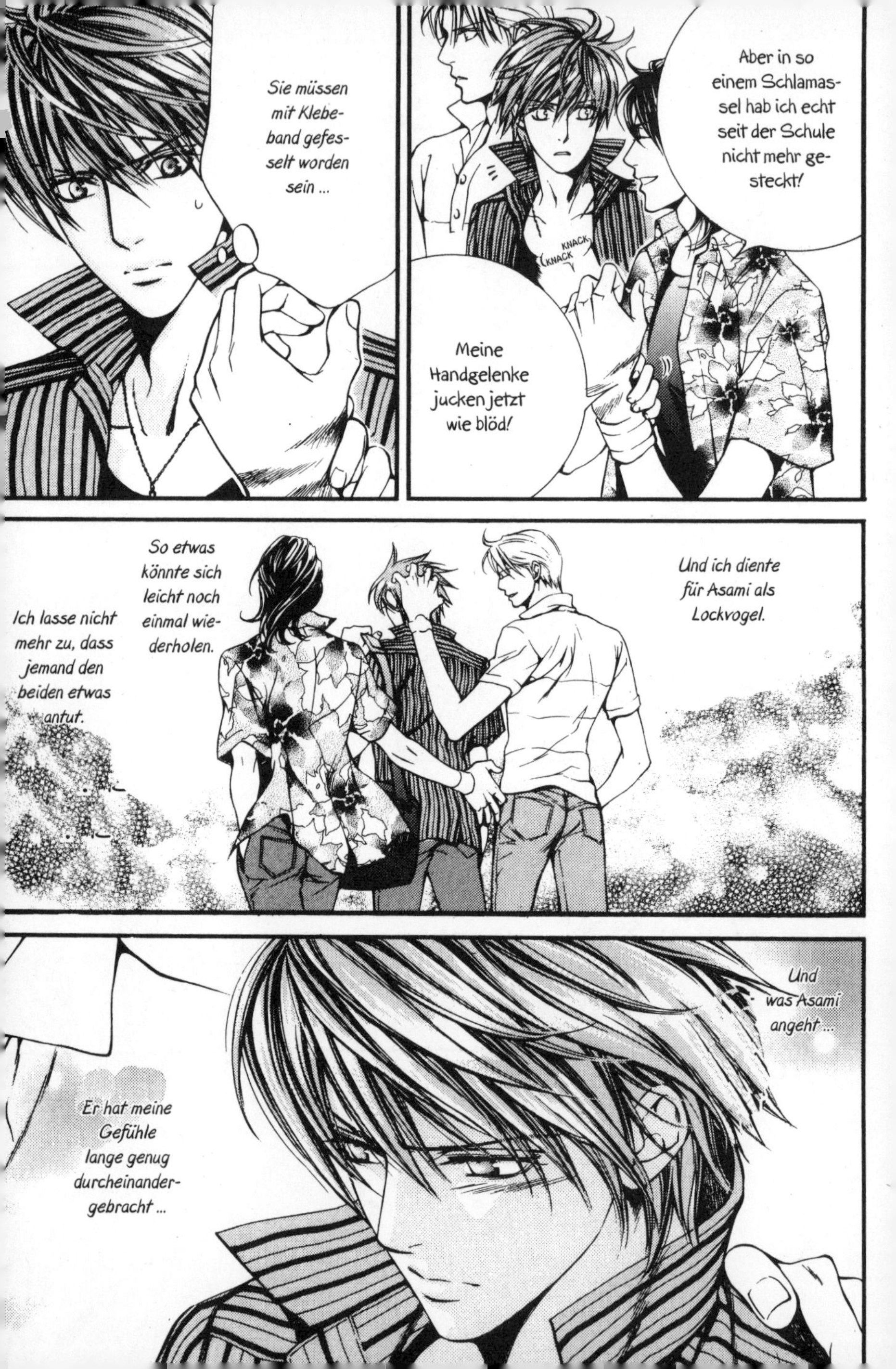
Aber in so einem Schlamassel hab ich echt seit der Schule nicht mehr gesteckt!
KNACK KNACK
Meine Handgelenke jucken jetzt wie blöd!
Sie müssen mit Klebeband gefesselt worden sein ...
Und ich diente für Asami als Lockvogel.
So etwas könnte sich leicht noch einmal wiederholen.
Ich lasse nicht mehr zu, dass jemand den beiden etwas antut.
Und was Asami angeht ...
Er hat meine Gefühle lange genug durcheinandergebracht ...

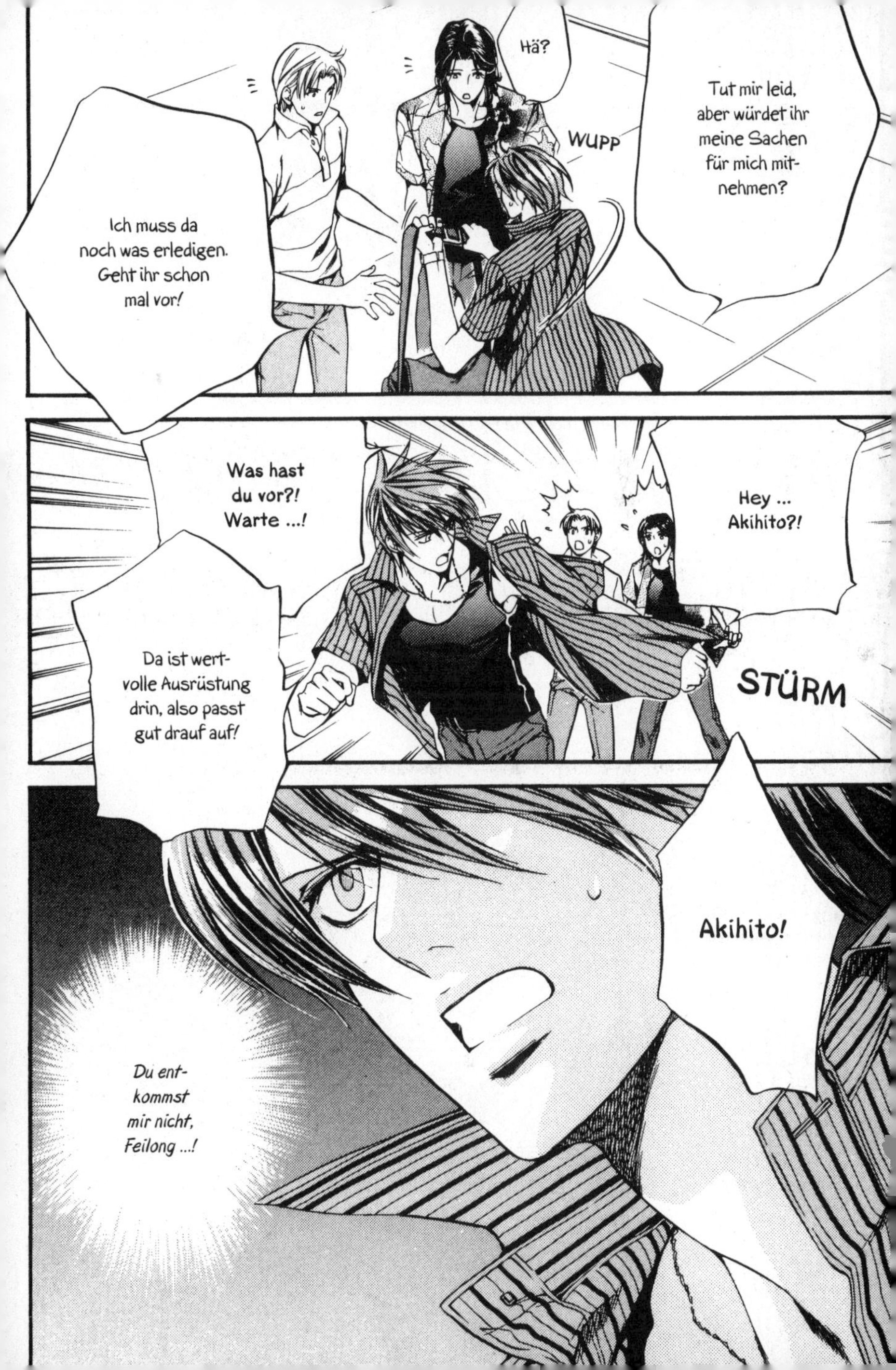
Tut mir leid, aber würdet ihr meine Sachen für mich mitnehmen?
Hä?
WUPP
Ich muss da noch was erledigen. Geht ihr schon mal vor!
Hey ... Akihito?!
Was hast du vor?! Warte ...!
STÜRM
Da ist wertvolle Ausrüstung drin, also passt gut drauf auf!
Akihito!
Du entkommst mir nicht, Feilong ...!

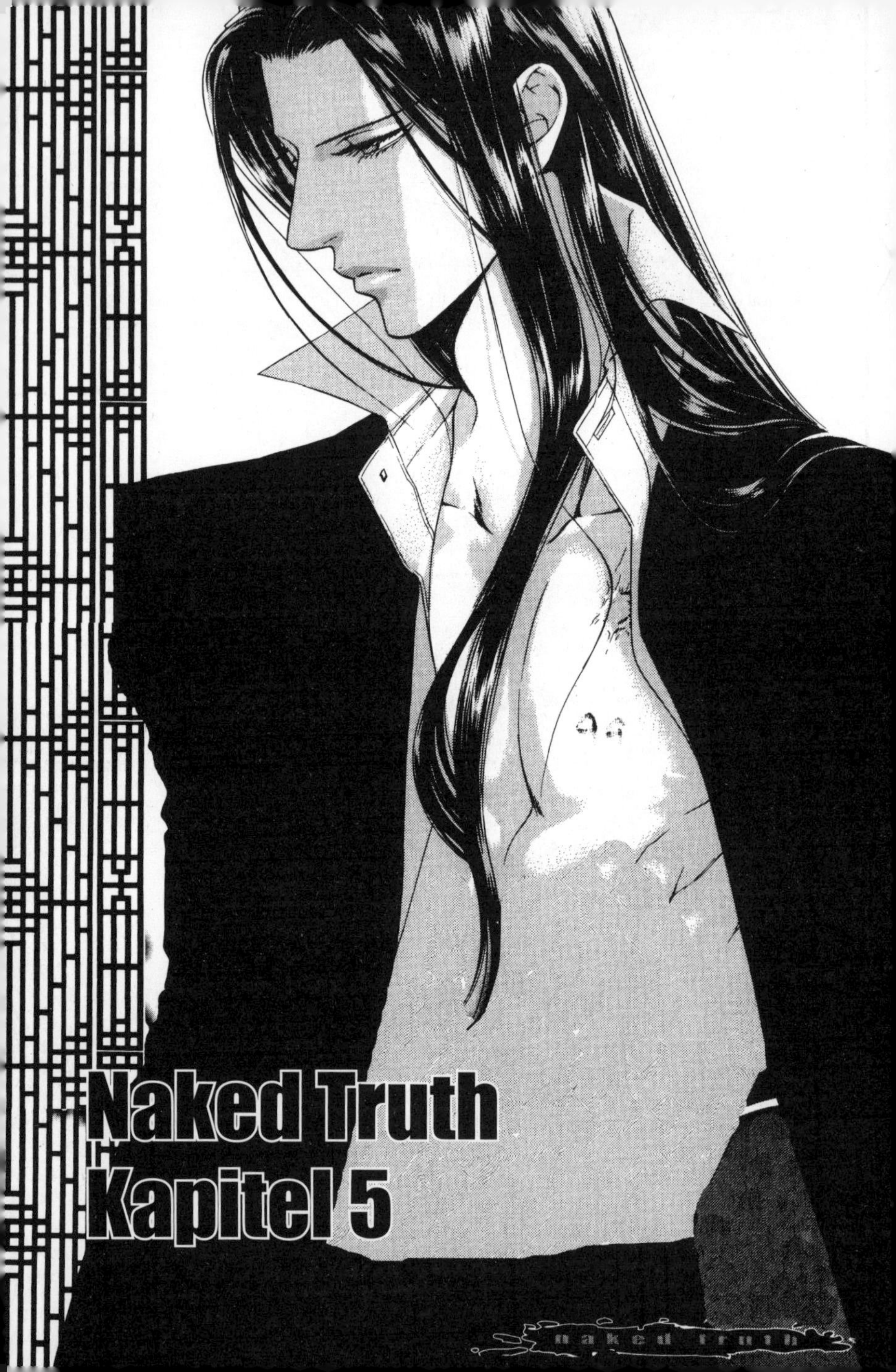
Naked Truth
Kapitel 5
naked truth

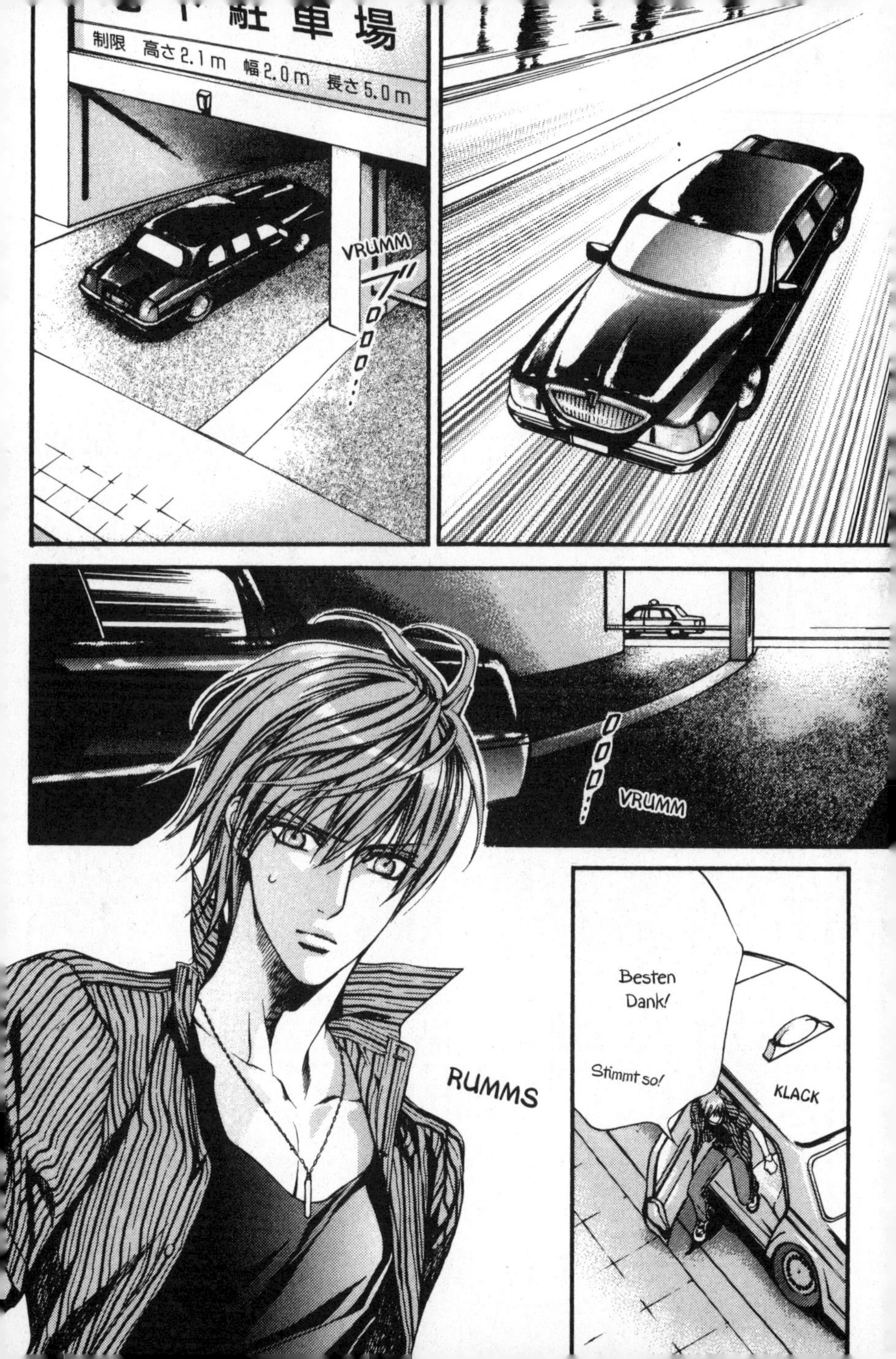

駐車場
制限 高さ2.1m 幅2.0m 長さ5.0m
VRUMM
ブロロロロ…
VRUMM
Besten Dank!
Stimmt so!
KLACK
RUMMS

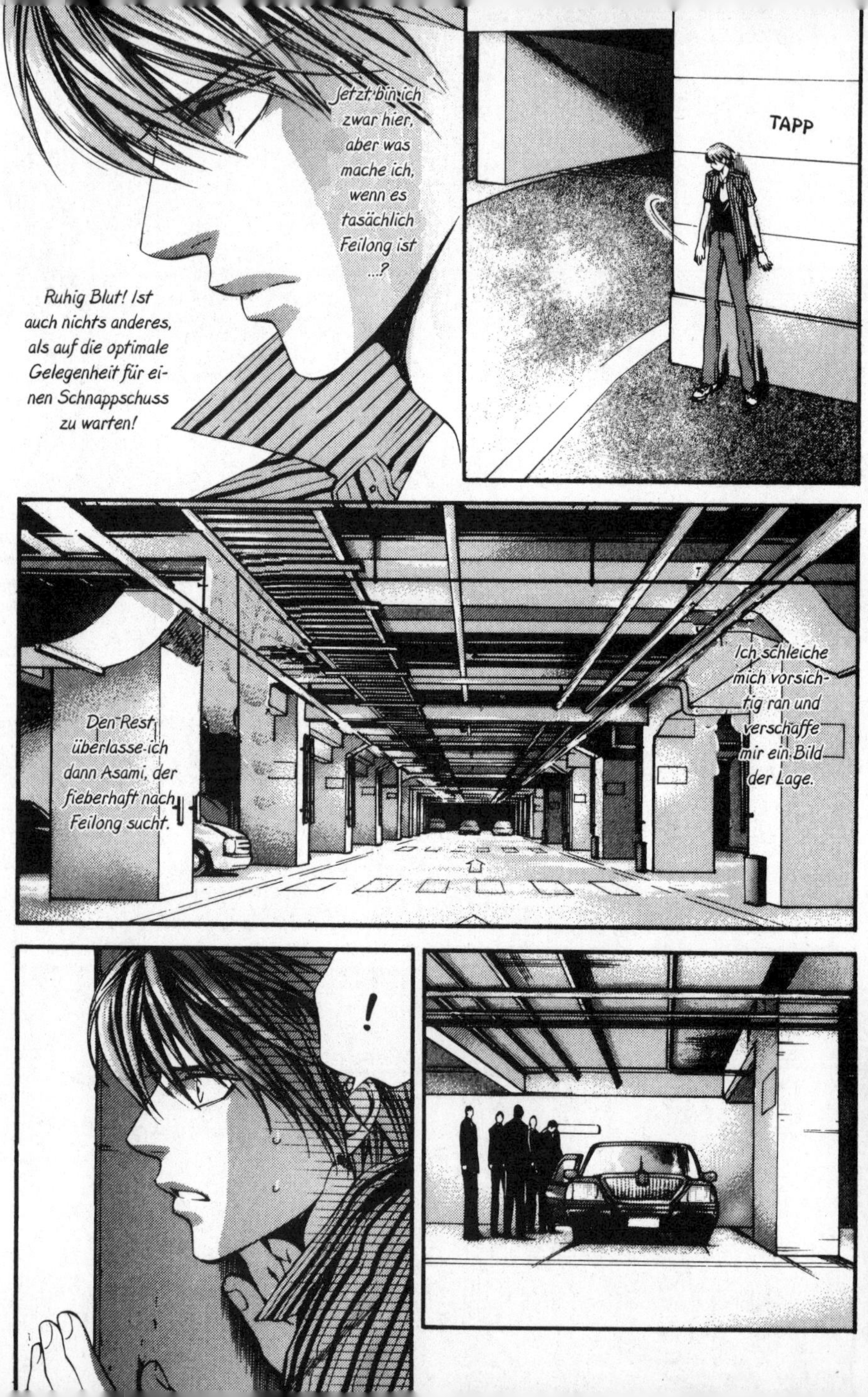
TAPP
Jetzt bin ich zwar hier, aber was mache ich, wenn es tasächlich Feilong ist ...?
Ruhig Blut! Ist auch nichts anderes, als auf die optimale Gelegenheit für einen Schnappschuss zu warten!
Ich schleiche mich vorsichtig ran und verschaffe mir ein Bild der Lage.
Den Rest überlasse ich dann Asami, der fieberhaft nach Feilong sucht.
!

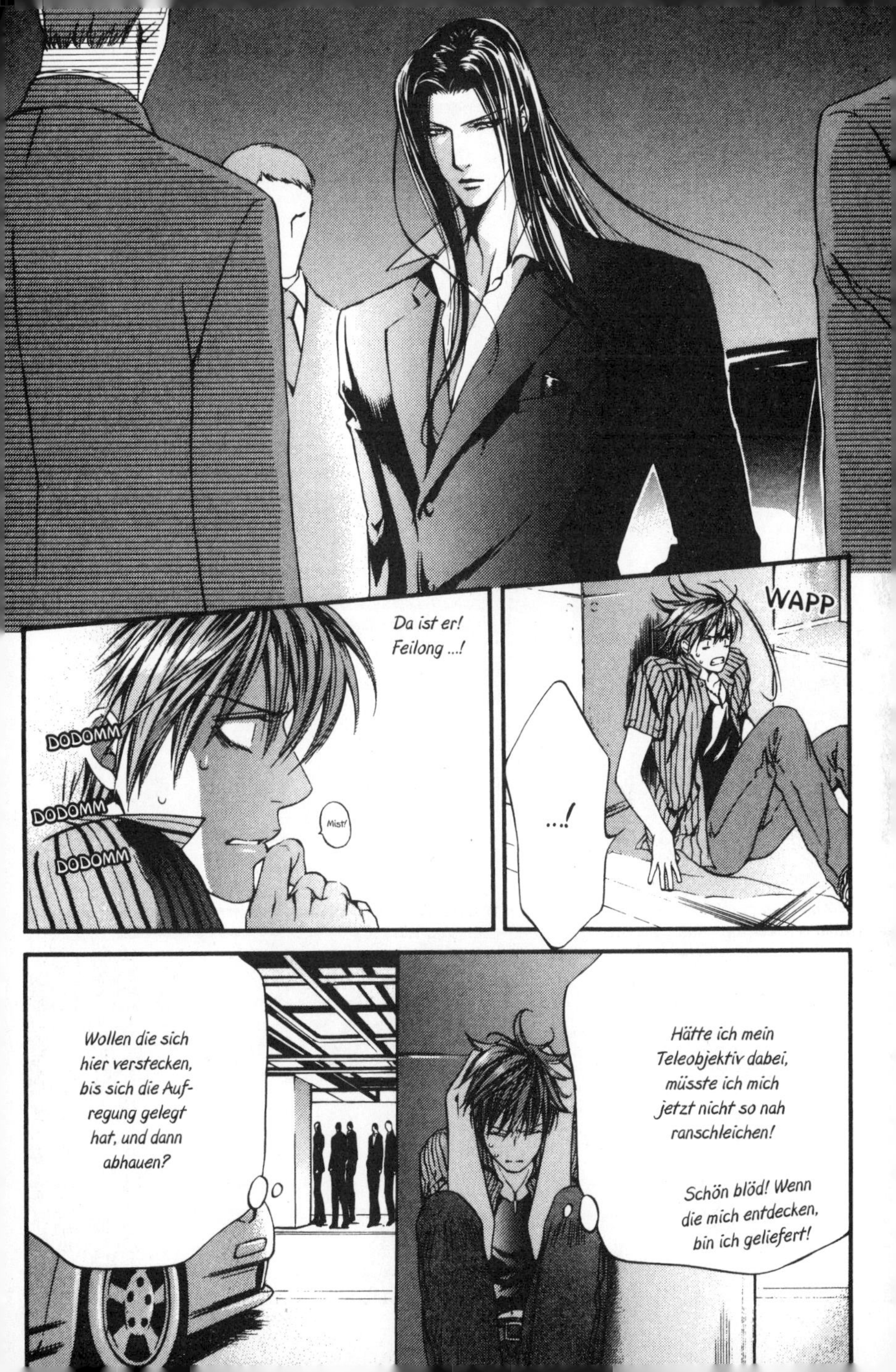

WAPP
...!
Da ist er!
Feilong ...!
DODOMM
DODOMM
DODOMM
Mist!
Hätte ich mein Teleobjektiv dabei, müsste ich mich jetzt nicht so nah ranschleichen!
Schön blöd! Wenn die mich entdecken, bin ich geliefert!
Wollen die sich hier verstecken, bis sich die Auf-regung gelegt hat, und dann abhauen?

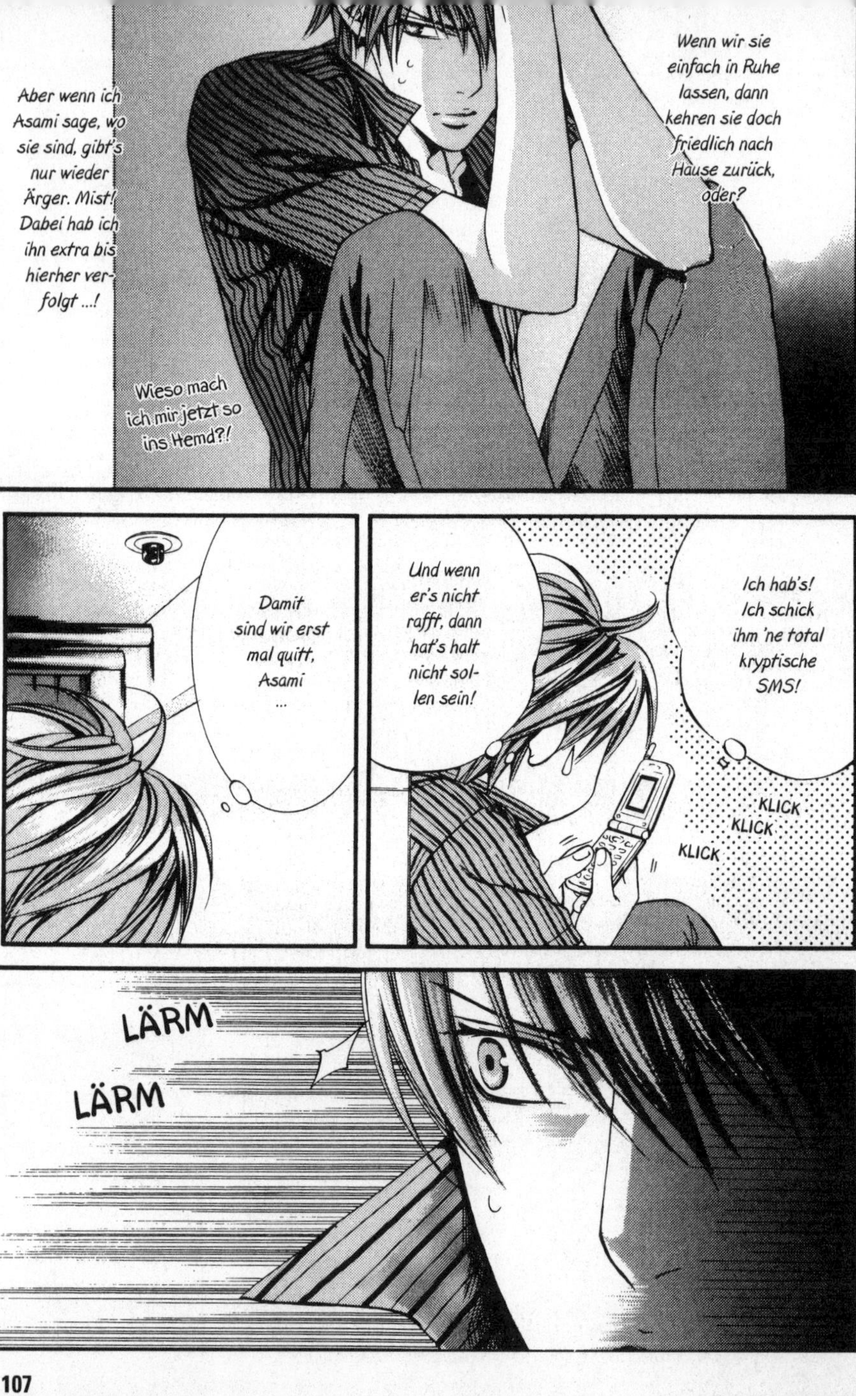
Wenn wir sie einfach in Ruhe lassen, dann kehren sie doch friedlich nach Hause zurück, oder?
Aber wenn ich Asami sage, wo sie sind, gibt's nur wieder Ärger. Mist! Dabei hab ich ihn extra bis hierher verfolgt ...!
Wieso mach ich mir jetzt so ins Hemd?!
Ich hab's! Ich schick ihm 'ne total kryptische SMS!
Und wenn er's nicht rafft, dann hat's halt nicht sollen sein!
KLICK
KLICK
KLICK
Damit sind wir erst mal quitt, Asami ...
LÄRM
LÄRM

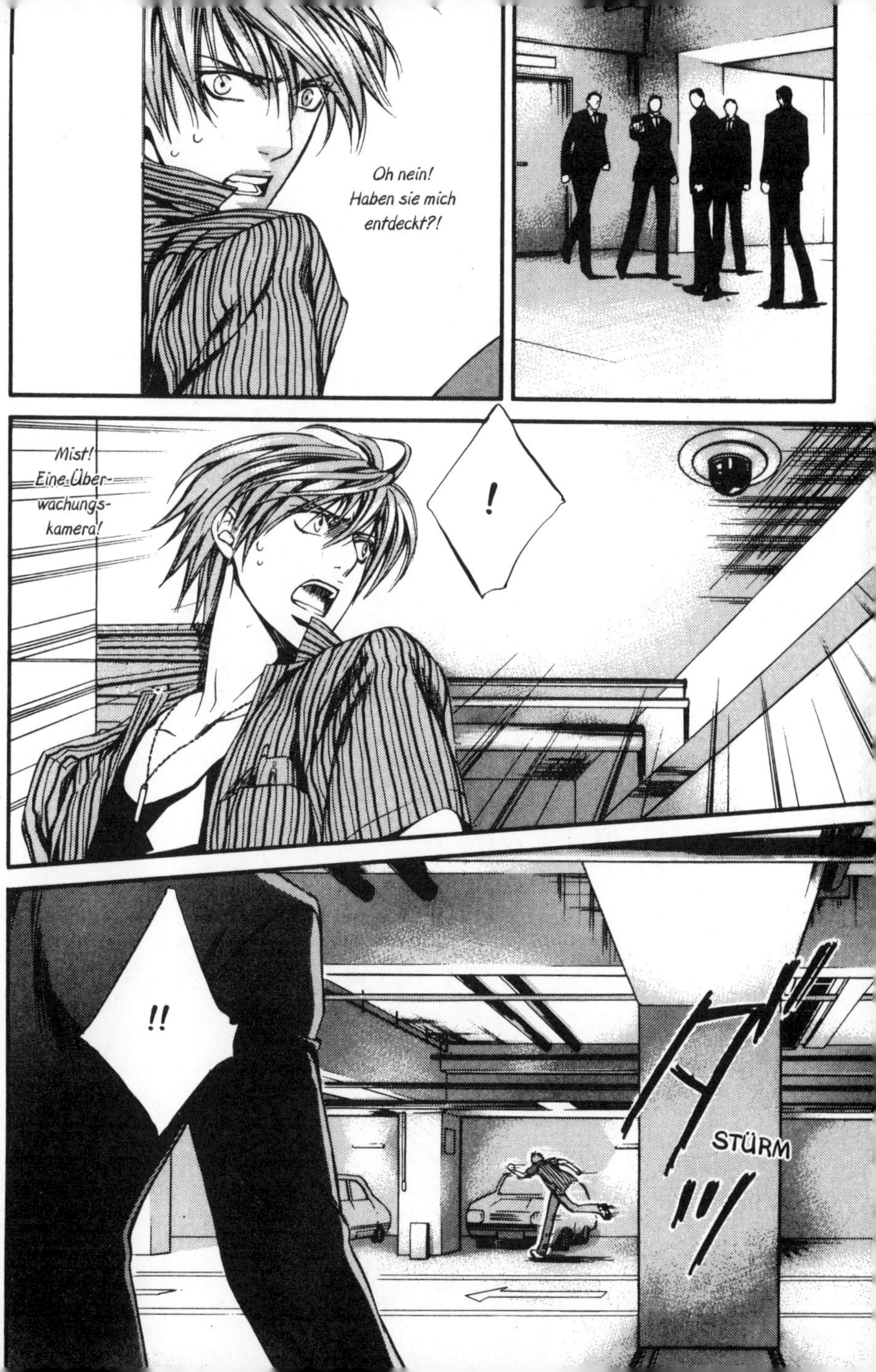
Oh nein!
Haben sie mich
entdeckt?!
Mist!
Eine Über-
wachungs-
kamera!
!
!!
STÜRM

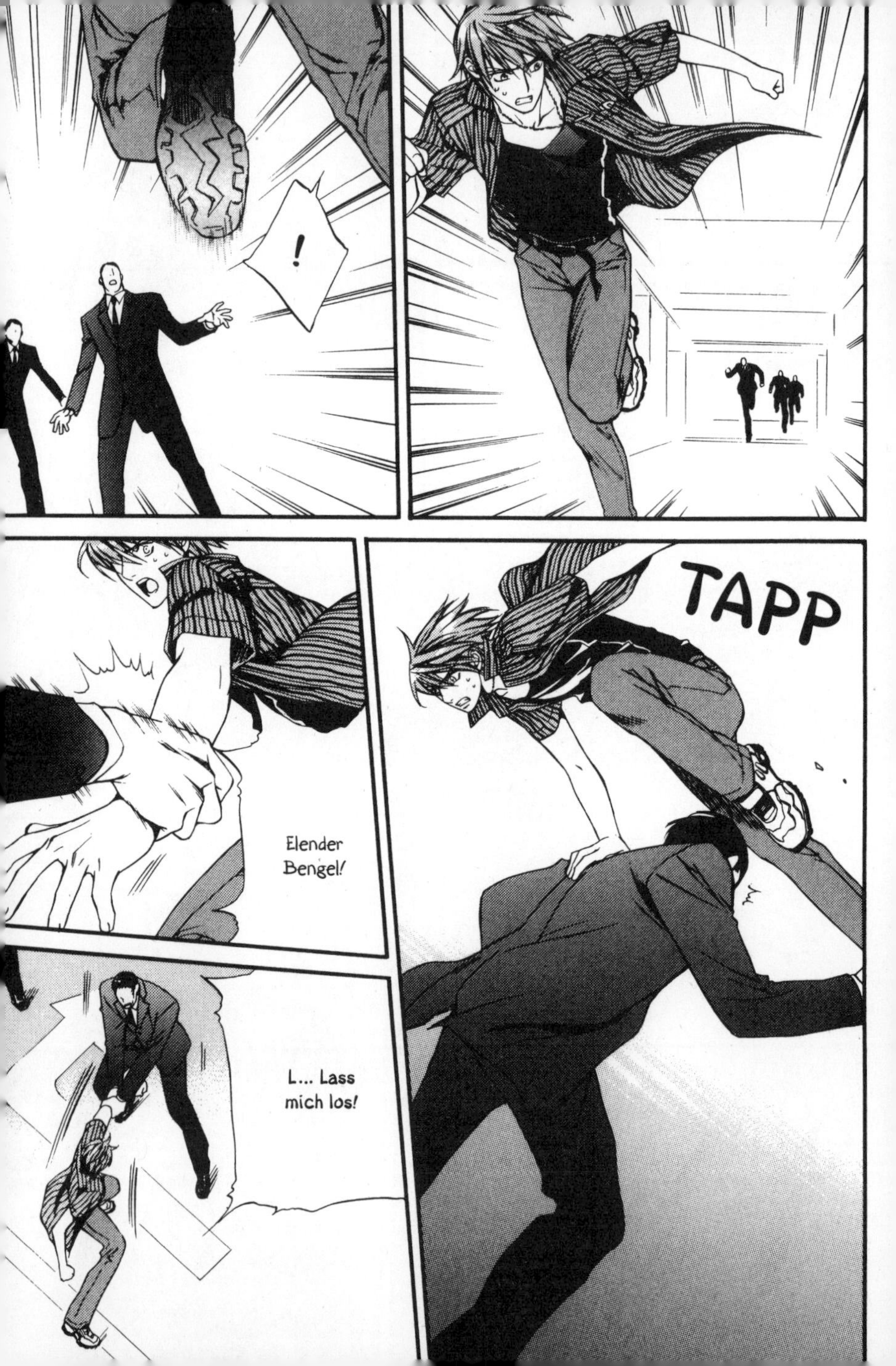
!
TAPP
Elender Bengel!
L... Lass mich los!

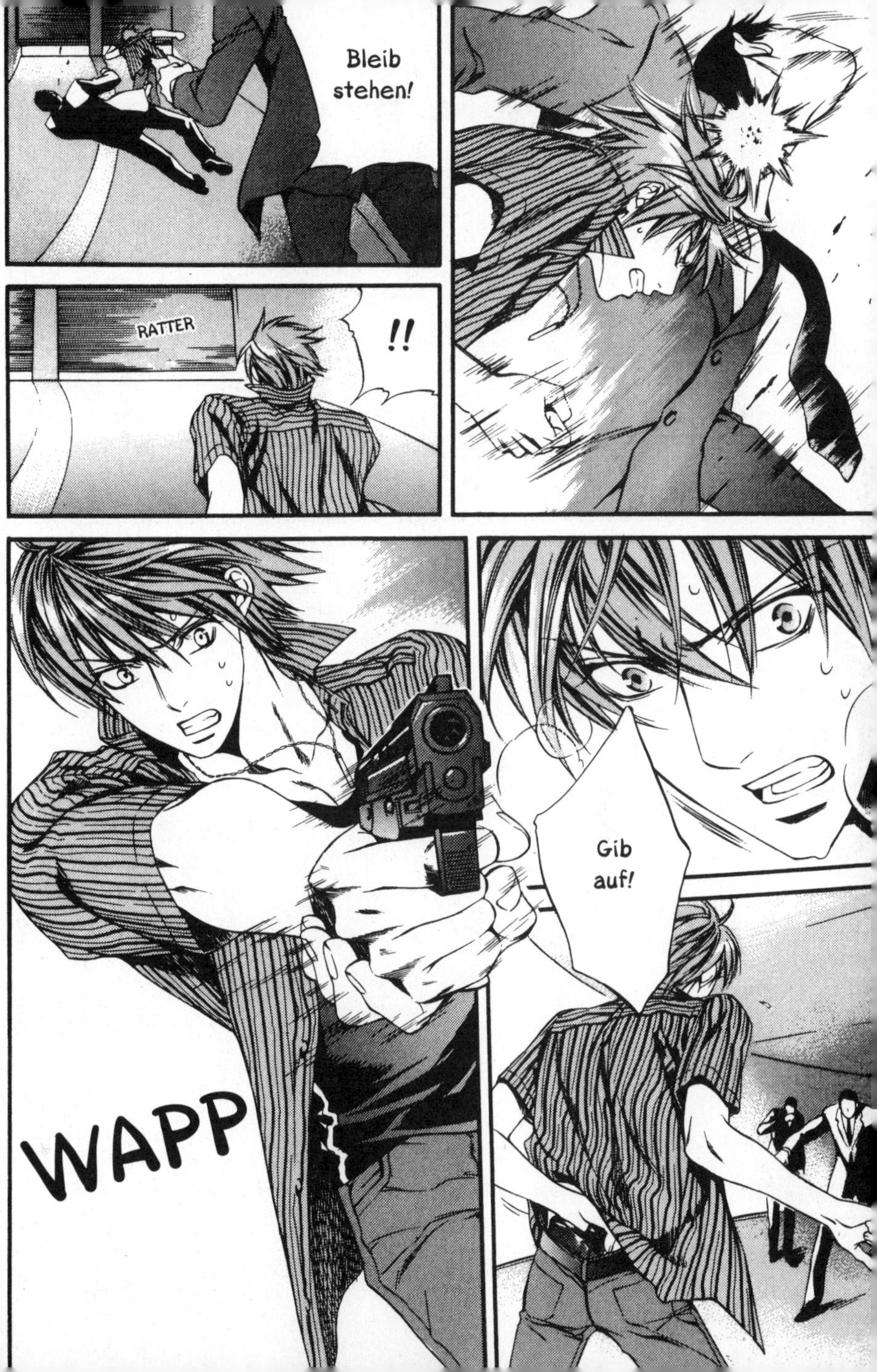
Bleib stehen!
!!
RATTER
Gib auf!
WAPP

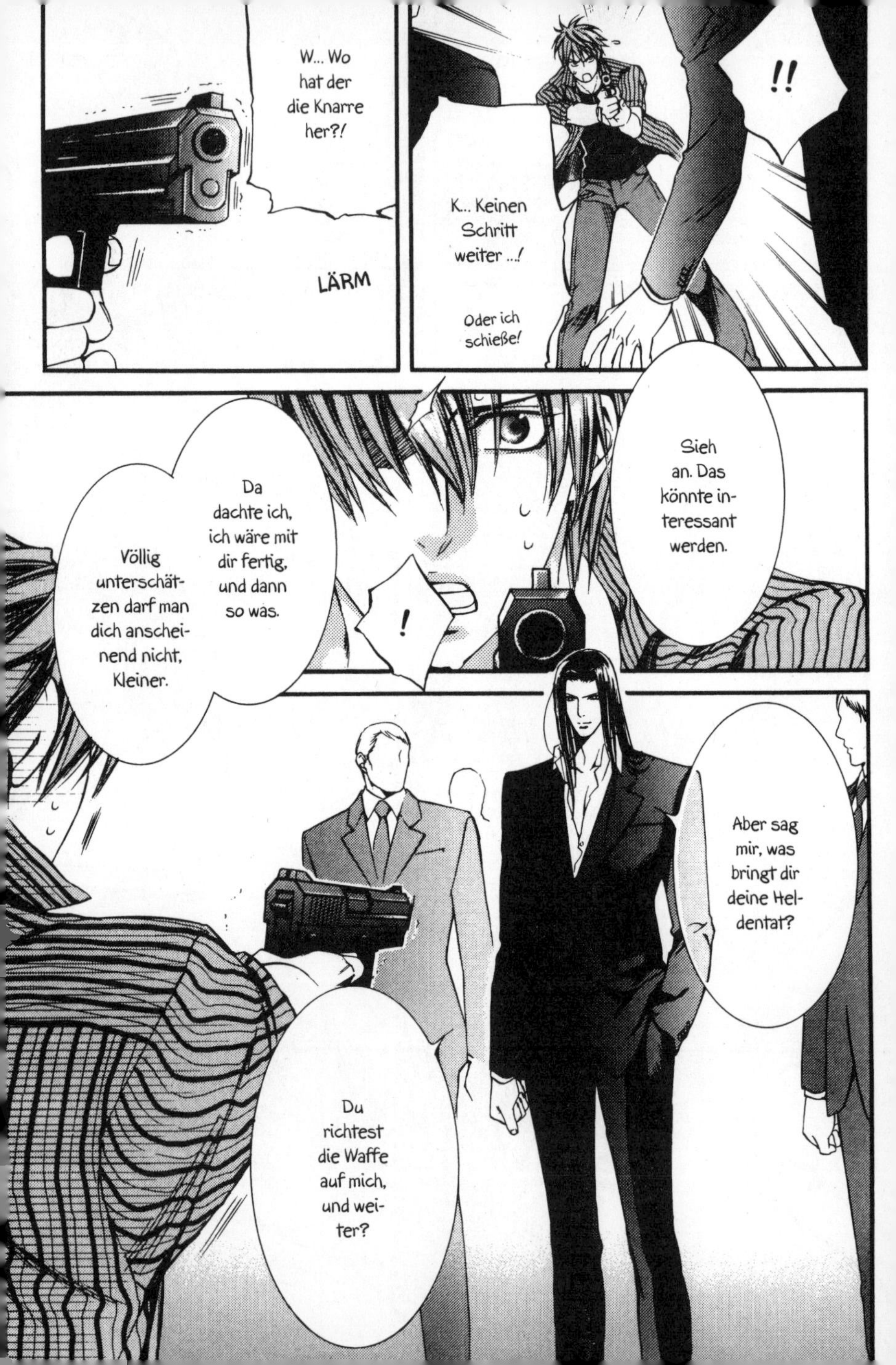
!!
K... Keinen Schritt weiter ...!
Oder ich schieße!
W... Wo hat der die Knarre her?!
LÄRM
Sieh an. Das könnte interessant werden.
!
Da dachte ich, ich wäre mit dir fertig, und dann so was.
Völlig unterschätzen darf man dich anscheinend nicht, Kleiner.
Aber sag mir, was bringt dir deine Heldentat?
Du richtest die Waffe auf mich, und weiter?

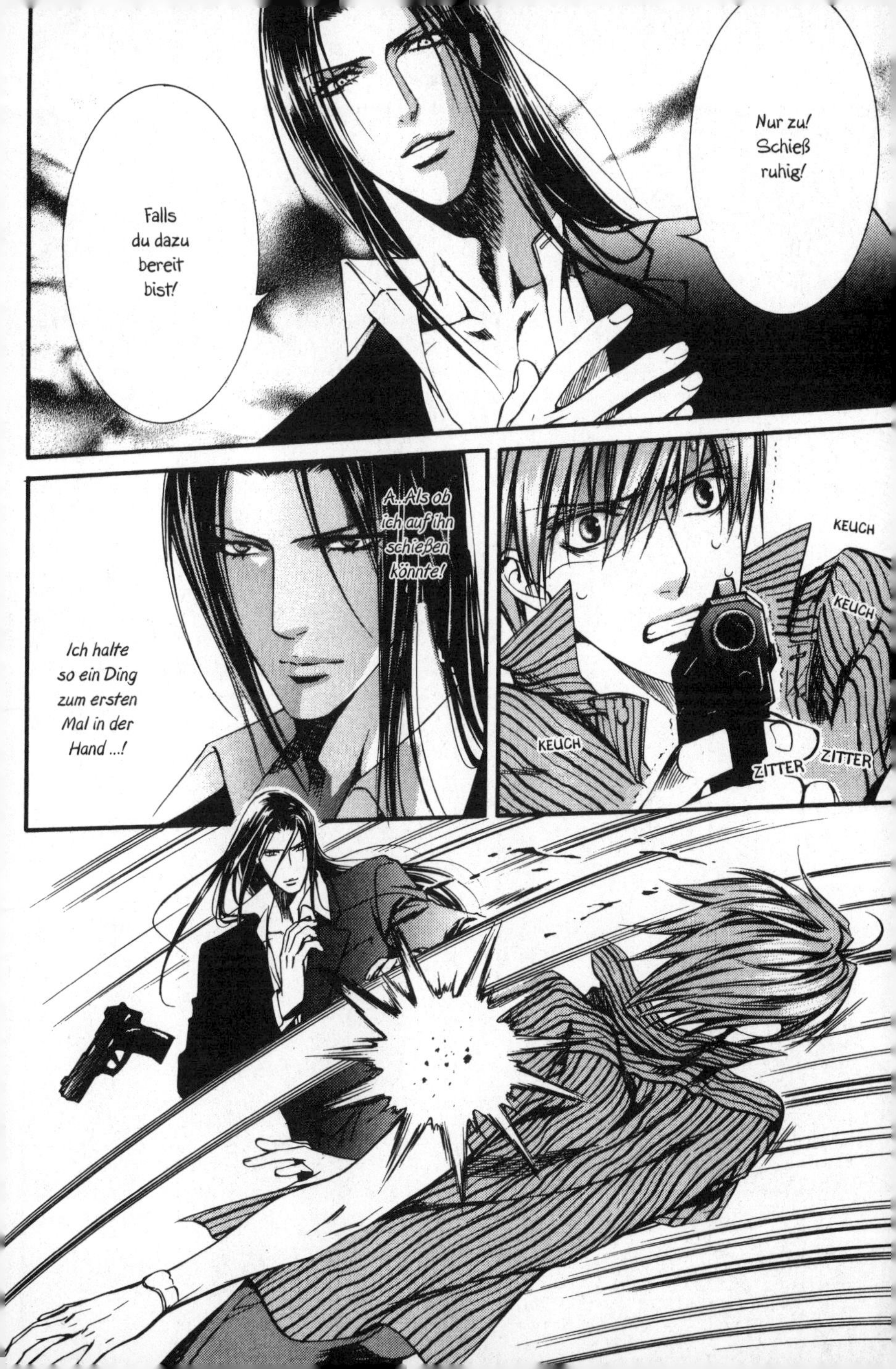
Nur zu! Schieß ruhig!
Falls du dazu bereit bist!
KEUCH
KEUCH
A...Als ob ich auf ihn schießen könnte!
Ich halte so ein Ding zum ersten Mal in der Hand ...!
KEUCH
ZITTER
ZITTER

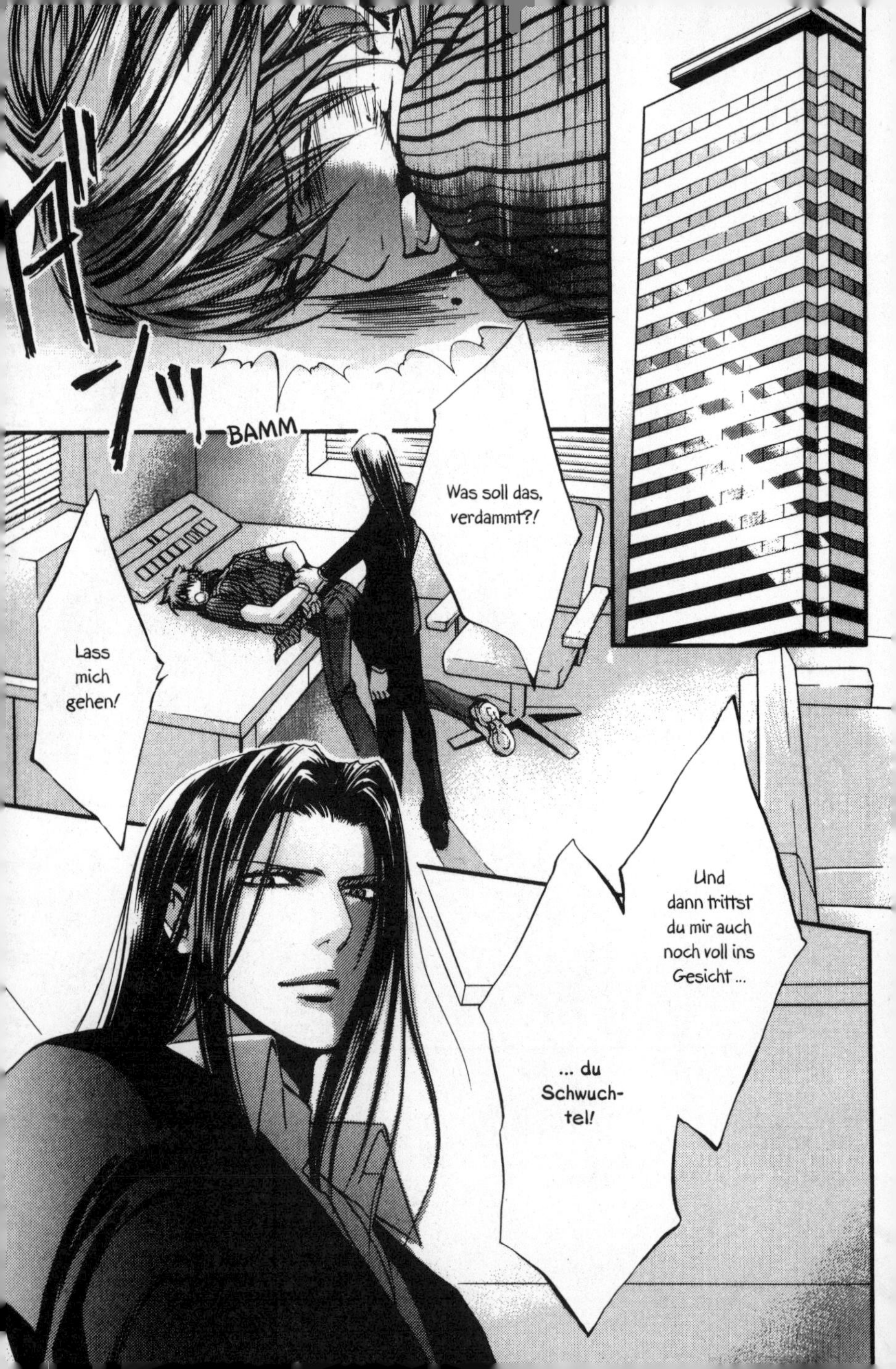
BAMM
Was soll das, verdammt?!
Lass mich gehen!
Und dann trittst du mir auch noch voll ins Gesicht ...
... du Schwuch-tel!

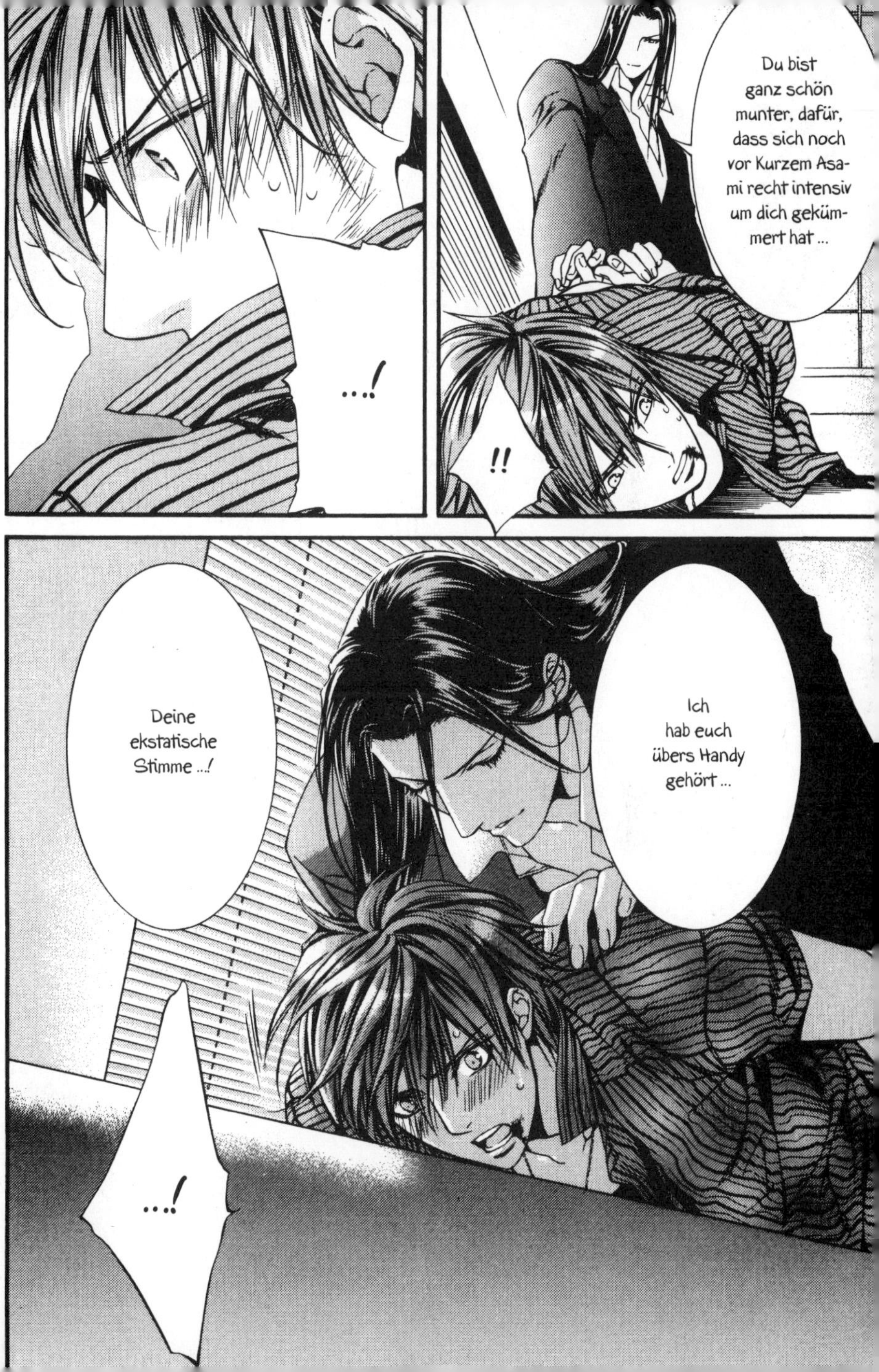
Du bist ganz schön munter, dafür, dass sich noch vor Kurzem Asami recht intensiv um dich gekümmert hat ...
!!
...!
Ich hab euch übers Handy gehört ...
Deine ekstatische Stimme ...!
...!

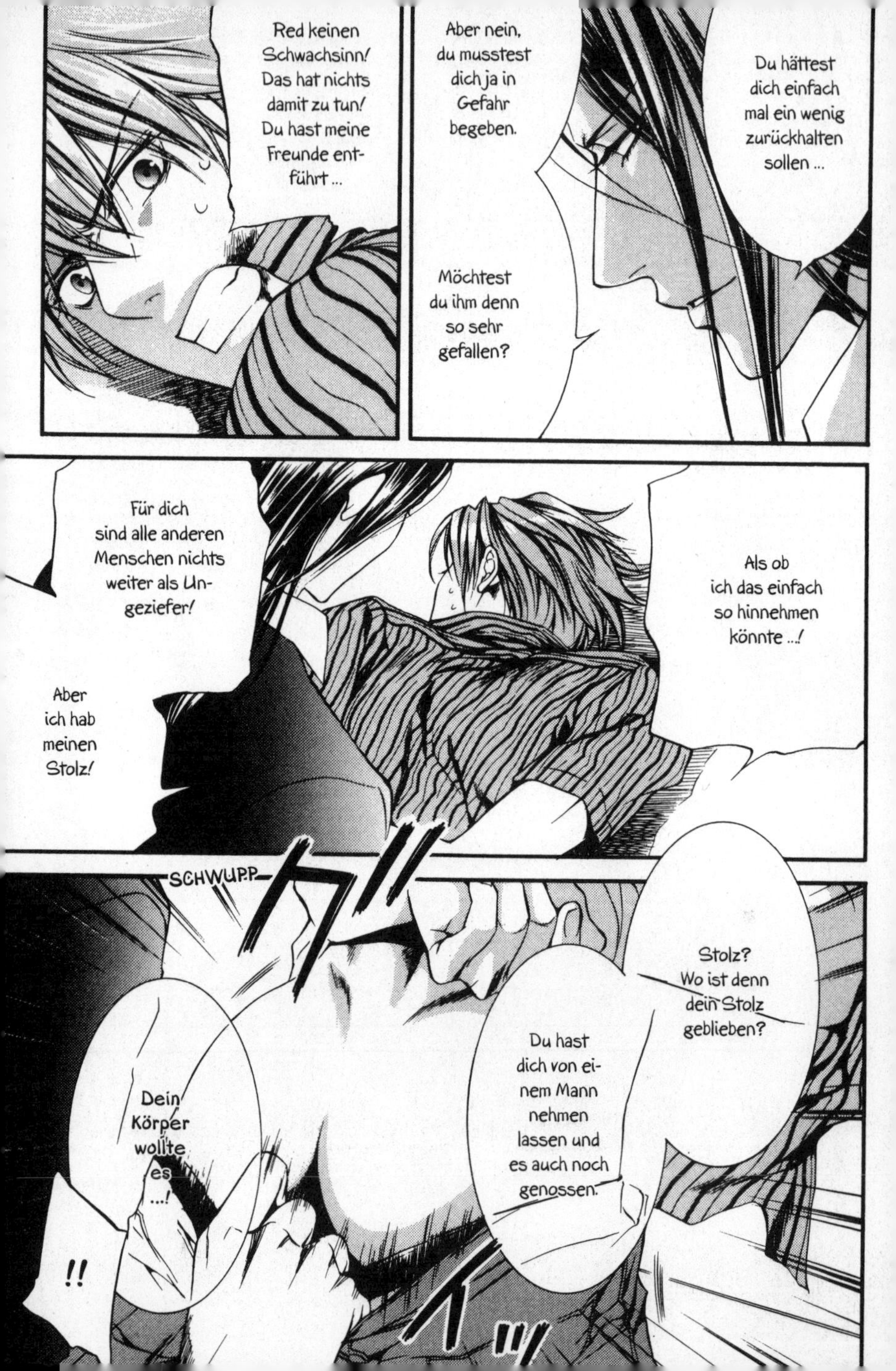
Du hättest dich einfach mal ein wenig zurückhalten sollen ...
Aber nein, du musstest dich ja in Gefahr begeben.
Möchtest du ihm denn so sehr gefallen?
Red keinen Schwachsinn! Das hat nichts damit zu tun! Du hast meine Freunde entführt ...
Als ob ich das einfach so hinnehmen könnte ...!
Für dich sind alle anderen Menschen nichts weiter als Ungeziefer!
Aber ich hab meinen Stolz!
SCHWUPP
Stolz? Wo ist denn dein Stolz geblieben?
Du hast dich von einem Mann nehmen lassen und es auch noch genossen.
Dein Körper wollte es ...!
!!

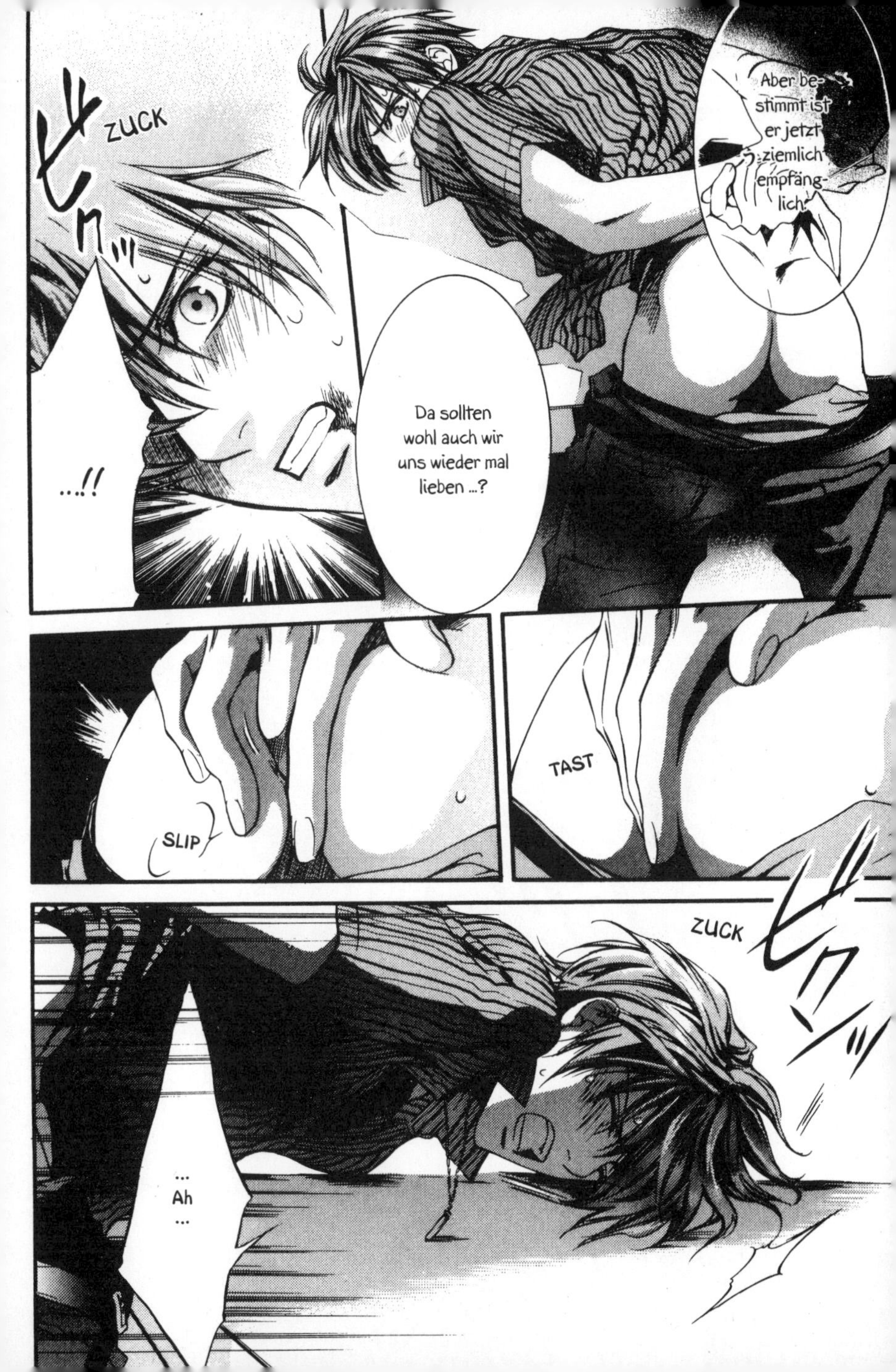
Aber bestimmt ist er jetzt ziemlich empfänglich!
Da sollten wohl auch wir uns wieder mal lieben ...?
ZUCK
...!!
TAST
SLIP
ZUCK
... Ah ...

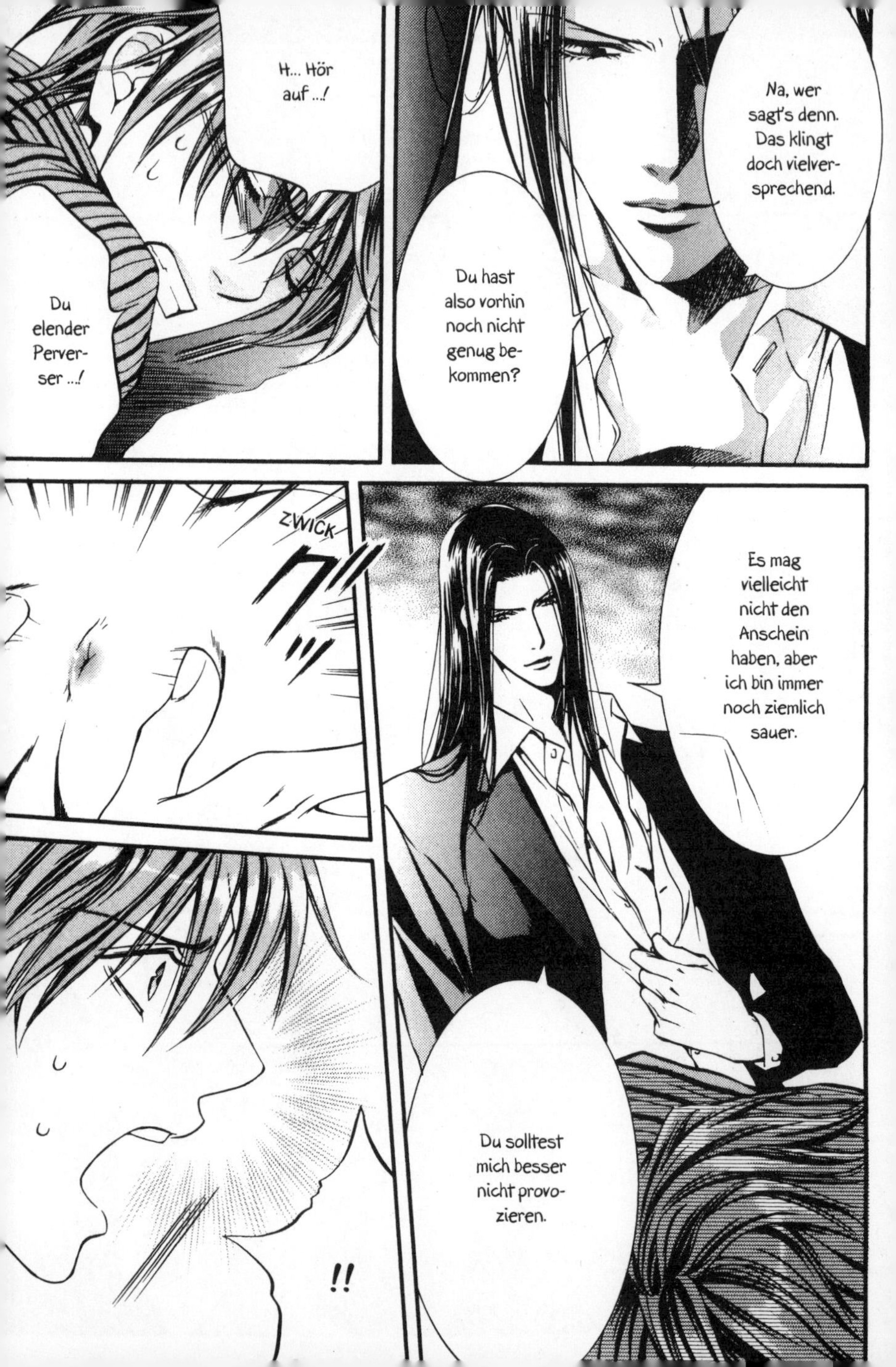
Na, wer sagt's denn. Das klingt doch vielversprechend.
Du hast also vorhin noch nicht genug bekommen?
H... Hör auf ...!
Du elender Perverser ...!
Es mag vielleicht nicht den Anschein haben, aber ich bin immer noch ziemlich sauer.
ZWICK
Du solltest mich besser nicht provozieren.
!!

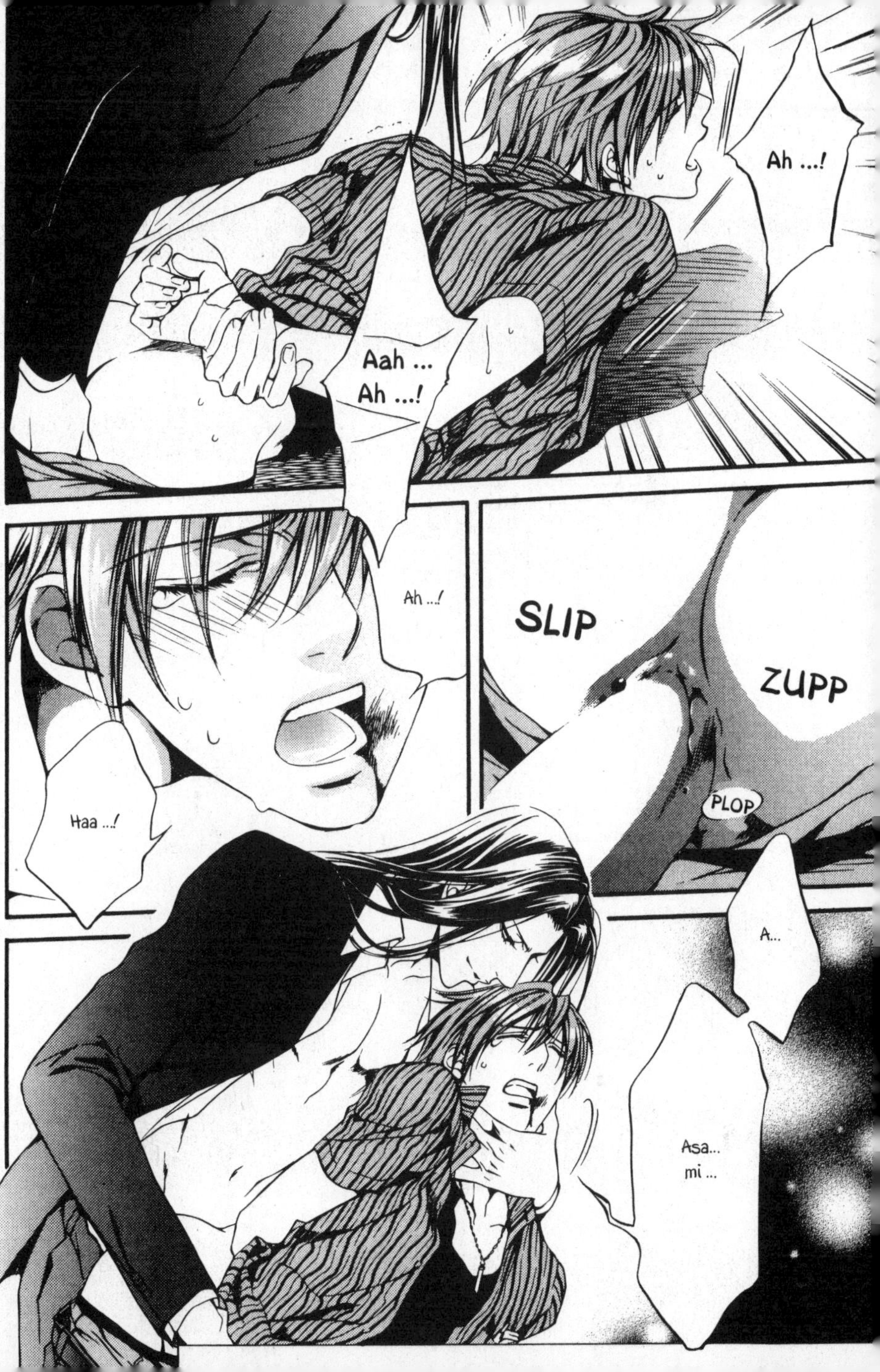

Ah ...!
Aah ...
Ah ...!
Ah ...!
SLIP
ZUPP
PLOP
Haa ...!
A...
Asa...
mi ...

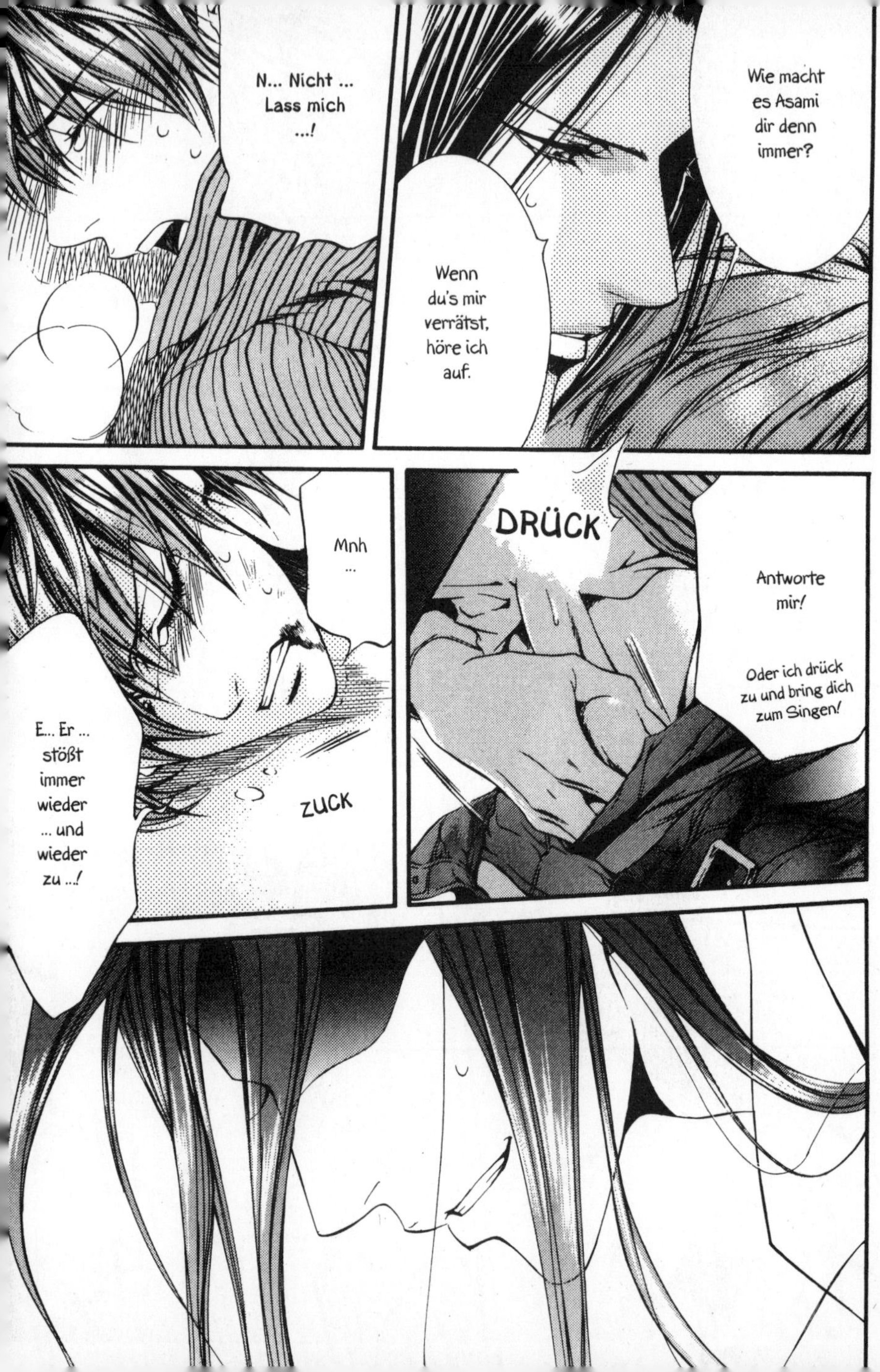
Wie macht es Asami dir denn immer?
Wenn du's mir verrätst, höre ich auf.
N... Nicht ... Lass mich ...!
DRÜCK
Antworte mir!
Oder ich drück zu und bring dich zum Singen!
Mnh ...
ZUCK
E... Er ... stößt immer wieder ... und wieder zu ...!

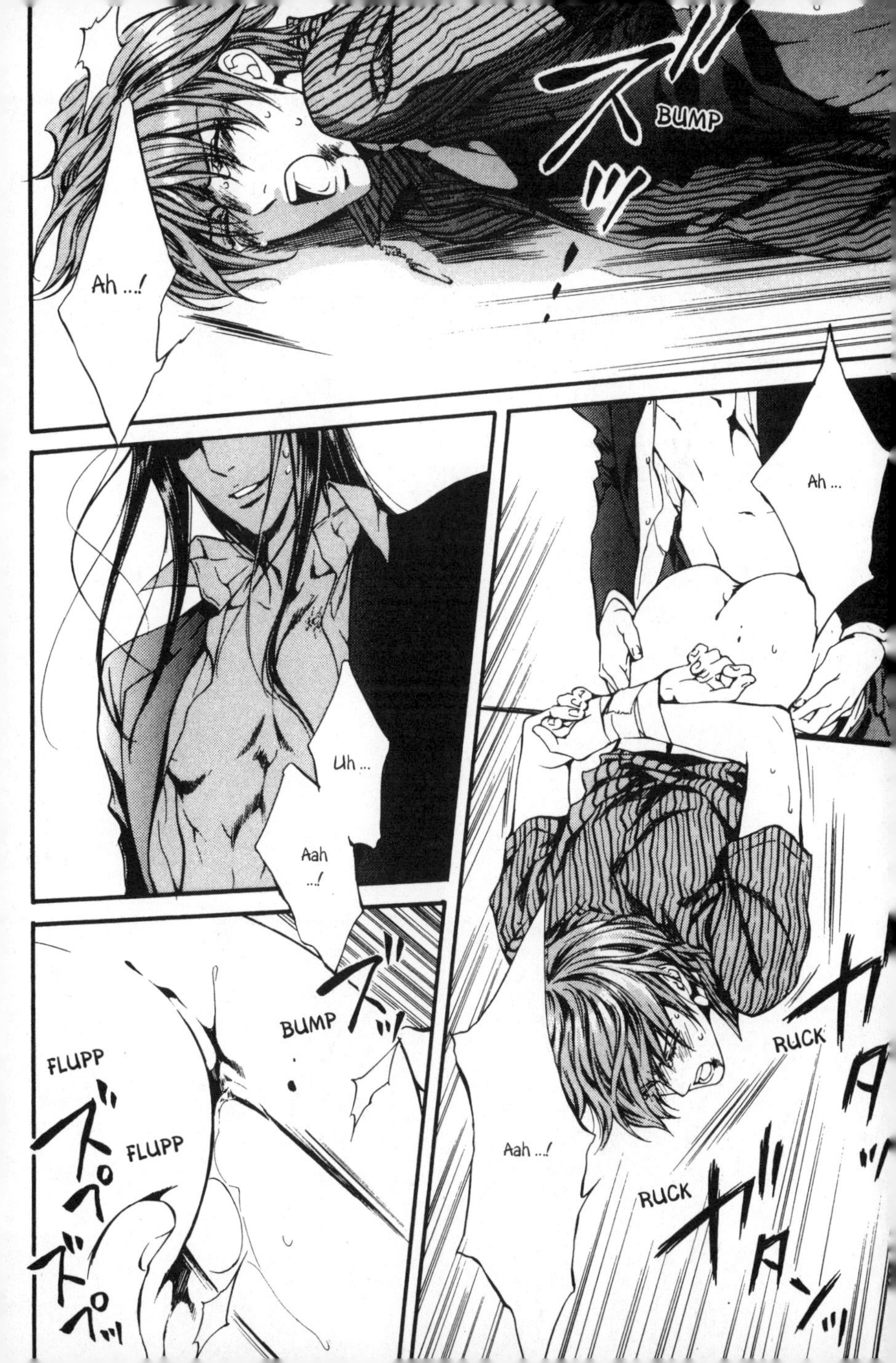
BUMP
Ah ...!
Ah ...
Uh ...
Aah ...!
ガタッ
RUCK
ガタンッ
RUCK
Aah ...!
BUMP
FLUPP
FLUPP
ズプズプッ

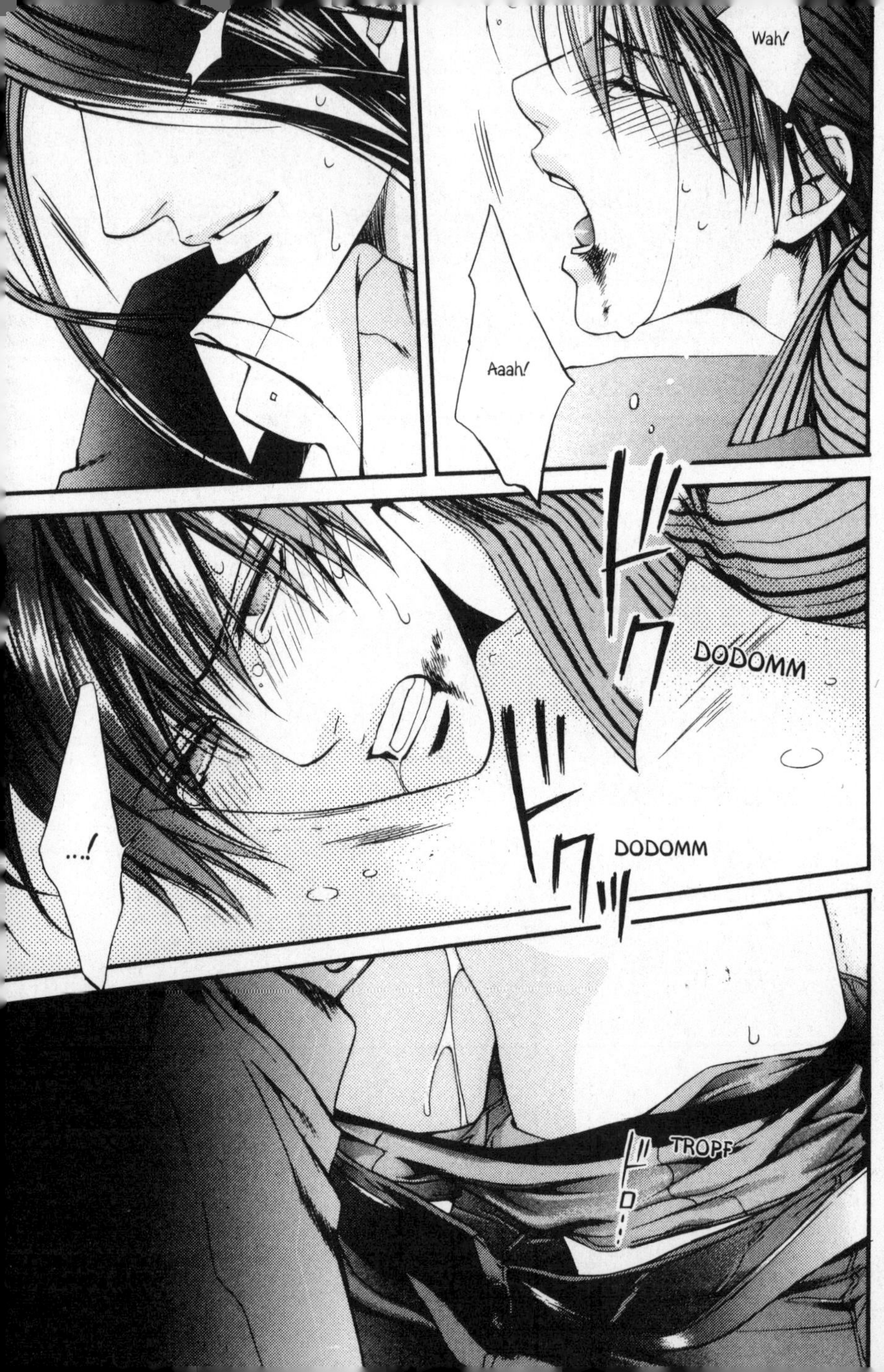
Wah!
Aaah!
DODOMM
DODOMM
...!
TROPF

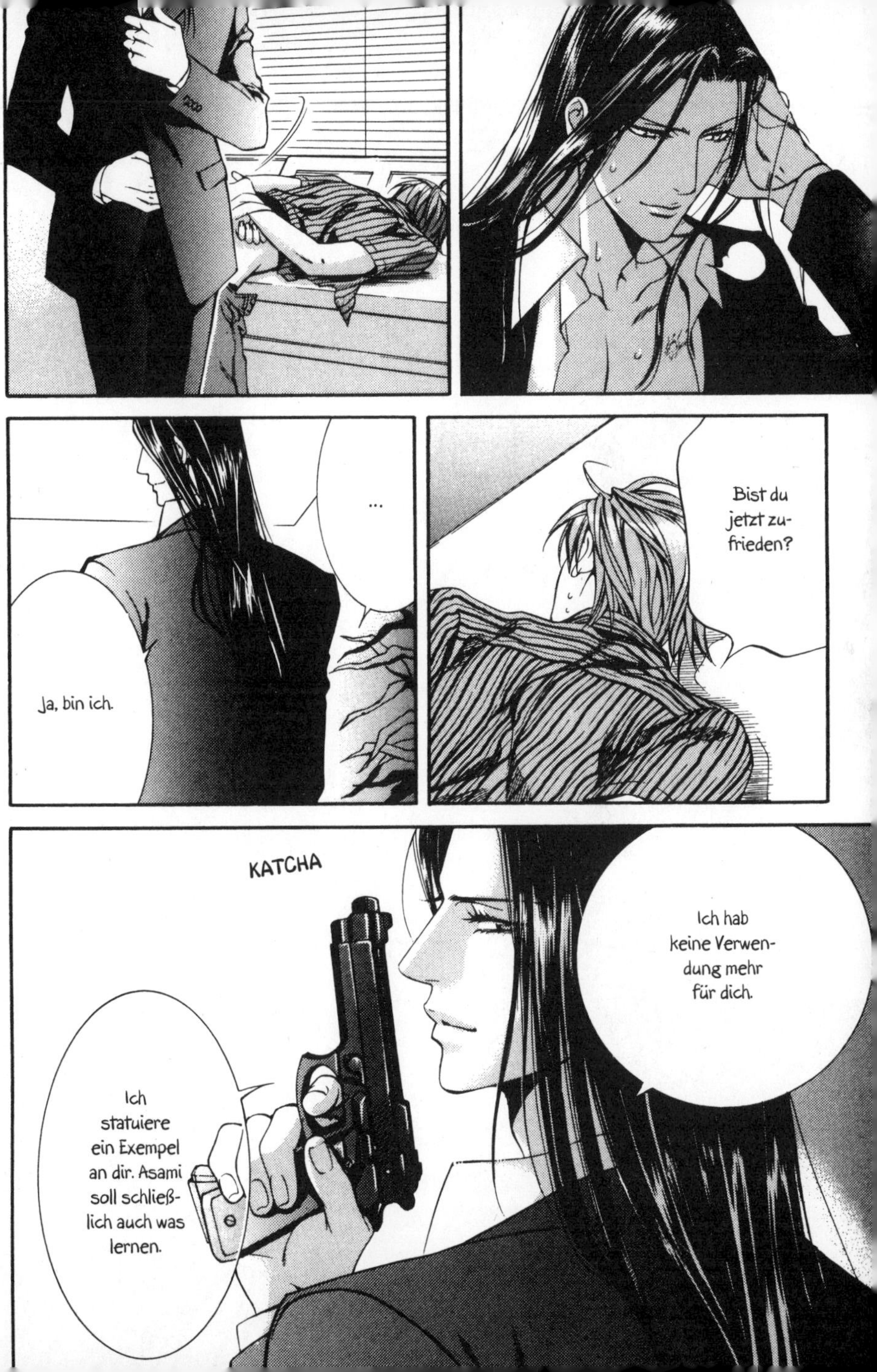

Bist du jetzt zufrieden?
...
Ja, bin ich.
KATCHA
Ich hab keine Verwendung mehr für dich.
Ich statuiere ein Exempel an dir. Asami soll schließlich auch was lernen.

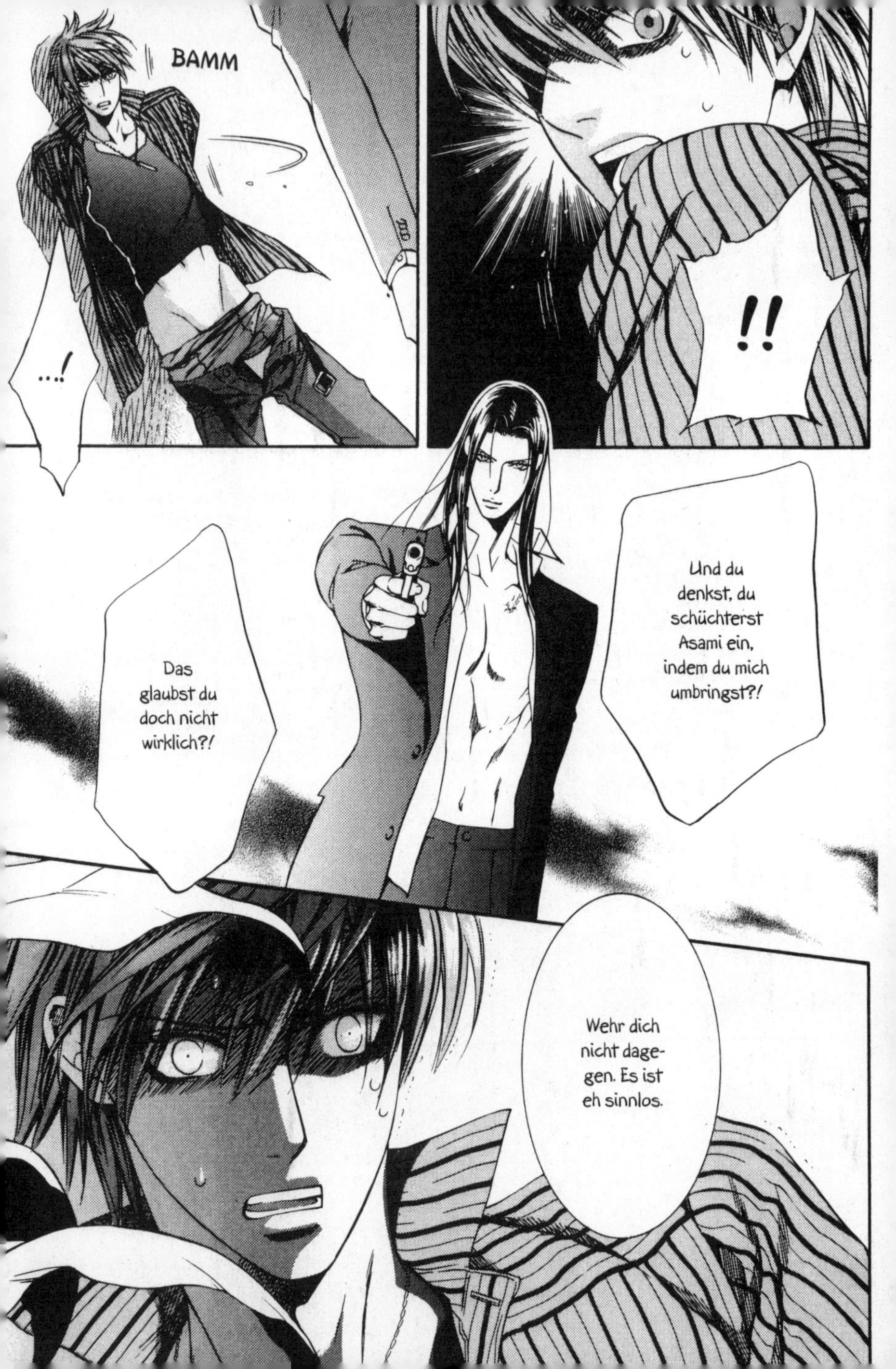
!!
BAMM
...!
Und du denkst, du schüchterst Asami ein, indem du mich umbringst?!
Das glaubst du doch nicht wirklich?!
Wehr dich nicht dagegen. Es ist eh sinnlos.

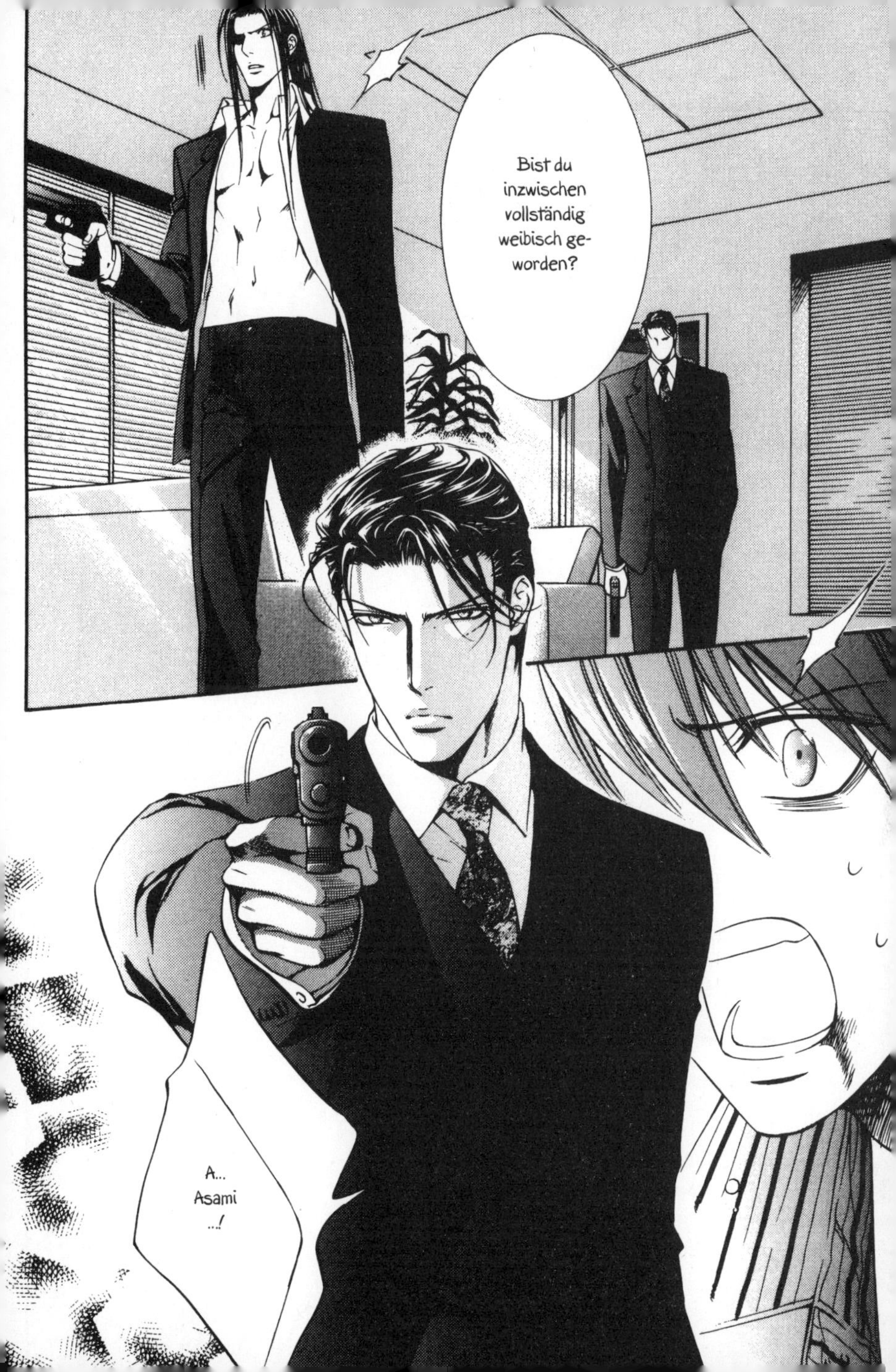
Bist du inzwischen vollständig weibisch ge-worden?
A... Asami ...!

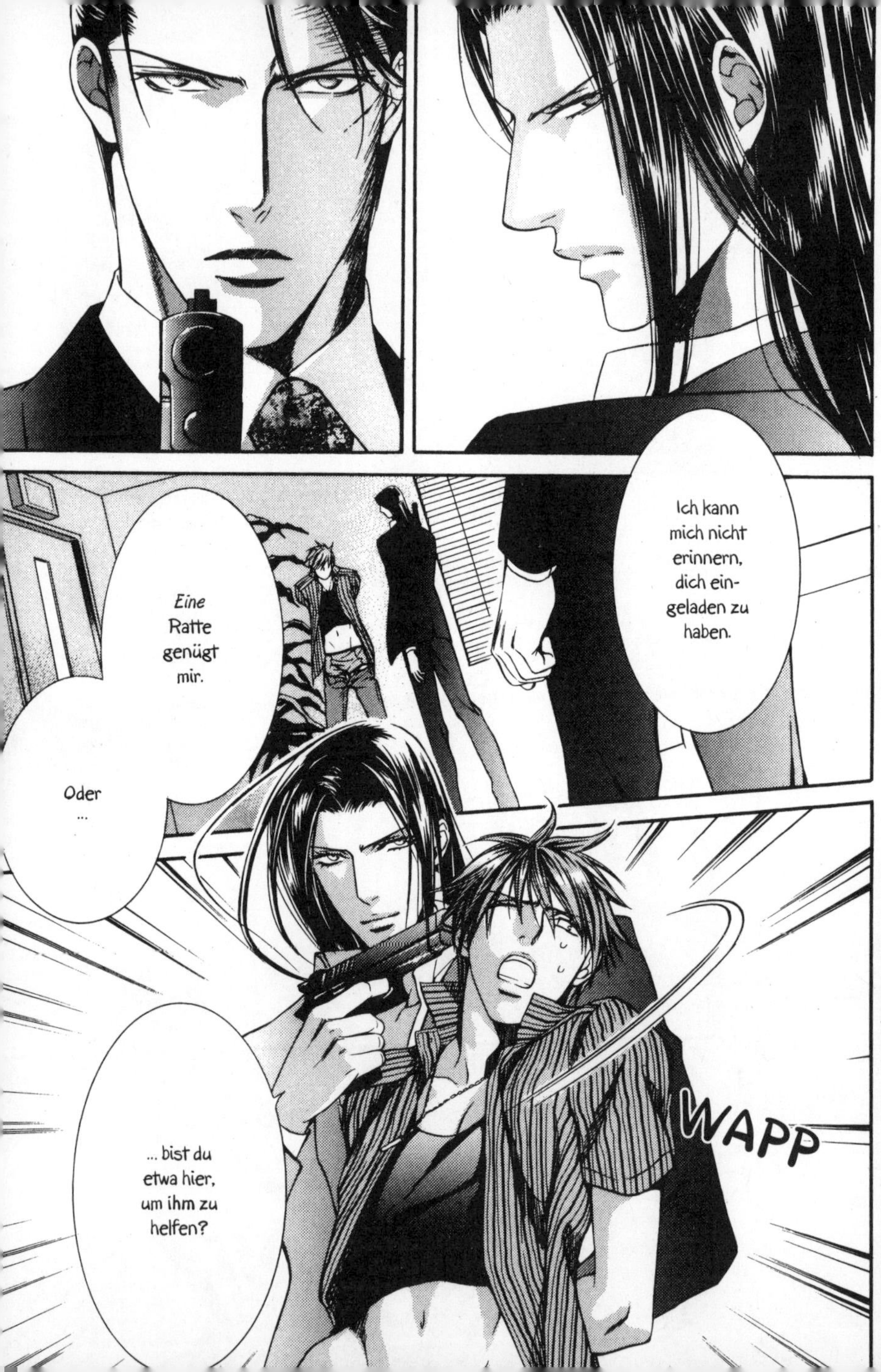
Ich kann mich nicht erinnern, dich ein-geladen zu haben.
Eine Ratte genügt mir.
Oder ...
... bist du etwa hier, um ihm zu helfen?
WAPP

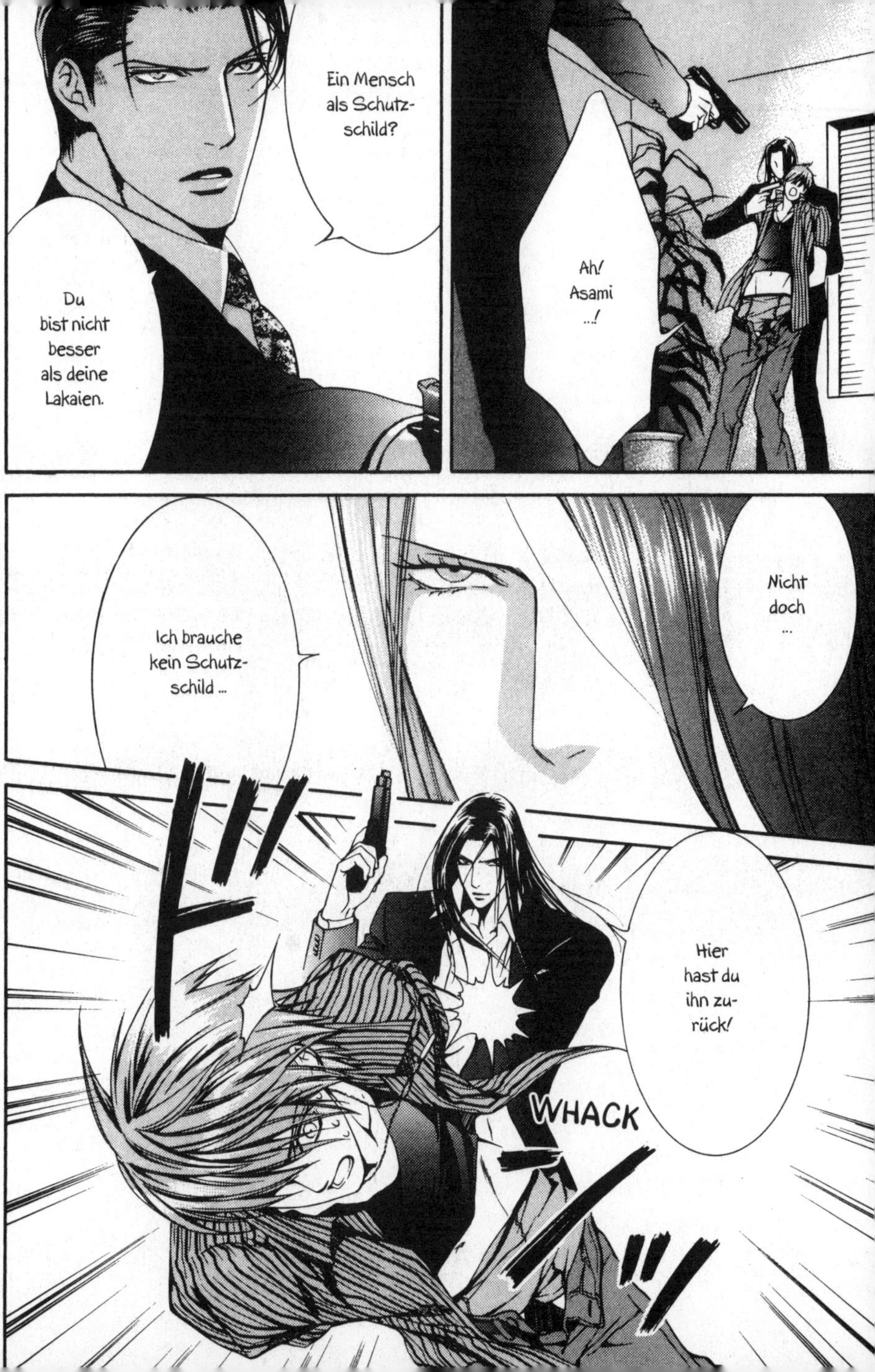
Ah! Asami ...!
Ein Mensch als Schutz-schild?
Du bist nicht besser als deine Lakaien.
Nicht doch ...
Ich brauche kein Schutz-schild ...
Hier hast du ihn zu-rück!
WHACK

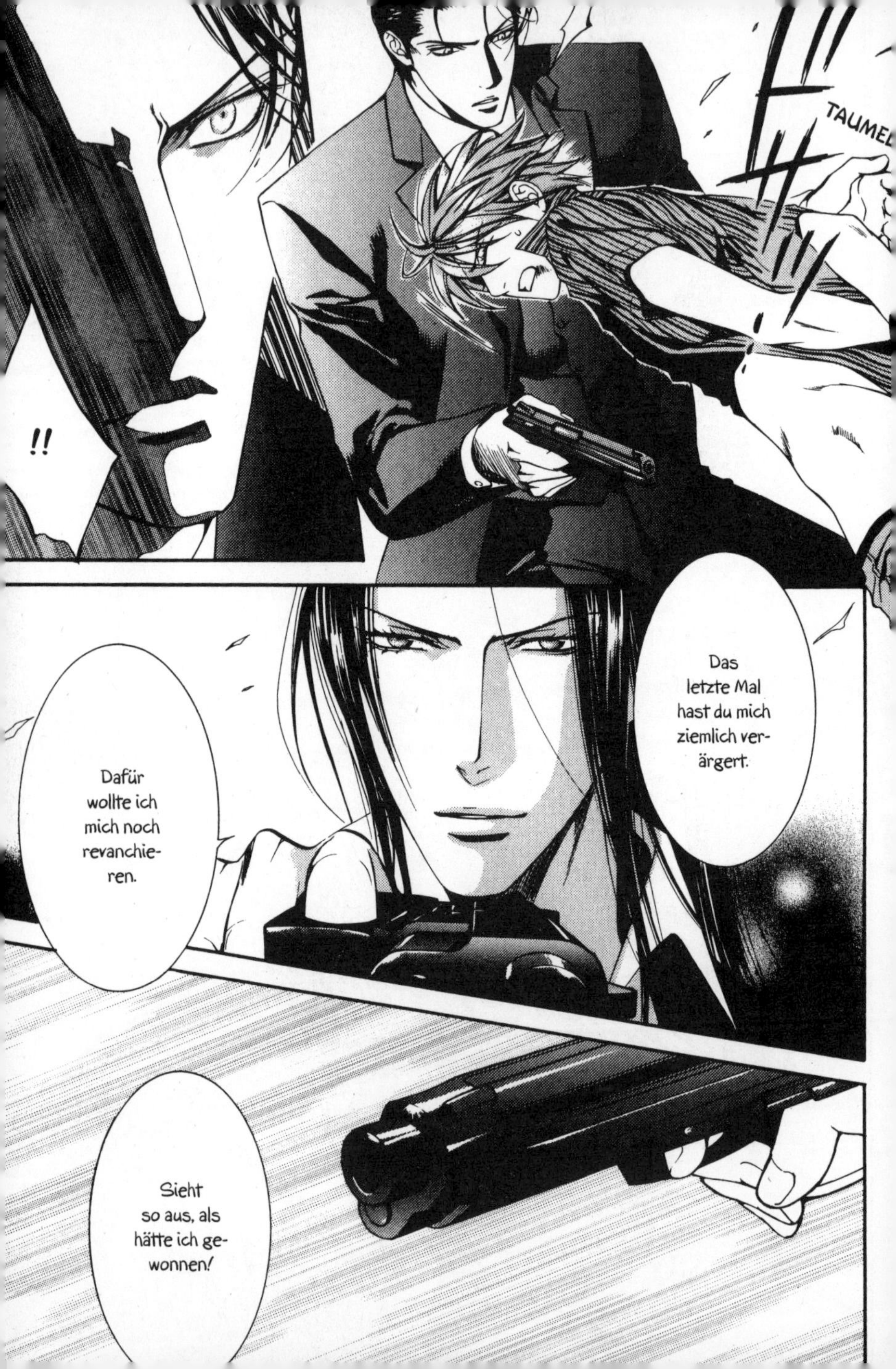
TAUMEL
!!
Das letzte Mal hast du mich ziemlich verärgert.
Dafür wollte ich mich noch revanchieren.
Sieht so aus, als hätte ich gewonnen!

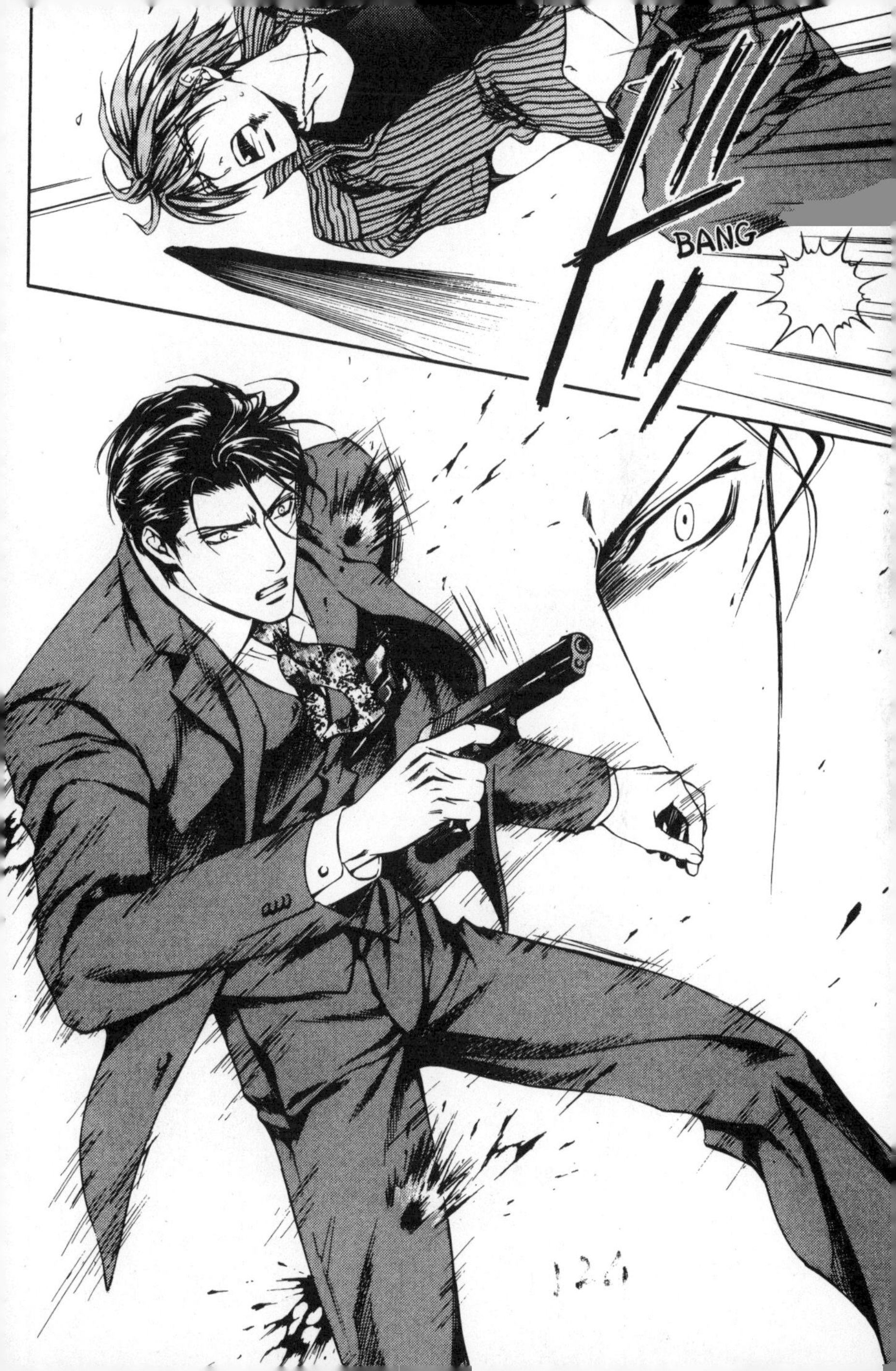
BANG

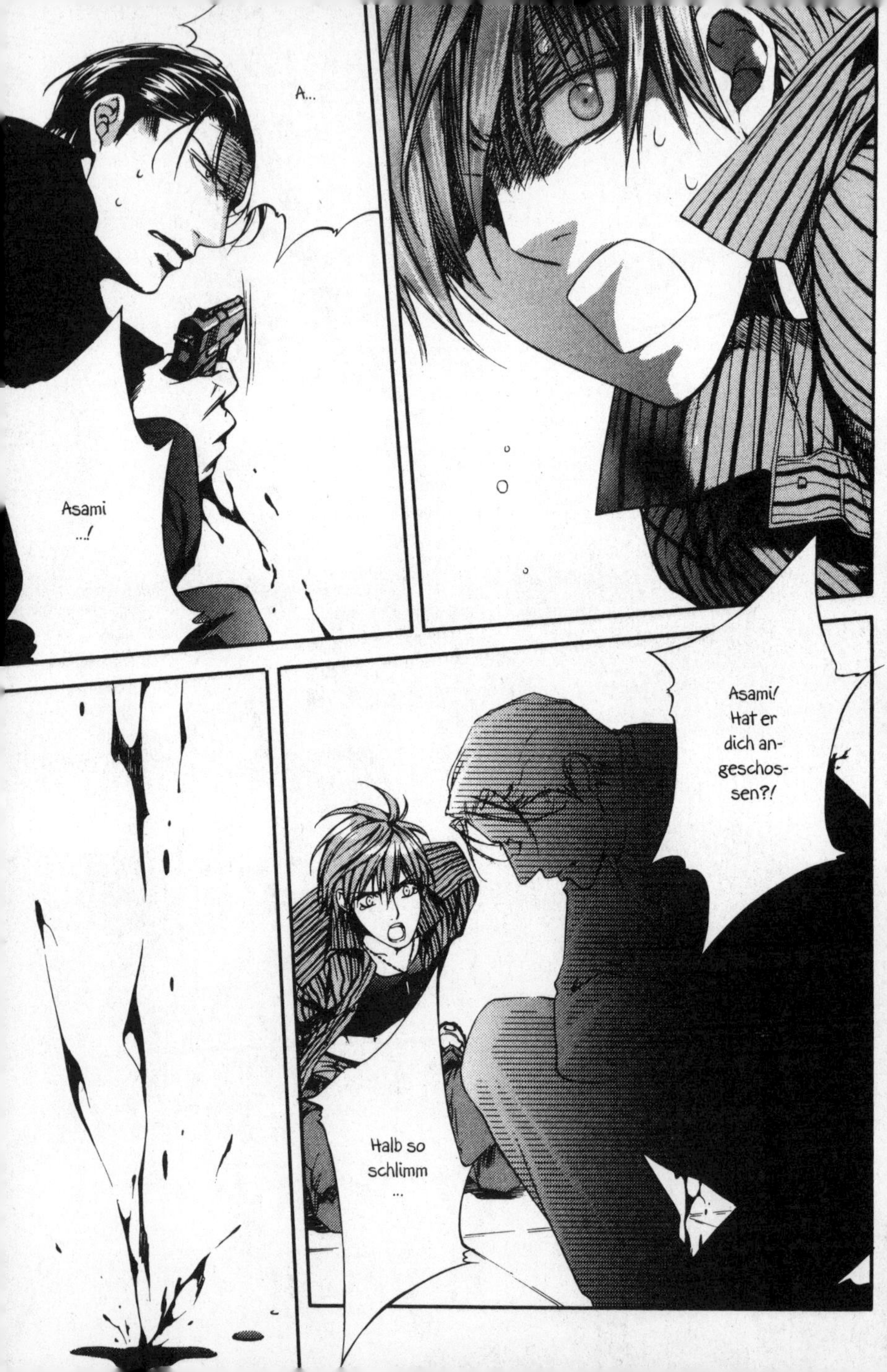
A...
Asami ...!
Asami! Hat er dich angeschossen?!
Halb so schlimm ...

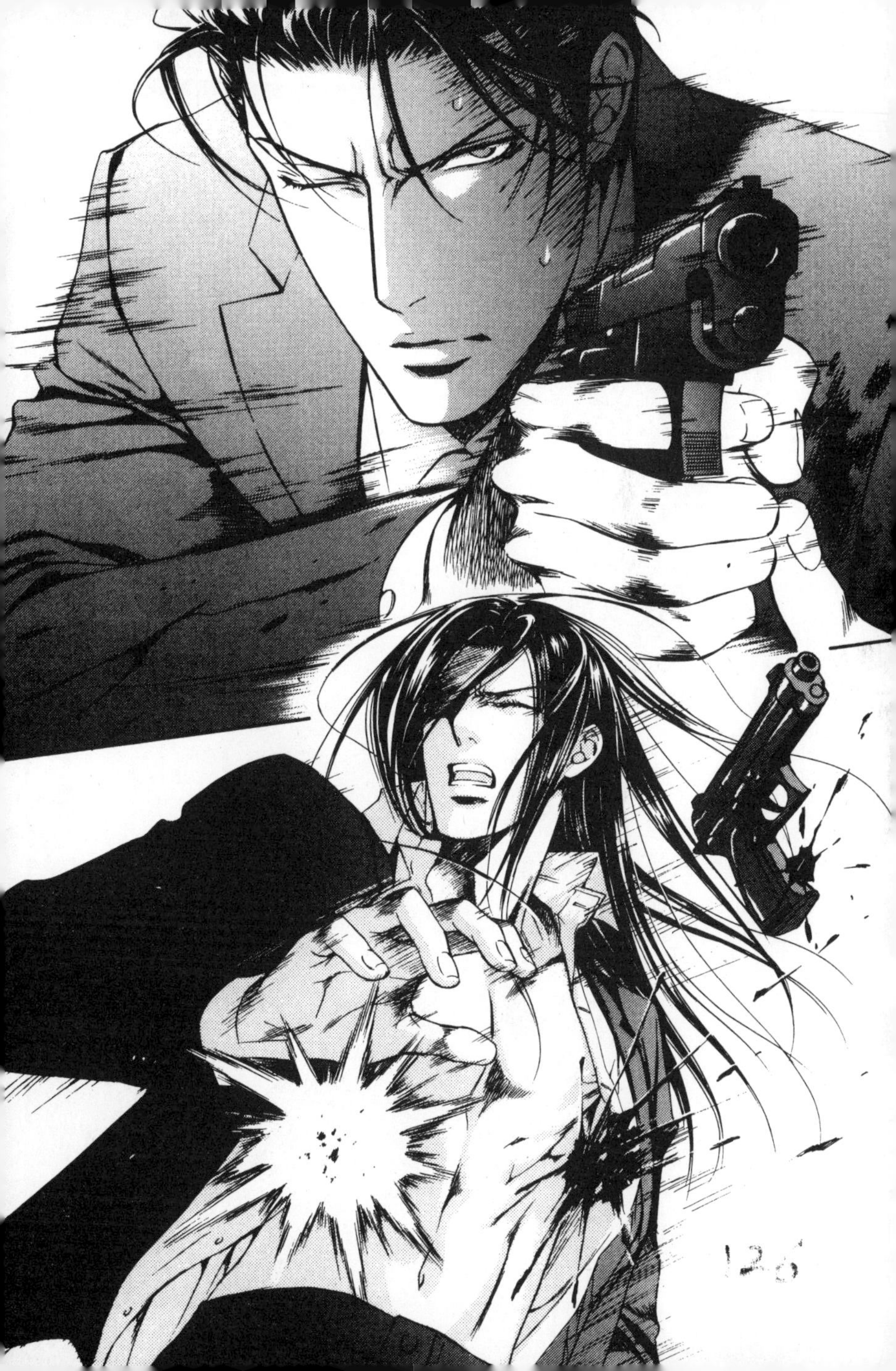

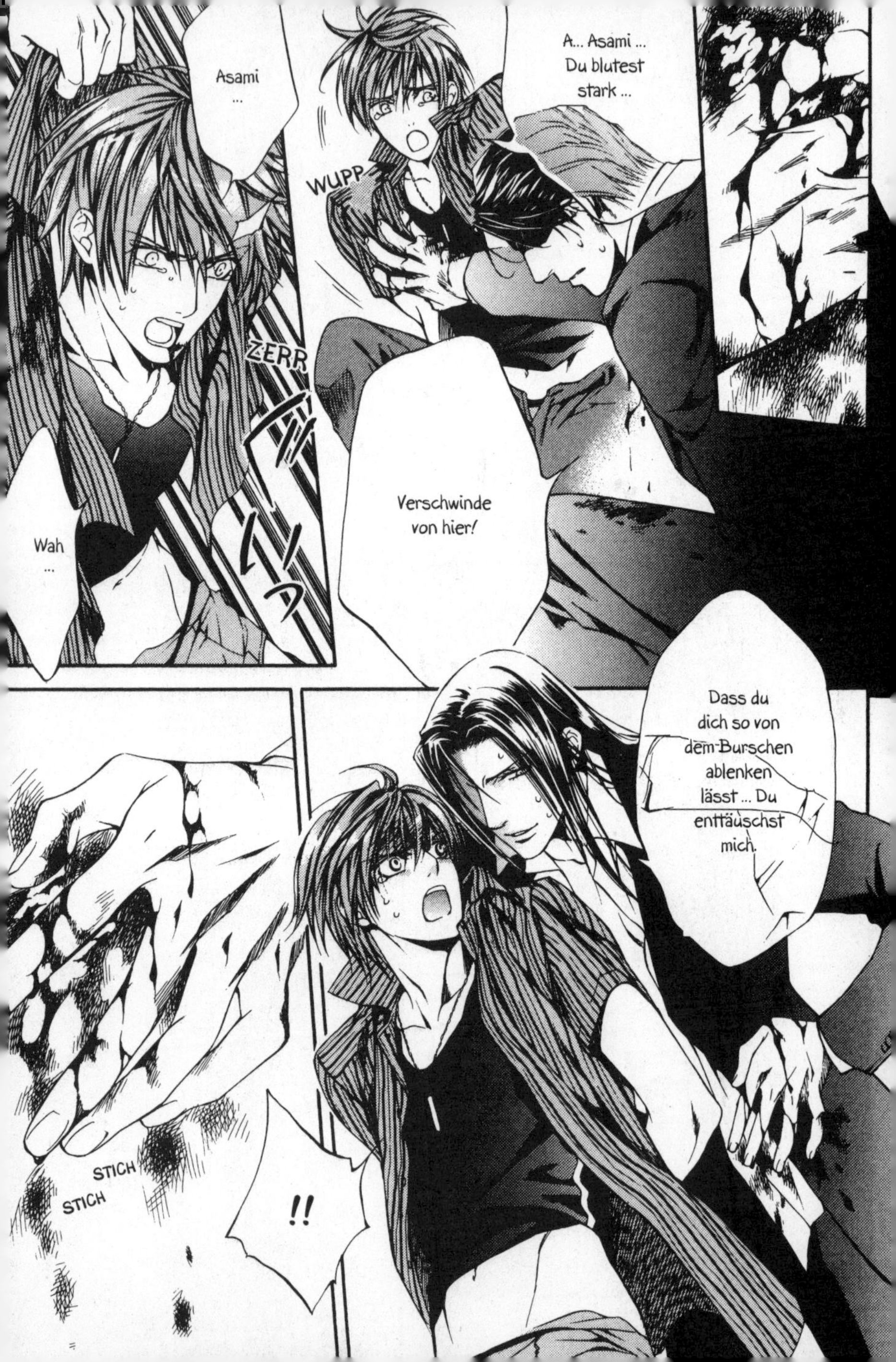
A... Asami ... Du blutest stark ...
WUPP
Verschwinde von hier!
Asami ...
ZERR
Wah ...
Dass du dich so von dem Burschen ablenken lässt ... Du enttäuschst mich.
!!
STICH
STICH

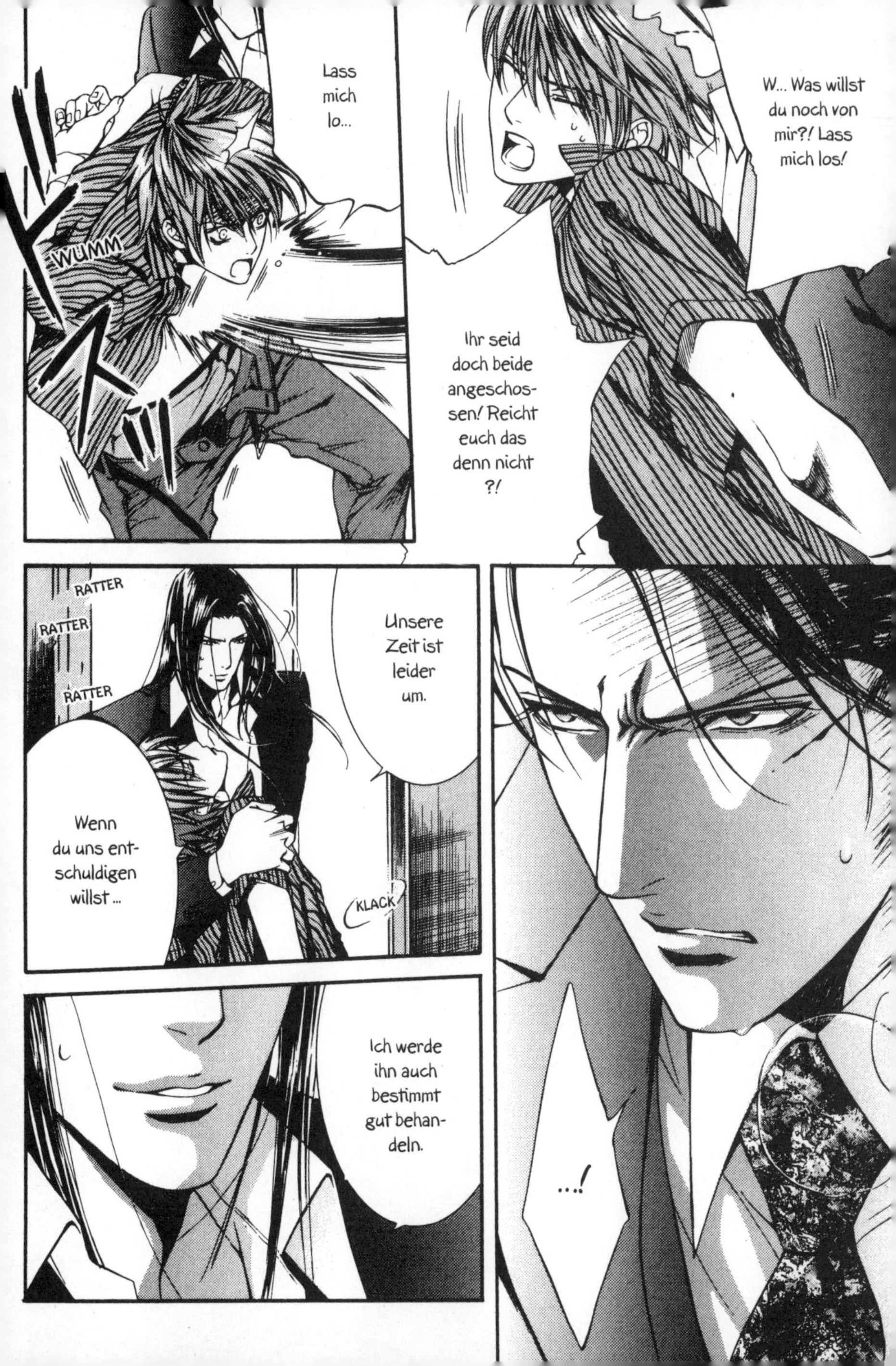
W... Was willst du noch von mir?! Lass mich los!
Ihr seid doch beide angeschossen! Reicht euch das denn nicht ?!
Lass mich lo...
WUMM
...!
Unsere Zeit ist leider um.
RATTER
RATTER
RATTER
Wenn du uns entschuldigen willst ...
KLACK
Ich werde ihn auch bestimmt gut behandeln.

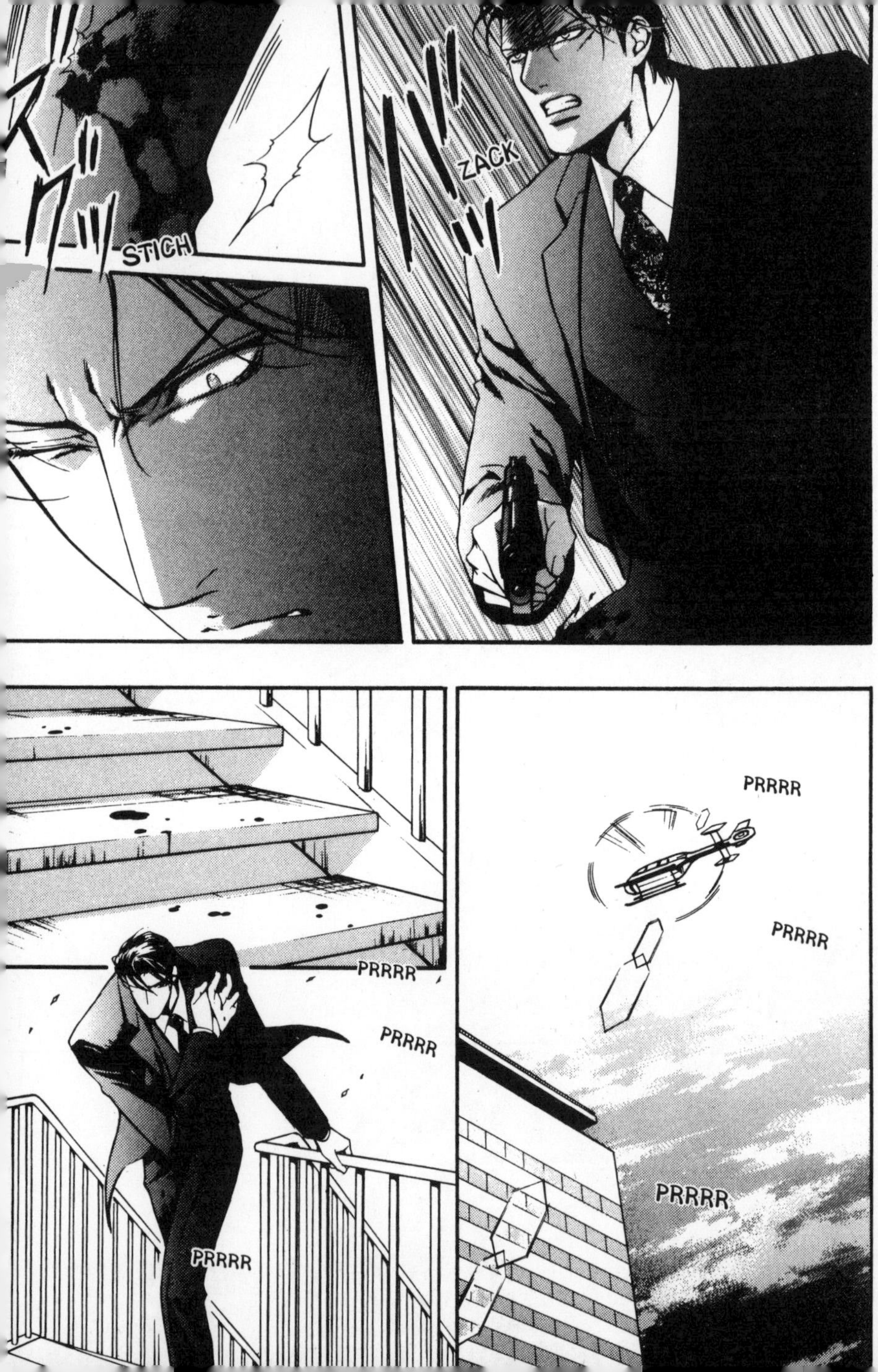
ZACK
STICH
PRRRR
PRRRR
PRRRR
PRRRR
PRRRR
PRRRR

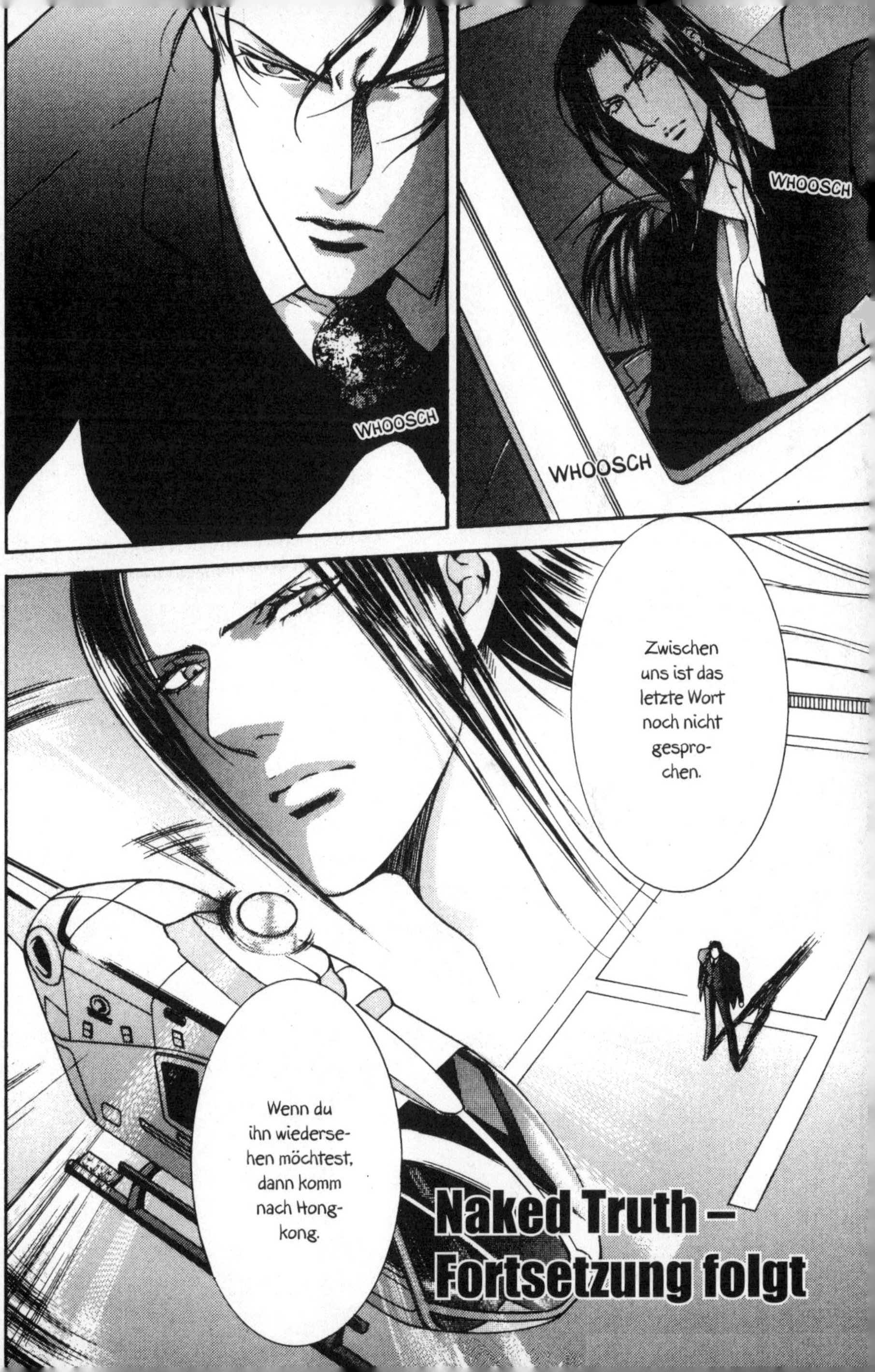
WHOOSCH
WHOOSCH
WHOOSCH
Zwischen uns ist das letzte Wort noch nicht gesprochen.
Wenn du ihn wiedersehen möchtest, dann komm nach Hongkong.
Naked Truth – Fortsetzung folgt

Finder – Auf schwarzen Schwingen

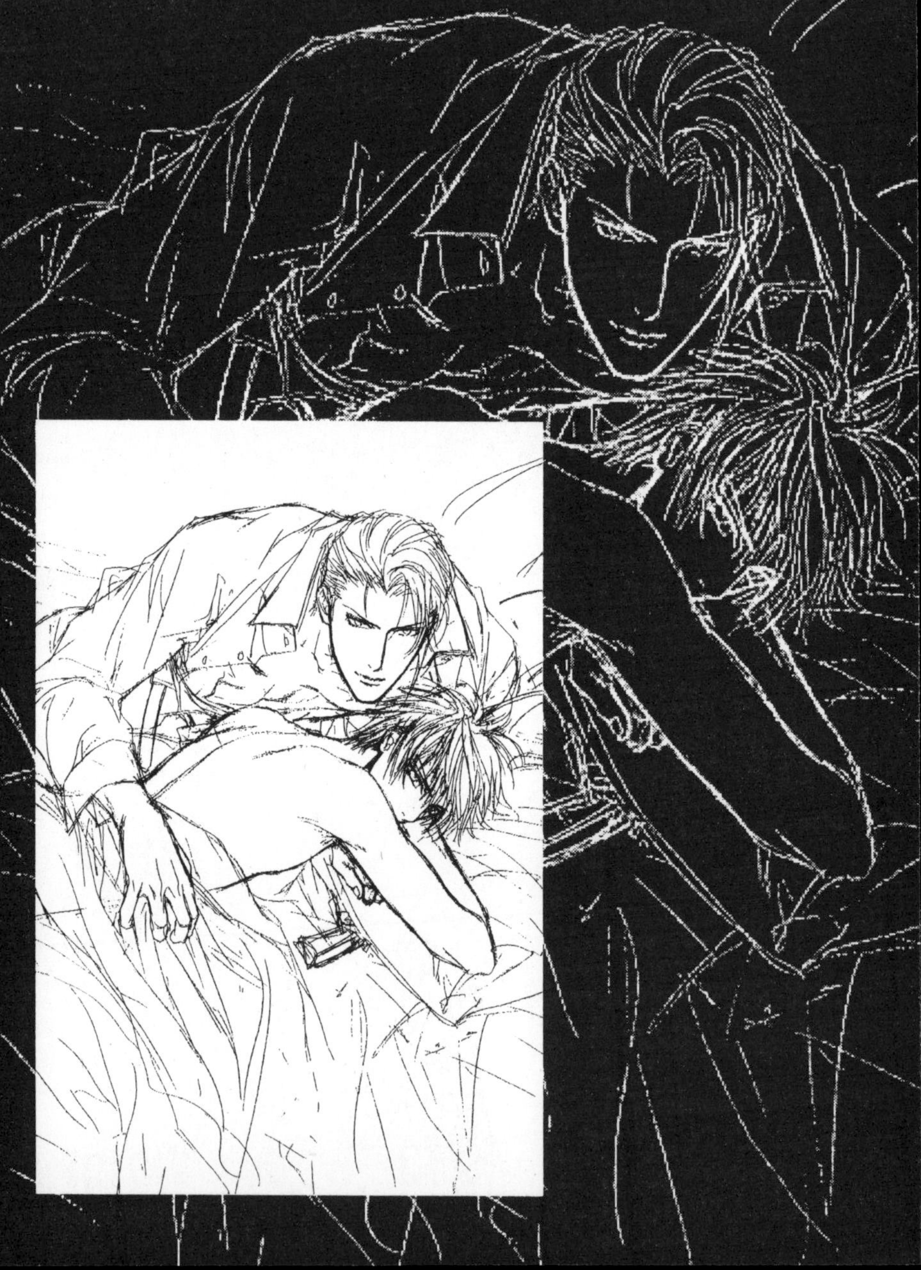

Finder – Auf schwarzen Schwingen

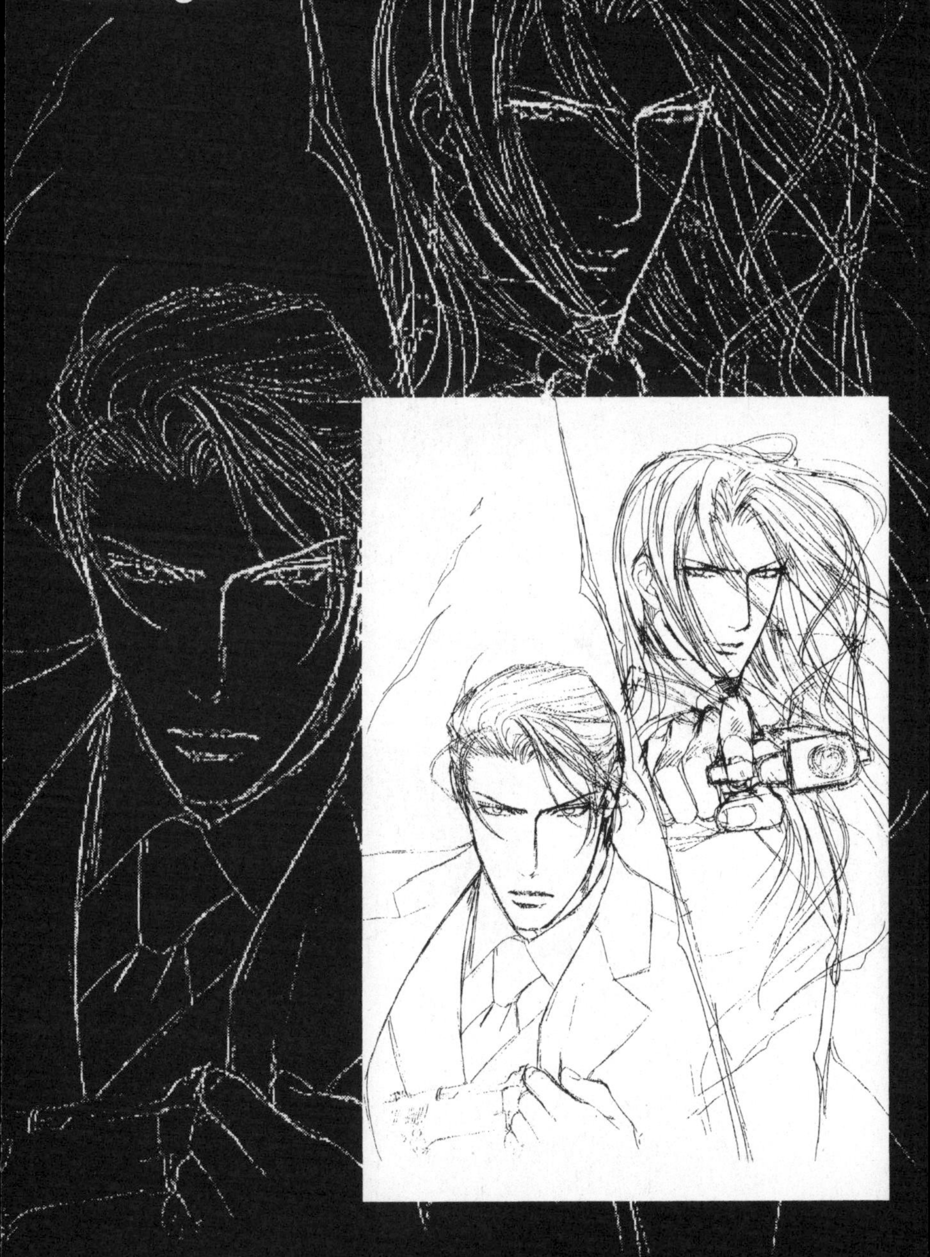

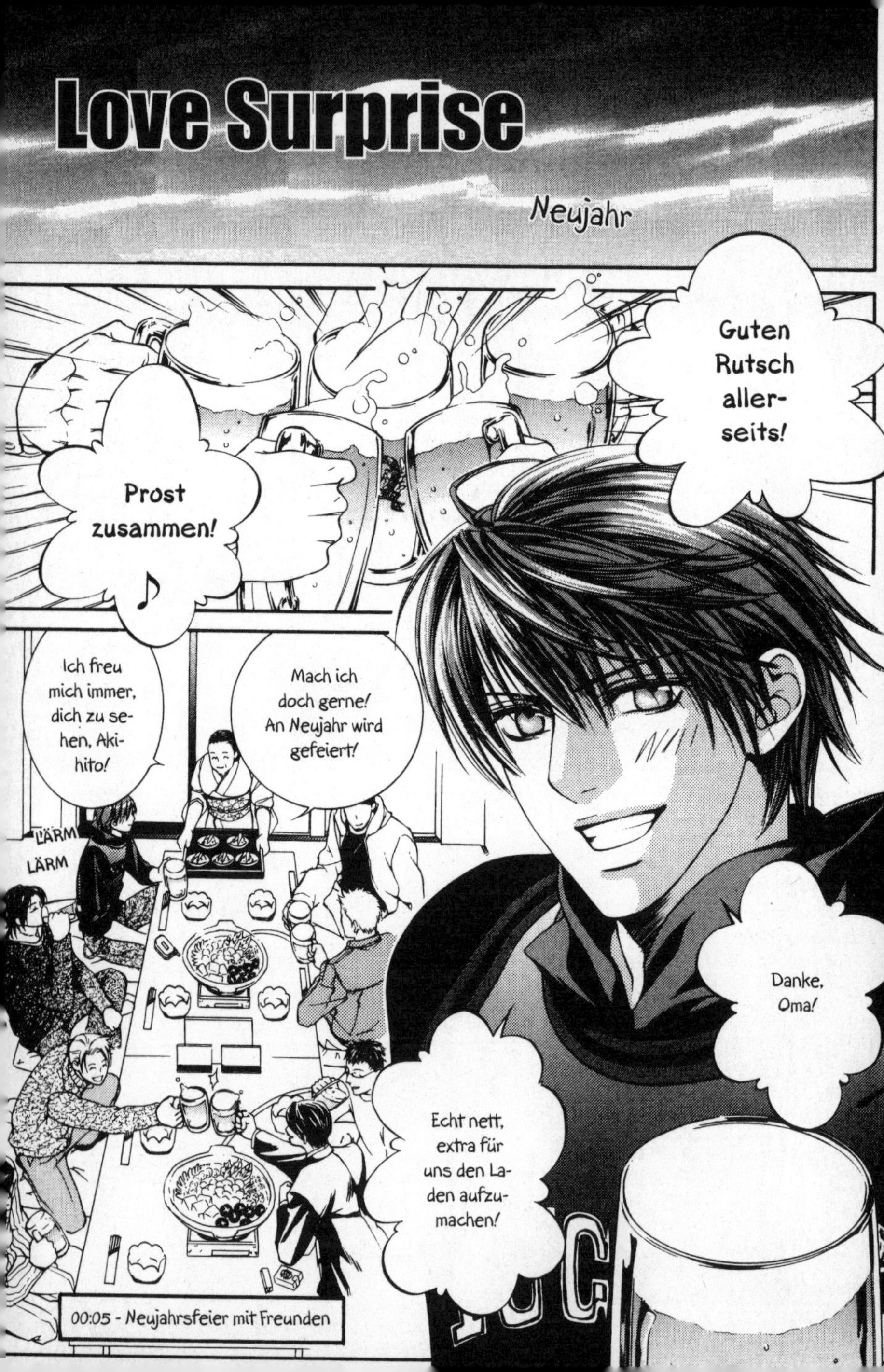
Love Surprise
Neujahr
Guten Rutsch allerseits!
Prost zusammen! ♪
00:05 - Neujahrsfeier mit Freunden
LÄRM LÄRM
Echt nett, extra für uns den Laden aufzumachen!
Mach ich doch gerne! An Neujahr wird gefeiert!
Ich freu mich immer, dich zu sehen, Akihito!
Danke, Oma!

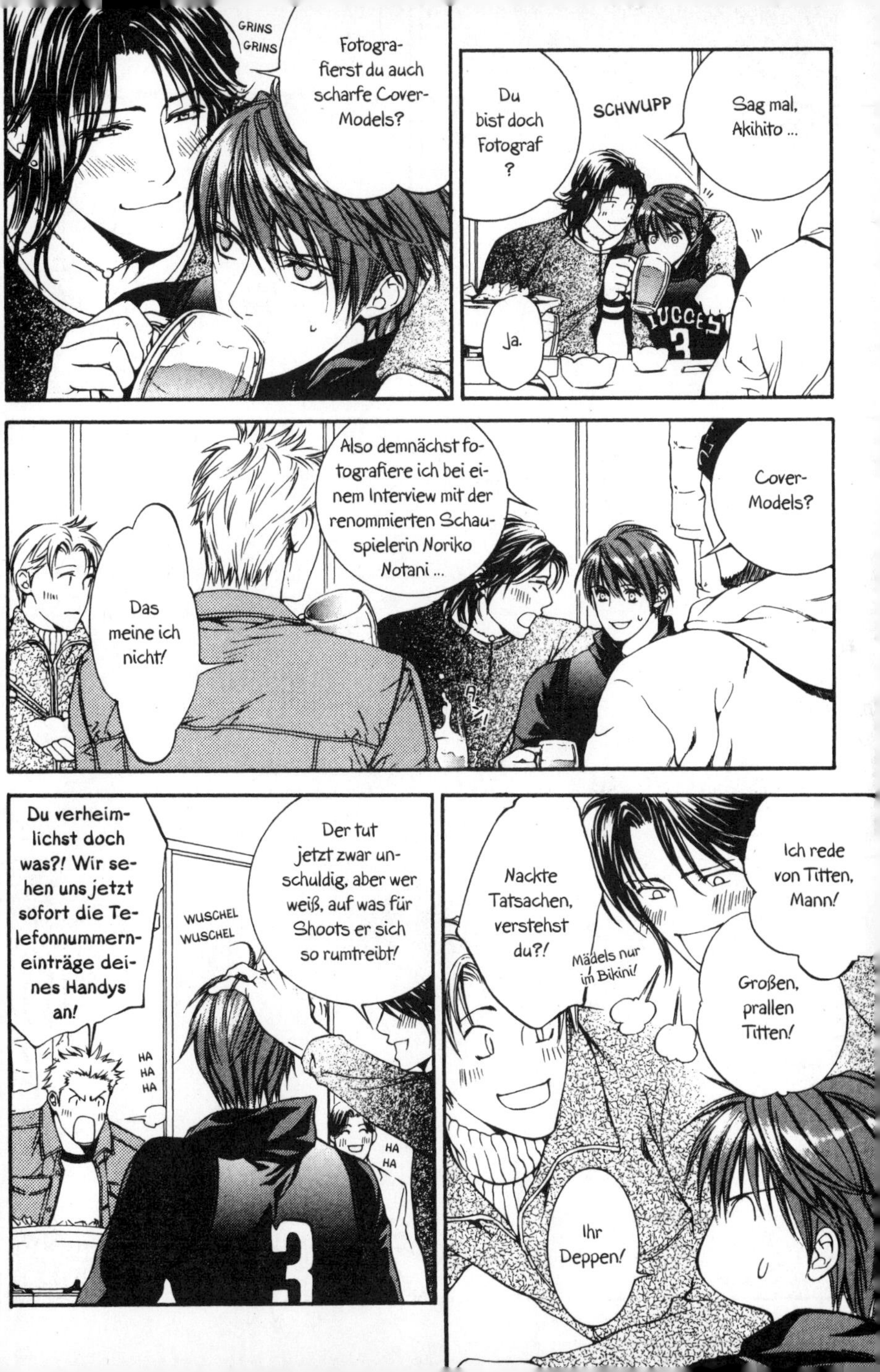
Sag mal, Akihito ...
SCHWUPP
Du bist doch Fotograf?
Ja.
GRINS GRINS
Fotografierst du auch scharfe Cover-Models?
Cover-Models?
Also demnächst fotografiere ich bei einem Interview mit der renommierten Schauspielerin Noriko Notani ...
Das meine ich nicht!
Ich rede von Titten, Mann!
Nackte Tatsachen, verstehst du?!
Großen, prallen Titten!
Mädels nur im Bikini!
Ihr Deppen!
Der tut jetzt zwar unschuldig, aber wer weiß, auf was für Shoots er sich so rumtreibt!
WUSCHEL WUSCHEL
Du verheimlichst doch was?! Wir sehen uns jetzt sofort die Telefonnummerneinträge deines Handys an!
HA HA HA
HA HA

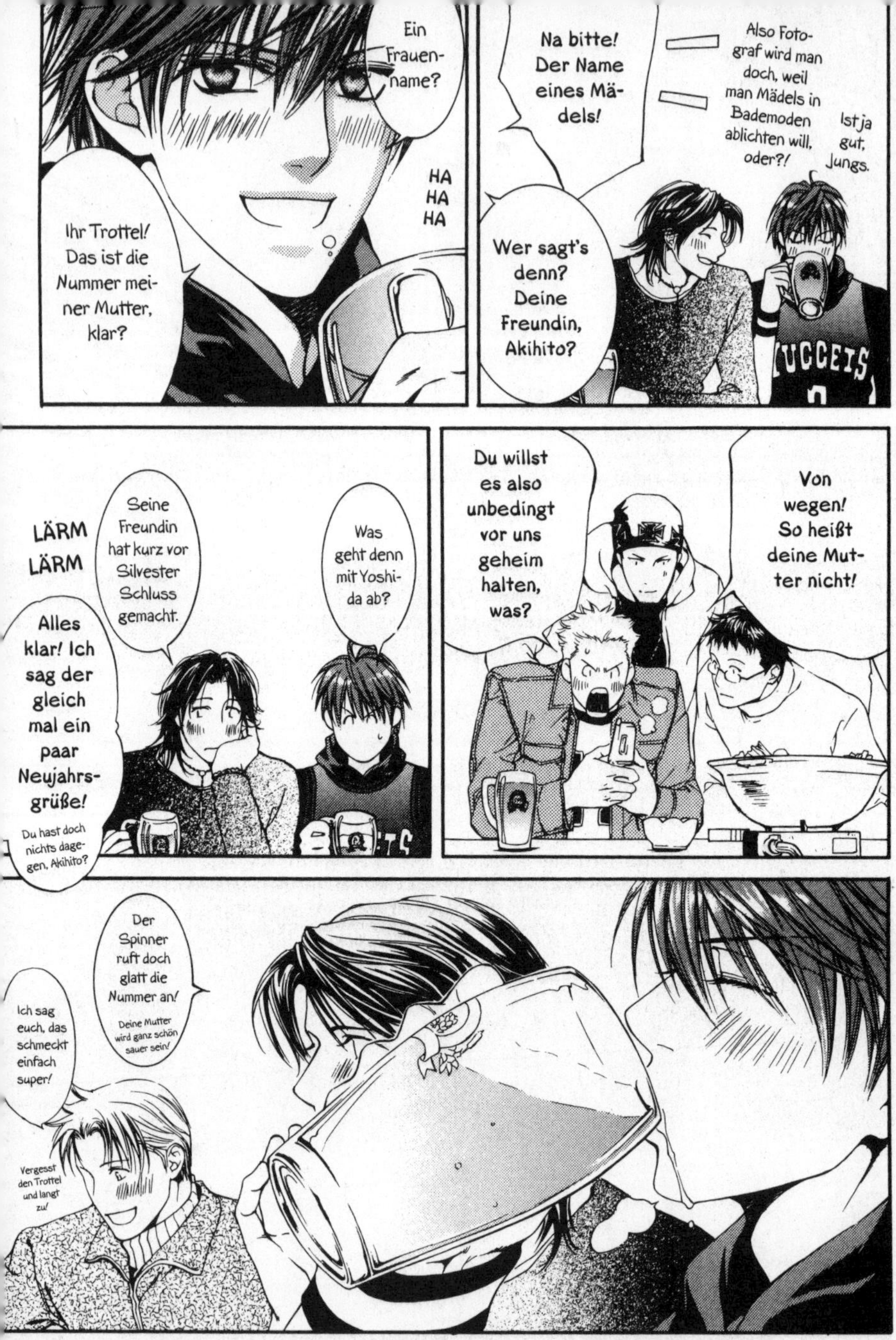
Na bitte! Der Name eines Mädels!
Also Fotograf wird man doch, weil man Mädels in Bademoden ablichten will, oder?!
Ist ja gut, Jungs.
Wer sagt's denn? Deine Freundin, Akihito?
Ein Frauenname?
HA HA HA
Ihr Trottel! Das ist die Nummer meiner Mutter, klar?
Von wegen! So heißt deine Mutter nicht!
Du willst es also unbedingt vor uns geheim halten, was?
Was geht denn mit Yoshida ab?
Seine Freundin hat kurz vor Silvester Schluss gemacht.
LÄRM LÄRM
Alles klar! Ich sag der gleich mal ein paar Neujahrsgrüße!
Du hast doch nichts dagegen, Akihito?
Der Spinner ruft doch glatt die Nummer an!
Deine Mutter wird ganz schön sauer sein!
Ich sag euch, das schmeckt einfach super!
Vergesst den Trottel und langt zu!

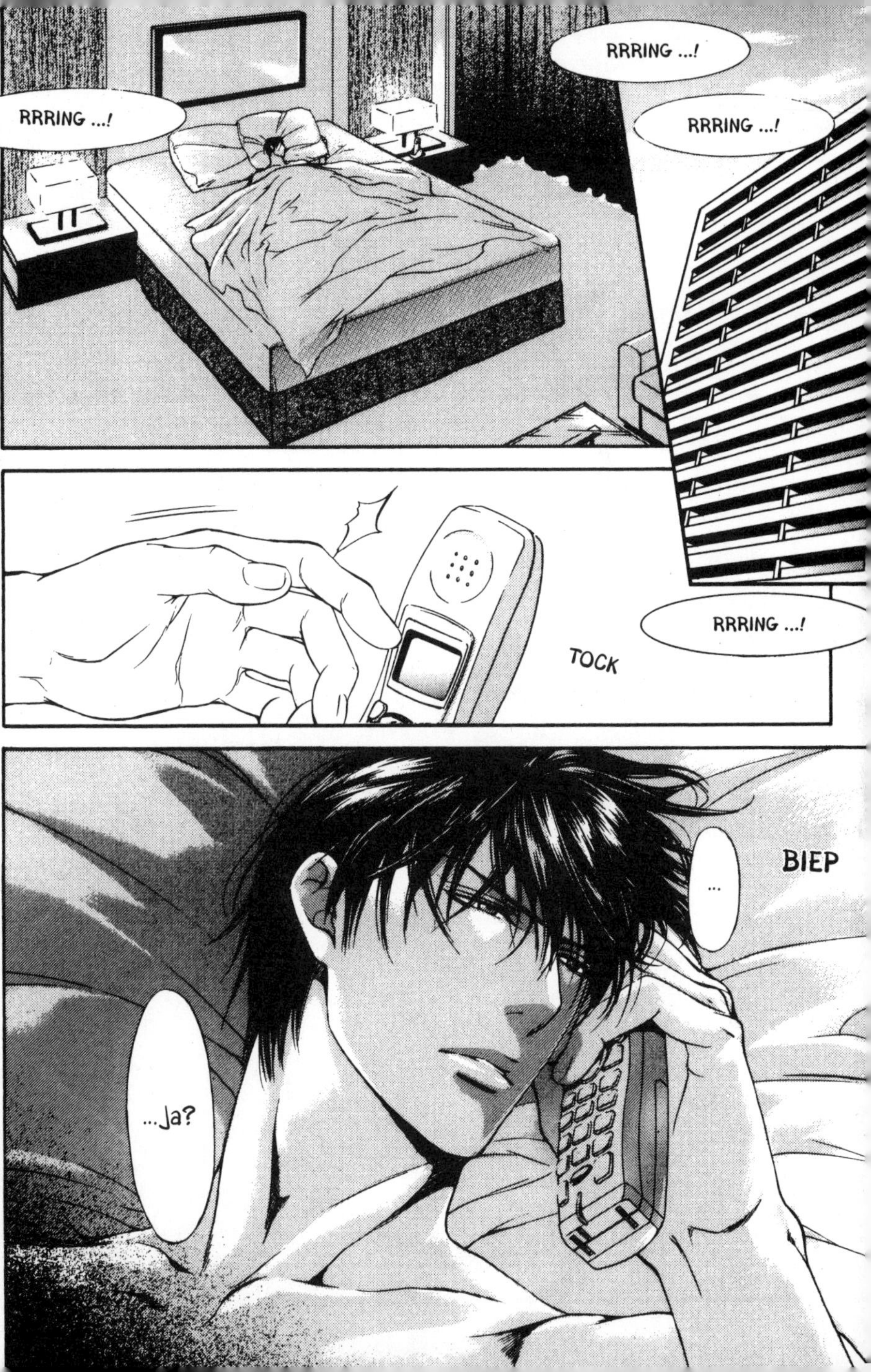

RRRING ...!
RRRING ...!
RRRING ...!
RRRING ...!
TOCK
BIEP
...
...Ja?

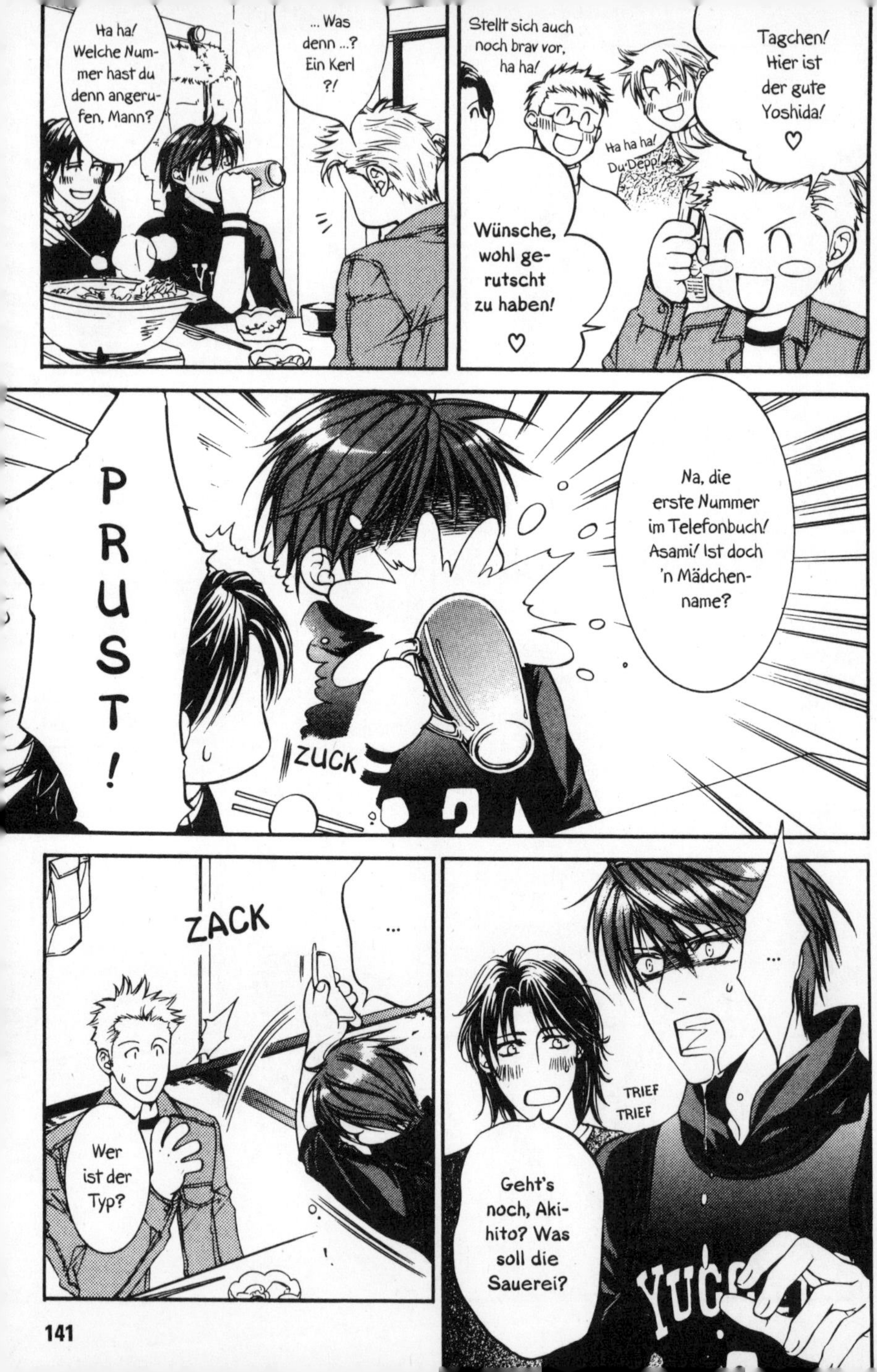
Tagchen! Hier ist der gute Yoshida! ♡
Wünsche, wohl gerutscht zu haben! ♡
Stellt sich auch noch brav vor, ha ha!
Ha ha ha! Du Depp!
... Was denn ...? Ein Kerl ?!
Ha ha! Welche Nummer hast du denn angerufen, Mann?
Na, die erste Nummer im Telefonbuch! Asami! Ist doch 'n Mädchenname?
ZUCK
PRUST!
...
TRIEF TRIEF
Geht's noch, Akihito? Was soll die Sauerei?
...
ZACK
Wer ist der Typ?

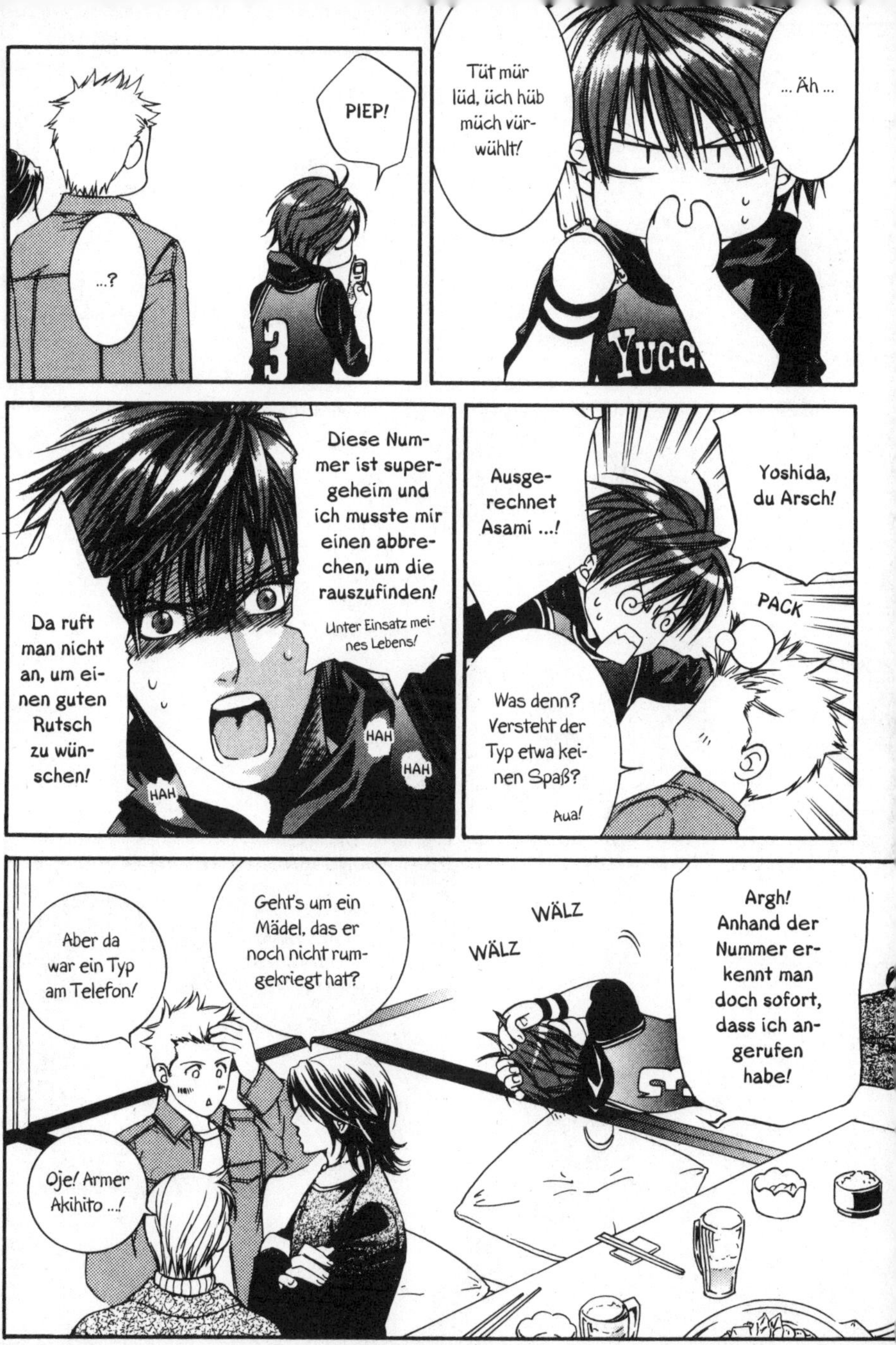
... Äh ...
Tüt mür lüd, üch hüb müch vür-wühlt!
PIEP!
...?
Yoshida, du Arsch!
Ausge-rechnet Asami ...!
PACK
Was denn? Versteht der Typ etwa kei-nen Spaß?
Aua!
Diese Num-mer ist super-geheim und ich musste mir einen abbre-chen, um die rauszufinden!
Unter Einsatz mei-nes Lebens!
Da ruft man nicht an, um ei-nen guten Rutsch zu wün-schen!
HAH
HAH
HAH
Argh! Anhand der Nummer er-kennt man doch sofort, dass ich an-gerufen habe!
WÄLZ
WÄLZ
Geht's um ein Mädel, das er noch nicht rum-gekriegt hat?
Aber da war ein Typ am Telefon!
Oje! Armer Akihito ...!

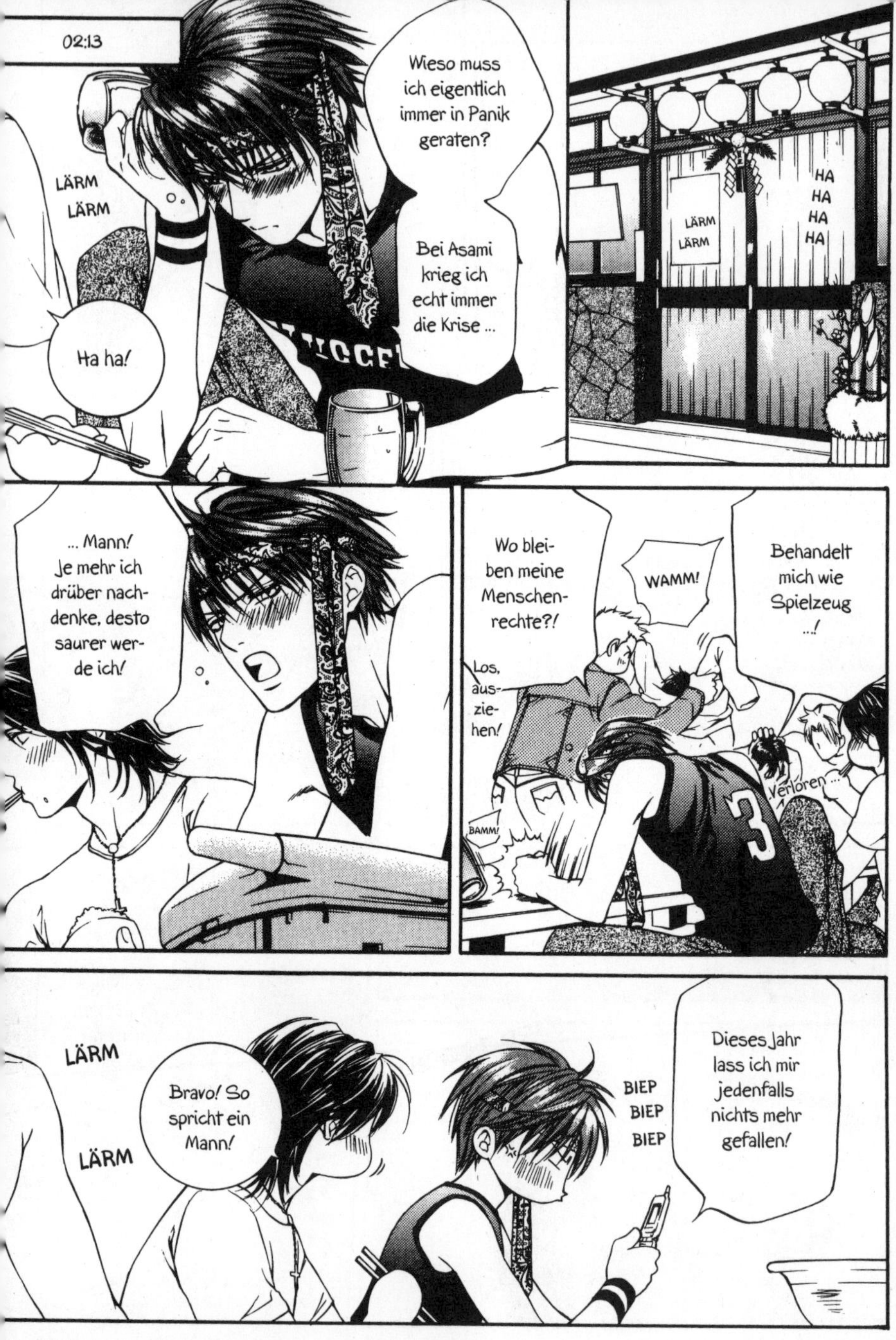
HA
HA
HA
HA
LÄRM
LÄRM
02:13
Wieso muss ich eigentlich immer in Panik geraten?
Bei Asami krieg ich echt immer die Krise ...
LÄRM
LÄRM
Ha ha!
Behandelt mich wie Spielzeug ...!
WAMM!
Wo blei-ben meine Menschen-rechte?!
Los, aus-zie-hen!
Verloren ...
BAMM!
... Mann! Je mehr ich drüber nach-denke, desto saurer wer-de ich!
Dieses Jahr lass ich mir jedenfalls nichts mehr gefallen!
BIEP
BIEP
BIEP
Bravo! So spricht ein Mann!
LÄRM
LÄRM

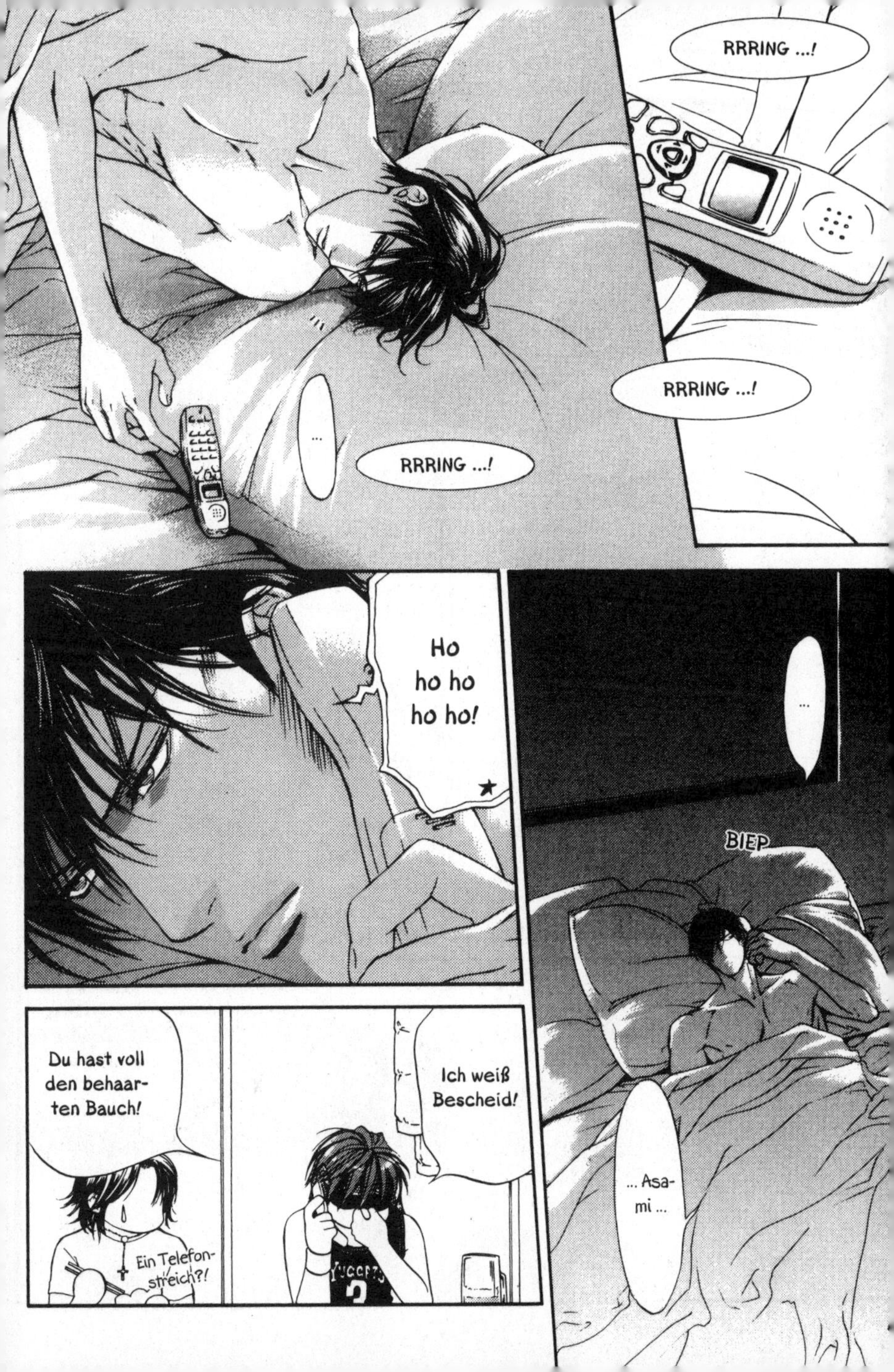
RRRING ...!
RRRING ...!
RRRING ...!
...
...
BIEP
Ho ho ho ho ho!
... Asa-mi ...
Ich weiß Bescheid!
Du hast voll den behaar-ten Bauch!
Ein Telefon-streich?!

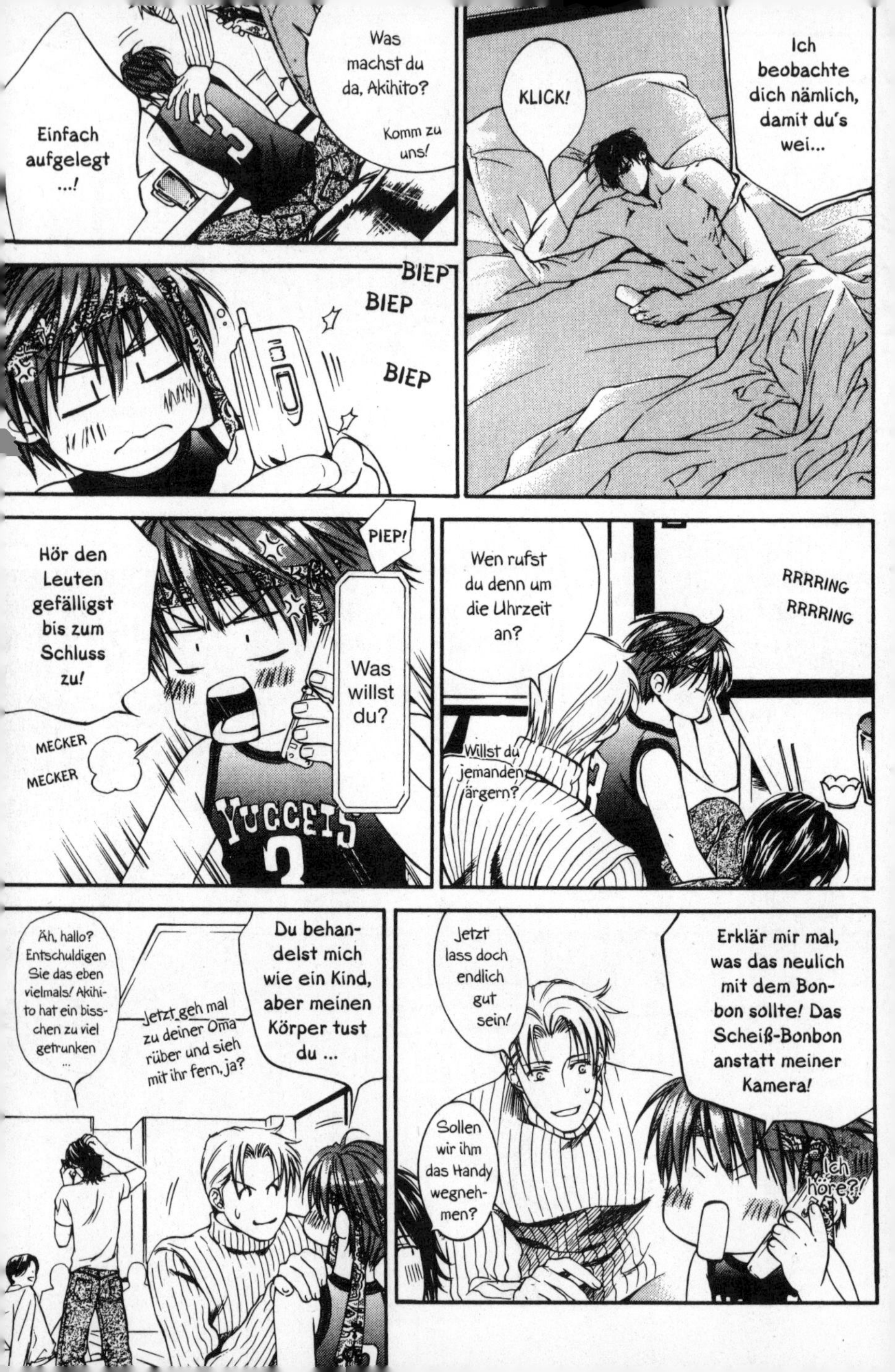
Ich beobachte dich nämlich, damit du's wei...
KLICK!
Was machst du da, Akihito?
Komm zu uns!
Einfach aufgelegt ...!
BIEP
BIEP
BIEP
Wen rufst du denn um die Uhrzeit an?
RRRRING
RRRRING
Willst du jemanden ärgern?
PIEP!
Was willst du?
Hör den Leuten gefälligst bis zum Schluss zu!
MECKER
MECKER
Erklär mir mal, was das neulich mit dem Bonbon sollte! Das Scheiß-Bonbon anstatt meiner Kamera!
Ich höre?!
Jetzt lass doch endlich gut sein!
Sollen wir ihm das Handy wegnehmen?
Du behandelst mich wie ein Kind, aber meinen Körper tust du ...
Jetzt geh mal zu deiner Oma rüber und sieh mit ihr fern, ja?
Äh, hallo? Entschuldigen Sie das eben vielmals! Akihito hat ein bisschen zu viel getrunken ...

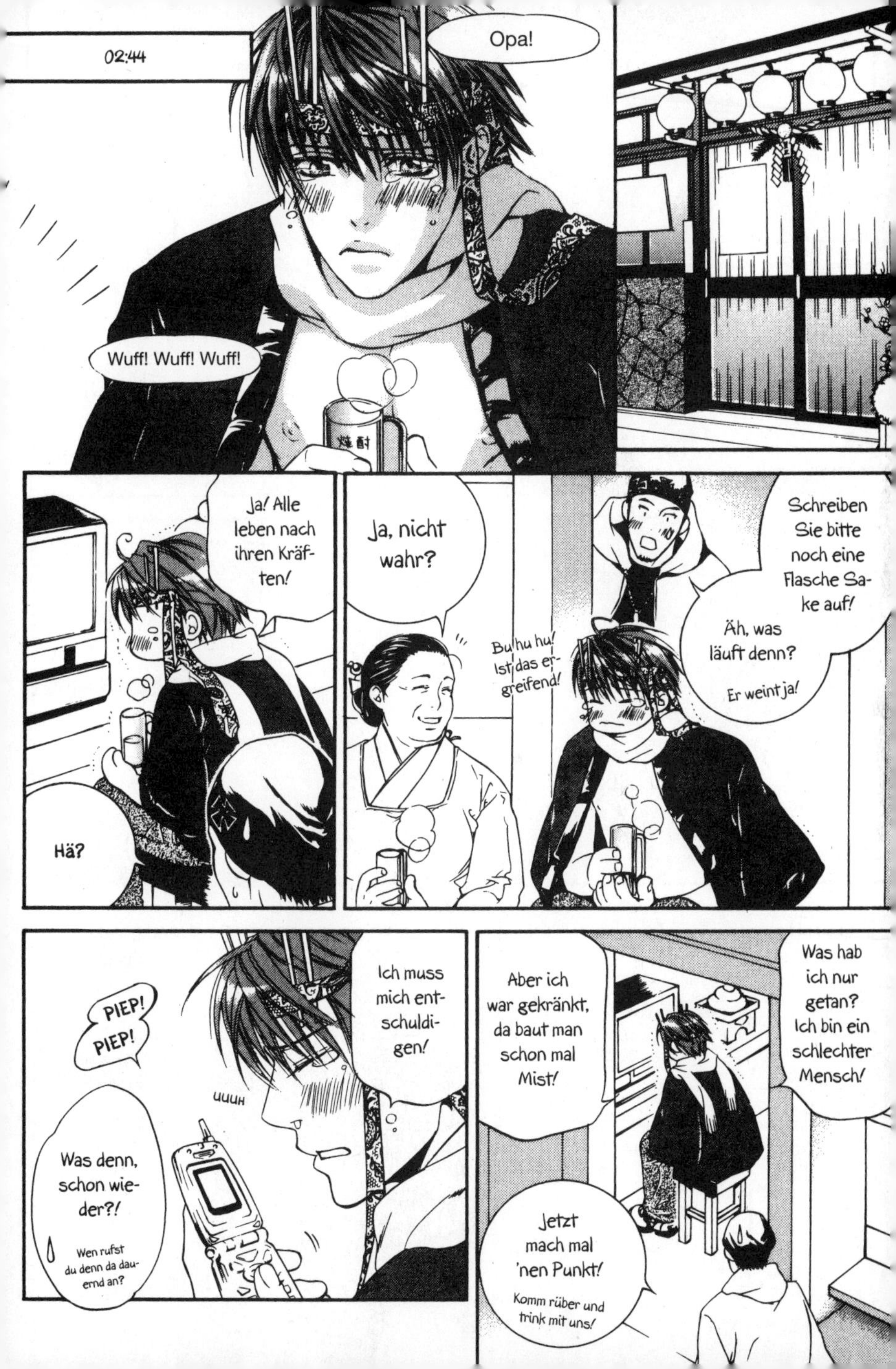
Opa!
02:44
Wuff! Wuff! Wuff!
Schreiben Sie bitte noch eine Flasche Sake auf!
Äh, was läuft denn?
Er weint ja!
Bu hu hu! Ist das ergreifend!
Ja, nicht wahr?
Ja! Alle leben nach ihren Kräften!
Hä?
Was hab ich nur getan? Ich bin ein schlechter Mensch!
Aber ich war gekränkt, da baut man schon mal Mist!
Jetzt mach mal 'nen Punkt!
Komm rüber und trink mit uns!
Ich muss mich entschuldigen!
PIEP! PIEP!
uuuh
Was denn, schon wieder?!
Wen rufst du denn da dauernd an?

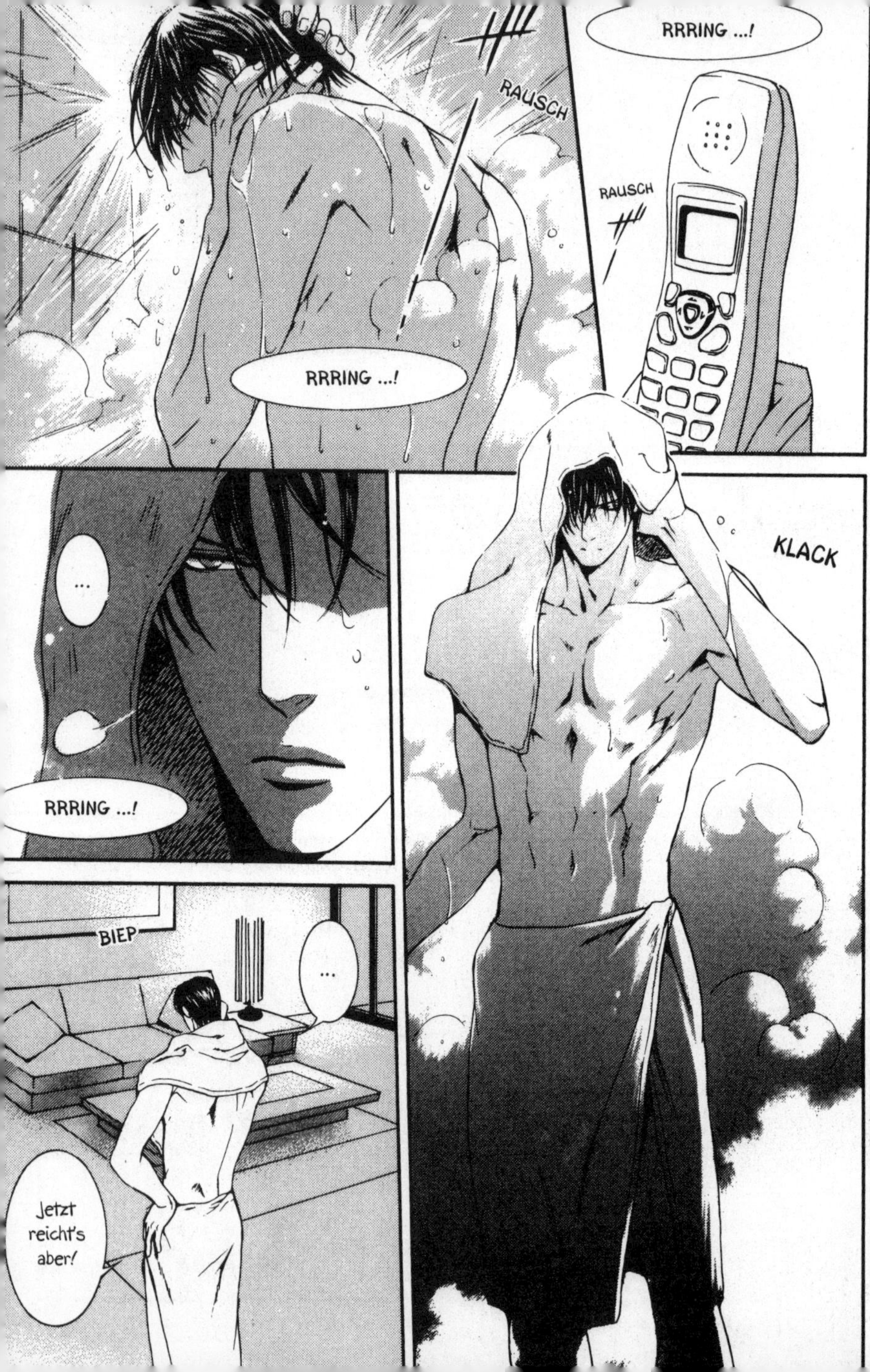
RRRING ...!
RAUSCH
RAUSCH
RRRING ...!
KLACK
...
RRRING ...!
...
BIEP
Jetzt reicht's aber!
KLEINER FAN-SERVICE!

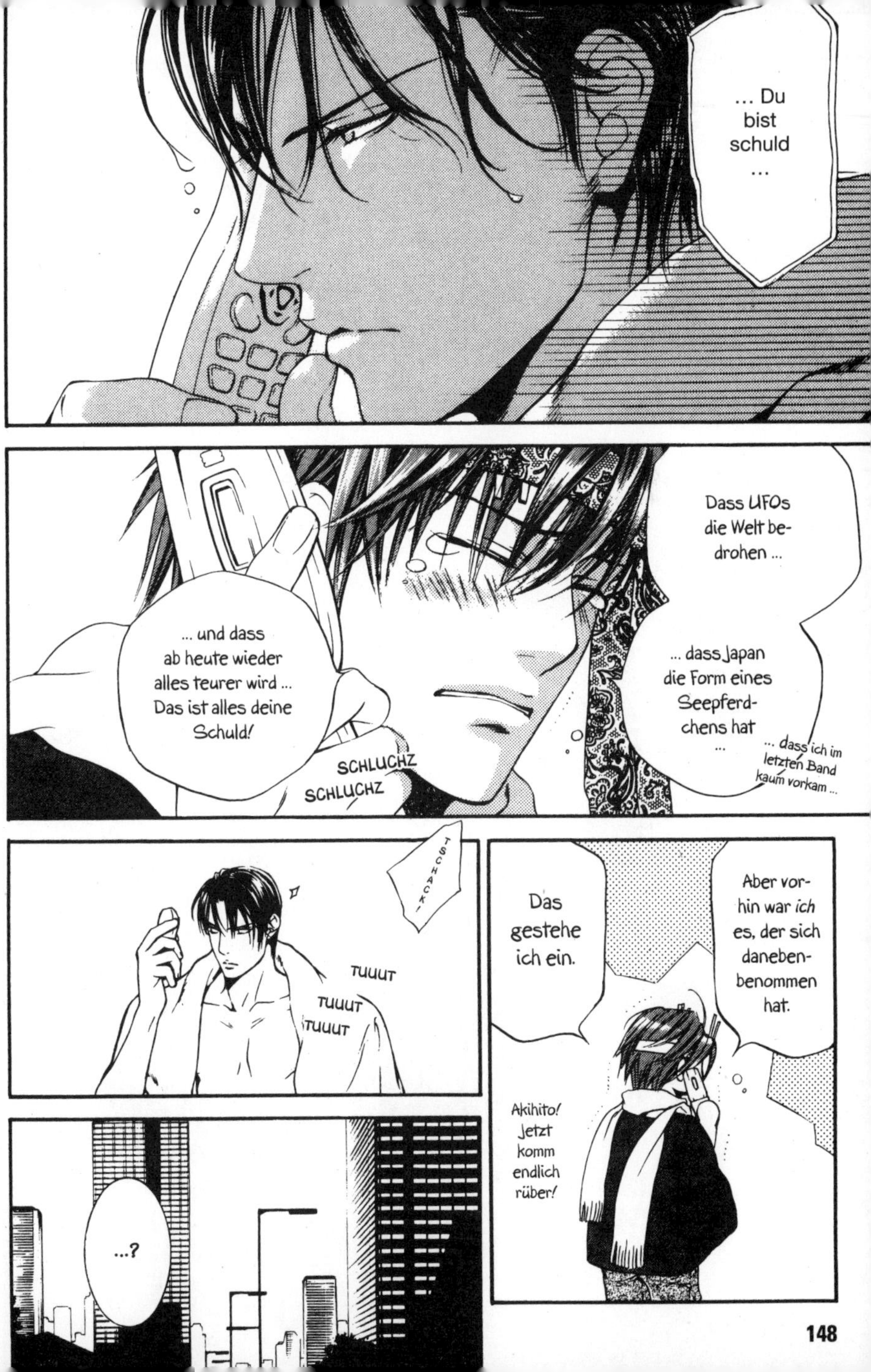

... Du bist schuld ...
Dass UFOs die Welt be-drohen ...
... dass Japan die Form eines Seepferd-chens hat ...
... dass ich im letzten Band kaum vorkam ...
... und dass ab heute wieder alles teurer wird ... Das ist alles deine Schuld!
SCHLUCHZ
SCHLUCHZ
TSCHACK!
TUUUT
TUUUT
TUUUT
Aber vor-hin war *ich* es, der sich daneben-benommen hat.
Das gestehe ich ein.
Akihito! Jetzt komm endlich rüber!
...?

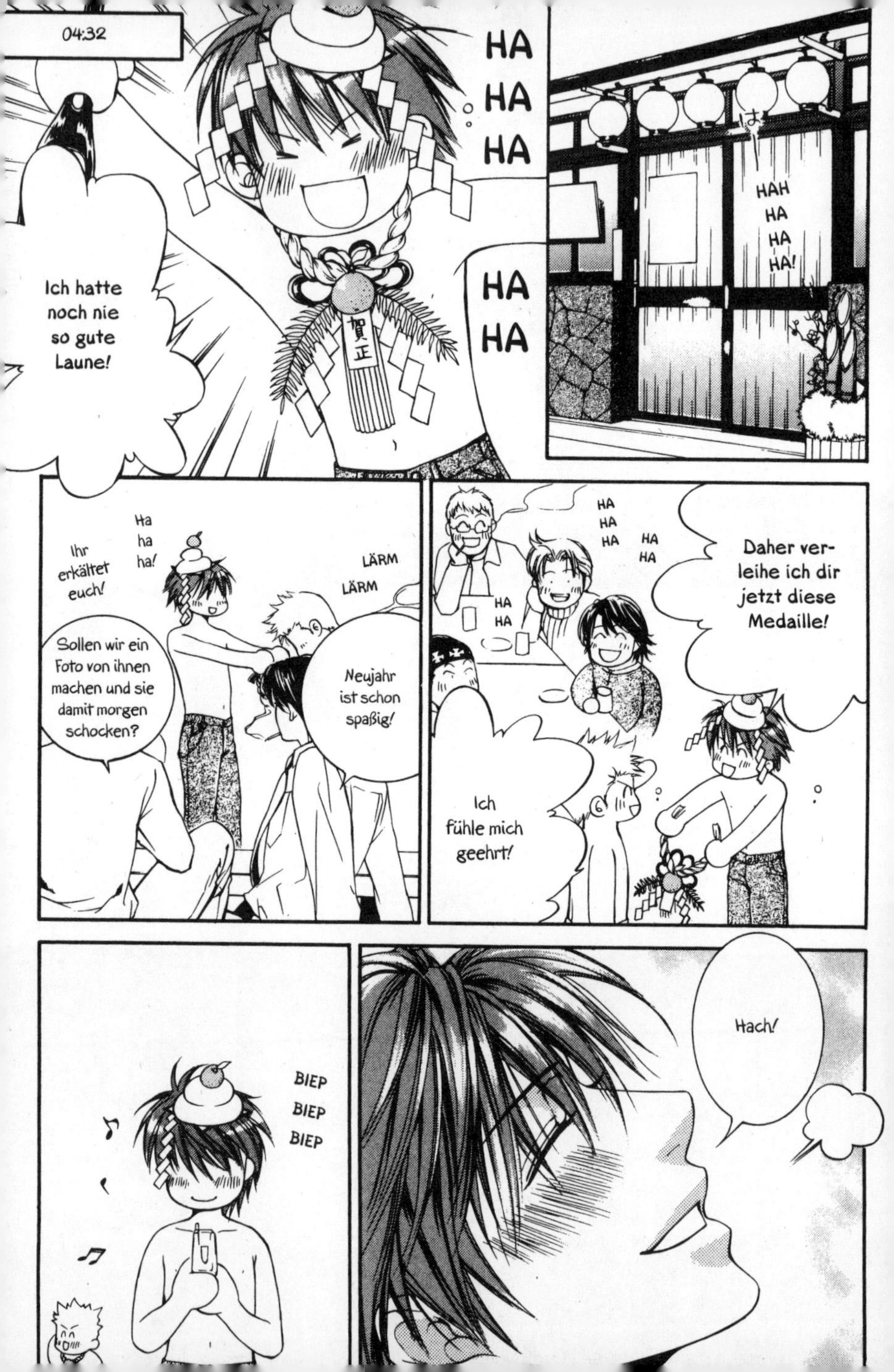
04:32
HA HA HA
HAH HA HA HA!
HA HA
Ich hatte noch nie so gute Laune!
Daher verleihe ich dir jetzt diese Medaille!
HA HA HA
HA HA
HA HA
Ich fühle mich geehrt!
Ihr erkältet euch!
Ha ha ha!
LÄRM
LÄRM
Neujahr ist schon spaßig!
Sollen wir ein Foto von ihnen machen und sie damit morgen schocken?
Hach!
BIEP
BIEP
BIEP

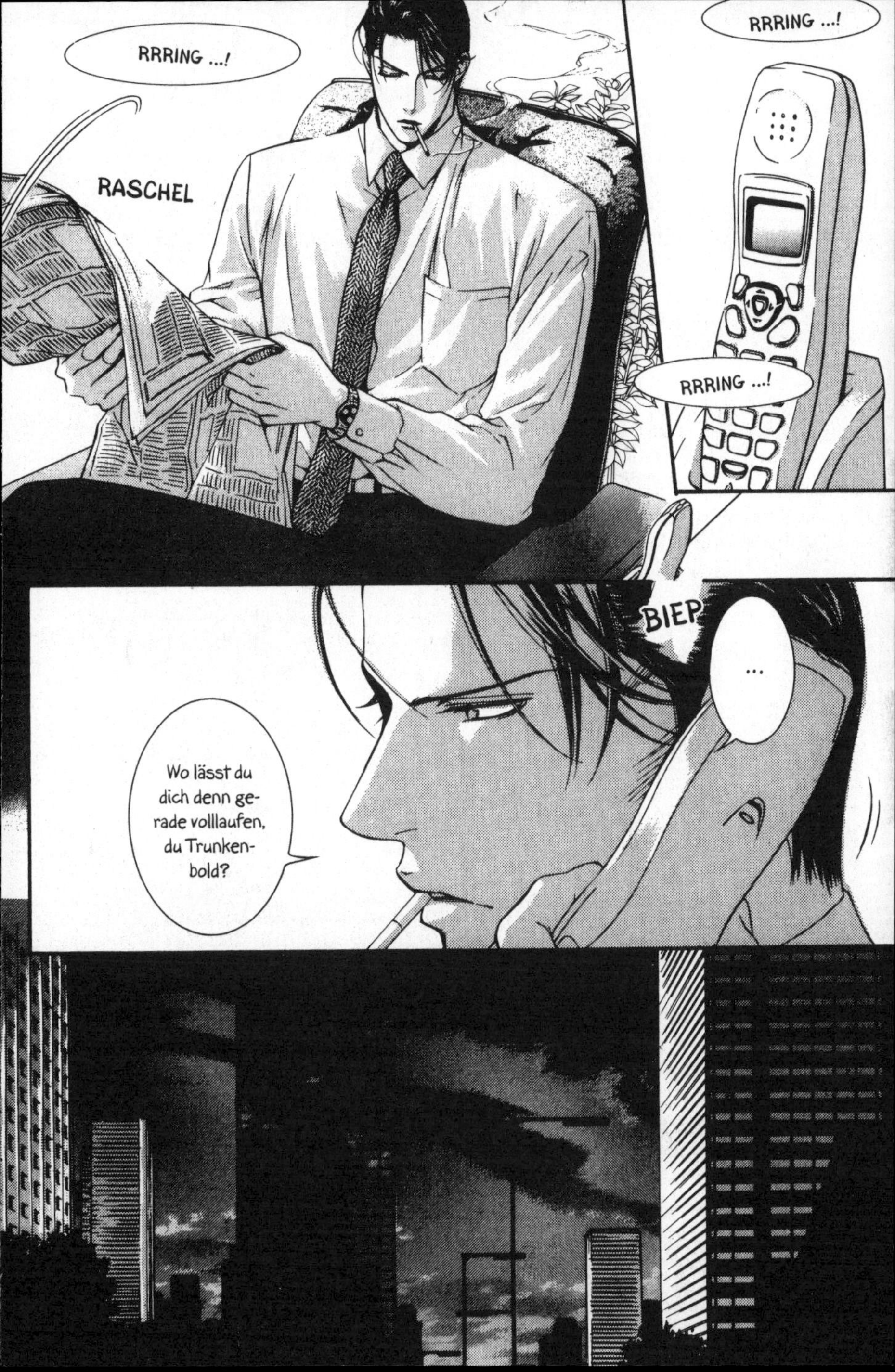
RRRING ...!
RRRING ...!
RRRING ...!
RASCHEL
BIEP
...
Wo lässt du dich denn gerade volllaufen, du Trunkenbold?

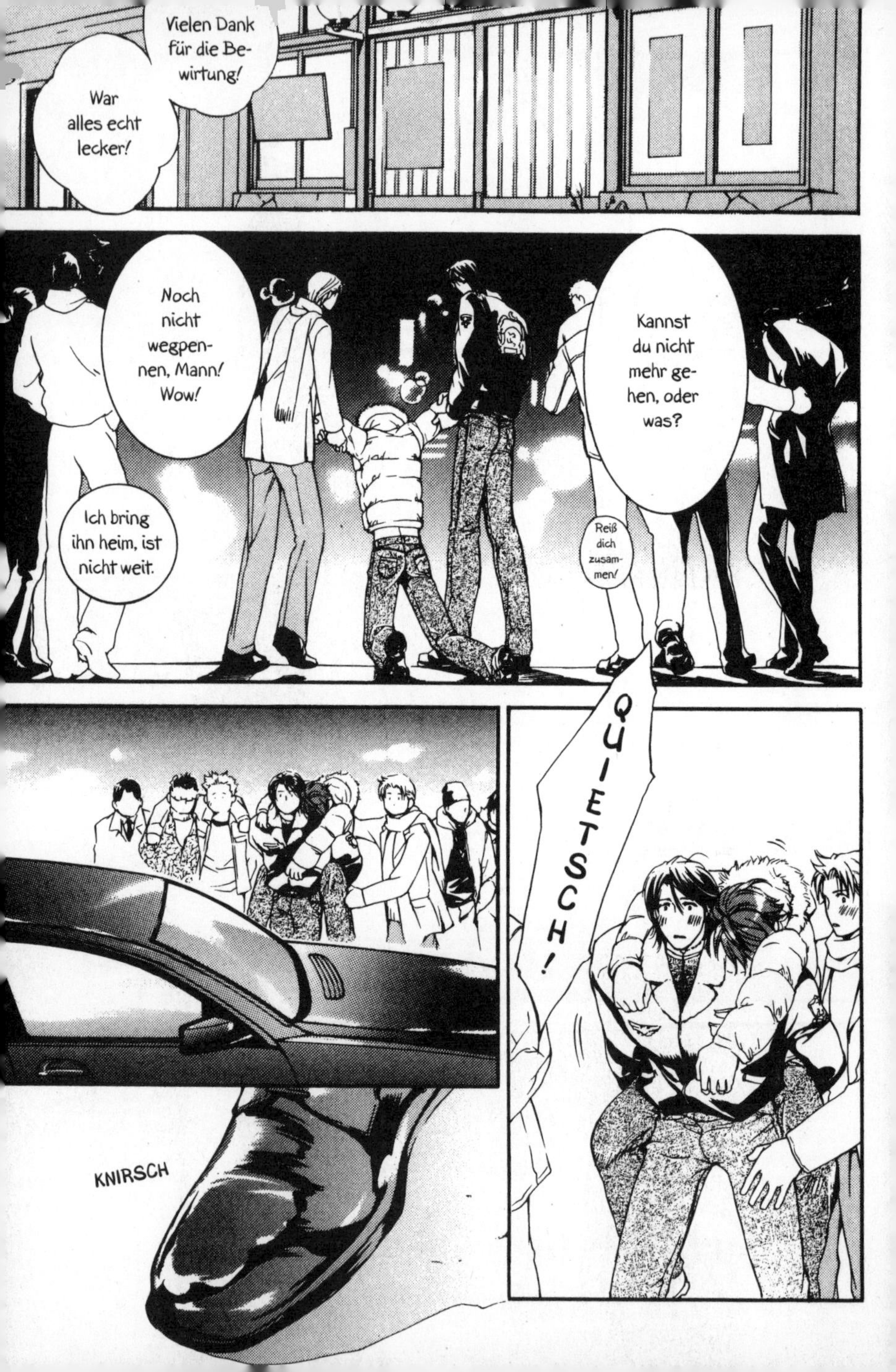
Vielen Dank für die Bewirtung!
War alles echt lecker!
Kannst du nicht mehr gehen, oder was?
Reiß dich zusammen!
Noch nicht wegpennen, Mann! Wow!
Ich bring ihn heim, ist nicht weit.
QUIETSCH!
KNIRSCH

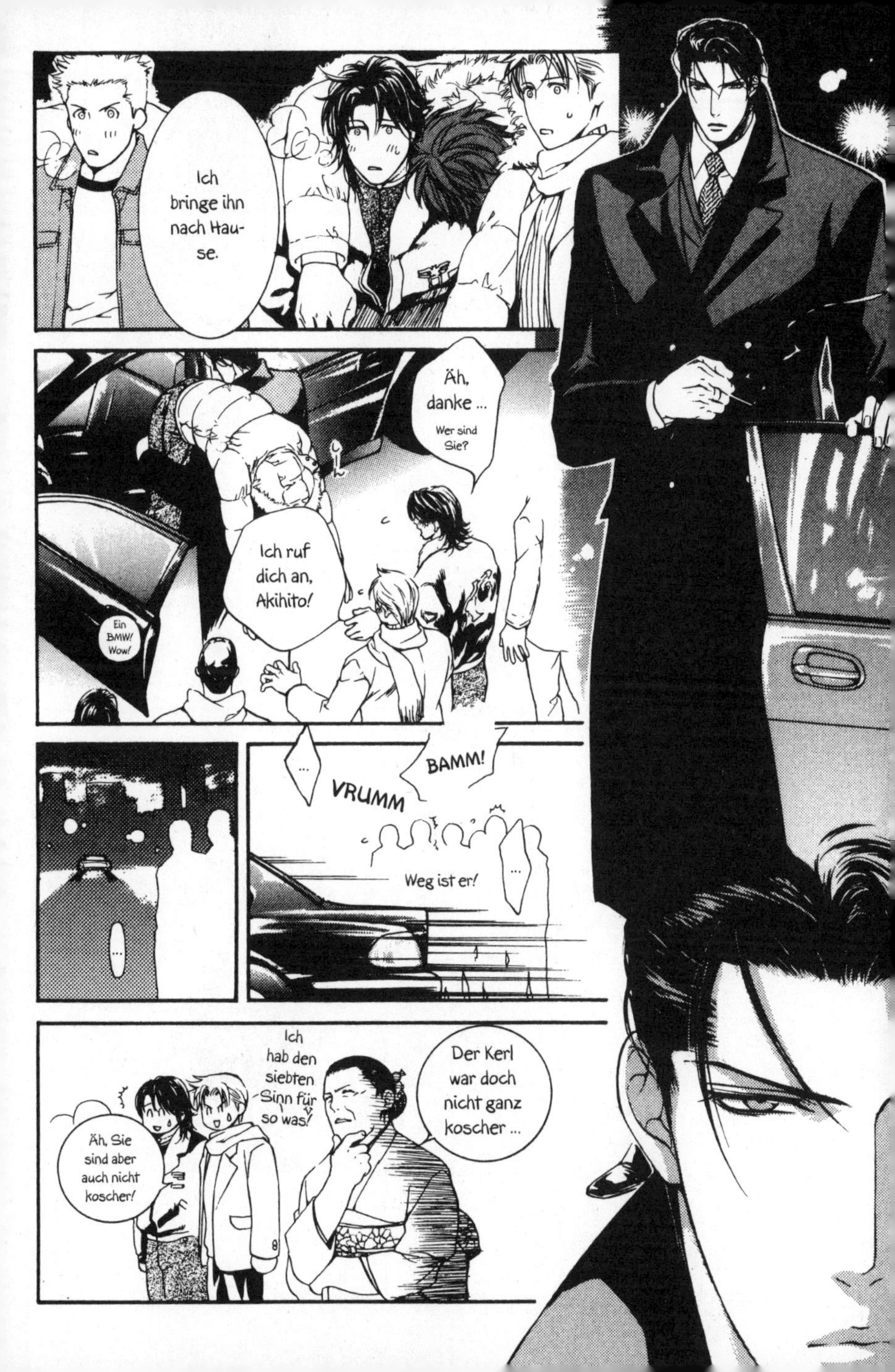
Ich bringe ihn nach Hause.
Äh, danke ...
Wer sind Sie?
Ich ruf dich an, Akihito!
Ein BMW! Wow!
...
BAMM!
VRUMM
Weg ist er!
...
...
Der Kerl war doch nicht ganz koscher ...
Ich hab den siebten Sinn für so was!
Äh, Sie sind aber auch nicht koscher!

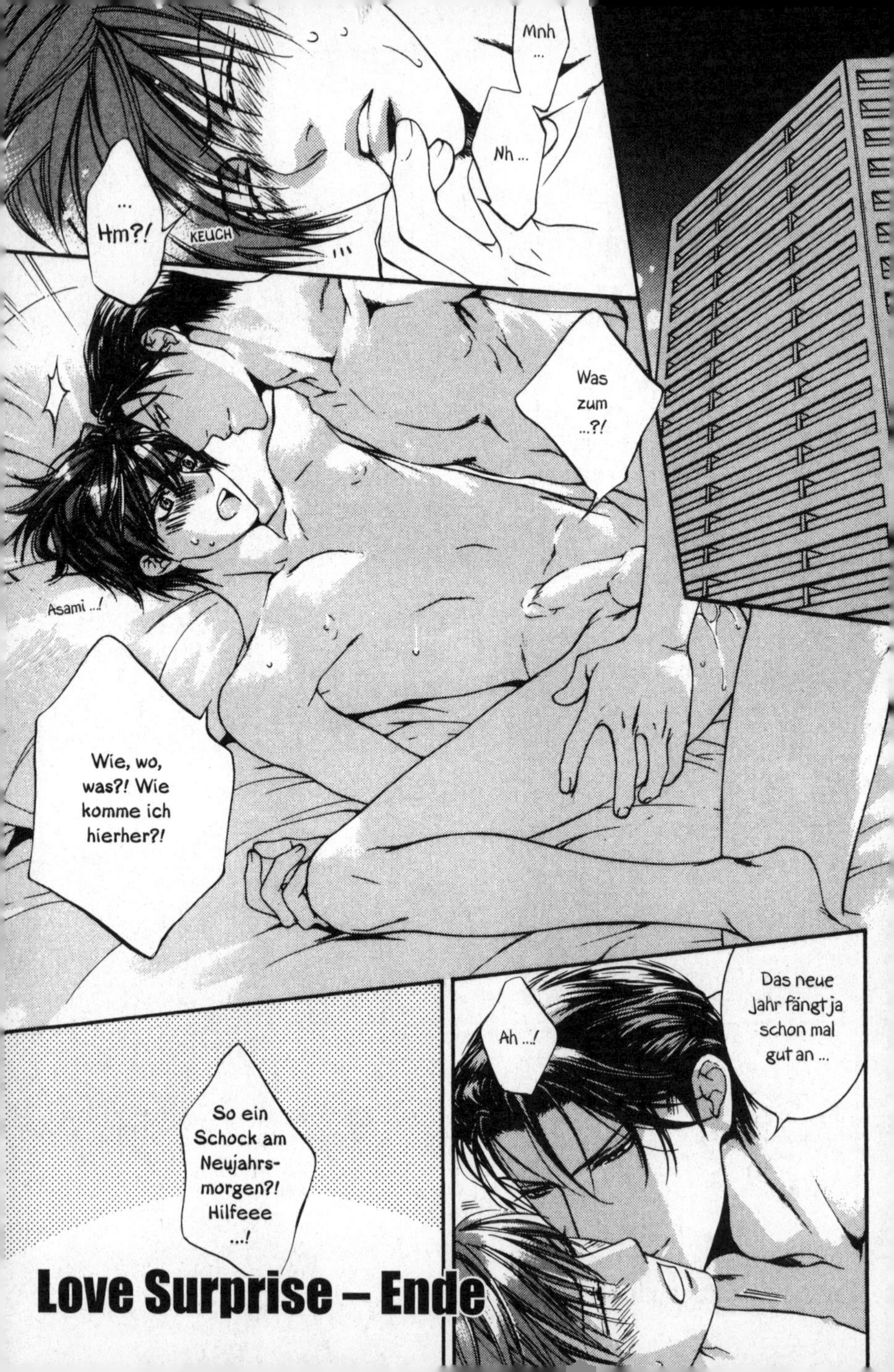
Mnh ...
Nh ...
... Hm?!
KEUCH
Was zum ...?!
Asami ...!
Wie, wo, was?! Wie komme ich hierher?!
Das neue Jahr fängt ja schon mal gut an ...
Ah ...!
So ein Schock am Neujahrsmorgen?! Hilfeee ...!
Love Surprise – Ende

Finder – Auf schwarzen Schwingen

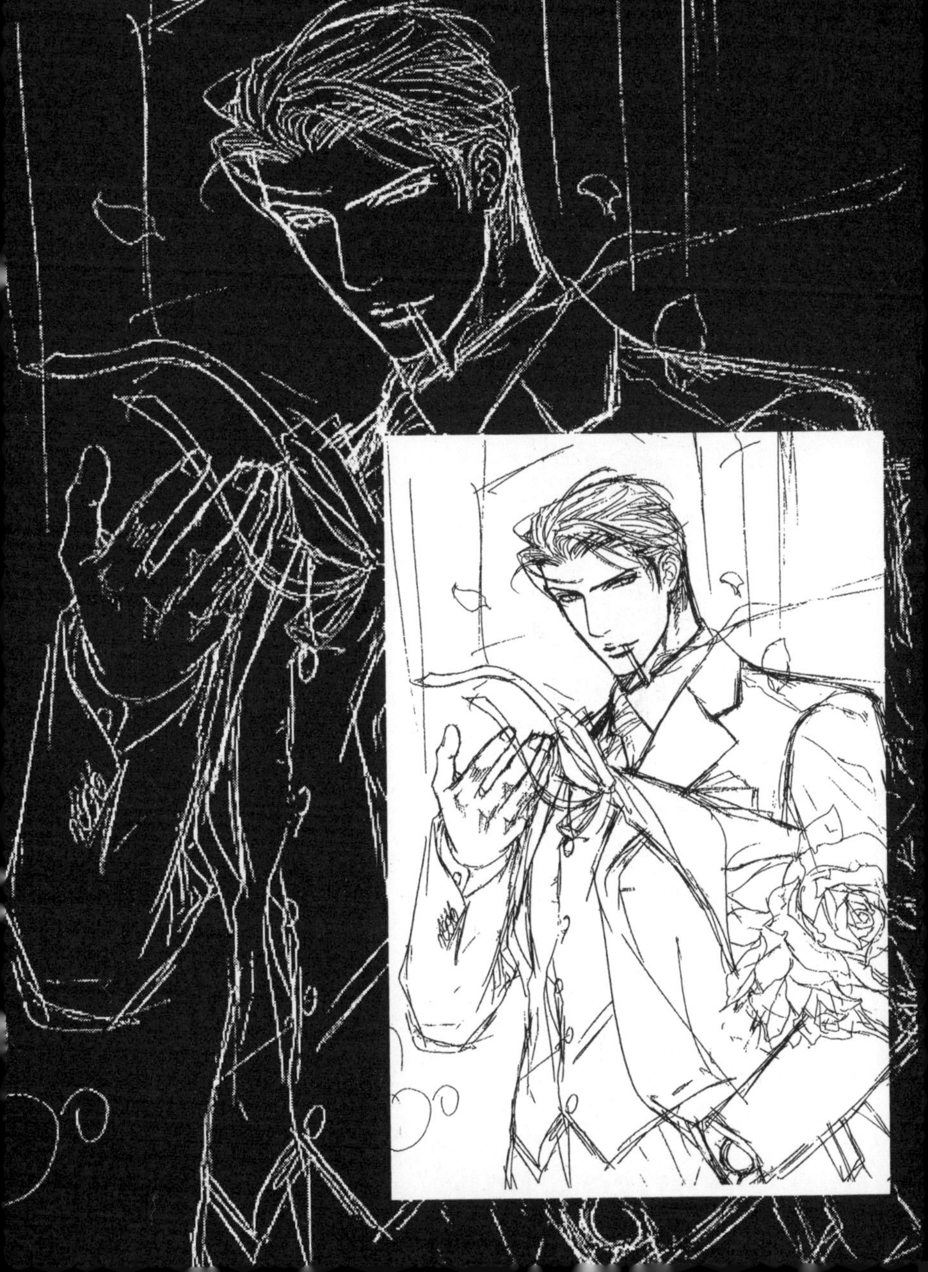

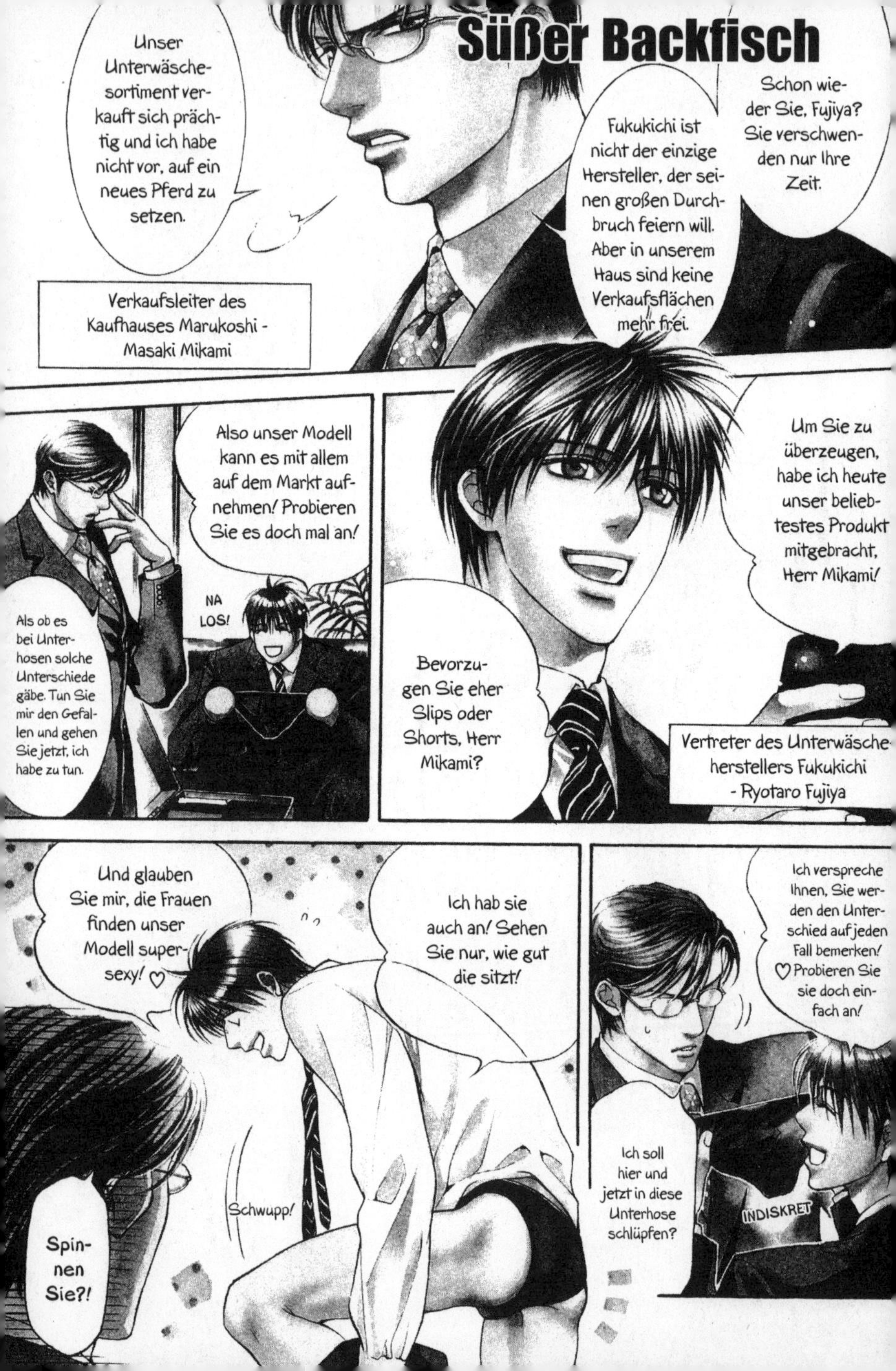
Süßer Backfisch
Schon wieder Sie, Fujiya? Sie verschwenden nur Ihre Zeit.
Fukukichi ist nicht der einzige Hersteller, der seinen großen Durchbruch feiern will. Aber in unserem Haus sind keine Verkaufsflächen mehr frei.
Unser Unterwäschesortiment verkauft sich prächtig und ich habe nicht vor, auf ein neues Pferd zu setzen.
Verkaufsleiter des Kaufhauses Marukoshi - Masaki Mikami
Um Sie zu überzeugen, habe ich heute unser beliebtestes Produkt mitgebracht, Herr Mikami!
Vertreter des Unterwäscheherstellers Fukukichi - Ryotaro Fujiya
Bevorzugen Sie eher Slips oder Shorts, Herr Mikami?
Also unser Modell kann es mit allem auf dem Markt aufnehmen! Probieren Sie es doch mal an!
NA LOS!
Als ob es bei Unterhosen solche Unterschiede gäbe. Tun Sie mir den Gefallen und gehen Sie jetzt, ich habe zu tun.
Ich verspreche Ihnen, Sie werden den Unterschied auf jeden Fall bemerken! ♡ Probieren Sie sie doch einfach an!
Ich soll hier und jetzt in diese Unterhose schlüpfen?
INDISKRET
Ich hab sie auch an! Sehen Sie nur, wie gut die sitzt!
Und glauben Sie mir, die Frauen finden unser Modell supersexy! ♡
Schwupp!
Spinnen Sie?!

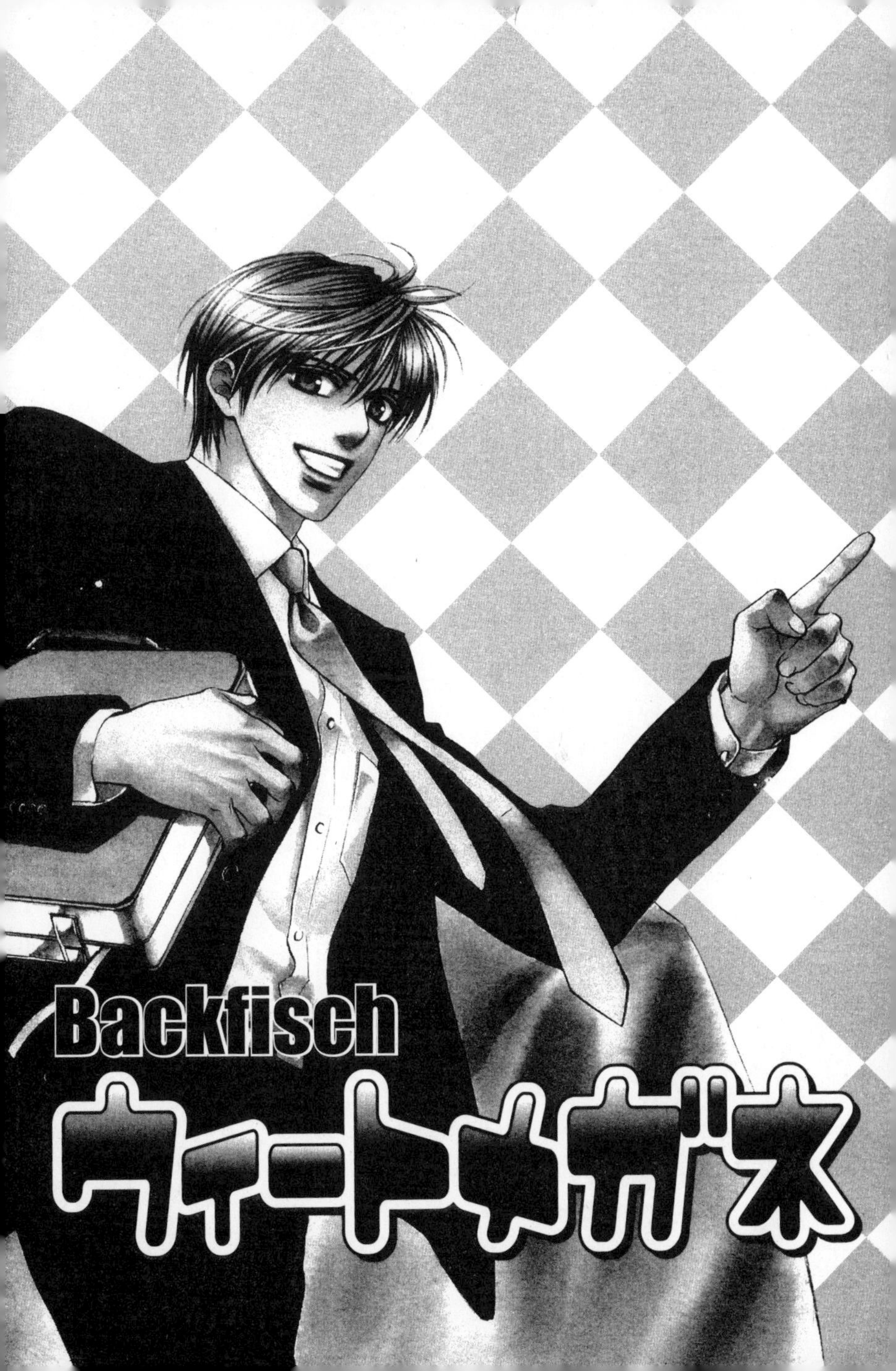
Backfisch

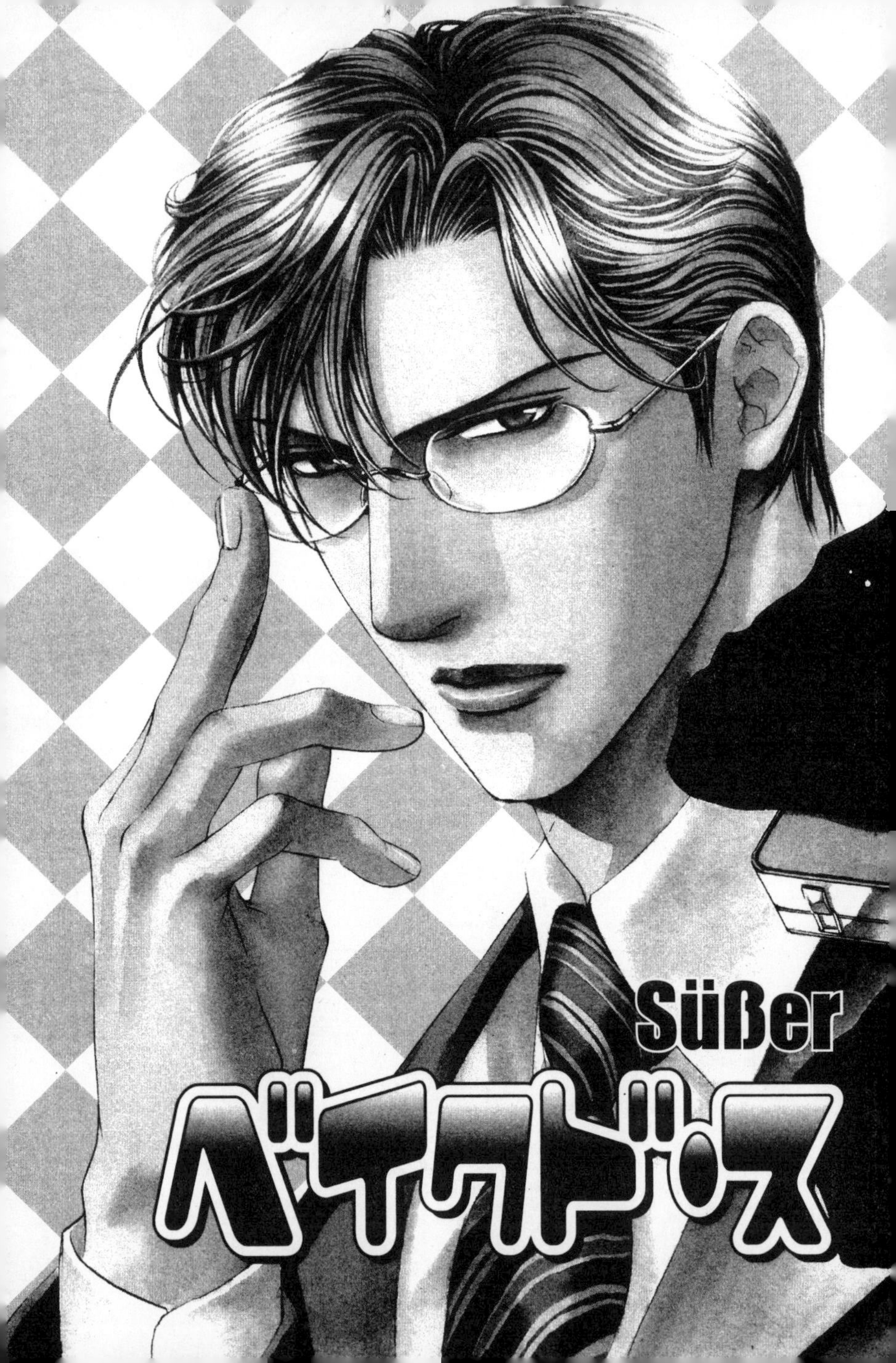
Süßer

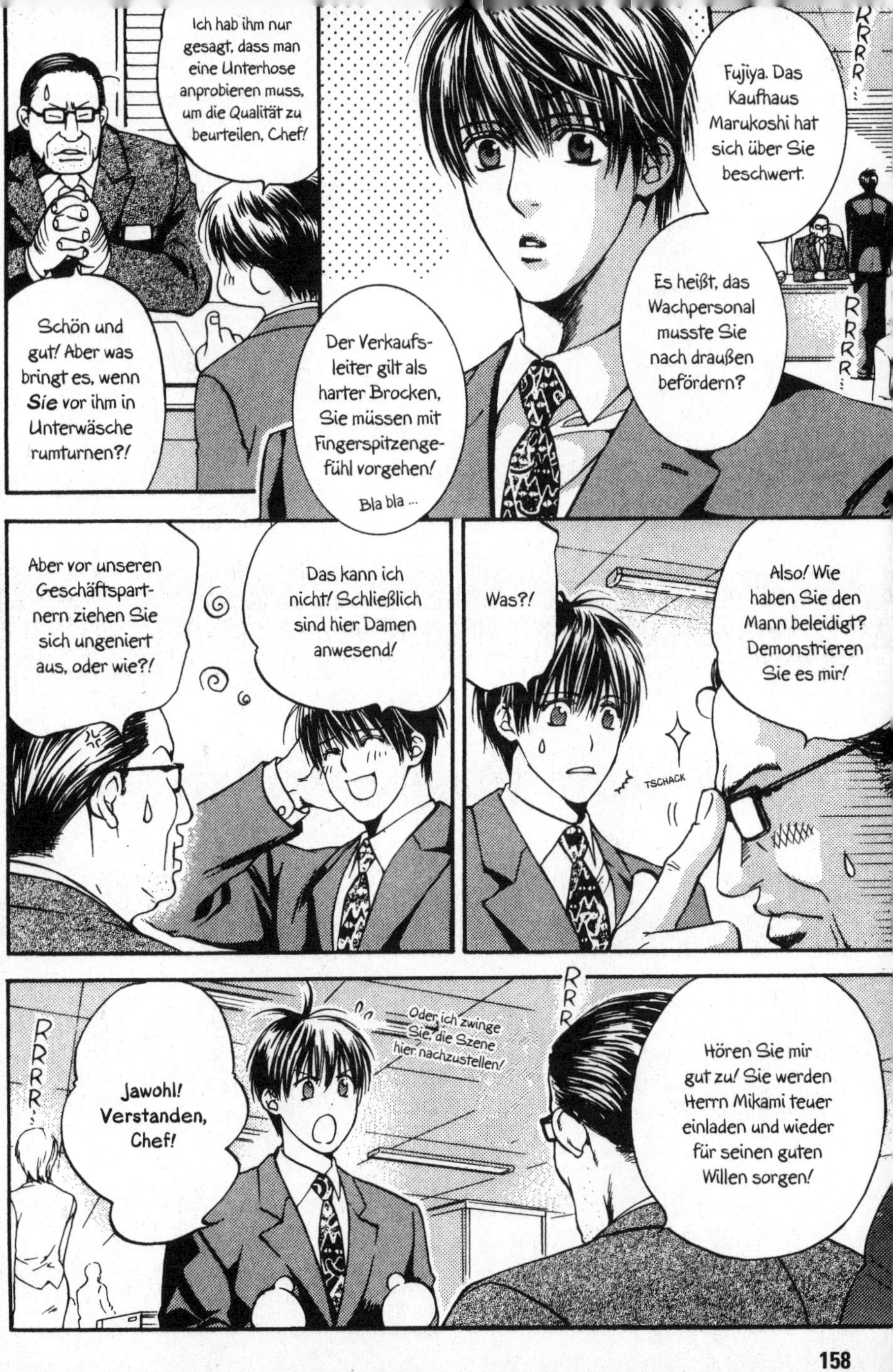
RRRR
Fujiya. Das Kaufhaus Marukoshi hat sich über Sie beschwert.
Es heißt, das Wachpersonal musste Sie nach draußen befördern?
RRRR
Der Verkaufsleiter gilt als harter Brocken, Sie müssen mit Fingerspitzengefühl vorgehen!
Bla bla ...
Ich hab ihm nur gesagt, dass man eine Unterhose anprobieren muss, um die Qualität zu beurteilen, Chef!
Schön und gut! Aber was bringt es, wenn **Sie** vor ihm in Unterwäsche rumturnen?!
Also! Wie haben Sie den Mann beleidigt? Demonstrieren Sie es mir!
TSCHACK
Was?!
Das kann ich nicht! Schließlich sind hier Damen anwesend!
Aber vor unseren Geschäftspartnern ziehen Sie sich ungeniert aus, oder wie?!
RRR
Hören Sie mir gut zu! Sie werden Herrn Mikami teuer einladen und wieder für seinen guten Willen sorgen!
Oder ich zwinge Sie, die Szene hier nachzustellen!
Jawohl! Verstanden, Chef!
RRRR

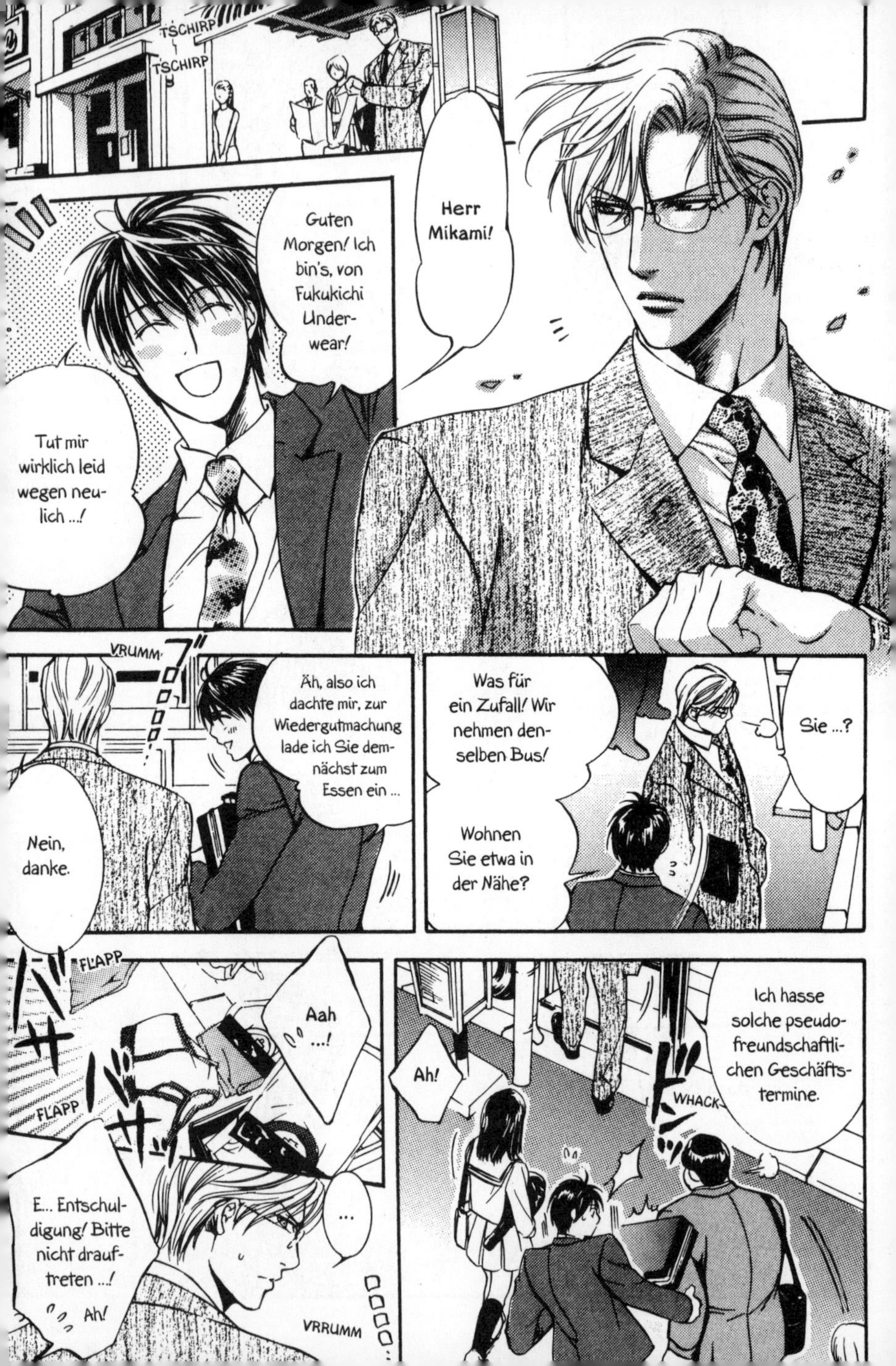

TSCHIRP
TSCHIRP
Herr Mikami!
Guten Morgen! Ich bin's, von Fukukichi Underwear!
Tut mir wirklich leid wegen neulich ...!
Sie ...?
Was für ein Zufall! Wir nehmen denselben Bus!
Wohnen Sie etwa in der Nähe?
VRUMM
Äh, also ich dachte mir, zur Wiedergutmachung lade ich Sie demnächst zum Essen ein ...
Nein, danke.
Ich hasse solche pseudofreundschaftlichen Geschäftstermine.
WHACK
Ah!
Aah ...!
FLAPP
FLAPP
...
E... Entschuldigung! Bitte nicht drauftreten ...!
Ah!
VRRUMM

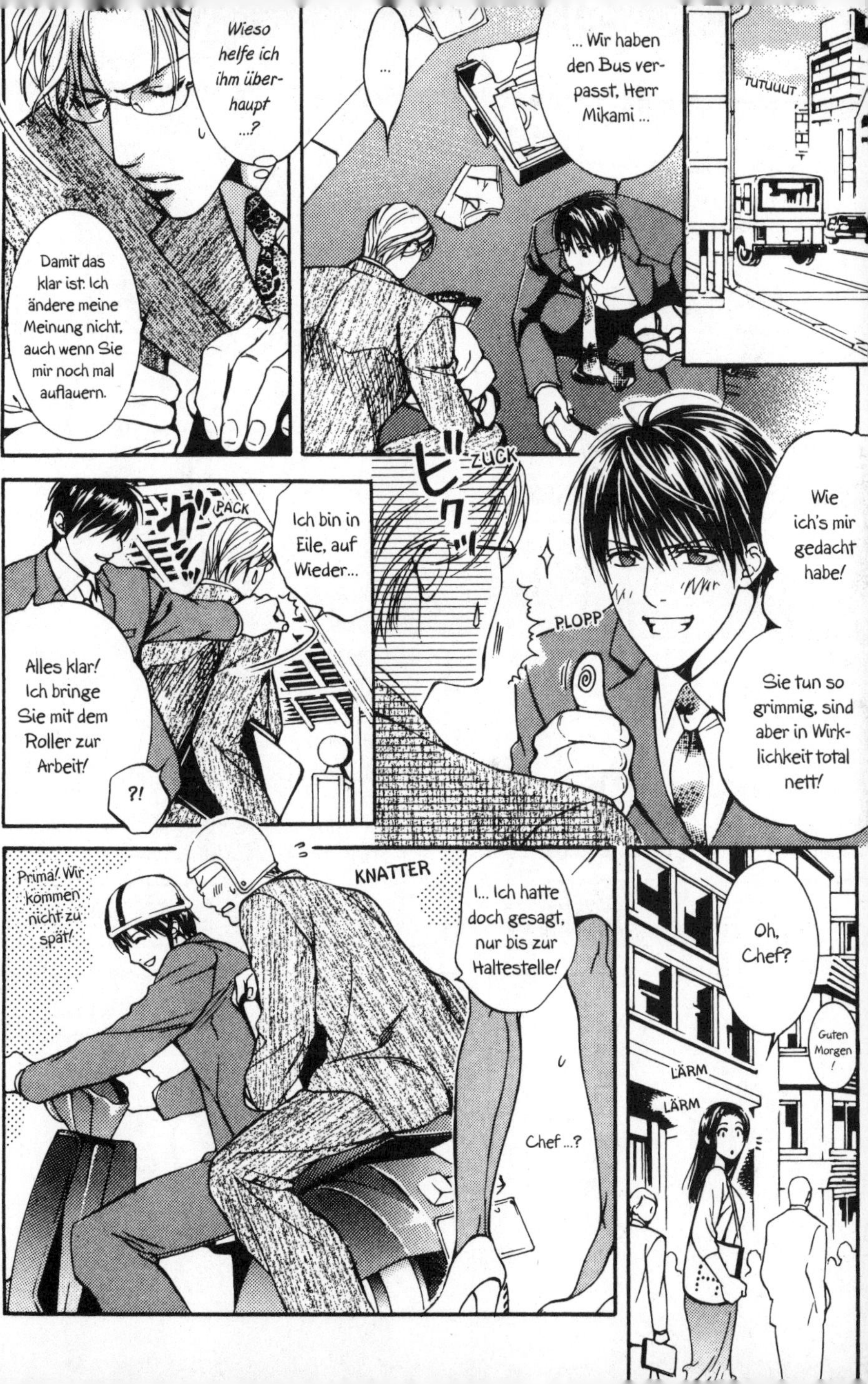
TUTUUUT
... Wir haben den Bus verpasst, Herr Mikami ...
...
Wieso helfe ich ihm überhaupt ...?
Damit das klar ist: Ich ändere meine Meinung nicht, auch wenn Sie mir noch mal auflauern.
ZUCK
Wie ich's mir gedacht habe!
PLOPP
Sie tun so grimmig, sind aber in Wirklichkeit total nett!
PACK
Ich bin in Eile, auf Wieder...
Alles klar! Ich bringe Sie mit dem Roller zur Arbeit!
?!
Oh, Chef?
Guten Morgen!
LÄRM
LÄRM
KNATTER
I... Ich hatte doch gesagt, nur bis zur Haltestelle!
Prima! Wir kommen nicht zu spät!
Chef ...?

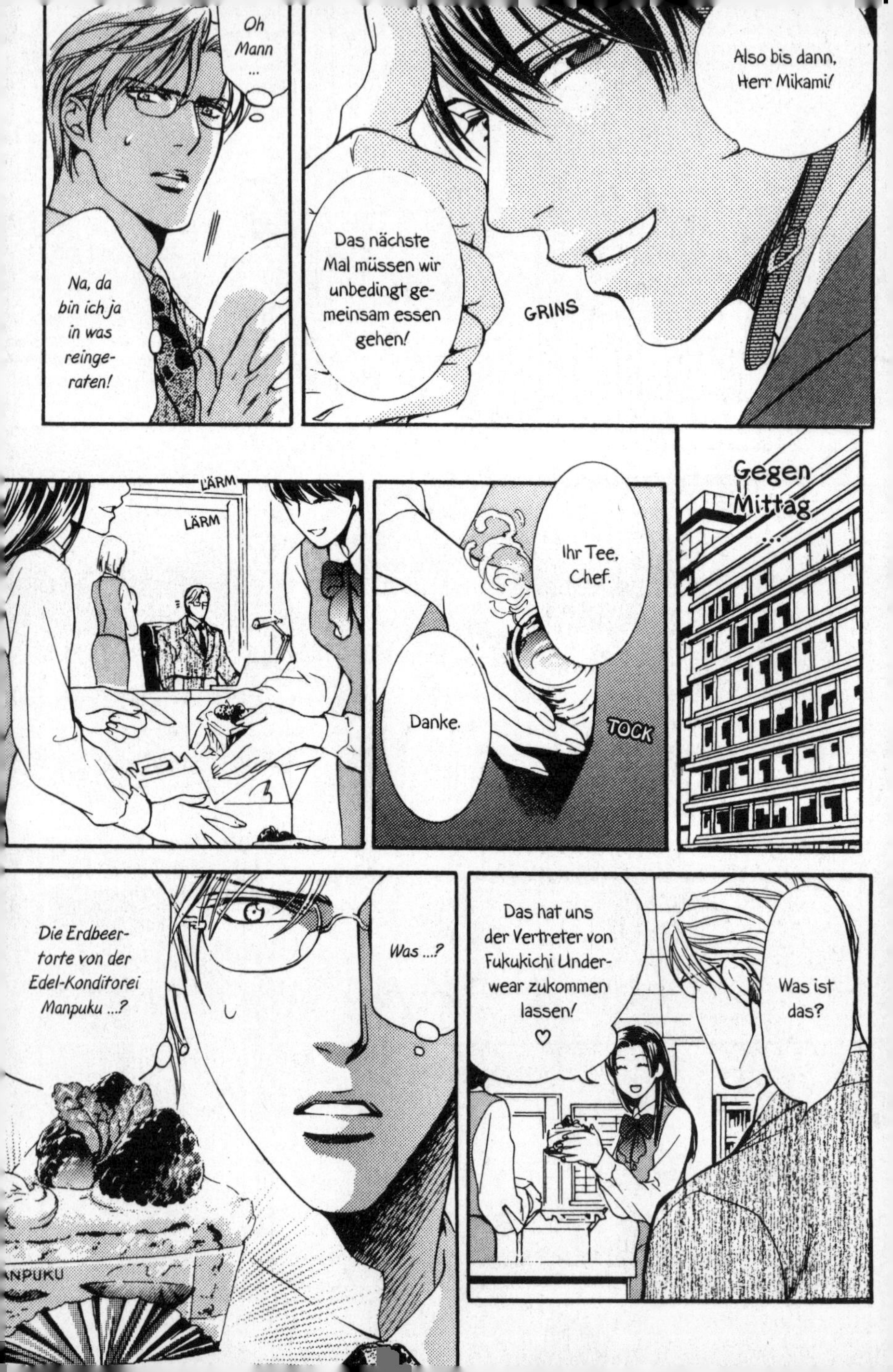

Also bis dann, Herr Mikami!
GRINS
Das nächste Mal müssen wir unbedingt gemeinsam essen gehen!
Oh Mann ...
Na, da bin ich ja in was reingeraten!
Gegen Mittag ..
Ihr Tee, Chef.
TOCK
Danke.
LÄRM
LÄRM
Was ist das?
Das hat uns der Vertreter von Fukukichi Underwear zukommen lassen! ♡
Was ...?
Die Erdbeertorte von der Edel-Konditorei Manpuku ...?

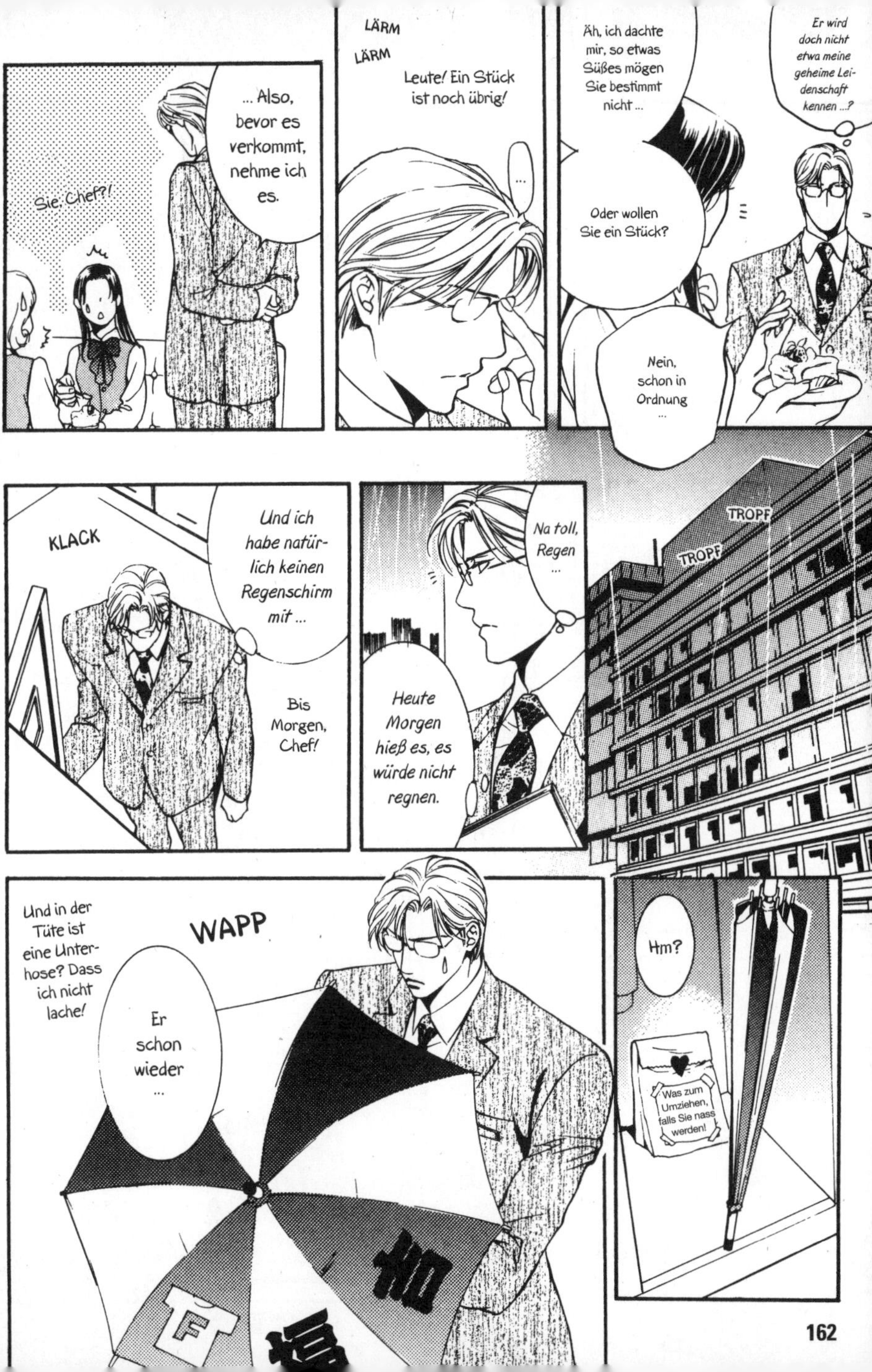
Äh, ich dachte mir, so etwas Süßes mögen Sie bestimmt nicht ...
Oder wollen Sie ein Stück?
Nein, schon in Ordnung ...
Er wird doch nicht etwa meine geheime Leidenschaft kennen ...?
LÄRM
LÄRM
Leute! Ein Stück ist noch übrig!
...
... Also, bevor es verkommt, nehme ich es.
Sie, Chef?!
TROPF
TROPF
Na toll, Regen ...
Heute Morgen hieß es, es würde nicht regnen.
Und ich habe natürlich keinen Regenschirm mit ...
KLACK
Bis Morgen, Chef!
Hm?
Was zum Umziehen, falls Sie nass werden!
WAPP
Er schon wieder ...
Und in der Tüte ist eine Unterhose? Dass ich nicht lache!

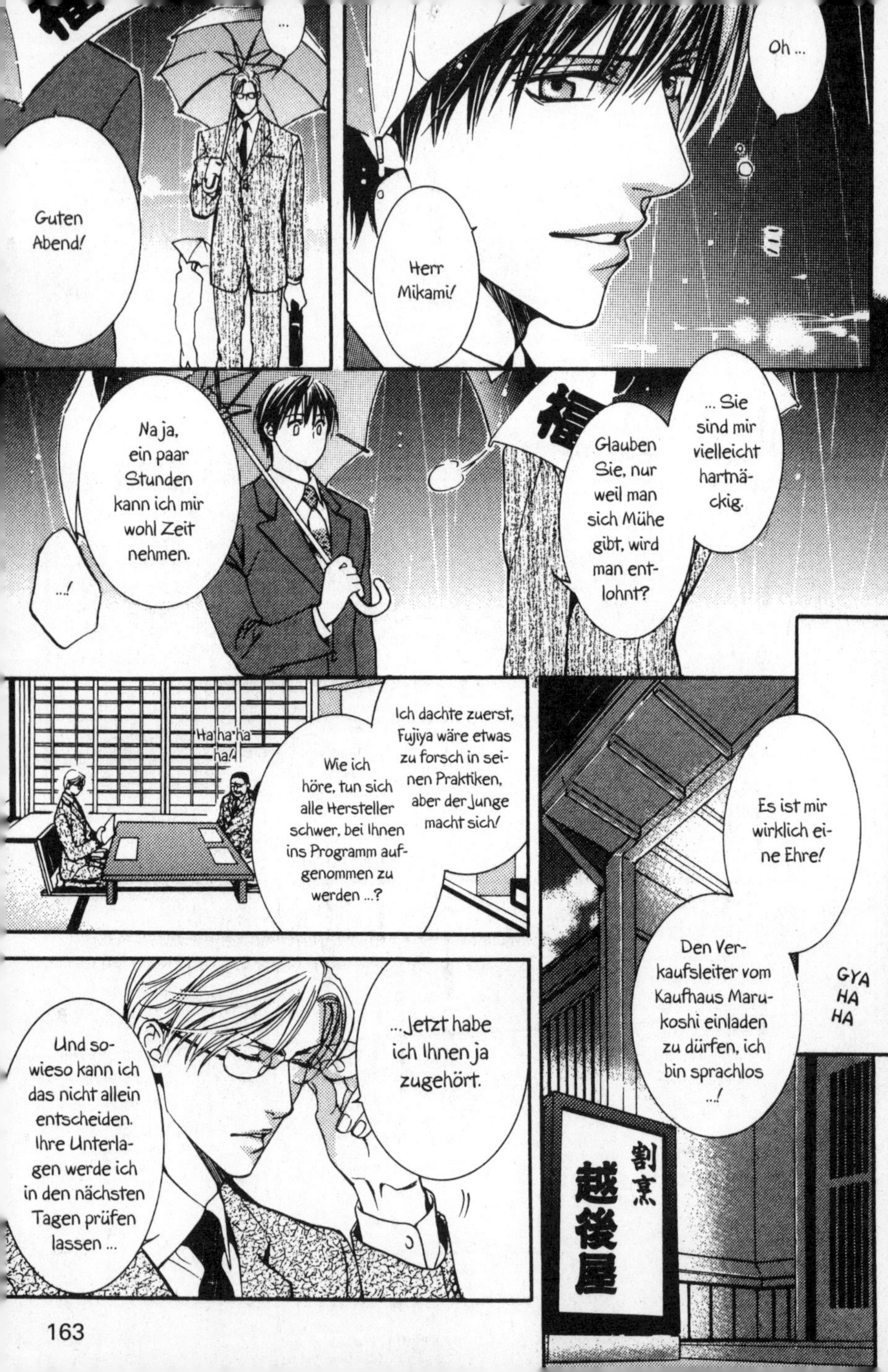
Oh ...
Herr Mikami!
...
Guten Abend!
... Sie sind mir vielleicht hartnäckig.
Glauben Sie, nur weil man sich Mühe gibt, wird man entlohnt?
Na ja, ein paar Stunden kann ich mir wohl Zeit nehmen.
...!
Es ist mir wirklich eine Ehre!
Den Verkaufsleiter vom Kaufhaus Marukoshi einladen zu dürfen, ich bin sprachlos ...!
GYA HA HA
割烹
越後屋
Ich dachte zuerst, Fujiya wäre etwas zu forsch in seinen Praktiken, aber der Junge macht sich!
Wie ich höre, tun sich alle Hersteller schwer, bei Ihnen ins Programm aufgenommen zu werden ...?
Ha ha ha ha!
...Jetzt habe ich Ihnen ja zugehört.
Und sowieso kann ich das nicht allein entscheiden. Ihre Unterlagen werde ich in den nächsten Tagen prüfen lassen ...

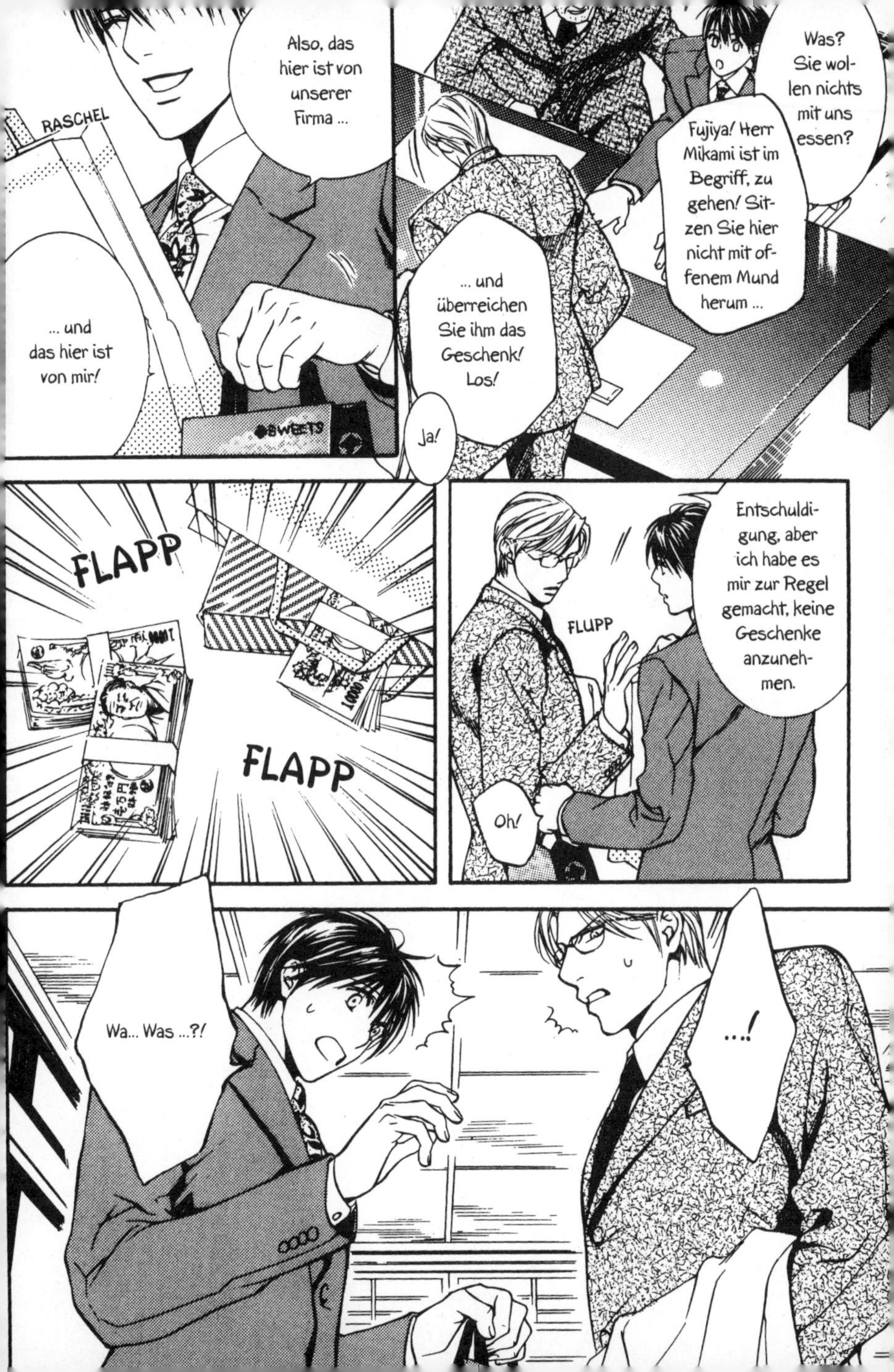
Was? Sie wollen nichts mit uns essen?
Fujiya! Herr Mikami ist im Begriff, zu gehen! Sitzen Sie hier nicht mit offenem Mund herum ...
... und überreichen Sie ihm das Geschenk! Los!
Ja!
Also, das hier ist von unserer Firma ...
RASCHEL
... und das hier ist von mir!
SWEETS
Entschuldigung, aber ich habe es mir zur Regel gemacht, keine Geschenke anzunehmen.
FLUPP
Oh!
FLAPP
FLAPP
...!
Wa... Was ...?!

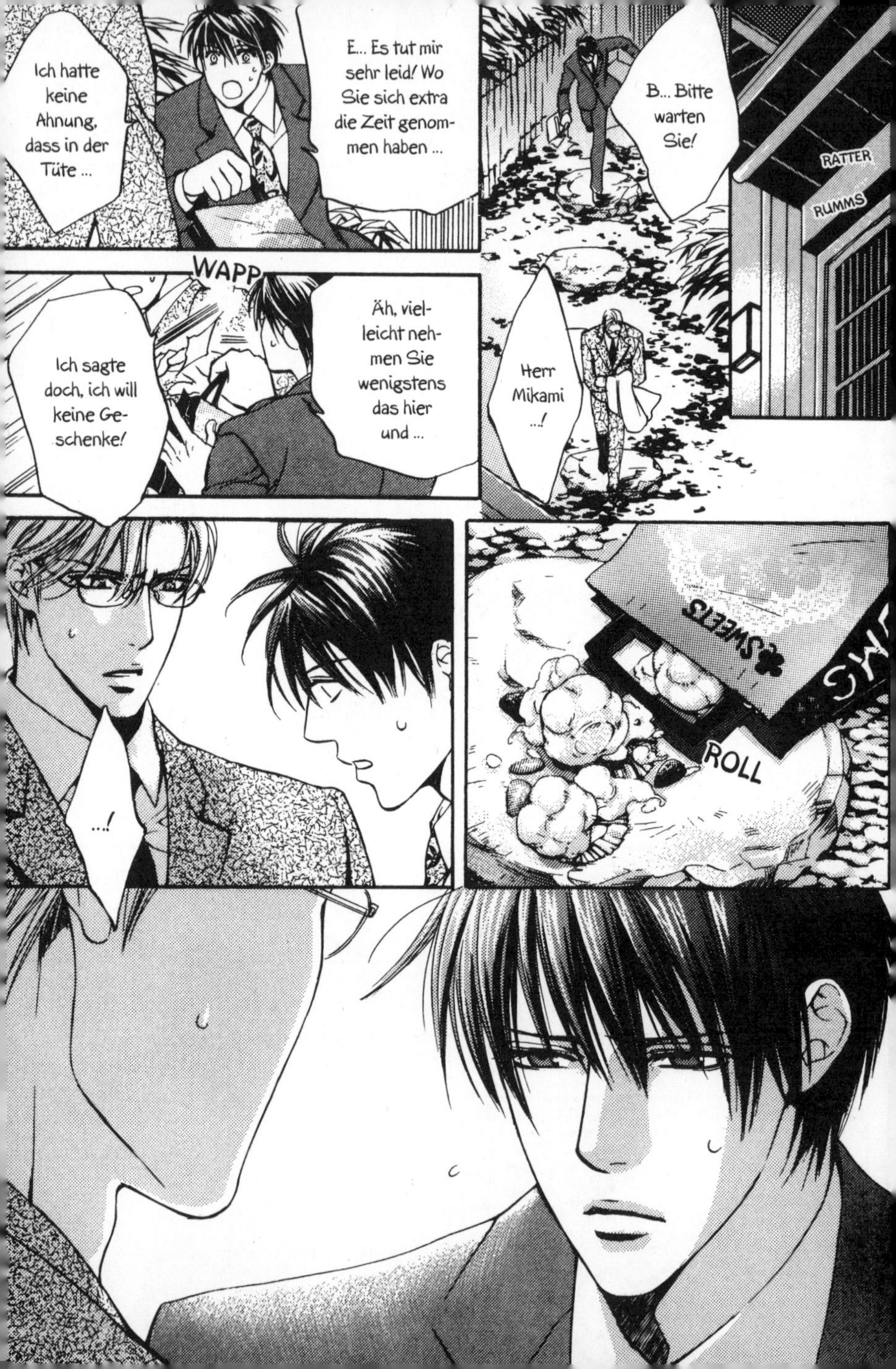
RATTER
RUMMS
B... Bitte warten Sie!
Herr Mikami ...!
E... Es tut mir sehr leid! Wo Sie sich extra die Zeit genommen haben ...
Ich hatte keine Ahnung, dass in der Tüte ...
Äh, vielleicht nehmen Sie wenigstens das hier und ...
WAPP
Ich sagte doch, ich will keine Geschenke!
SWEETS
ROLL
...!

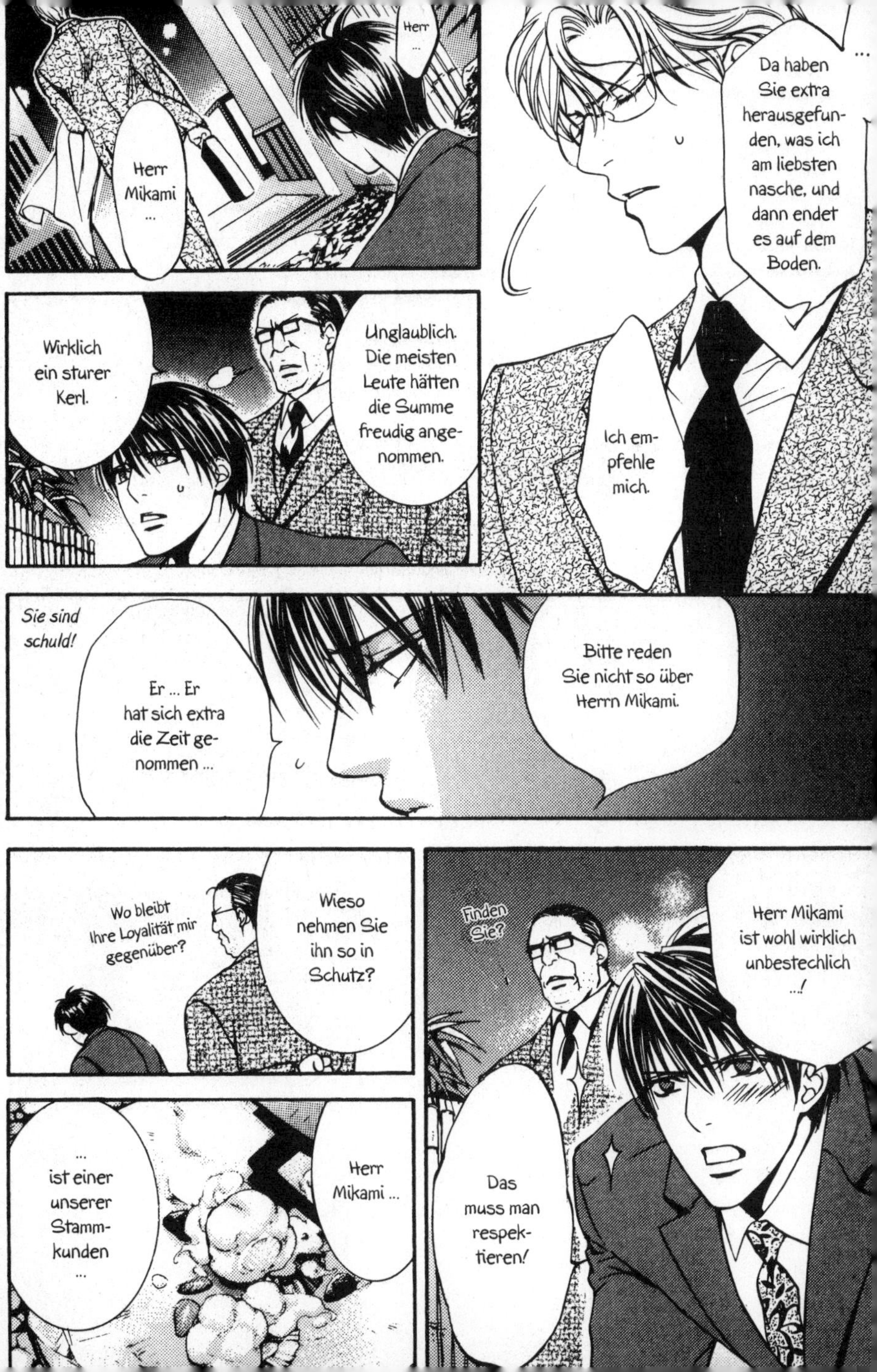
...
Da haben Sie extra herausgefunden, was ich am liebsten nasche, und dann endet es auf dem Boden.
Herr ...
Herr Mikami ...
Ich empfehle mich.
Unglaublich. Die meisten Leute hätten die Summe freudig angenommen.
Wirklich ein sturer Kerl.
Bitte reden Sie nicht so über Herrn Mikami.
Er ... Er hat sich extra die Zeit genommen ...
Sie sind schuld!
Herr Mikami ist wohl wirklich unbestechlich ...!
Finden Sie?
Wieso nehmen Sie ihn so in Schutz?
Wo bleibt Ihre Loyalität mir gegenüber?
Das muss man respektieren!
Herr Mikami ...
... ist einer unserer Stammkunden ...

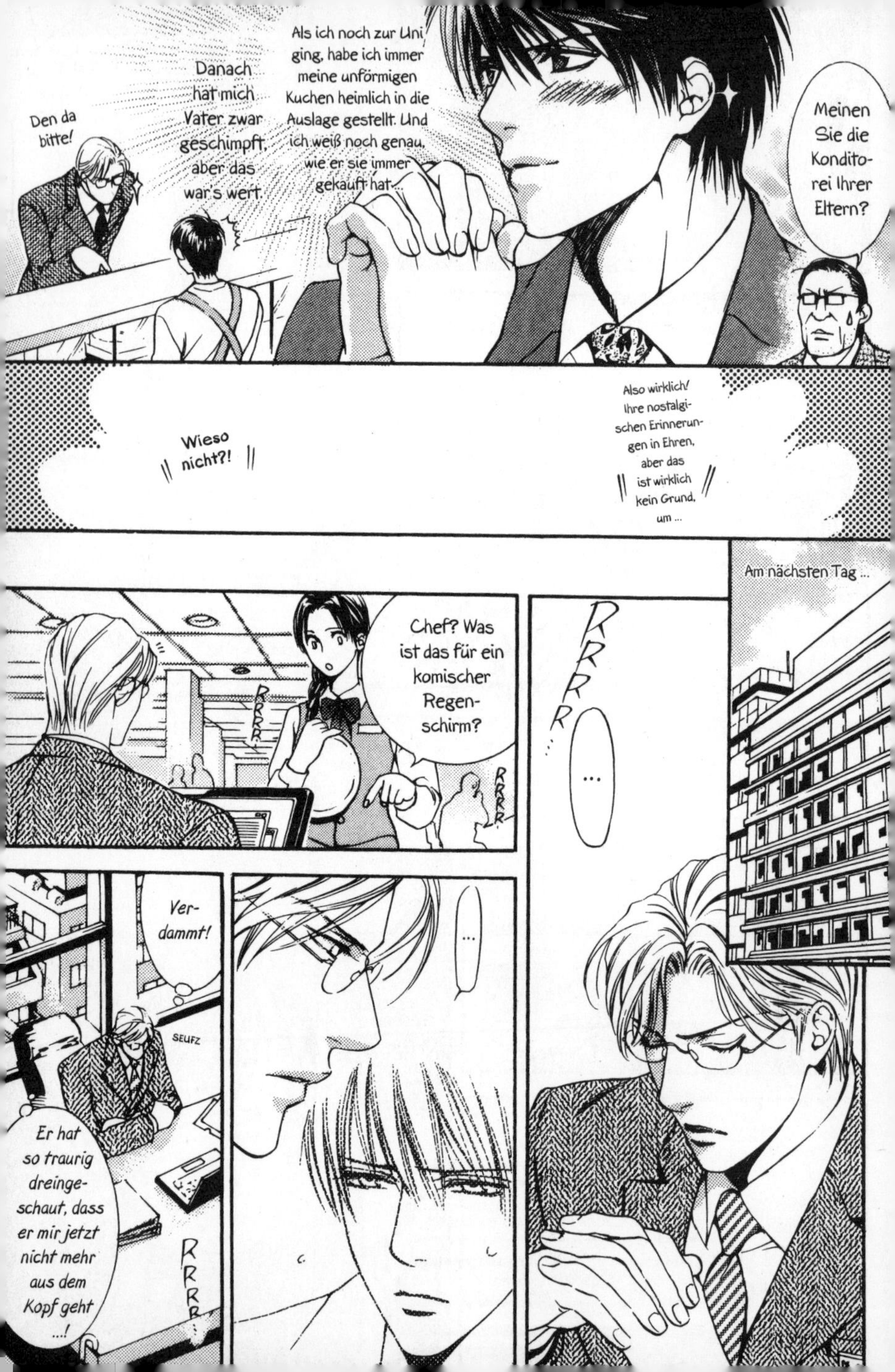

Meinen Sie die Konditorei Ihrer Eltern?
Als ich noch zur Uni ging, habe ich immer meine unförmigen Kuchen heimlich in die Auslage gestellt. Und ich weiß noch genau, wie er sie immer gekauft hat ...
Danach hat mich Vater zwar geschimpft, aber das war's wert.
Den da bitte!
Also wirklich! Ihre nostalgischen Erinnerungen in Ehren, aber das ist wirklich kein Grund, um ...
Wieso nicht?!
Am nächsten Tag ...
RRRR...
...
Chef? Was ist das für ein komischer Regenschirm?
RRRR
RRRR
...
Verdammt!
SEUFZ
Er hat so traurig dreingeschaut, dass er mir jetzt nicht mehr aus dem Kopf geht ...!
RRR...

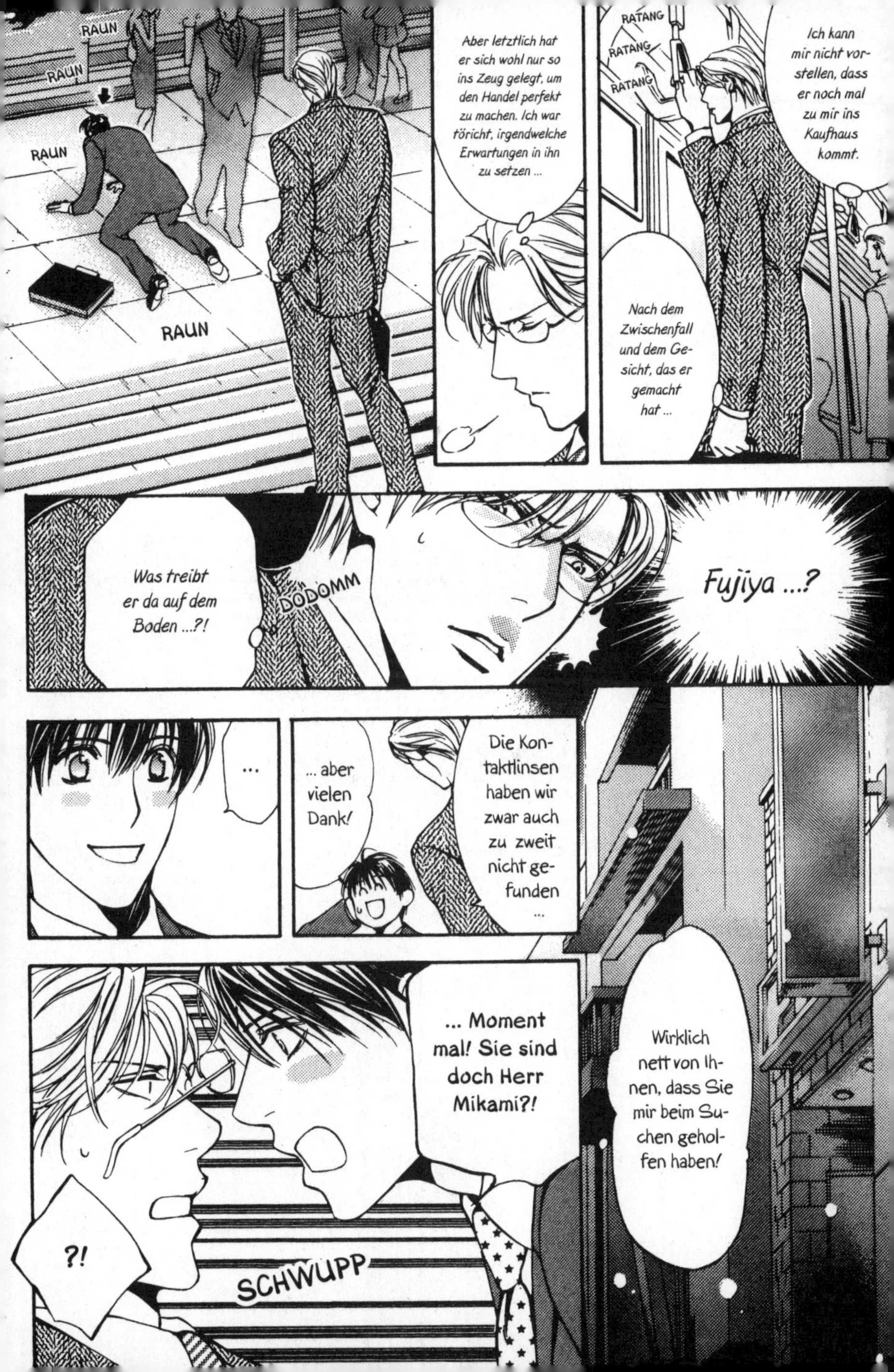

RATANG
RATANG
RATANG
Ich kann mir nicht vorstellen, dass er noch mal zu mir ins Kaufhaus kommt.
Nach dem Zwischenfall und dem Gesicht, das er gemacht hat ...
Aber letztlich hat er sich wohl nur so ins Zeug gelegt, um den Handel perfekt zu machen. Ich war töricht, irgendwelche Erwartungen in ihn zu setzen ...
RAUN
RAUN
RAUN
RAUN
Fujiya ...?
DODOMM
Was treibt er da auf dem Boden ...?!
Die Kontaktlinsen haben wir zwar auch zu zweit nicht gefunden ...
... aber vielen Dank!
...
Wirklich nett von Ihnen, dass Sie mir beim Suchen geholfen haben!
... Moment mal! Sie sind doch Herr Mikami?!
?!
SCHWUPP

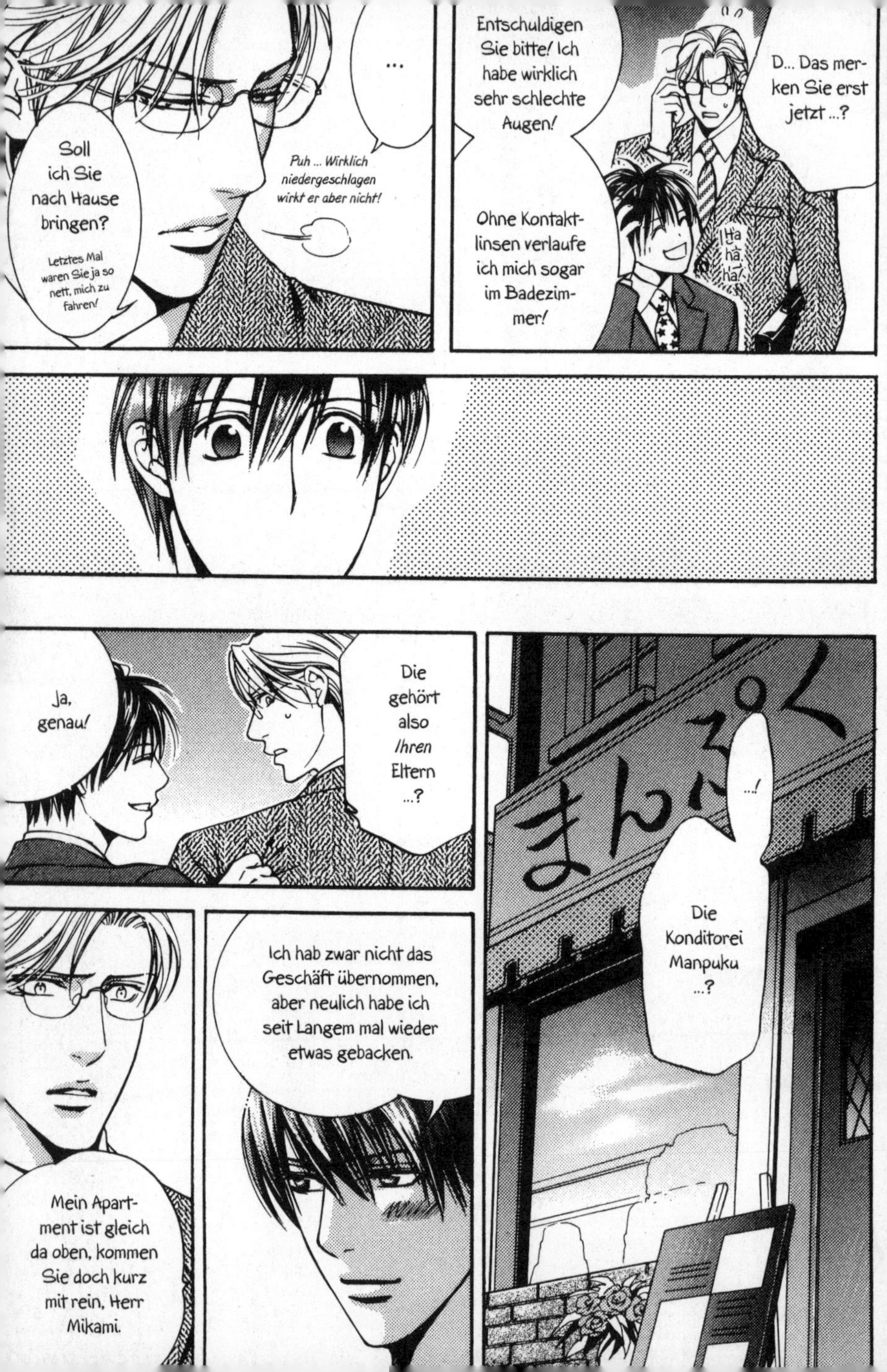
D... Das merken Sie erst jetzt ...?
Entschuldigen Sie bitte! Ich habe wirklich sehr schlechte Augen!
Ohne Kontaktlinsen verlaufe ich mich sogar im Badezimmer!
Ha ha ha!
...
Puh ... Wirklich niedergeschlagen wirkt er aber nicht!
Soll ich Sie nach Hause bringen?
Letztes Mal waren Sie ja so nett, mich zu fahren!
まんぷく
...!
Die Konditorei Manpuku ...?
Die gehört also *Ihren* Eltern ...?
Ja, genau!
Ich hab zwar nicht das Geschäft übernommen, aber neulich habe ich seit Langem mal wieder etwas gebacken.
Mein Apartment ist gleich da oben, kommen Sie doch kurz mit rein, Herr Mikami.

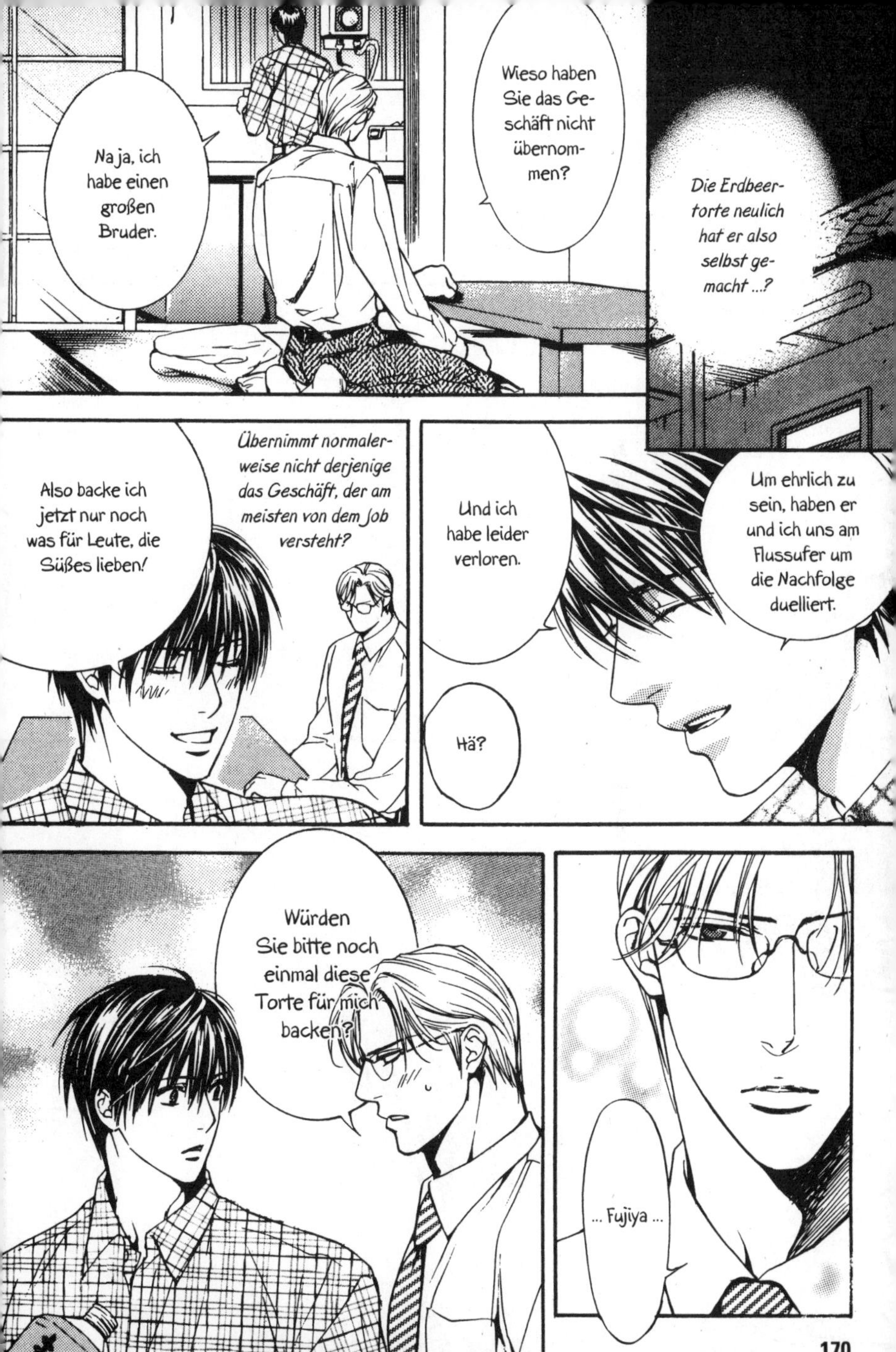
Die Erdbeertorte neulich hat er also selbst gemacht ...?
Wieso haben Sie das Geschäft nicht übernommen?
Na ja, ich habe einen großen Bruder.
Um ehrlich zu sein, haben er und ich uns am Flussufer um die Nachfolge duelliert.
Und ich habe leider verloren.
Hä?
Übernimmt normalerweise nicht derjenige das Geschäft, der am meisten von dem Job versteht?
Also backe ich jetzt nur noch was für Leute, die Süßes lieben!
... Fujiya ...
Würden Sie bitte noch einmal diese Torte für mich backen?

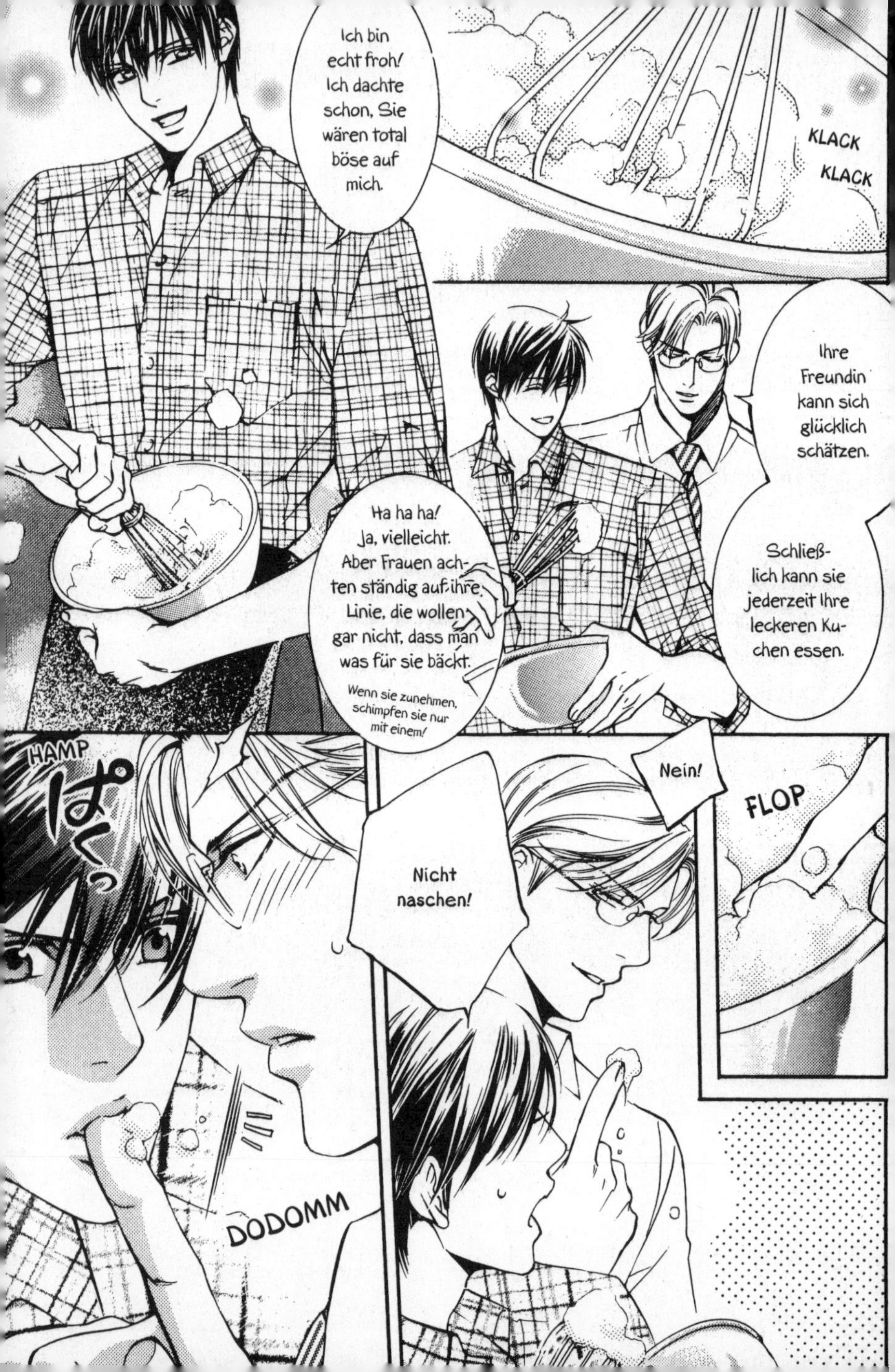
KLACK
KLACK
Ich bin echt froh! Ich dachte schon, Sie wären total böse auf mich.
Ihre Freundin kann sich glücklich schätzen.
Schließlich kann sie jederzeit Ihre leckeren Kuchen essen.
Ha ha ha! Ja, vielleicht. Aber Frauen achten ständig auf ihre Linie, die wollen gar nicht, dass man was für sie bäckt.
Wenn sie zunehmen, schimpfen sie nur mit einem!
FLOP
Nein!
Nicht naschen!
HAMP
ぱくっ
DODOMM

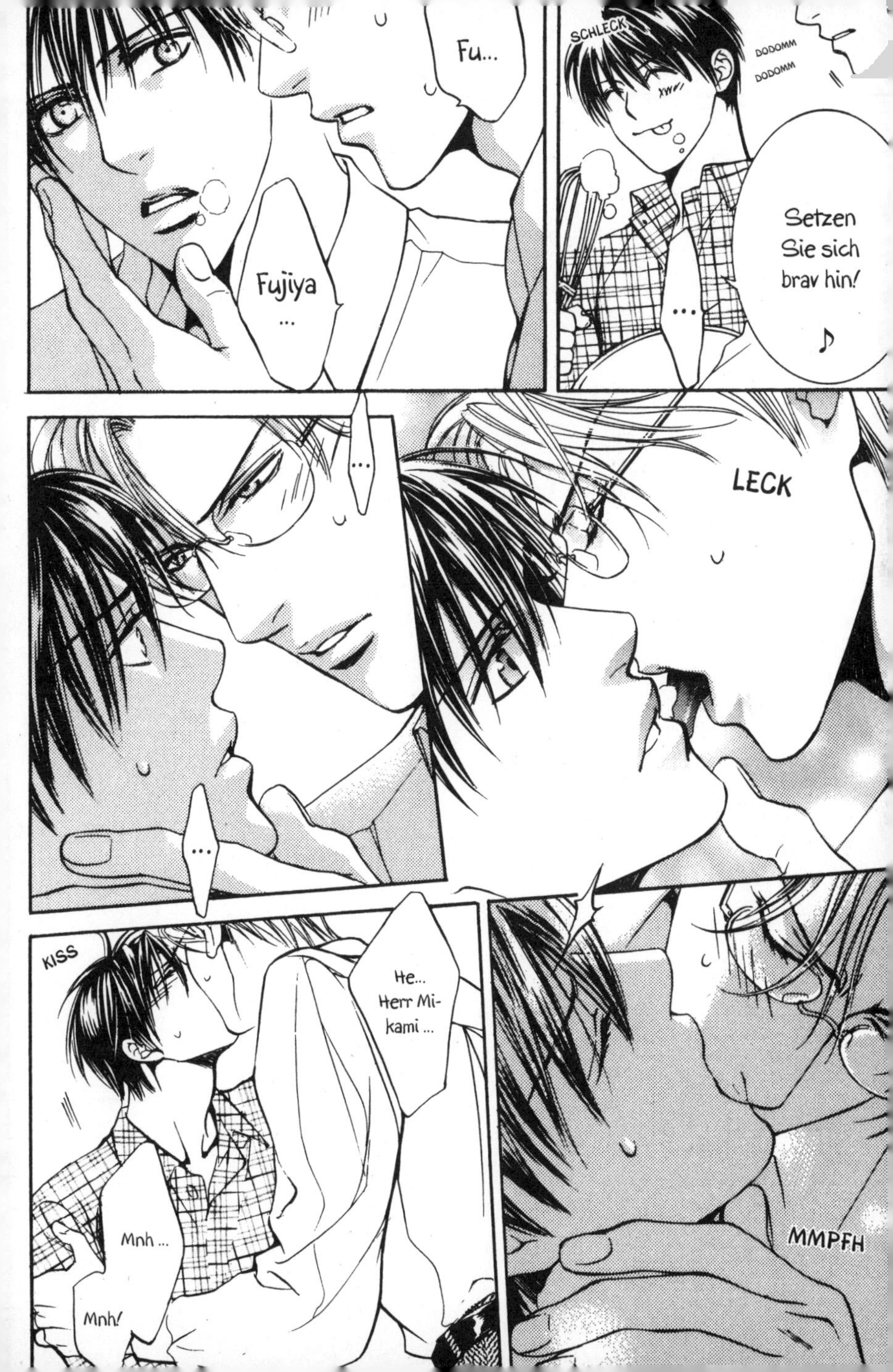
SCHLECK
DODOMM
DODOMM
Setzen Sie sich brav hin! ♪
...
Fu...
Fujiya ...
LECK
...
...
MMPFH
KISS
He... Herr Mi-kami ...
Mnh ...
Mnh!

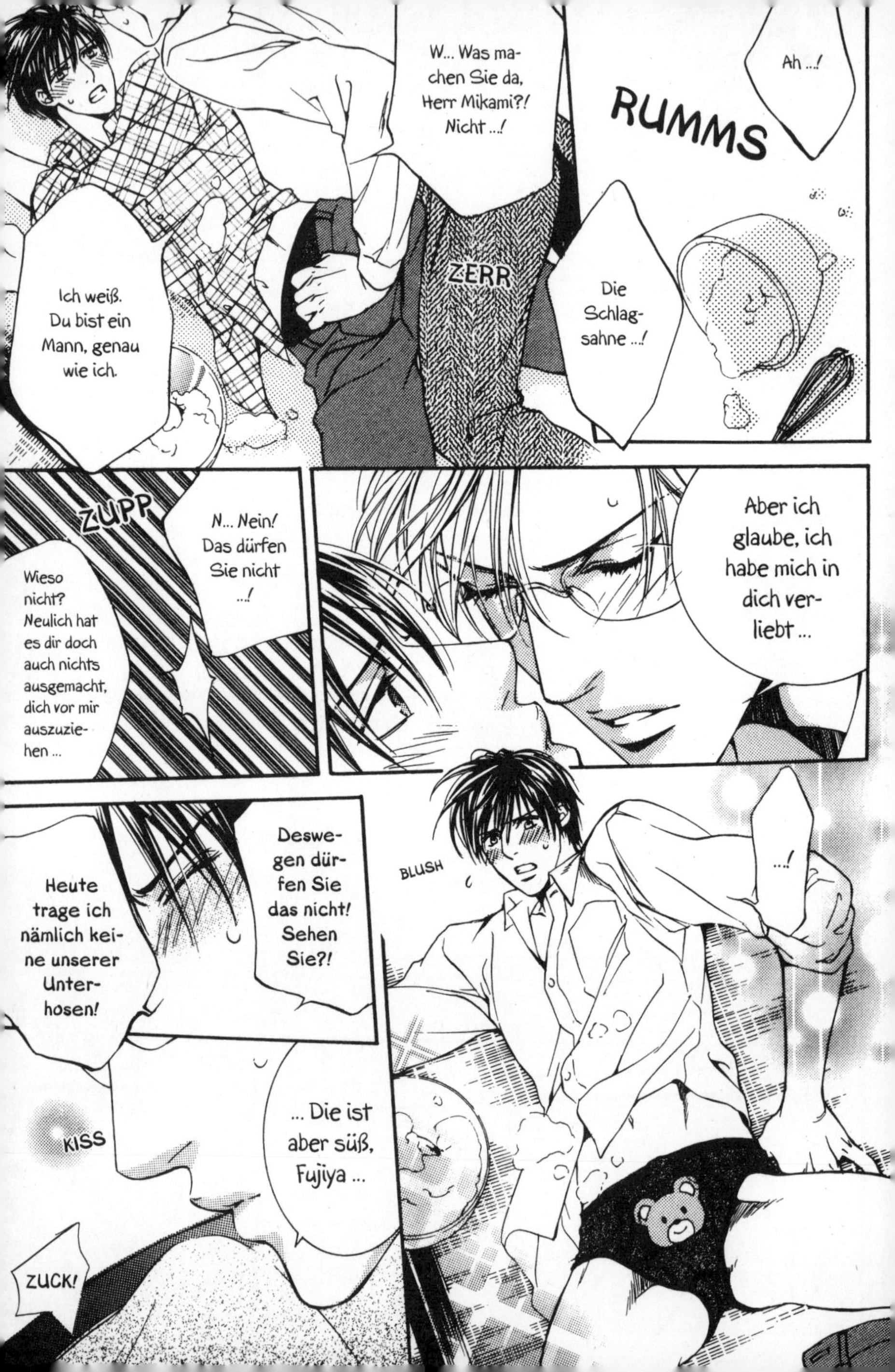
Ah ...!
RUMMS
Die Schlagsahne ...!
W... Was machen Sie da, Herr Mikami?! Nicht ...!
ZERR
Ich weiß. Du bist ein Mann, genau wie ich.
Aber ich glaube, ich habe mich in dich verliebt ...
ZUPP
N... Nein! Das dürfen Sie nicht ...!
Wieso nicht? Neulich hat es dir doch auch nichts ausgemacht, dich vor mir auszuziehen ...
...!
BLUSH
Deswegen dürfen Sie das nicht! Sehen Sie?!
Heute trage ich nämlich keine unserer Unterhosen!
... Die ist aber süß, Fujiya ...
KISS
ZUCK!

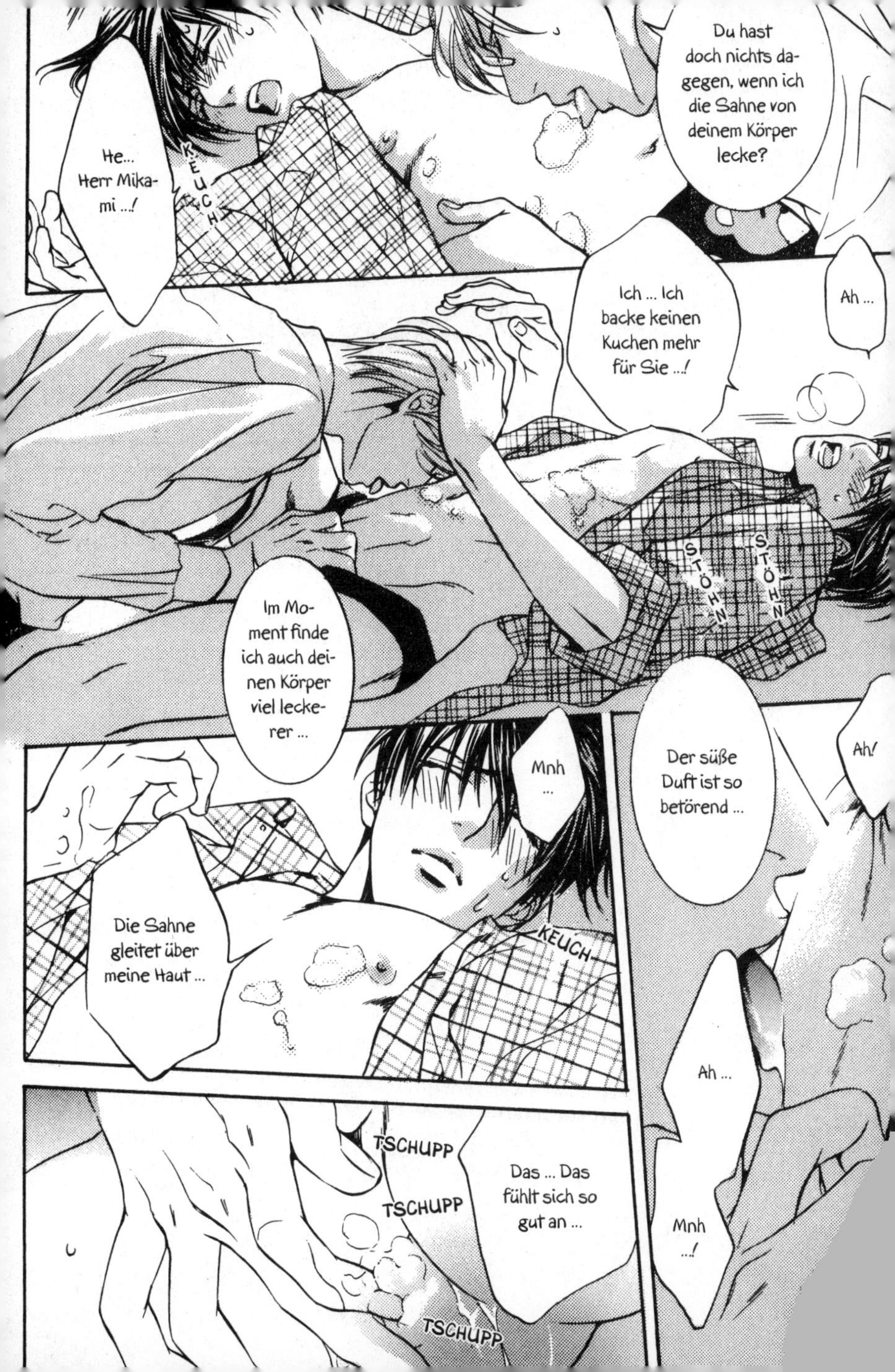
Du hast doch nichts dagegen, wenn ich die Sahne von deinem Körper lecke?
He... Herr Mikami ...!
KEUCH
Ah ...
Ich ... Ich backe keinen Kuchen mehr für Sie ...!
STÖHN
STÖHN
Im Moment finde ich auch deinen Körper viel leckerer ...
Ah!
Der süße Duft ist so betörend ...
Mnh ...
KEUCH
Die Sahne gleitet über meine Haut ...
Ah ...
Mnh ...!
Das ... Das fühlt sich so gut an ...
TSCHUPP
TSCHUPP
TSCHUPP

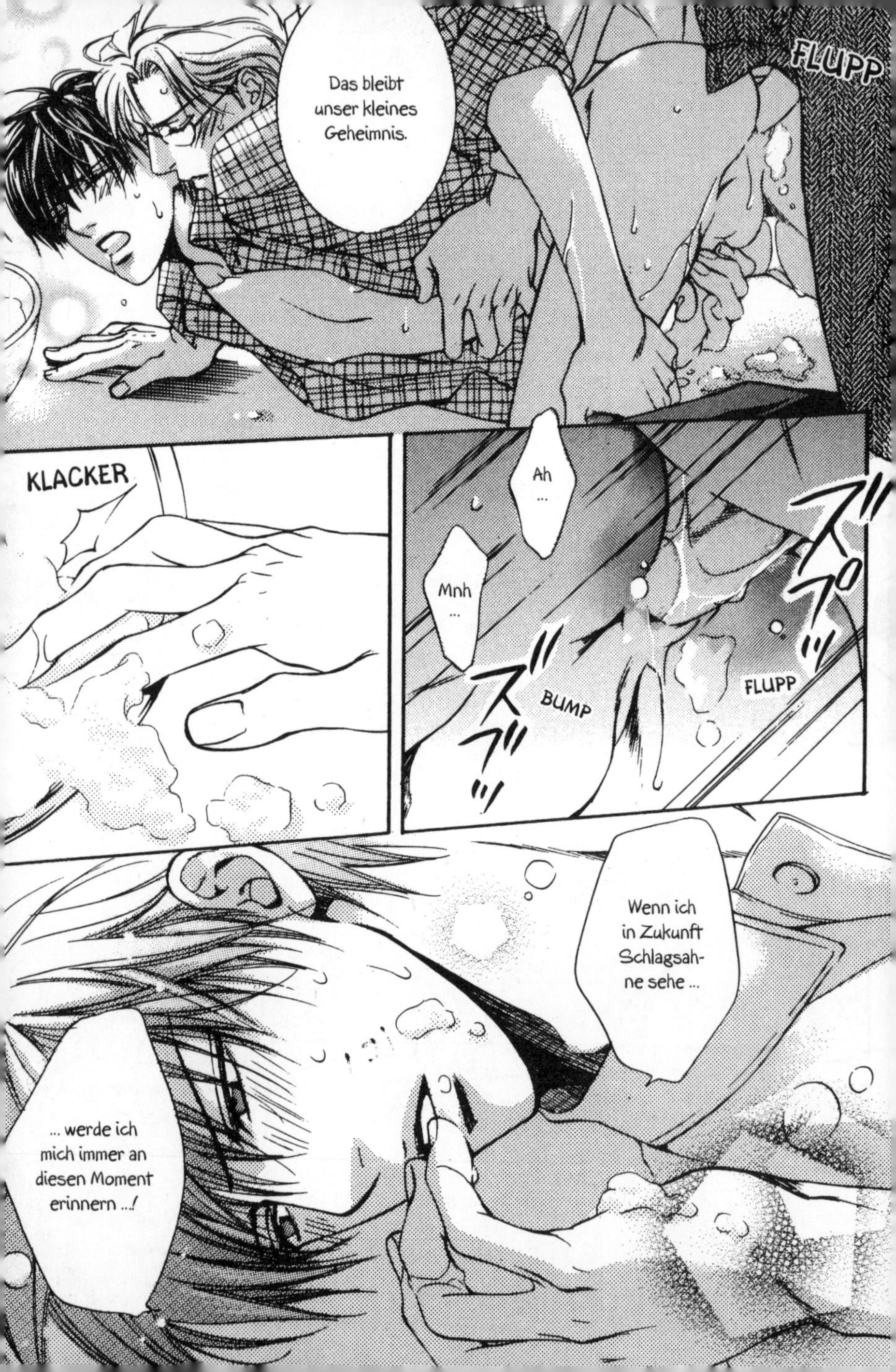
FLUPP
Das bleibt unser kleines Geheimnis.
Ah ...
Mnh ...
BUMP
FLUPP
KLACKER
Wenn ich in Zukunft Schlagsahne sehe ...
... werde ich mich immer an diesen Moment erinnern ...!

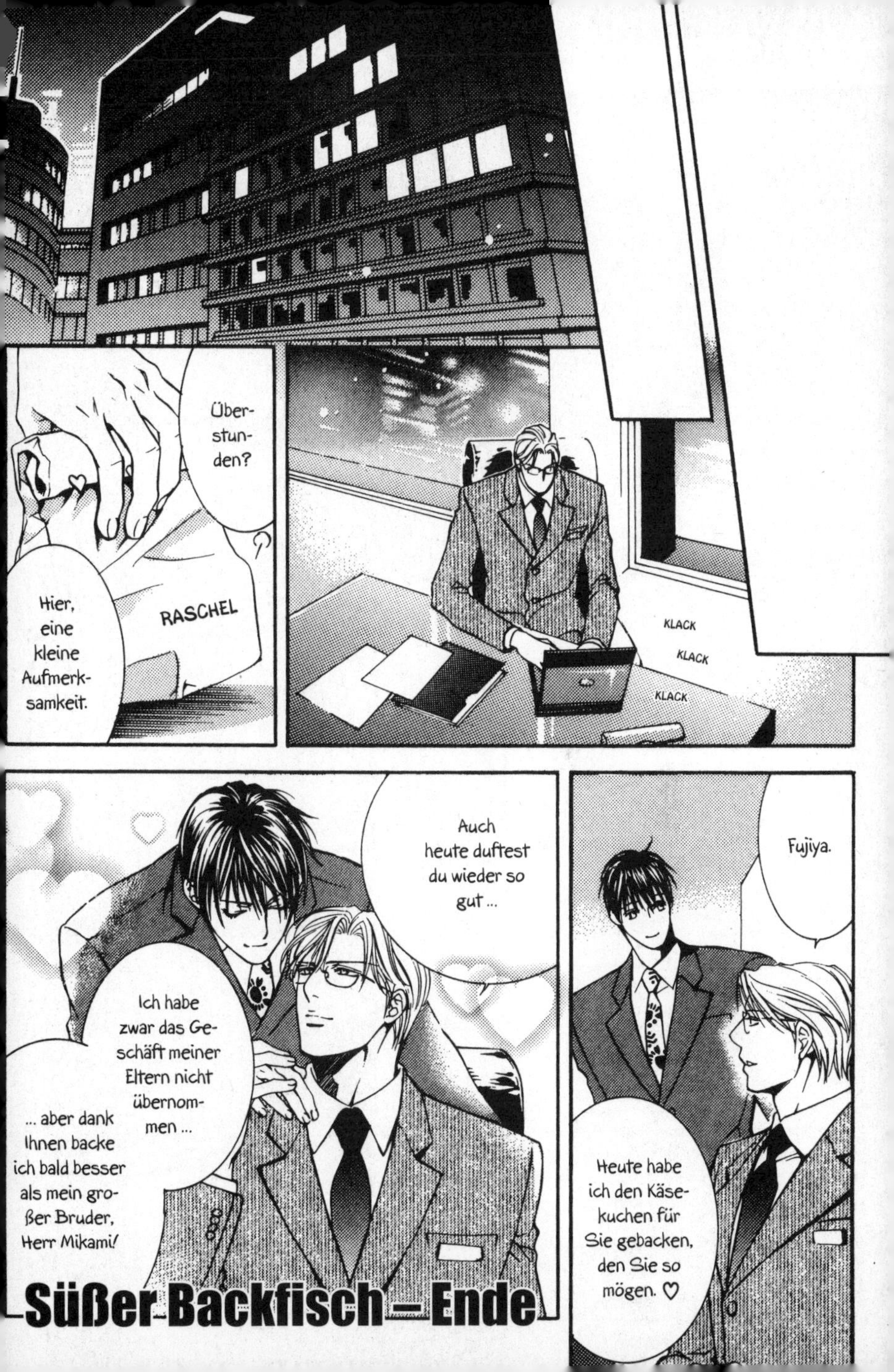
KLACK
KLACK
KLACK
Über-stunden?
Hier, eine kleine Aufmerk-samkeit.
RASCHEL
Fujiya.
Heute habe ich den Käse-kuchen für Sie gebacken, den Sie so mögen. ♡
Auch heute duftest du wieder so gut …
Ich habe zwar das Ge-schäft meiner Eltern nicht übernom-men …
… aber dank Ihnen backe ich bald besser als mein gro-ßer Bruder, Herr Mikami!
Süßer Backfisch – Ende

Finder – Auf schwarzen Schwingen

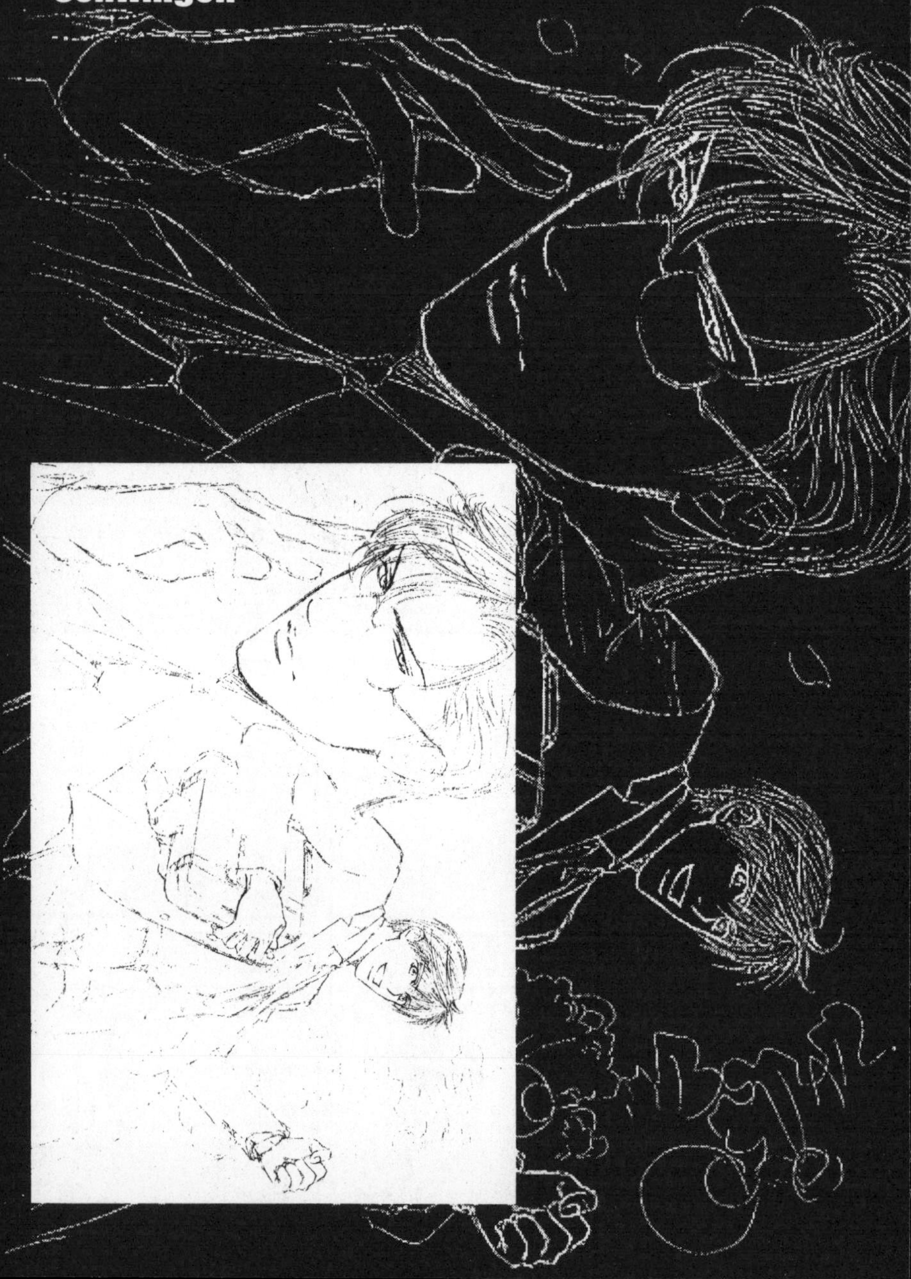

Akihito Takaba

Freischaffender Fotograf in Japan

Profil
Geburtstag: 5. Mai
Alter: 23
Größe & Gewicht: 175cm / 60kg
Blutgruppe: 0
Beruf: Freiberuflicher Fotograf

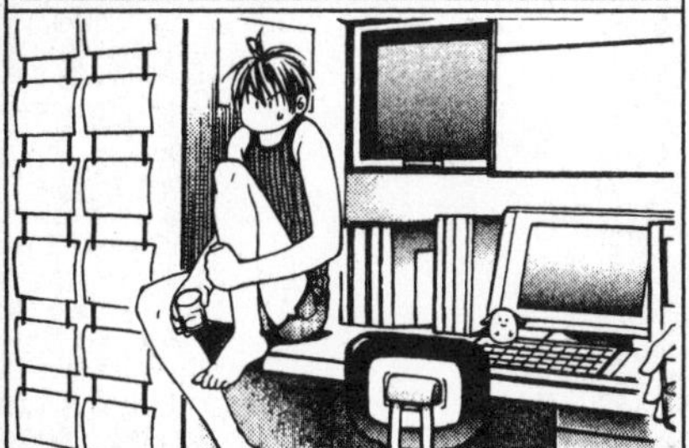

Akihitos Leben
Akihitos Wohnung und Arbeitsplatz. In einer Ecke hat er sich ein Fotolabor eingerichtet.

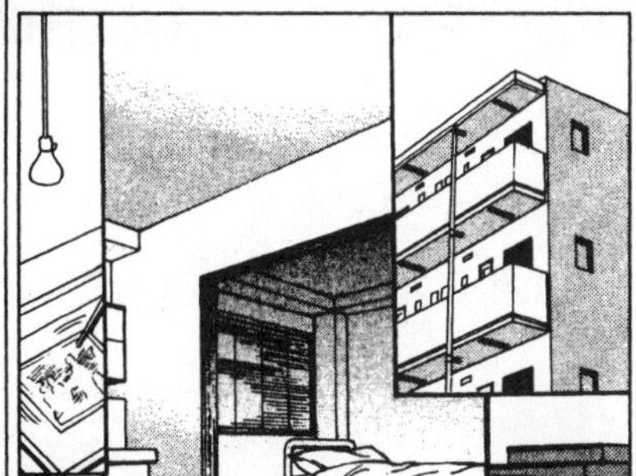

Special: Charaktere & Story

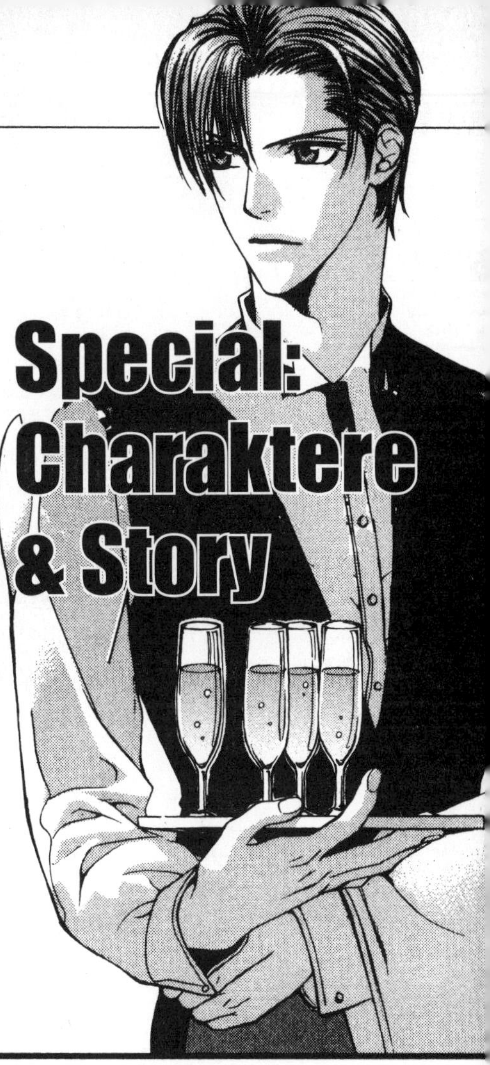

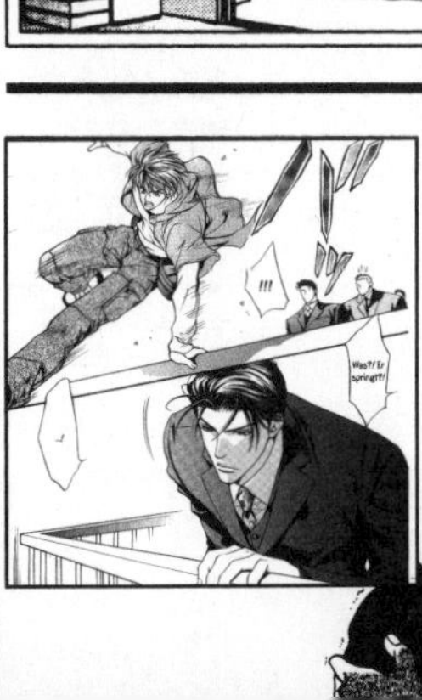

Außerdem hatte ich viel Spaß dabei, Akihitos Flucht in Band 1 zu zeichnen. Wie er sich an dem Schild festhält und so. Und die SM-Szenen haben auch Spaß gemacht! (*lächel*)

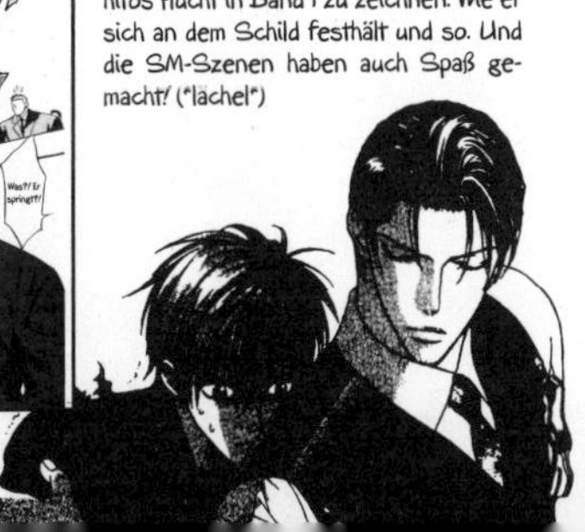

Ayane Yamano packt aus! Alles über Akihito! Meine Lieblingsszene

In der Geschichte *Fixer* wird Akihito von Feilong angeschossen und steht plötzlich hinter Asami. Das sieht so aus, als habe sich Asami schützend vor Akihito gestellt, aber in Wirklichkeit hat sich Akihito hinter Asamis Rücken versteckt. Irgendwie muss ich bei der Szene immer an mein Kaninchen denken, das ich als kleines Mädchen hatte. Mein Kaninchen hieß Usako und war total frech und eigentlich gar nicht anschmiegsam, doch immer, wenn wir draußen spazieren waren und ein Auto vorbeifuhr, erschreckte es sich so sehr, dass es mir jedes Mal in die Arme sprang. In gewisser Weise sehe ich Akihito also als kleinen Angsthasen, der ganz instinktiv bei Gefahr Schutz bei seinem Herrchen sucht! :-)

Die schicksalhafte Begegnung zweier Männer ...
Was wird aus Akihito?!

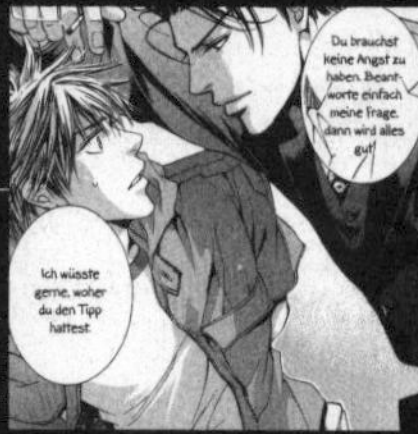

Ereignisse, die später noch wichtig werden.

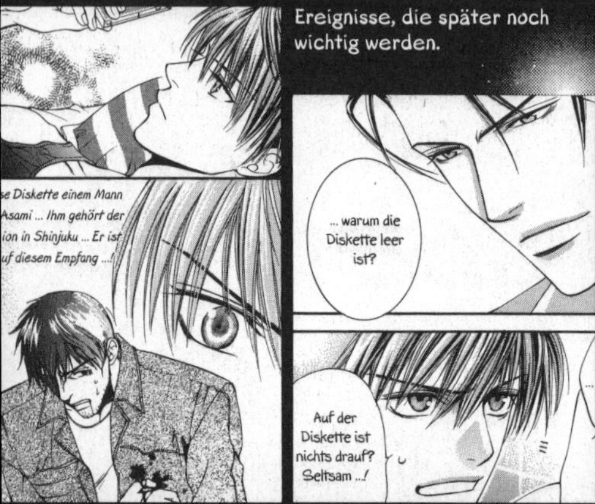

Obwohl Akihito diese Diskette Asami übergeben hat, ist sie praktisch wertlos, denn er hat zuvor fast alle Daten darauf gelöscht. Was für Informationen befanden sich auf der Diskette? Und welche Organisation ist wie besessen hinter diesen Daten her ...?

Die Story von *Finder – Im Fadenkreuz*

Weil Akihito im Nobelklub Shion in Shinjuku Nachforschungen über einen Abgeordneten angestellt hat, kommt es zur Begegnung mit Asami. Asami will wissen, von wem Akihito den Tipp hat, doch Akihito gelingt die Flucht – nur um wenig später wieder in Asamis Fänge zu geraten ...!

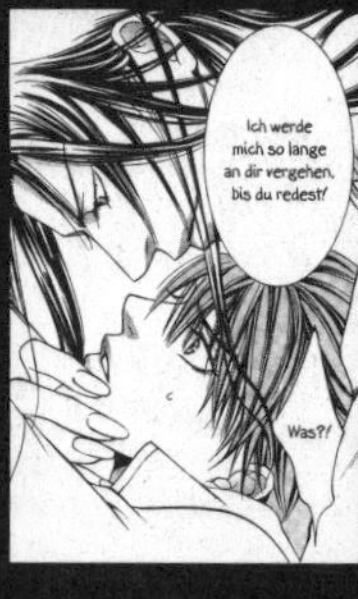

Die Story von *Fixer*

Akihito hat sich auf einen Politiker-Empfang geschlichen, um brisante Fotos zu machen. Beim Hintereingang des Hotels entdeckt er einen Mann, der von Ausländern gejagt wird. Dem Mann wurde in den Bauch gestochen und er überreicht Akihito eine Diskette mit der Bitte, diese an Asami zu übergeben. Kurz darauf wird Akihito von der chinesischen Mafia entführt, die es offensichtlich auf die Diskette abgesehen hat ...!

Interview

Reporter: Ich bin mal so frei und überfalle dich zu Hause, Akihito! Wow, du hast ja ein Fotolabor in deiner Wohnung! Du arbeitest also auch zu Hause? Also, erzähl uns doch bitte zunächst mal, warum du Fotograf geworden bist.

Akihito: Mit Kameras hatte ich schon als Kind ständig zu tun. Mein Vater war nämlich auch Fotograf. Meine Liebe für Fotos habe ich also bestimmt von ihm geerbt. Aber da ich zwischendurch auf Abwege geraten war, hätte wohl auch mein Vater nie gedacht, dass ich dann doch noch Fotograf werde! Ich stehe zwar noch ganz am Anfang meiner Karriere, aber auch in der Zeit, als ich das mit dem Fotografieren nicht so ernst nahm, habe ich oft Fotos von meinen Freunden gemacht. Und wenn sie mich lobten, dass meine Fotos etwas ganz Besonderes hätten, habe ich mich immer wahnsinnig gefreut! Und irgendwann wurde mir dann klar, dass dies meine Berufung ist.

Reporter: Wir haben dich als Hochzeitsfotografen gesehen, und dann wiederum jagst du Politikern nach. Was fotografierst du denn hauptsächlich in deinem Berufsalltag?

Akihito: Pscht! Anderes Thema bitte! Da ich auch viele supergeheime Jobs habe, kann ich da nicht einfach so drüber reden! Auch unter meinen Kollegen befinden sich viele, die auf einem gefährlich schmalen Grat wandeln. Am besten macht ihr mein Gesicht in eurem Artikel unkenntlich! (*grins*) Aber da mir ein Bekannter, der bei einem Verlag arbeitet, öfters auch mal ein Bikini-Shooting besorgt, braucht ihr keine Angst zu haben, dass ich ständig nur irgendwelchen brisanten Skandalen hinterherrenne!

Reporter: Wie viel verdient man denn so als Fotograf?

Akihito: Das hängt natürlich stark von der Auftragslage ab, aber wenn man mal einen fetten Job reinbekommt oder einem ein skandalträchtiger Schnappschuss gelingt, kann man davon erst mal eine Weile leben! Allerdings kommt so was auch dementsprechend selten vor ... Es kann auch schlecht laufen und man liegt einen Monat lang auf der Lauer, aber kriegt nichts vor die Linse – und dann leider ebenso wenig auf den Tisch!

Reporter: Ach so? Dann erzähl uns doch bitte etwas über deine Kamera, mit der du arbeitest.

Akihito: Also Kameras sind wahnsinnig teuer. Eine echte Profi-Kamera kann schon mal so viel kosten wie ein Auto. Seht euch mal diese Kamera an! Die wollte ich schon so lange haben und endlich konnte ich sie mir leisten. Ich bin überglücklich! Aber teuer war die, sage ich Ihnen. Allein das Objektiv kostet 100.000 Yen*! Seit einem Monat esse ich nur noch Brot. Also, wenn Sie wollen, dann kann ich demnächst mal ein paar vorteilhafte Fotos von Ihnen machen! Damit's mit der Partnersuche klappt! (*lächel*)

Reporter: Was willst du als Fotograf in naher Zukunft erreichen? Eine eigene Ausstellung? Einen Bildband? Oder irgendwo einen Preis abräumen?

Akihito: Natürlich wäre etwas Vorzeigbares schon toll, aber am liebsten würde ich wohl wie mein Vater die ganze Welt bereisen und überall verschiedene Fotos machen. Aber das hat noch Zeit, bis ich etwas älter bin. Im Moment würde ich wohl am liebsten einen Riesenskandal aufdecken. Ich denke, das liegt mir dann doch einfach am meisten.

Reporter: Dein Style wirkt ja auf den ersten Blick eher schlicht. Legst du großen Wert auf Frisur und Klamotten?

Akihito: Ha ha, das ist Ihnen aufgefallen? Also, ich habe ein Faible für alte Jeans. Während der Arbeit trage ich aber was anderes. In so einer Vintage-Jeans ist schließlich gleich ein Loch drin! Mit meinen Haaren experimentiere ich ab und zu ein wenig herum, ich vermeide jedoch aufwändige Frisuren. Aber einmal im Monat lasse ich mir die Haare färben.

Reporter: Ich habe gehört, dass du Boxershorts klassischen Unterhosen vorziehst. Was trägst du denn heute drunter?

Akihito: Wollen Sie mich sexuell belästigen? Das verrate ich natürlich nicht! In was bin ich heute Morgen eigentlich geschlüpft ...? Oje! Das war so 'ne alte Unterhose mit ganz albernem Motiv ...!

Reporter: Und jetzt bitte noch eine Botschaft an alle Fans!

Akihito: So was ist mir immer ein wenig peinlich, aber ... vielen Dank für all die nette Unterstützung! Bitte verfolgt auch weiterhin bangend meinen Werdegang ...! (*grins*)

* ca. 600 Euro

Ryuichi Asami

Der rätselhafte und smarte Geschäftsmann

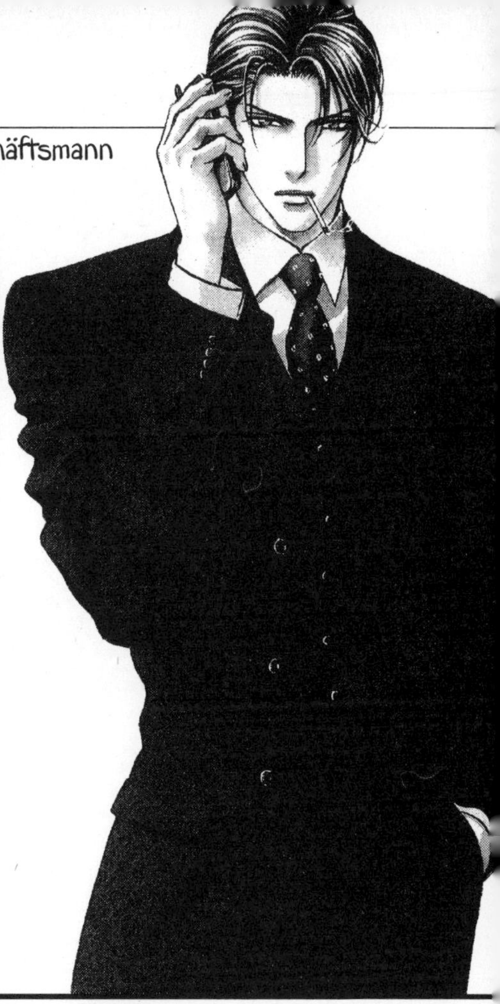

Profil
Geburtstag: 4. August
Alter: 35
Größe & Gewicht: 185cm / 78kg
Blutgruppe: AB
Beruf: Geschäftsmann

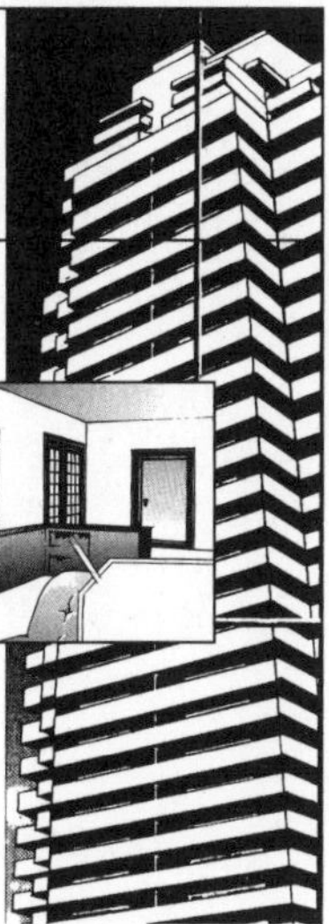

Asamis Wohnung bietet extrem viel Platz!

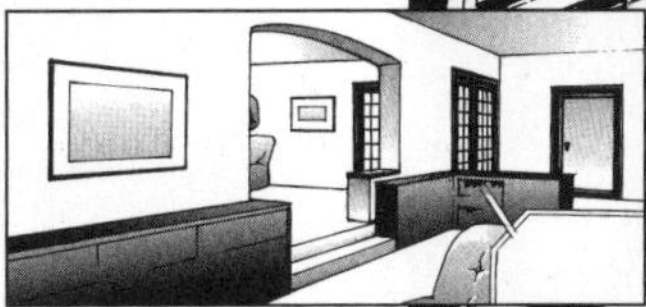

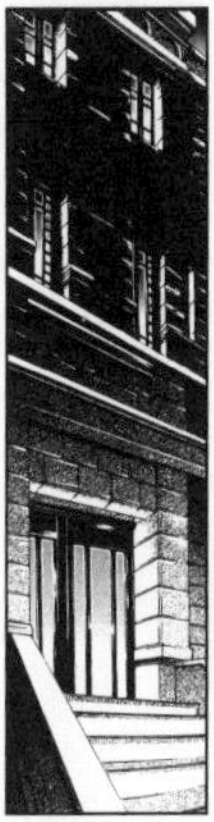

Asamis Leben
Er betreibt mehrere Nobelklubs, einer davon ist der Klub Shion in Shinjuku. Im Inneren erwartet die Gäste eine exklusive und entspannte Atmosphäre. Allerdings nur für Mitglieder!

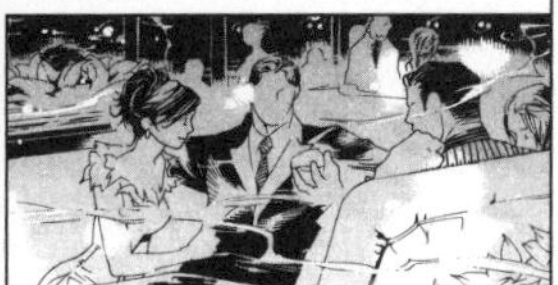

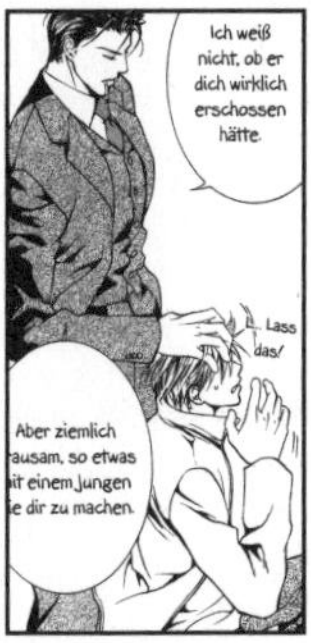

Die ganz besondere Stimmung der Szene, eingetaucht ins fahle Licht der Abenddämmerung, gefällt mir. Auch die Szene, wo Asami Akihito streichelt, ist gelungen!

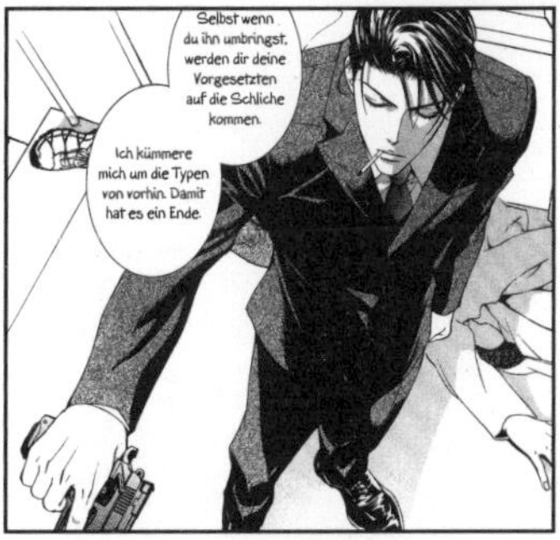

Ayane Yamano packt aus!
Alles über Asami!
Die Idee für seinen Namen

Den Vornamen Ryuichi hat er bekommen, weil das irgendwie ein starker, männlicher Name ist. Ich finde, der passt ideal! Vielen meiner Figuren gebe ich Vornamen, die vom Klang her irgendwie zu ihrer Erscheinung und ihrem Charakter passen. Es heißt ja auch: »Namen machen Leute« … oder so ähnlich.

Meine Lieblingsszene

Die Szene im ersten Band, wo der Polizist seine Waffe auf Akihito richtet und Asami ihn rettet. Ich hatte viel Spaß beim Zeichnen!

Ein Mann voller Rätsel
Wer ist er wirklich ...?

Die Story von *Bodychase*

Es gab eine Schießerei. Ein Inspektor ermittelt in dem Fall und will im Zusammenhang mit der Herkunft der Waffe Asami befragen ...! Um an Asami ranzukommen, sucht der Inspektor Akihito auf. Zunächst verdächtigt er auch Akihito, aber dann vertraut er ihm und spricht offen mit ihm. Er überredet ihn dazu, in einem Nobelklub gemeinsam ein paar Drinks einzunehmen. Doch es handelt sich dabei um den Klub Shion – Asamis Klub ...!

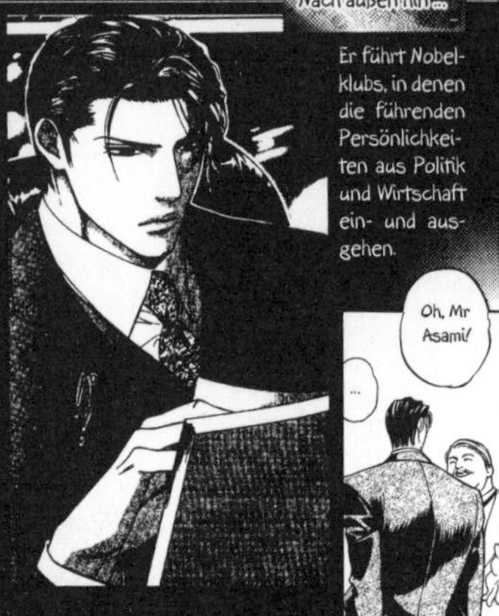

Nach außen hin ...

Er führt Nobelklubs, in denen die führenden Persönlichkeiten aus Politik und Wirtschaft ein- und ausgehen.

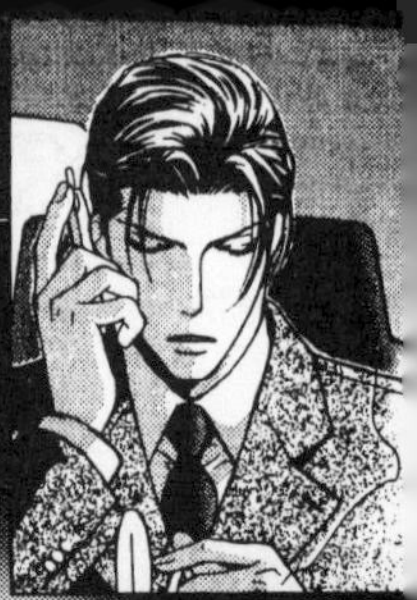

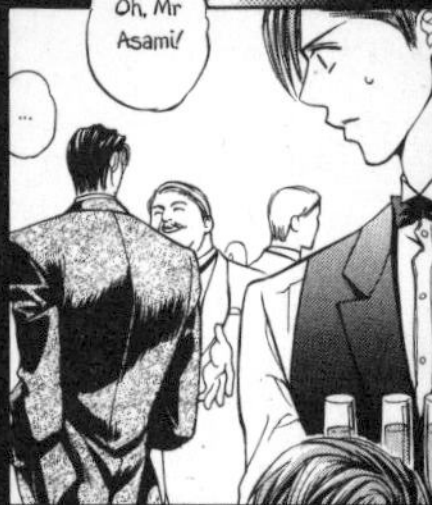

Auch unterwegs wird gearbeitet. Natürlich lässt er sich in einem Nobelwagen chauffieren.

Asami auf einem Politiker-Empfang. Jeder kennt und respektiert ihn.

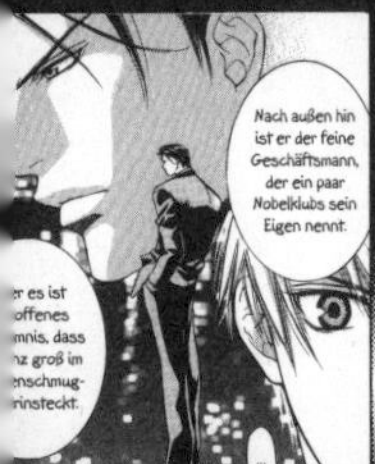

Ein Polizist spricht über Asami. Auch bei der Polizei ist er kein Unbekannter!

Sein anderes Gesicht ...

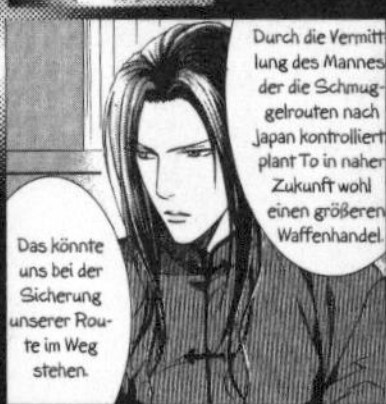

In Hongkong heißt es, er kontrolliere die Schmuggelrouten nach Japan ...

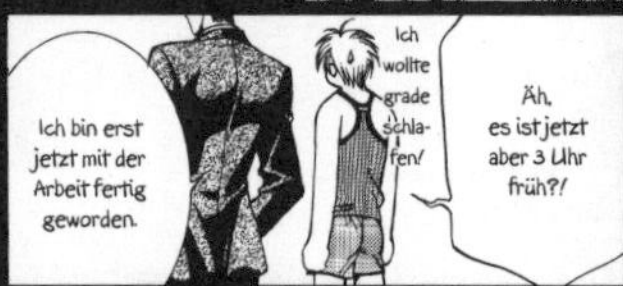

Sein Arbeitstag endet erst um 3 Uhr morgens?!

Interview

Reporter: Ich befinde mich im Nobelklub Shion in Shinjuku, der nur für exklusive Mitglieder ist! (Als ich um die Ecke biege, stoße ich mit jemandem zusammen.) Aua! ... Nanu? ... Akihito?! Vielen Dank für das Interview gestern! Was für ein Zufall, dich heute hier zu treffen. Sag mal, bist du hier, weil du Asami sehen willst?! Oh, das ist doch der Hinterausgang ... Gehst du etwa schon? Akihito ...! Was ist nur mit ihm? Er wirkte ziemlich geistesabwesend und ging schwankenden Schrittes ... Oh! Aus der Tür dahinten ist soeben Asami getreten!

Reporter: Glückwunsch, Herr Asami! Bei den Wahlen zum beliebtesten Charakter in *Finder* haben Sie mit Abstand den ersten Platz belegt!

Asami: Wer hätte gedacht, dass er tatsächlich hier auftauchen würde ... Der Junge ist so draufgängerisch, wie er süß ist ... He he!

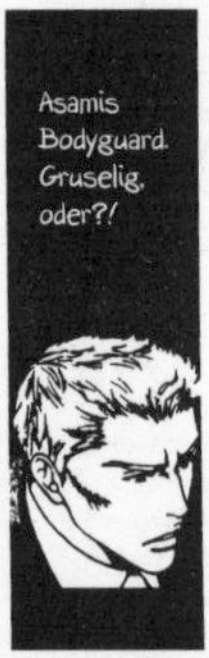

Asamis Bodyguard. Gruselig, oder?!

Reporter: (Öhm, von wem redet er? Meint er etwa Akihito, den ich eben im Gang getroffen habe ...?) Ähem, um noch einmal auf die Wahlen zurückzukommen ... Was ist Ihrer Meinung nach der Grund, dass die Fans Ihnen so gewogen sind?

Asami: Ich mag es, wie er mich ansieht ... Das versetzt mich irgendwie ... in Wallung ... Ha ha!

Reporter: (Der hört mir ja gar nicht zu ...!) Äh, also Sie riechen ganz vorzüglich. Welches Eau de Toilette benutzen Sie denn?

Asami: Kaum zu glauben, dass mich ein solches Bürschchen doch tatsächlich aus der Reserve zu locken weiß ... So was gab's noch nie!

Reporter: (Also der antwortet ja auf keine einzige meiner Fragen ...! Was? Und jetzt hat er sich auch noch eine Zigarette angesteckt?!) Herr Asami, welche Zigarettensorte rauchen Sie denn immer?

Asami: Dunhill.

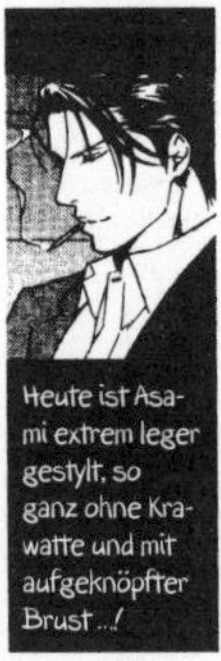

Heute ist Asami extrem leger gestylt, so ganz ohne Krawatte und mit aufgeknöpfter Brust ...!

Reporter: (Endlich antwortet er mal auf was!) Übrigens, in Ihrem Klub sieht man ja viele Leute, die man aus dem Fernsehen kennt ... Moment mal! Ist das nicht dieser Politiker, Herr XYZ?! (Der Bodyguard in Asamis Rücken sieht mich grimmig an.) Äh, also in Ihrem Klub tummelt sich wirklich exklusive Kundschaft, was ...? (Gerade noch mal die Kurve gekriegt!)

Asami: Sie sagen es. Freche Bengel haben hier nichts verloren. Hier verkehren Persönlichkeiten von Format. Aber das ist diesem Bengel, der nichts von Kompromissen und Kalkül weiß, inzwischen sicherlich auch klar geworden ... He he!

Reporter: Womit beschäftigen Sie sich beruflich neben der Leitung Ihrer Klubs noch?

Asami: Insgesamt habe ich 13 Etablissements in der Stadt. Auch einige Klubs für Damen. Schauen Sie bei Gelegenheit doch auch mal dort vorbei.

Reporter: (Das wollte ich doch gar nicht wissen ... Weicht er etwa absichtlich aus? Dann muss ich direkter werden!) Ich habe gehört, Sie bereisen die ganze Welt, mit Japan als Ihrer Basis?

Asami: .... (Asami horcht plötzlich auf und blickt mich scharf an.)

Reporter: ... Womit haben Sie sich beschäftigt, bevor Sie Japan zu Ihrer Basis gemacht haben?

Asami: Das zu wissen, hätte für Sie nur Nachteile.

Reporter: (Hilfe, der jagt mir langsam aber echt Angst ein! Schnell einen Themenwechsel ...!) Äh, verraten Sie uns doch bitte, welchen Typ Frau Sie mögen!

Asami: ... Eine starke Frau kann schon mal meine Aufmerksamkeit erregen.

Reporter: Wenn Sie zum Abschluss vielleicht noch ein paar Worte für unsere Fans übrig hätten?

Asami: Ihr seid immer in meinen Klubs willkommen. Einfach reinspazieren und genießen!

Reporter: (Der ist ja die ganze Zeit ausgewichen! Und wenn er mal was gesagt hat, dann ging es ausschließlich um Akihito! ... Außerdem starrt mich seit vorhin sein Bodyguard so an ... Nichts wie raus hier!)

Dieses Interview habe ich unmittelbar im Anschluss an *Bodychase* (Band 2) geführt. Falls ihr nicht mehr genau wisst, mit wem Asami zu dem Zeitpunkt was getrieben hat, schlagt schnell nach!

* ca. 600 Euro

Feilong Liu

Junges Oberhaupt der Unterwelt Hongkongs

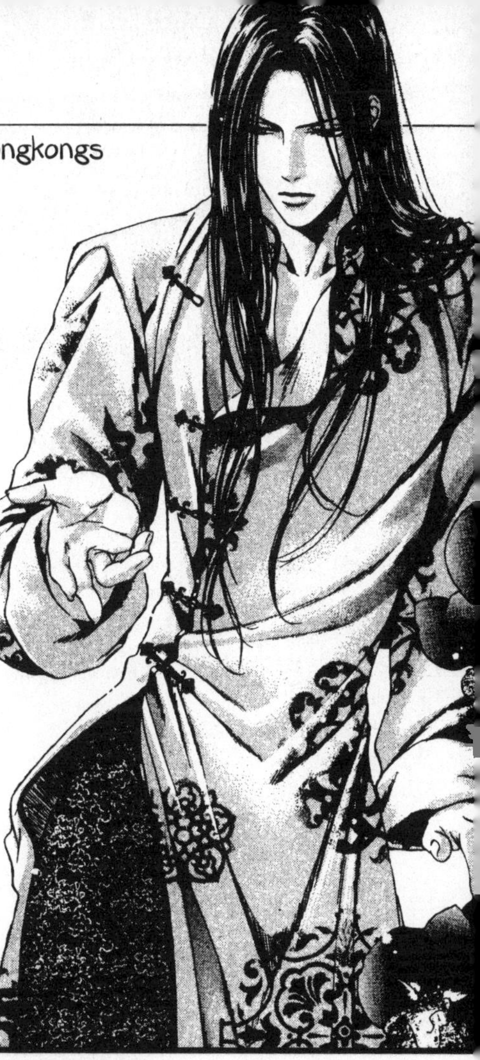

Profil
Geburtstag: 1. Februar
Alter: 28
Größe & Gewicht: 179 cm / 63 kg
Blutgruppe: AB
Beruf: Oberhaupt der chinesischen Baishe-Mafia. (Die Baishe-Mafia ist ein riesiges Drogen-Syndikat, das, angefangen mit dem chinesischen Festland, in ganz Asien operiert.)

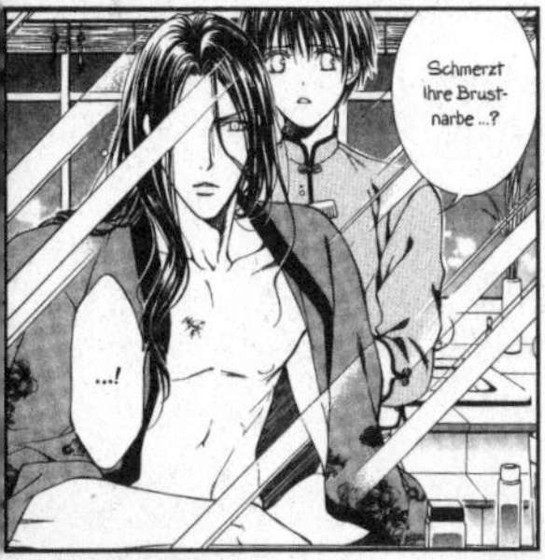

Gegenwärtig lebt Feilong im Hauptquartier der Baishe-Mafia. Im obersten Stockwerk liegen die Wohnungen. Das Gebäude ist mit seinen 90 Stockwerken das höchste Gebäude in Hongkong.

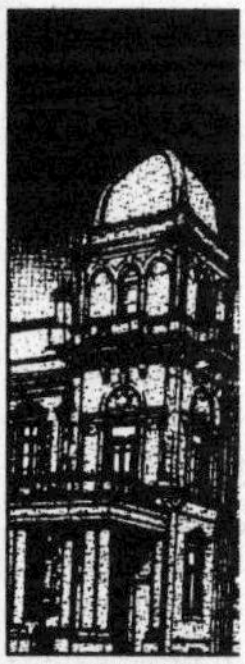

Feilongs Leben

Links sehen wir Feilongs Privatanwesen.

Rechts sehen wir das Anwesen seiner Eltern, das ebenso ein geschichtsträchtiger Bau und eine sehr teure Immobilie ist.

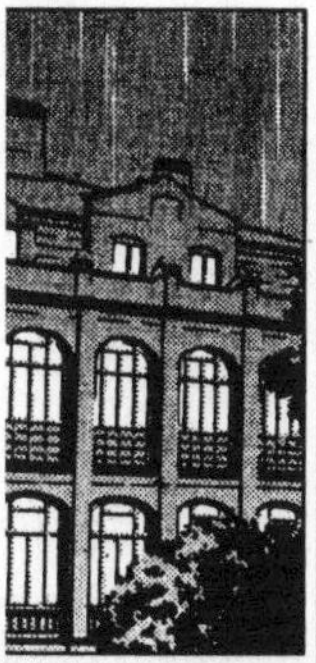

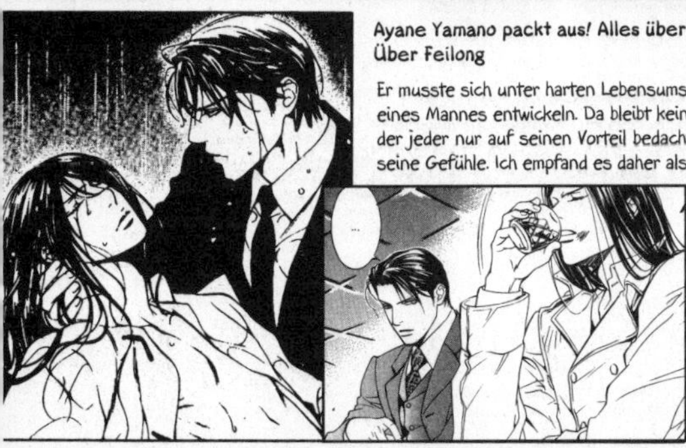

Ayane Yamano packt aus! Alles über Feilong!
Über Feilong

Er musste sich unter harten Lebensumständen behaupten. Er musste den Stolz und die Ambitionen eines Mannes entwickeln. Da bleibt keine Zeit für Sentimentalitäten. Denn er lebt in einer Welt, in der jeder nur auf seinen Vorteil bedacht ist. Feilong ist standhaft und stolz und unterdrückt stets seine Gefühle. Ich empfand es daher als besonders reizvoll, zu zeigen, wie sehr ihn die Begegnung mit Asami plötzlich aus der Bahn wirft.

Meine Lieblingsszene

Ich mag die Szene in *Die Blume im Großstadtmoloch* in der Bar, wo Feilong und Asami nebeneinandersitzen. Das hat irgendwie was Erhabenes. Auch spannend zu zeichnen, war die Szene, in der Asami Feilong im Regen aufhilft. Außerdem hatte ich immer viel Spaß, wenn ich Feilongs wallendes Haar oder sein traditionelles chinesisches Kostüm zeichnen musste.

Der grazile Schönling mit einem schweren Schicksal Wie sieht seine Vergangenheit aus ...?

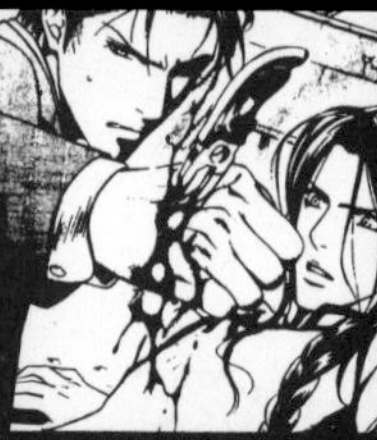

Die Story von *Die Blume im Großstadtmoloch*

Feilong, Oberhaupt der Baishe-Mafia von Hongkong, trifft in Japan erneut auf Asami. Seit diesem Tag kommen in ihm wieder die Erinnerungen an die Vergangenheit hoch. Denn vor sieben Jahren hatte die Begegnung mit Asami Feilongs Schicksal entscheidend verändert ...

Für Feilong war der Gehorsam seinem älteren Bruder gegenüber ganz normal.

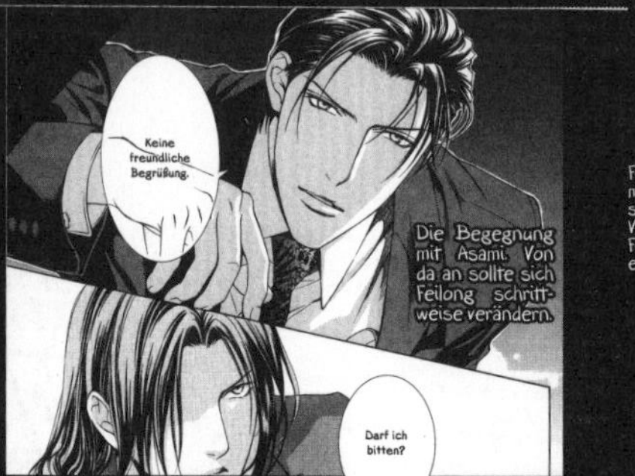

Die Begegnung mit Asami: Von da an sollte sich Feilong schrittweise verändern.

Feilongs Bruder greift ihn erbarmungslos an, doch Asami geht dazwischen und nimmt sogar eine schwere Verletzung in Kauf. Was wäre mit Feilong geschehen, hätte Asami nicht eingegriffen ...?!

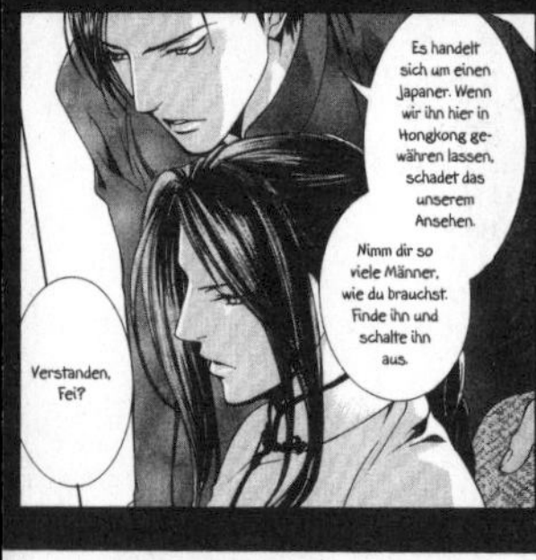

Feilong wird niedergeschossen!

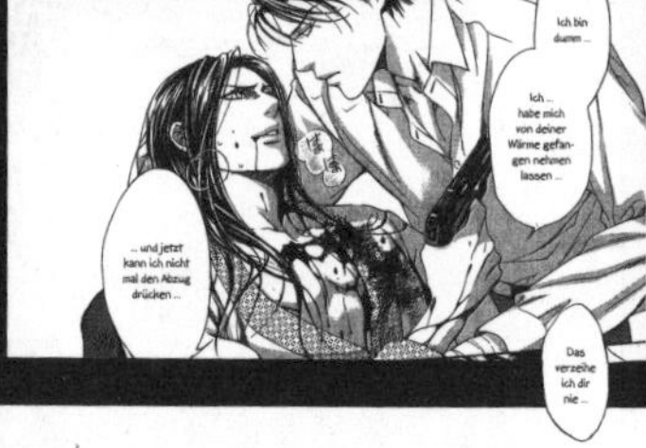

Feilong muss annehmen, dass Asami seinen Vater und Bruder ermordet hat. Doch kann das wirklich die Wahrheit sein ...?!

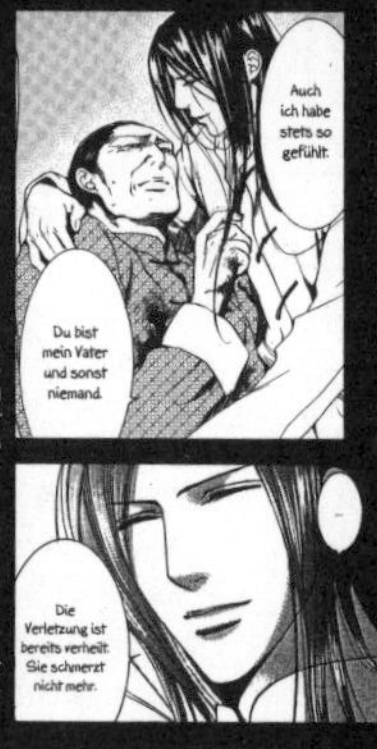

Feilong erinnert sich zurück. Er lächelt dabei sanft.

Interview

Ich habe Feilong direkt im Anschluss an *Fixer* interviewt, als er gerade frisch von Japan nach Hongkong zurückgekehrt war!

Reporter: Wie geht es Ihnen jetzt, Feilong?

Feilong: In Japan gab es ein paar unerwartete Schwierigkeiten, zurückzuführen auf das Versagen meiner Leute ... Eigentlich war nicht vorgesehen, dass ich selbst in Erscheinung trete ...

Reporter: Haben Sie einen Lieblingsort in Japan?

Feilong: In Japan kenne ich mich leider nicht sonderlich gut aus. Allerdings kann ich alten Tempelanlagen durchaus etwas abgewinnen. Ich streife gerne durch alte Straßenzüge, die einen die Geschichte des Landes spüren lassen. Allerdings ist natürlich klar, dass China in der Hinsicht Japan in nichts nachsteht.

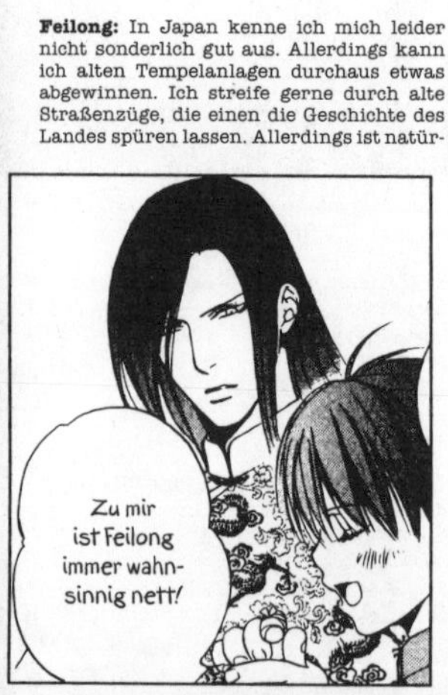

Reporter: Welchen Ort in Hongkong können Sie besonders empfehlen?

Feilong: Der Anblick Hongkongs bei Nacht von meinem Apartment ganz oben auf unserem Hochhaus ist wahrlich atemberaubend.

Reporter: Ihr Haar ist wirklich wunderschön! Bedarf es einer bestimmten Pflege?

Feilong: Eigentlich habe ich meine Haare nur wachsen lassen, weil mein Vater sie mal gelobt hat, als ich noch ein Kind war. Eine besondere Behandlung lasse ich ihnen nicht zukommen, allerdings verwende ich einen speziellen Kamm.

Reporter: Auch heute tragen Sie wieder ein ganz fantastisches, traditionell chinesisches Kostüm. Was mögen Sie lieber, Anzüge oder Kostüme?

Feilong: Kostüme, denn die Form passt sich fließend dem Körper und den Bewegungen an. Ein Anzug wirkt sehr beengend, eigentlich mag ich keine Anzüge.

Reporter: In Ihrer Position als Oberhaupt des Baishe-Syndikats haben Sie bestimmt so gut wie nie Freizeit. Aber wenn Sie einen Tag komplett freinehmen könnten, wie würden Sie ihn verbringen?

Feilong: Hmm, schwierige Frage ... Ich würde wohl in ein Kunstmuseum gehen und mich an den zahlreichen Exponaten erfreuen. Oder kommt Ihnen das zu langweilig vor? Nun ja, wahrscheinlich würde ich den ganzen Tag ein Buch lesen, das ist auch eine Möglichkeit.

Tao: Feilong! Willkommen zurück! Oh, Sie bringen Gäste mit? Guten Tag, ich bin Tao! (Tao betritt das Zimmer.)

Reporter: Tao? Sehr erfreut! Sag uns, Tao, was ist Feilong in deinen Augen für ein Mensch?

Tao: Feilong? Meister Feilong ist in allen Dingen sehr bewandert und eine großartige Person! Im Ausland kann er sich problemlos verständigen und er ist der stärkste Kung-Fu-Kämpfer, den ich kenne! Im Syndikat haben alle Angst vor ihm, aber zu mir ist Feilong immer wahnsinnig nett!

Reporter: Du scheinst Feilong ja echt sehr zu mögen, Tao! Ach ja, verraten Sie uns doch bitte, welchen Typ Frau Sie mögen, Feilong!

Feilong: Welchen Typ Frau ...? Also ich denke, ich suche in einer Frau die Wärme und die Fürsorge einer Mutter.

Tao: Ach! Gibt es gerade eine Frau, die Sie mögen?

Feilong: Das war nur allgemein gesprochen. Was hast du, Tao? Wieso machst du so ein Gesicht?

Reporter: Sehr schön. Und jetzt bitte noch ein paar Schlussworte an die Fans!

Feilong: Ich danke allen Fans, die wohlwollend an mich denken, und hoffe, euch in Zukunft nicht zu enttäuschen!

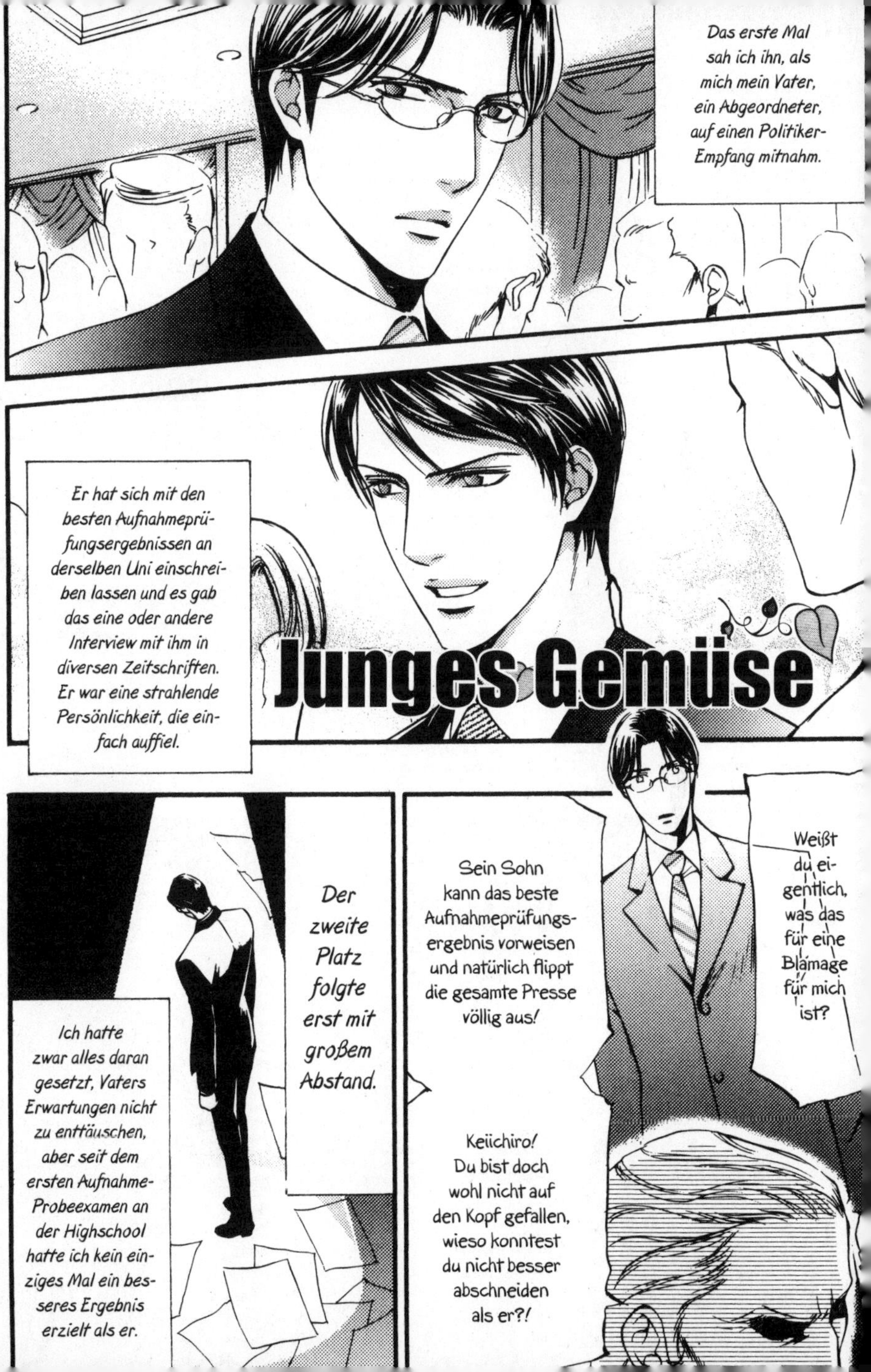
Das erste Mal sah ich ihn, als mich mein Vater, ein Abgeordneter, auf einen Politiker-Empfang mitnahm.
Er hat sich mit den besten Aufnahmeprüfungsergebnissen an derselben Uni einschreiben lassen und es gab das eine oder andere Interview mit ihm in diversen Zeitschriften. Er war eine strahlende Persönlichkeit, die einfach auffiel.
Junges Gemüse
Weißt du eigentlich, was das für eine Blamage für mich ist?
Sein Sohn kann das beste Aufnahmeprüfungsergebnis vorweisen und natürlich flippt die gesamte Presse völlig aus!
Keiichiro! Du bist doch wohl nicht auf den Kopf gefallen, wieso konntest du nicht besser abschneiden als er?!
Der zweite Platz folgte erst mit großem Abstand.
Ich hatte zwar alles daran gesetzt, Vaters Erwartungen nicht zu enttäuschen, aber seit dem ersten Aufnahme-Probeexamen an der Highschool hatte ich kein einziges Mal ein besseres Ergebnis erzielt als er.

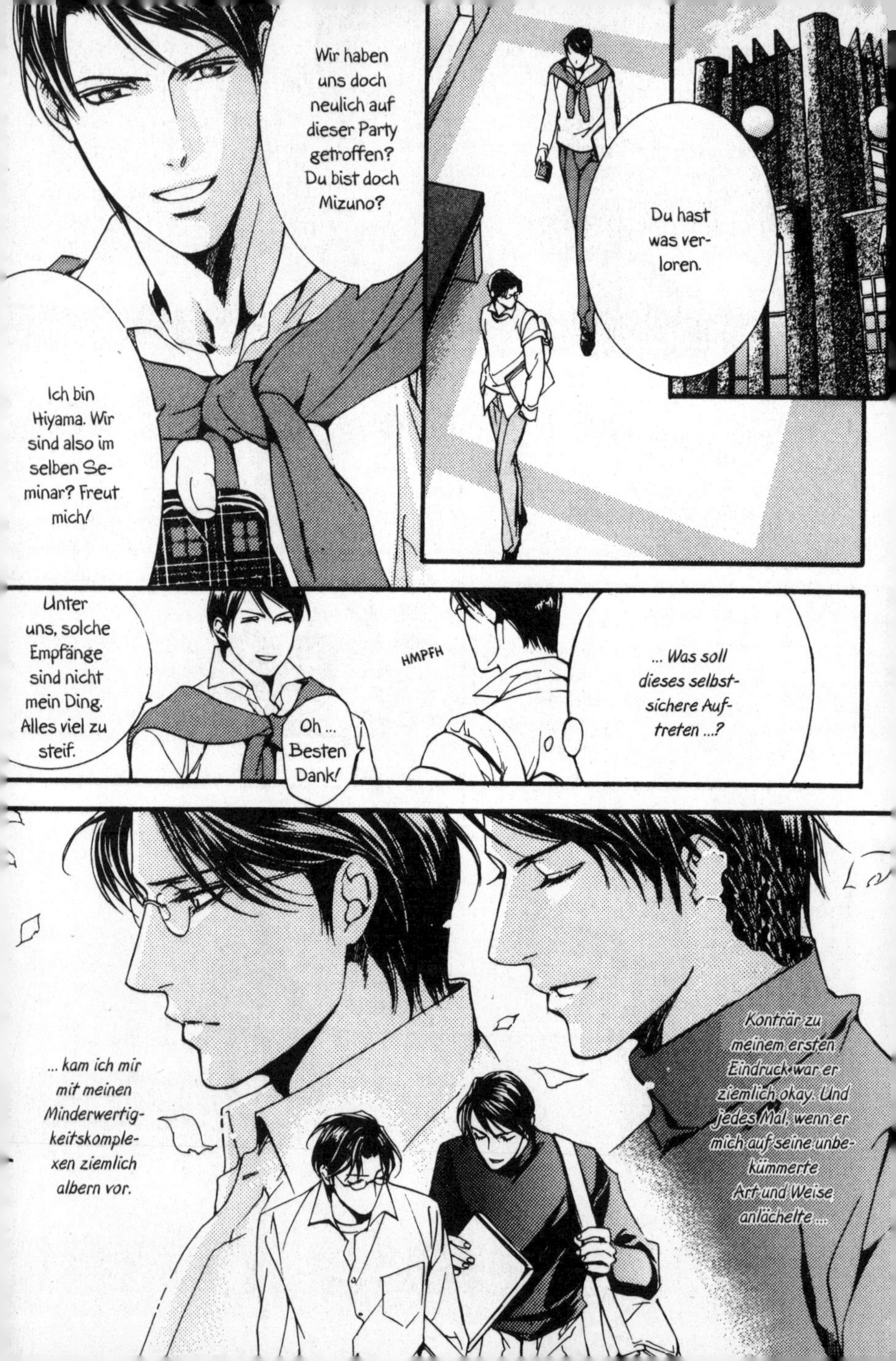
Du hast was verloren.
Wir haben uns doch neulich auf dieser Party getroffen? Du bist doch Mizuno?
Ich bin Hiyama. Wir sind also im selben Seminar? Freut mich!
... Was soll dieses selbstsichere Auftreten ...?
HMPFH
Oh ... Besten Dank!
Unter uns, solche Empfänge sind nicht mein Ding. Alles viel zu steif.
Konträr zu meinem ersten Eindruck war er ziemlich okay. Und jedes Mal, wenn er mich auf seine unbekümmerte Art und Weise anlächelte ...
... kam ich mir mit meinen Minderwertigkeitskomplexen ziemlich albern vor.

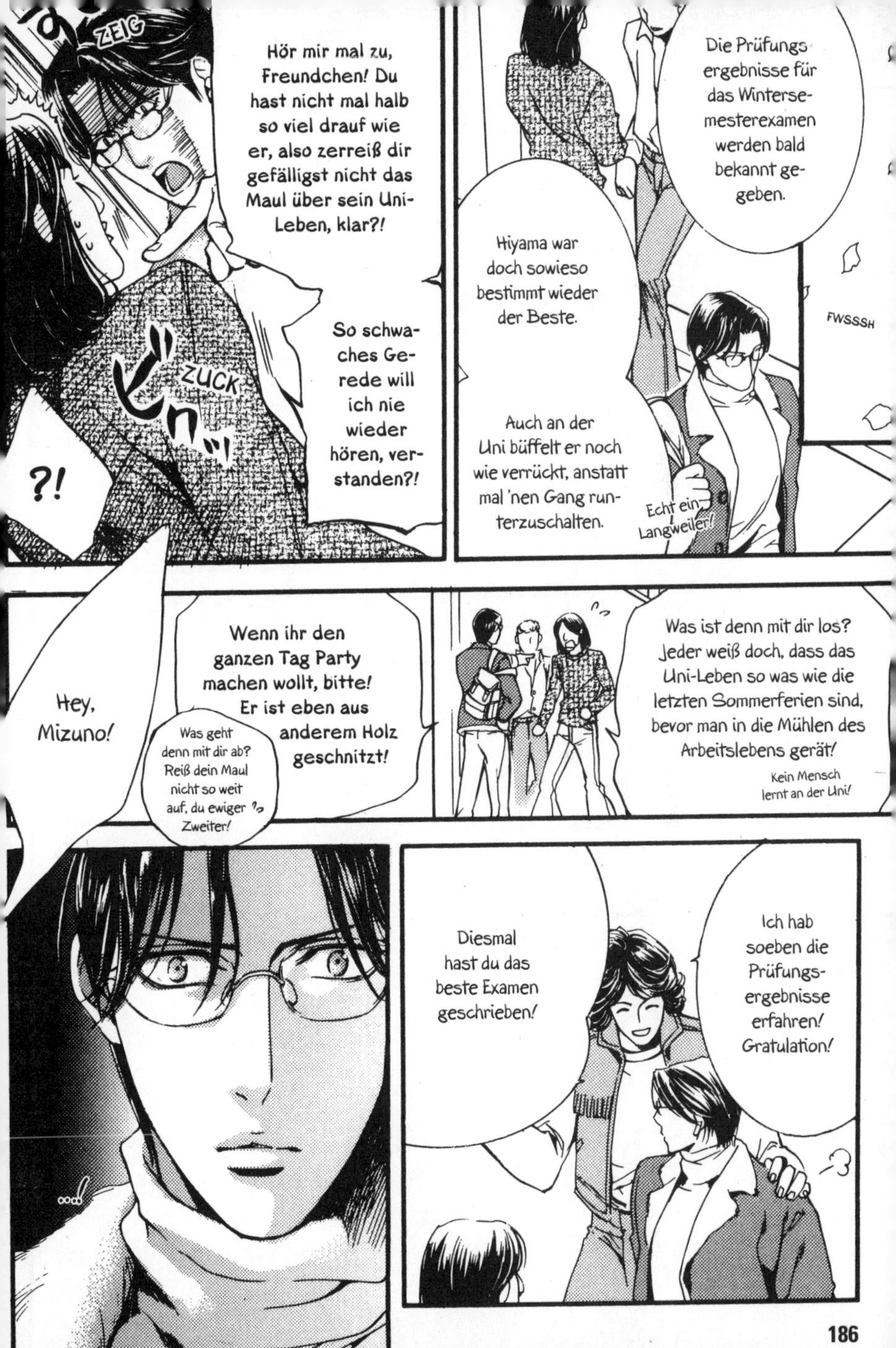

Die Prüfungsergebnisse für das Wintersemesterexamen werden bald bekannt gegeben.
Hiyama war doch sowieso bestimmt wieder der Beste.
FWSSSH
Auch an der Uni büffelt er noch wie verrückt, anstatt mal 'nen Gang runterzuschalten.
Echt ein Langweiler!
ZEIG
Hör mir mal zu, Freundchen! Du hast nicht mal halb so viel drauf wie er, also zerreiß dir gefälligst nicht das Maul über sein Uni-Leben, klar?!
So schwaches Gerede will ich nie wieder hören, verstanden?!
ZUCK
?!
Was ist denn mit dir los? Jeder weiß doch, dass das Uni-Leben so was wie die letzten Sommerferien sind, bevor man in die Mühlen des Arbeitslebens gerät!
Kein Mensch lernt an der Uni!
Wenn ihr den ganzen Tag Party machen wollt, bitte! Er ist eben aus anderem Holz geschnitzt!
Was geht denn mit dir ab? Reiß dein Maul nicht so weit auf, du ewiger Zweiter!
Hey, Mizuno!
Ich hab soeben die Prüfungsergebnisse erfahren! Gratulation!
Diesmal hast du das beste Examen geschrieben!

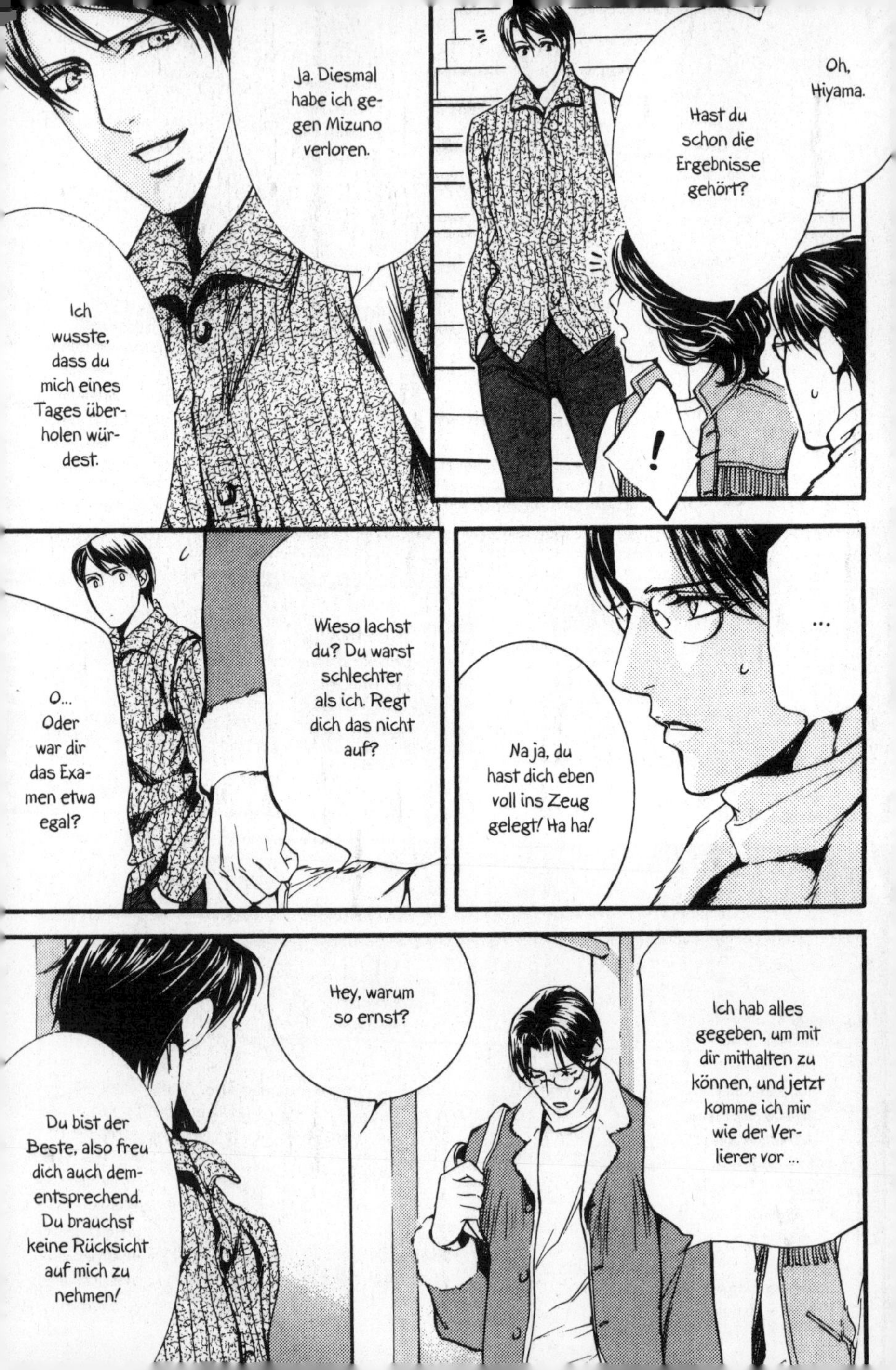
Oh, Hiyama.
Hast du schon die Ergebnisse gehört?
!
Ja. Diesmal habe ich gegen Mizuno verloren.
Ich wusste, dass du mich eines Tages überholen würdest.
...
Na ja, du hast dich eben voll ins Zeug gelegt! Ha ha!
Wieso lachst du? Du warst schlechter als ich. Regt dich das nicht auf?
O... Oder war dir das Examen etwa egal?
Ich hab alles gegeben, um mit dir mithalten zu können, und jetzt komme ich mir wie der Verlierer vor ...
Hey, warum so ernst?
Du bist der Beste, also freu dich auch dementsprechend. Du brauchst keine Rücksicht auf mich zu nehmen!

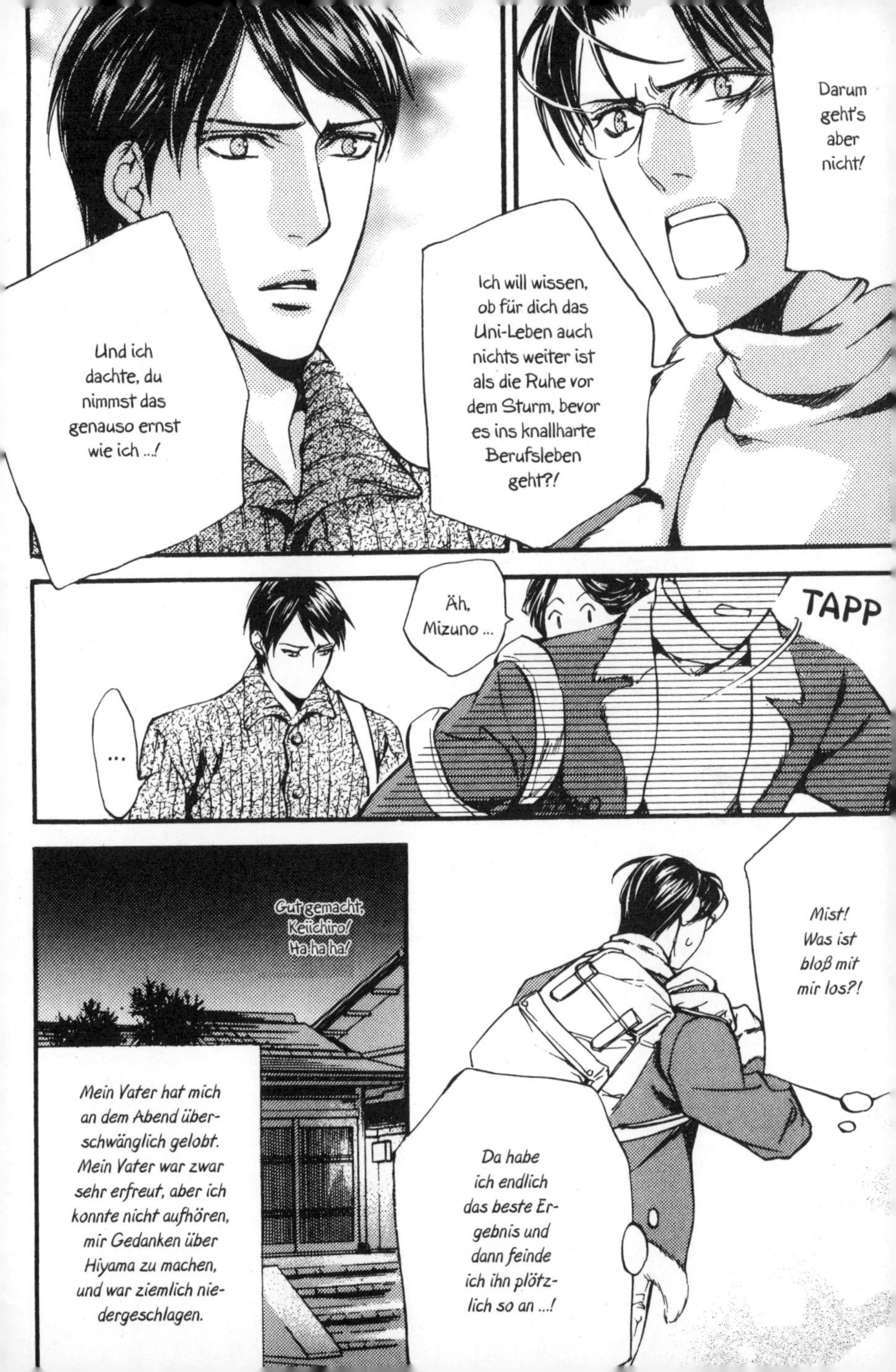
Und ich dachte, du nimmst das genauso ernst wie ich ...!
Ich will wissen, ob für dich das Uni-Leben auch nichts weiter ist als die Ruhe vor dem Sturm, bevor es ins knallharte Berufsleben geht?!
Darum geht's aber nicht!
...
Äh, Mizuno ...
TAPP
Gut gemacht, Keiichiro! Ha ha ha!
Mein Vater hat mich an dem Abend überschwänglich gelobt. Mein Vater war zwar sehr erfreut, aber ich konnte nicht aufhören, mir Gedanken über Hiyama zu machen, und war ziemlich niedergeschlagen.
Da habe ich endlich das beste Ergebnis und dann feinde ich ihn plötzlich so an ...!
Mist! Was ist bloß mit mir los?!

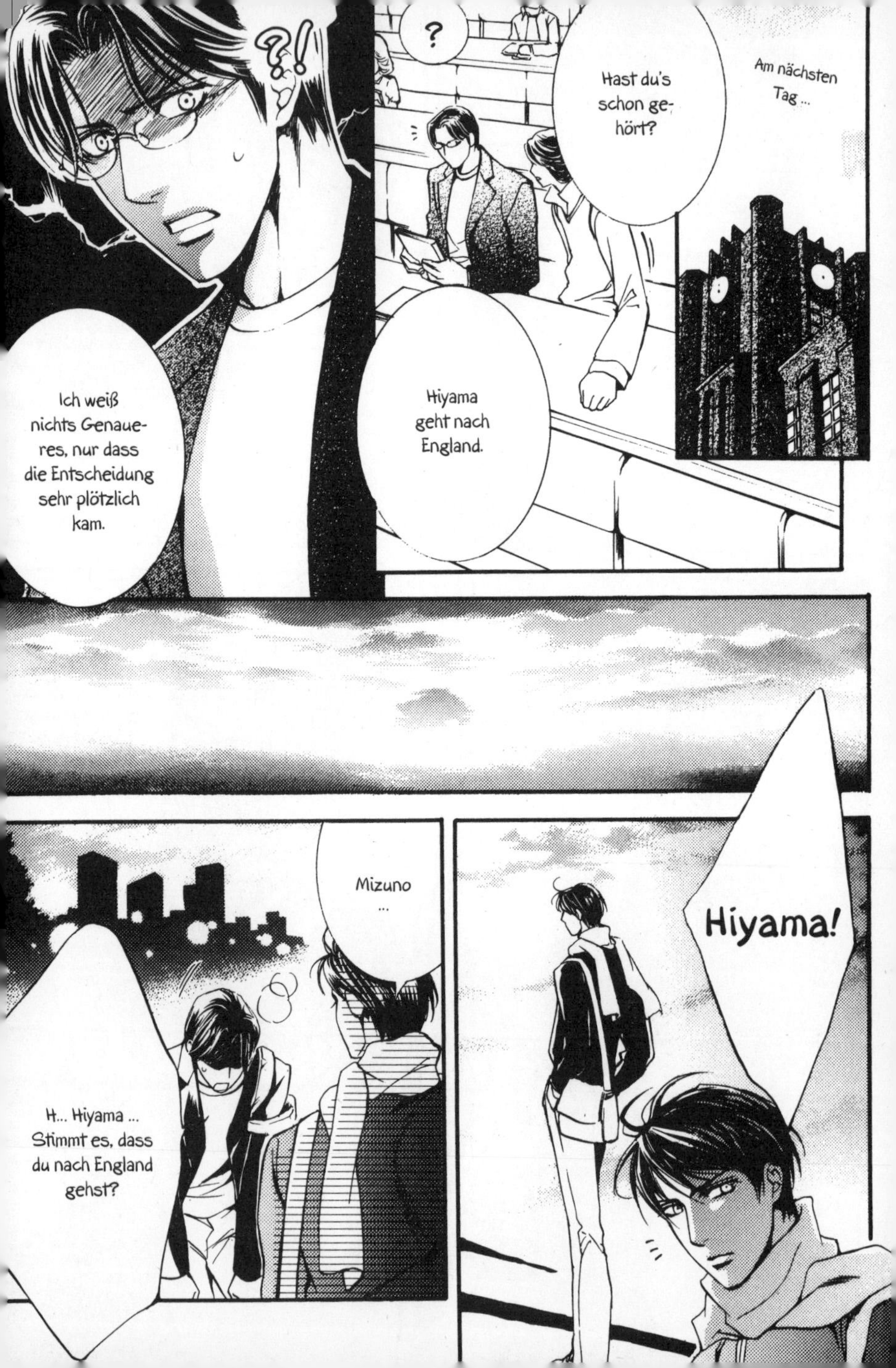
Am nächsten Tag ...
Hast du's schon gehört?
?
Hiyama geht nach England.
?!
Ich weiß nichts Genaueres, nur dass die Entscheidung sehr plötzlich kam.
Hiyama!
Mizuno ...
H... Hiyama ... Stimmt es, dass du nach England gehst?

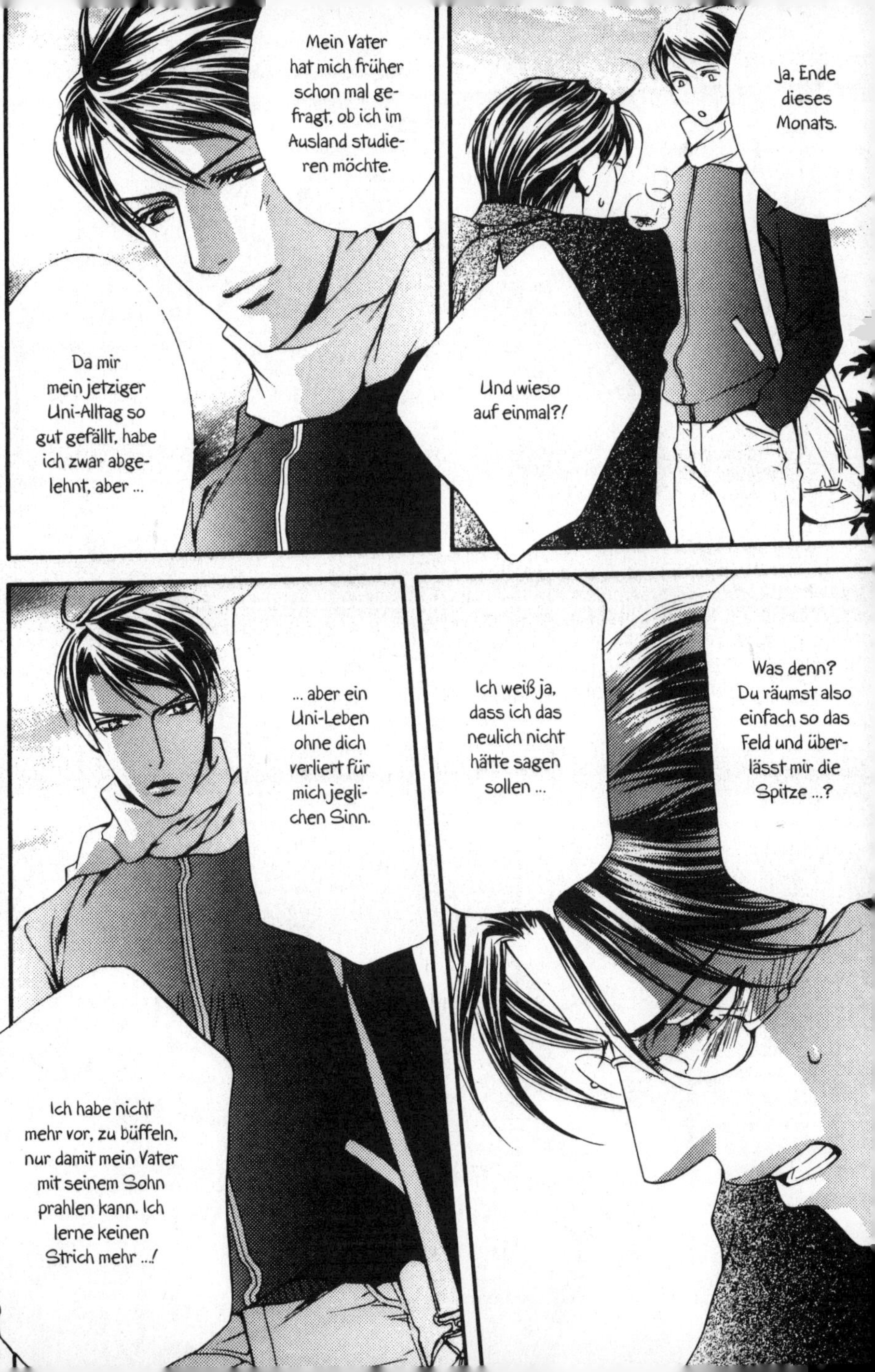
Ja, Ende dieses Monats.
Und wieso auf einmal?!
Mein Vater hat mich früher schon mal gefragt, ob ich im Ausland studieren möchte.
Da mir mein jetziger Uni-Alltag so gut gefällt, habe ich zwar abgelehnt, aber ...
Was denn? Du räumst also einfach so das Feld und überlässt mir die Spitze ...?
Ich weiß ja, dass ich das neulich nicht hätte sagen sollen ...
... aber ein Uni-Leben ohne dich verliert für mich jeglichen Sinn.
Ich habe nicht mehr vor, zu büffeln, nur damit mein Vater mit seinem Sohn prahlen kann. Ich lerne keinen Strich mehr ...!

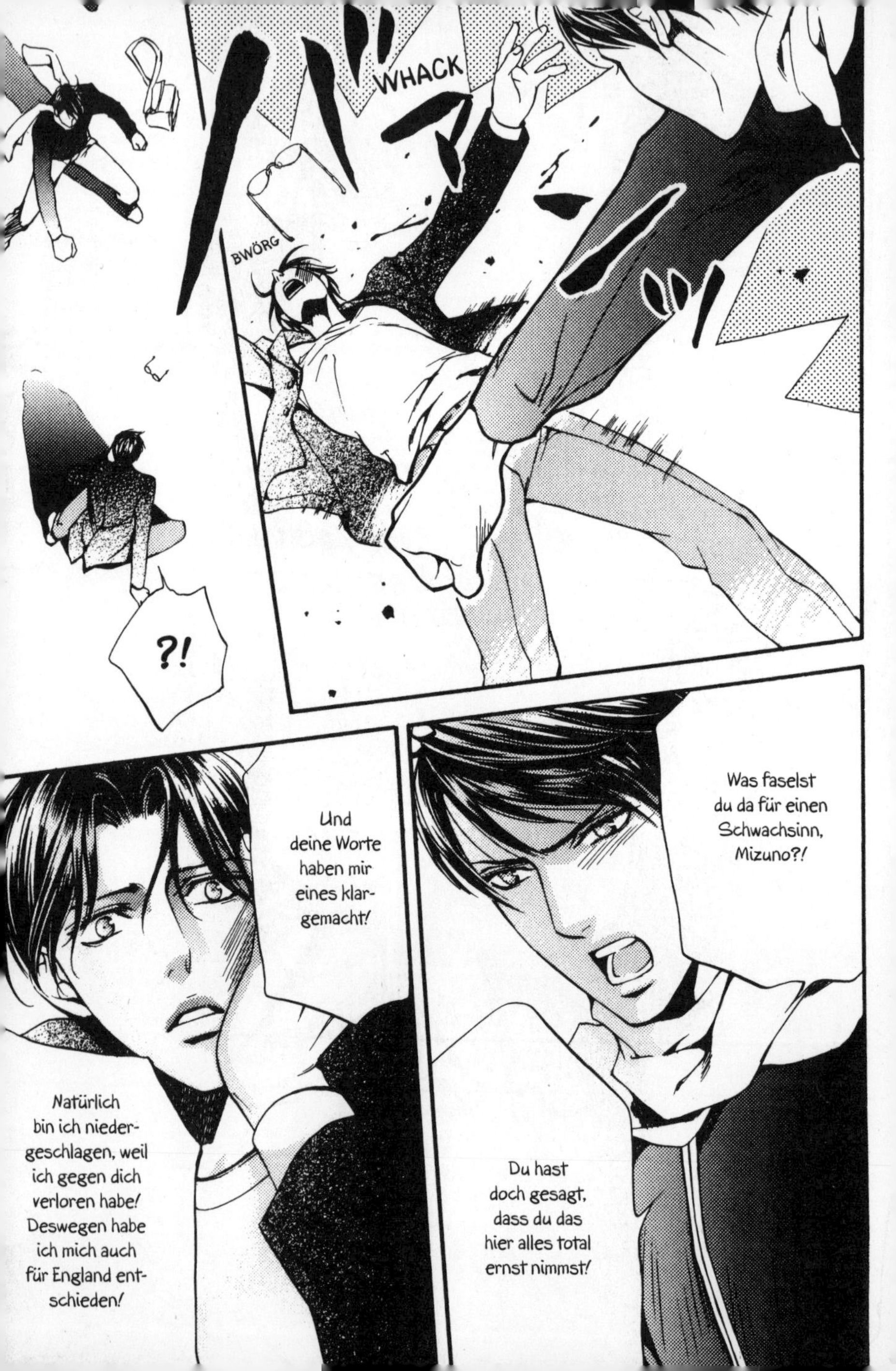
WHACK
BWÖRG
?!
Was faselst du da für einen Schwachsinn, Mizuno?!
Du hast doch gesagt, dass du das hier alles total ernst nimmst!
Und deine Worte haben mir eines klargemacht!
Natürlich bin ich niedergeschlagen, weil ich gegen dich verloren habe! Deswegen habe ich mich auch für England entschieden!

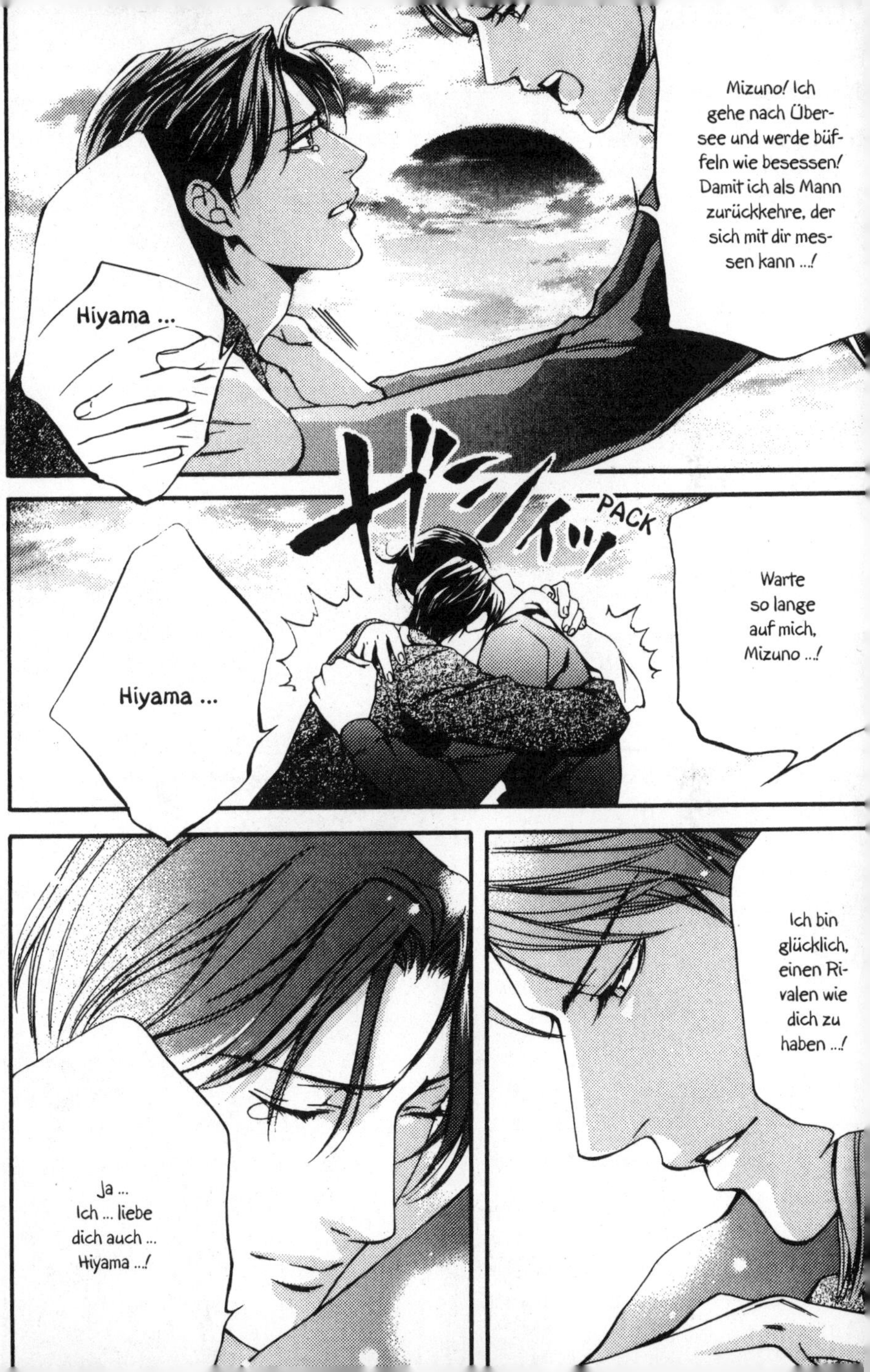
Mizuno! Ich gehe nach Übersee und werde büffeln wie besessen! Damit ich als Mann zurückkehre, der sich mit dir messen kann ...!
Hiyama ...
PACK
Warte so lange auf mich, Mizuno ...!
Hiyama ...
Ich bin glücklich, einen Rivalen wie dich zu haben ...!
Ja ... Ich ... liebe dich auch ... Hiyama ...!

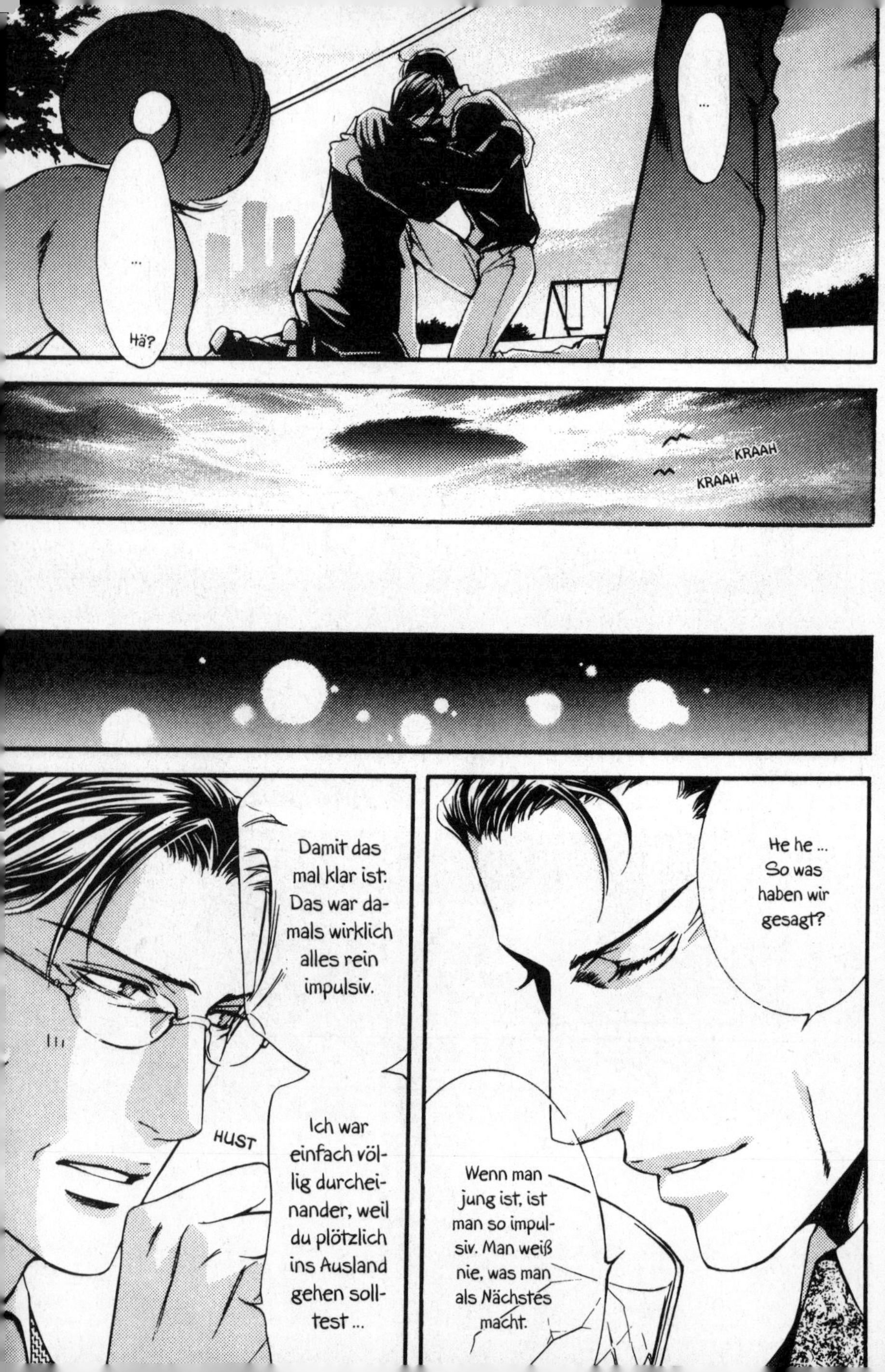
…
…
Hä?
KRAAH
KRAAH
He he … So was haben wir gesagt?
Damit das mal klar ist: Das war damals wirklich alles rein impulsiv.
Wenn man jung ist, ist man so impulsiv. Man weiß nie, was man als Nächstes macht.
HUST
Ich war einfach völlig durcheinander, weil du plötzlich ins Ausland gehen solltest …

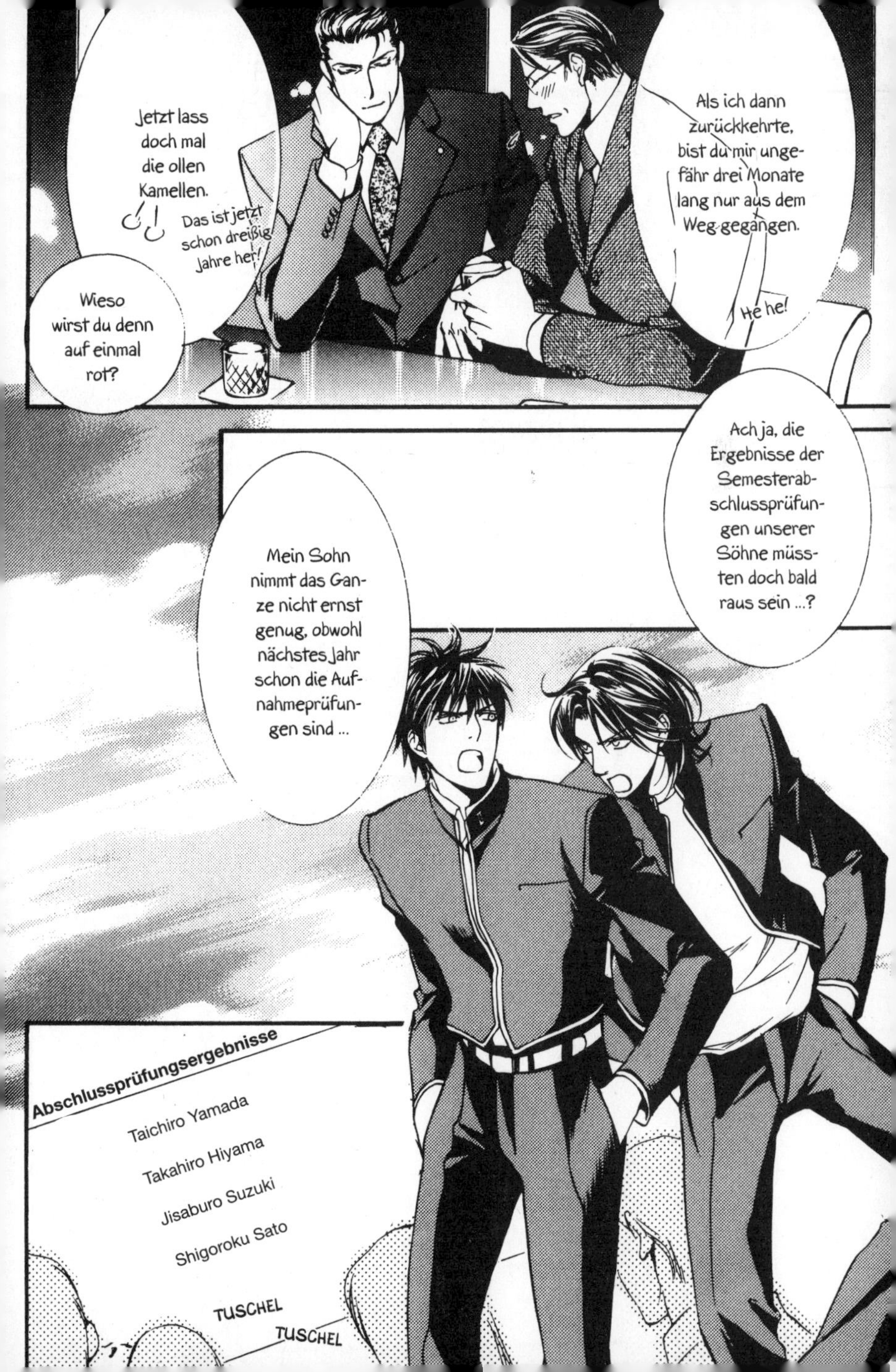
Als ich dann zurückkehrte, bist du mir ungefähr drei Monate lang nur aus dem Weg gegangen.
He he!
Jetzt lass doch mal die ollen Kamellen.
Das ist jetzt schon dreißig Jahre her!
Wieso wirst du denn auf einmal rot?
Ach ja, die Ergebnisse der Semesterabschlussprüfungen unserer Söhne müssten doch bald raus sein ...?
Mein Sohn nimmt das Ganze nicht ernst genug, obwohl nächstes Jahr schon die Aufnahmeprüfungen sind ...
Abschlussprüfungsergebnisse
Taichiro Yamada
Takahiro Hiyama
Jisaburo Suzuki
Shigoroku Sato
TUSCHEL
TUSCHEL

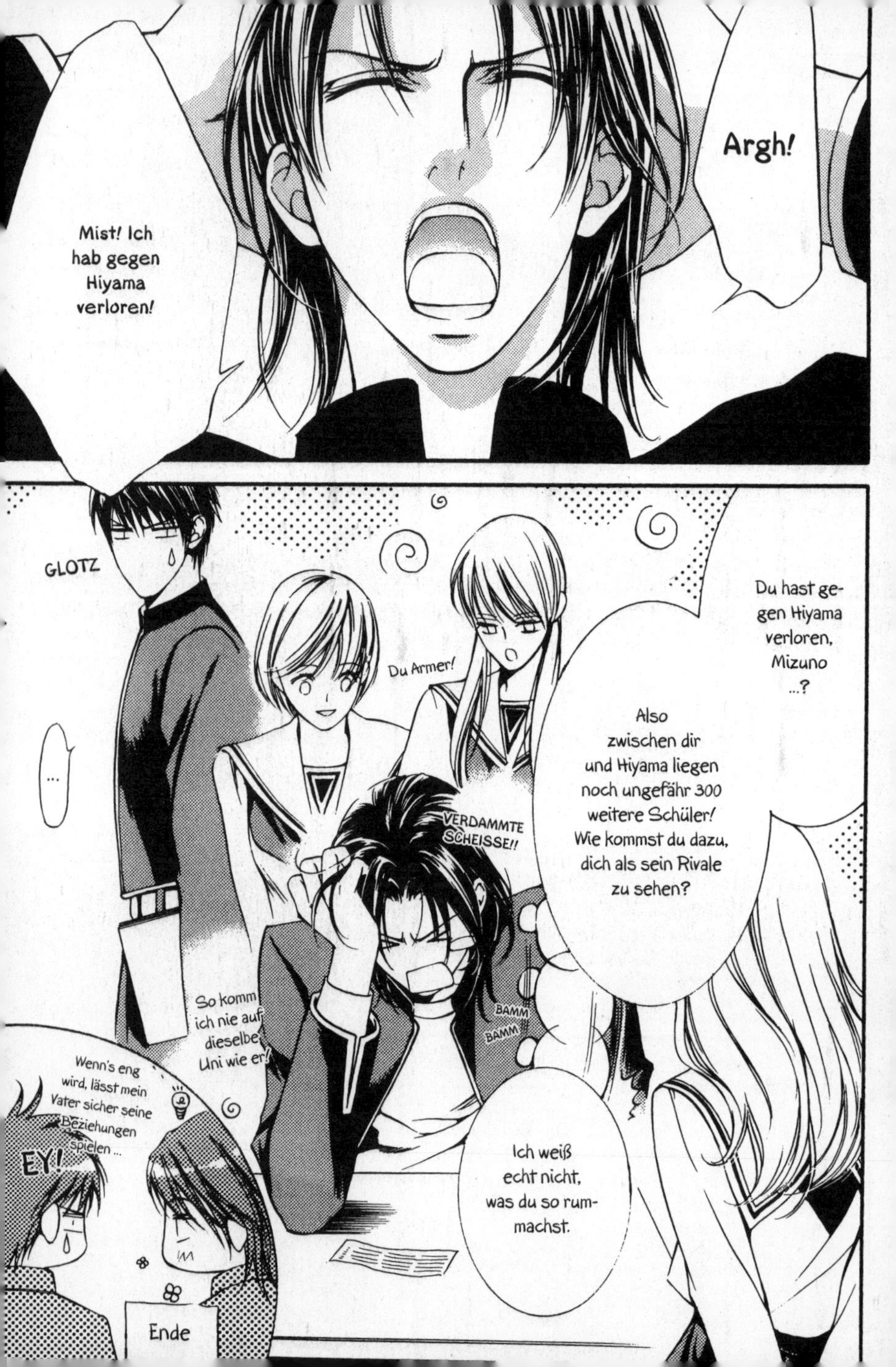
Argh!
Mist! Ich hab gegen Hiyama verloren!
Du hast gegen Hiyama verloren, Mizuno ...?
Also zwischen dir und Hiyama liegen noch ungefähr 300 weitere Schüler! Wie kommst du dazu, dich als sein Rivale zu sehen?
Du Armer!
VERDAMMTE SCHEISSE!!
GLOTZ
...
BAMM BAMM
So komm ich nie auf dieselbe Uni wie er!
Ich weiß echt nicht, was du so rummachst.
Wenn's eng wird, lässt mein Vater sicher seine Beziehungen spielen ...
EY!
Ende

Nachwort

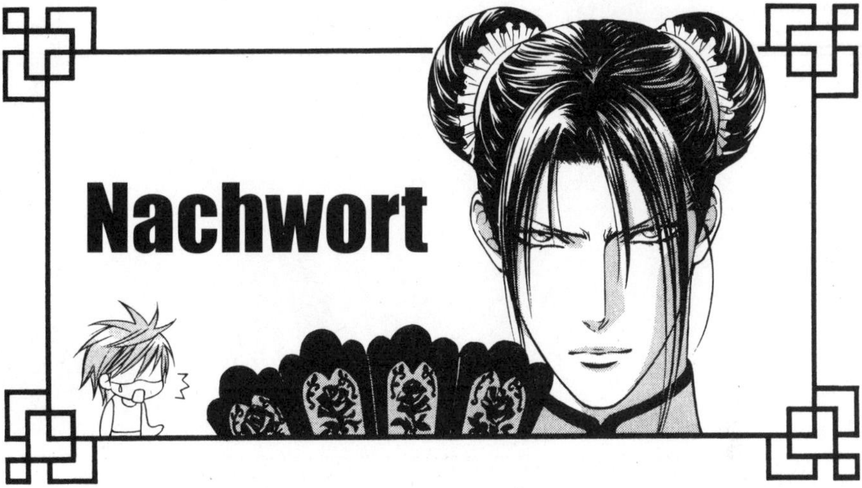

Guten Tag! Hier schreibt Ayane Yamano! Erst mal vielen herzlichen Dank, dass ihr euch auch den dritten Band von *Finder* gekauft habt! Weiter geht es dann bald in Band 4 mit dem Titel *In Gewahrsam*. Somit ist die Reihenfolge der Bände 1 bis 4: *Im Fadenkreuz, Im Käfig, Auf schwarzen Schwingen, In Gewahrsam*. Natürlich findet sich in Band 4 dann auch die Fortsetzung von *Naked Truth* – danke für eure Geduld!

Als ich diese Geschichte im Magazin veröffentlichte, erfreuten sich besonders die Sexszene zwischen Asami und Akihito sowie die Szene, wo Asami Akihito mit unglaublich ernstem Blick ansieht und verkündet, er werde ihn mit in die Hölle nehmen, großer Beliebtheit. Da die Geschichte erst mal einen Zwischenstopp in Hongkong einlegt und es bis zum Ende noch ein Weilchen dauert, ist sich Akihito vielleicht nicht ganz über den Ernst der Lage im Klaren, aber selbst wenn er wohlbehalten aus Hongkong zurückkehrt, erwartet ihn in Japan ein Leben in der Hölle an Asamis Seite ...!

Also Akihito kann einem echt leidtun. Seine Neugier und sein aufmüpfiger Charakter bringen ihn doch echt immer in die Bredouille! Wenigstens wird es mit so einem Geliebten nicht langweilig, aber für jemanden in Asamis Position ist es sicherlich kein Spaß, diesen Unglücksraben ständig irgendwo aus der Gefangenschaft befreien zu müssen. Außerdem muss er ihm ständig einen Anreiz geben, nicht immer wieder aus seinem Käfig auszubrechen. Ich wünsche mir wirklich, dass Asami Akihito letztlich so sehr mit seinem Liebesspiel betört, dass dieser jede Nacht fest an ihn gepresst schlafen will. Denn nur so kommt Akihito auch jedes Mal wieder zu Asami zurück, selbst wenn er sich von ihm lösen möchte. Und auch Asami ist sicherlich glücklich, wenn er nach Hause kommt und in seinem Bett der süße Akihito treu wartet. Huch, das klingt ja fast schon nach Herrchen und Haustier ...!

Ich bin der festen Überzeugung, dass die beiden wirklich zueinanderfinden, wenn erst mal die ganzen Schwierigkeiten mit Feilong aus dem Weg geräumt sind. Ich zeichne auch, so schnell ich kann, damit das Ganze bald ein gutes Ende nimmt! Und auch Feilong wird im nächsten Band eine Veränderung durchmachen. Ich würde mich also freuen, wenn ihr das nächste Mal wieder dabei seid! Also, bis hoffentlich bald!

Mai 2007, Ayane Yamano

Und das erwartet euch im nächsten Band von

In Gewahrsam

FINDER

»Du glaubst doch nicht wirklich, dass Asami dich liebt?« Akihito, der von Feilong nach Hongkong entführt wurde, kann trotz der ihm zugefügten Schmach nur an eines denken: Asami! Mit jeder Faser seines Körpers vermisst er diesen, der für ihn sogar eine schwere Verletzung in Kauf genommen hat. Doch ob die beiden wieder glücklich zueinanderfinden werden, steht in den Sternen ...

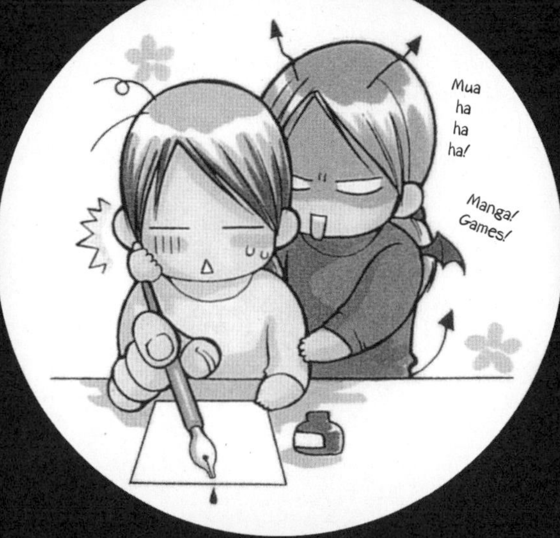

Geburtstag: 18. Dezember
Blutgruppe: A

Ayano Yamane wohnt nach wie vor in einem abgelegenen Winkel von Osaka. Sie mag fröhliche, aber etwas schüchterne Jungs. Doch auch Jungs, die rangehen, sind okay. Es spielt keine Rolle, ob sie dabei cool sind oder sich eher doof anstellen.

Was Ayano Yamane mag:
Manga, Videospiele, Frittiertes, Käse und sonst noch so allerlei. In letzter Zeit ist sie ganz verrückt nach Spitzenstickerei!

TOKYOPOP GmbH
Hamburg

TOKYOPOP
4. Auflage, 2021
Deutsche Ausgabe/German Edition
© TOKYOPOP GmbH, Hamburg 2010
Aus dem Japanischen von Josef Shanel und Matthias Wissnet
Rechtschreibung gemäß DUDEN, 25. Auflage

libre
© AYANO YAMANE 2007
Originally published in Japan in 2007 by
Libre Publishing Co., Ltd.
German translation rights arranged with Libre Inc.

Redaktion: Joachim Kaps
Lettering: MPS Ad-Studio
Herstellung: Martina Stellbrink
Druck und buchbinderische Verarbeitung:
CPI–Clausen & Bosse GmbH, Leck
Printed in Germany

MIX Papier FSC® C083411
Wir achten auf die Umwelt.
Dieses Produkt besteht aus FSC®-zertifizierten und anderen kontrollierten Materialien.

Alle deutschen Rechte vorbehalten. Nachdruck, auch auszugsweise, verboten. Kein Teil dieses Werkes darf ohne schriftliche Genehmigung des Verlages in irgendeiner Form reproduziert oder unter Verwendung elektronischer Systeme verarbeitet, vervielfältigt oder verbreitet werden.

ISBN 978-3-8420-0125-1

www.tokyopop.de

STOPP!

**Dies ist die letzte Seite des Buches!
Du willst dir doch nicht den Spaß verderben
und das Ende zuerst lesen, oder?**

Um die Geschichte unverfälscht und originalgetreu mitverfolgen zu können, musst du es wie die Japaner machen und von rechts nach links lesen. Deshalb schnell das Buch umdrehen und loslegen!

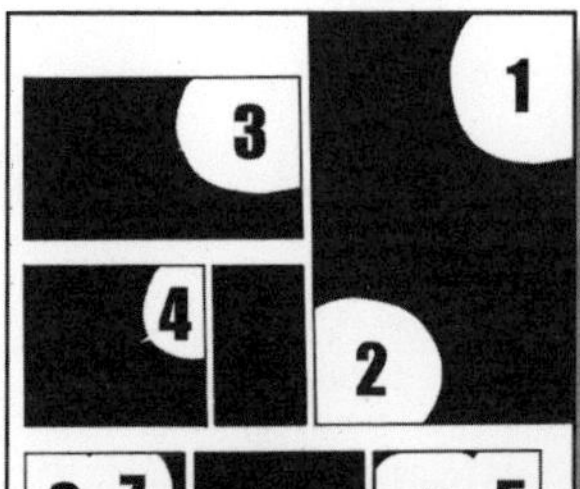

So geht's:

Wenn dies das erste Mal sein sollte, dass du einen Manga in den Händen hältst, kann dir die Grafik helfen, dich zurechtzufinden: Fang einfach oben rechts an zu lesen und arbeite dich nach unten links vor. Viel Spaß dabei wünscht dir TOKYOPOP®!

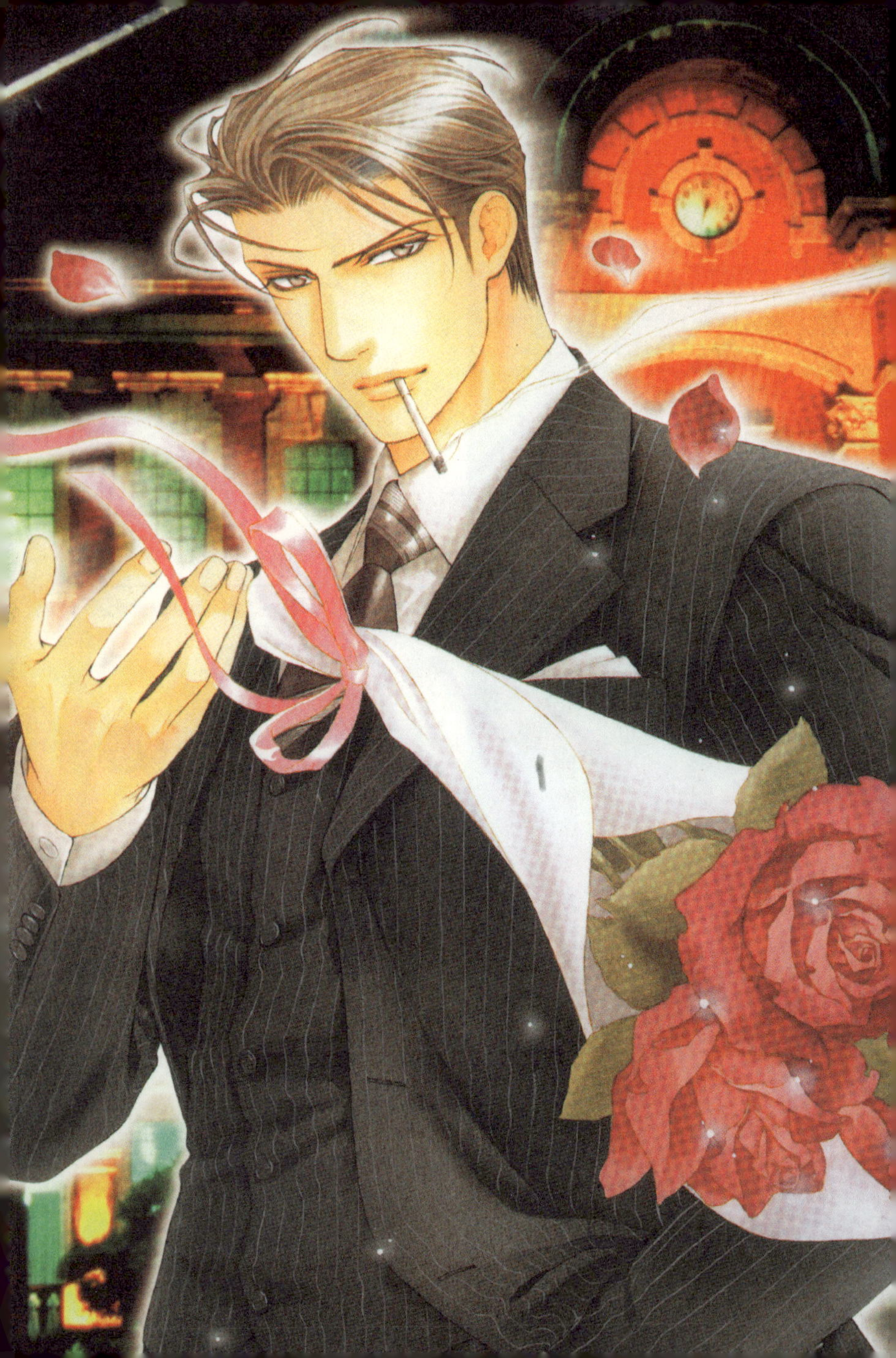

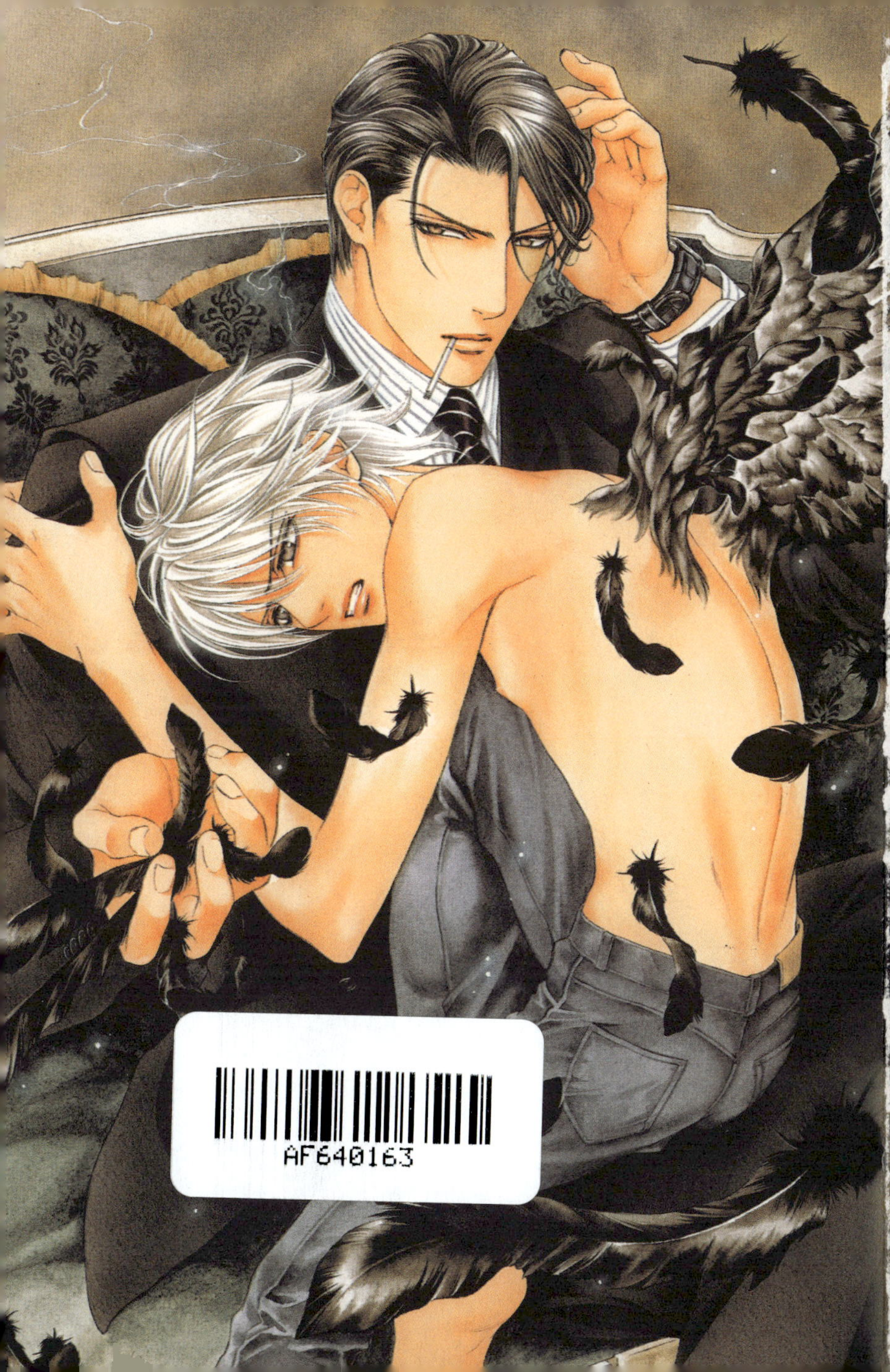

AF640163